KB266610

하경택 교수의 시편 연구 모음집 ①

가난한 자들의 기도와 노래

하경택 교수의 시편 연구 모음집 ①

가난한 자들의 기도와 노래

초판 1쇄 인쇄 | 2026년 2월 26일
초판 1쇄 발행 | 2026년 3월 3일

지은이   하경택
펴낸이   박경수
펴낸곳   장로회신학대학교 출판부

등록   제1979-2호
주소   (우)04965 서울시 광진구 광장로5길 25-1(광장동)
전화   02-450-0795
팩스   02-450-0797
이메일   ptpress@puts.ac.kr
홈페이지   http://www.puts.ac.kr

값 18,000원
ISBN 978-89-7369-510-2   93230

장로회신학대학교출판부

가난한 자들의 기도와 노래

하경택 지음

장로회신학대학교출판부

머리말

이 책은 필자가 그동안 시편 공부를 하면서 여러 상황과 기회를 통해 발표한 시편에 관한 연구를 모아 놓은 것이다. 필자가 시편에 대한 관심을 갖게 된 것은 일반대학원 재학 시절로 거슬러 올라간다. 당시에는 역사에 관한 관심이 많아 시편 78편에 대한 주석적 연구로 석사학위 논문을 쓴 기억이 있다. 실제로 시편은 구약성경에서 제시되는 모든 주제를 총망라한다. 창조와 구원, 역사와 제의, 지혜와 영성 등 성경의 모든 주제가 압축되어 있다. 이처럼 시편은 구약신학의 '축소판'이라 불릴 만큼 구약의 모든 주제를 담고 있다. 그래서 4세기 신학자 아타나시우스 Athanasius 는 시편을 '성경 전체의 축도' epitome 라고 불렀고, 마틴 루터 M. Luther 는 '하나의 작은 성경' eine kleine biblia 이라고 명명했다. 동시에 시편은 하나님이 특별한 방법으로 그분의 백성을 만나시는 곳이요, 그분의 백성이 찬양과 탄원을 통해 하나님께 나아가며 그분을 경험하는 '문학적 성소'로서 기능한다. 그래서 쟝 칼뱅 J. Calvin 은 시편을 '영혼의 모든 부분을 분석한 책'이라고 평가했다.

시편은 다양한 얼굴을 가지고 있는 책이다. 시편은 적어도 다음 세 가지 특성을 가진 책이라고 말할 수 있다. 첫째로, 시편은 '기도'의 책이다. 제2권 마지막은 다음과 같이 말한다. "이새의 아들 다윗의 기도가 끝나니라" 시 72:20. 이것은 시편의 많은 내용이 하나님께 외치고 아뢰는 기도라는 사실을 말하는 것이다. 여기에는 다양한 상황에서 탄식하고 간청하는 시인들의 외침이 들어있다. 둘째로, 시편은 '찬양'의 책이다. 시편집의 마지막 구절은 다음과 같다. "호흡이 있는 자마다 야훼를 찬양할지어다. 할렐루야”^{시 150:6}. 이것은 시편집이 하나님의 구원과 영광을 높이는 찬양을 지향하고 있음을 분명하게 보여준다. 시편은 하나님의 돌보심과 이끄심을 다양한 방식으로 노래한다. 셋째로, 시편은 '지혜'의 책이다. 시편의 서론이라고 말할 수 있는 1편은 이러한 사실을 분명하게 보여준다. 무엇이 '복된' 삶인가를 설명하며, “여호와의 율법을 즐거워하여 그의 율법을 주야로 묵상하는 자”^{시 1:2}를 그 주인공으로 제시하기 때문이다. 시편은 멸망에 이르는 악인의 길이 아니라 하나님이 인정하시는 의인의 길이 무엇인가를 보여주며, 토라, 즉 하나님의 가르침을 따르는 사람은 '시냇가에 심긴 나무'처럼 잎이 마르지 않고, 때가 이르면 열매를 맺는 지혜로운 삶을 산다는 것을 가르친다.

필자의 시편 연구 모음집은 총 3부로 구성되어 있다. 제1부는 '제왕시' royal psalm라는 제목을 붙일 수 있다. 제왕시는 기본적으로 이스라엘 왕에 관한 시편이다. 나아가 이 제왕시는 시편의 독자인 우리 모두를 '다윗' 또는 다윗의 목소리를 대변하는 '왕'으로 초대한다. 하나님은 '자신의 아들'인 이스라엘 왕을 통해 일하기를 원하신다^{시 2편, 110편}. 그러한 왕은 하나님의 아들로서 신적인 권위를 부여받은 사람이다^{시 82편}. 그러나 하나님의 통치권을 위임받은 이스라엘 왕은 '공동체적 신실성'을 보여주는 '정의'를 시행해야 한다^{시 72편}. '하나님 닮아가기' Imitatio Dei로서 '정의'를 실행하지 못하는 왕은 그 자격을 박탈당하게 될 것이다. 하나님의 아들로 부름받은 그리스도인은 이러한 '하나님 닮아가기'로서의 '정의'의 삶을 요청받는다. 그러한 '하나님의 아들'로서 '하나님 닮아가기'의 삶을 가장 완벽하게 보여주신 분이 예수님이시다^{마 5:48}.

제2부는 '탄원시' lament 연구 모음이다. 예수님이 십자가에서 인용하기도 한 시편 22편은 가장 절망적인 탄식과 그러한 탄식에 비례하는 구원에 대한 감사가 극명하게 대조되어 있는 흥미로운 시편이다. 그래

서 어느 하나의 관점으로 읽어 내기 어려운 시편이다. 이러한 시편 22편의 특성을 고려하여 필자는 '드라마 구성'으로서의 시편 22편 연구를 시도했다. 이때 중심 주제로 작용하는 것이 '이스라엘의 찬양 가운데 거하시는 하나님'시 22:3이다. 시편 22편은 하나님께서 '이스라엘의 찬양 가운데 거하시는 하나님'이 되실 수 있는가의 물음에 대한 답변을 제시한다. 시편 90편 또한, "하나님의 사람 모세의 기도"라는 표제어가 붙은 시편이다. 필자가 보기에 시편 90편은 오해되고 오용되는 대표적인 시편 가운데 하나이다. 본문을 잘 살피지 않으면 엉뚱한 이해를 하기 쉽다. 이 연구를 통해 시편 90편이 다루고 있는 주제가 무엇인지 또한 '모세의 기도'라는 표제어가 갖는 의미가 무엇인지를 보여 주고자 하였다. 다음으로 "하나님의 '편재'遍在와 '부재'不在"라는 논문은 시편 139편과 욥기 23장의 내용을 상호 본문성의 관점으로 비교 연구한 것이다. 시편 139편은 하나님의 '편재' 속에서의 간구를 보여주고, 욥기 23장은 하나님의 '부재' 속에서의 탄식을 보여준다는 점에서 비교된다. 하지만 좀 더 깊이 생각해 보면 두 화자 모두 '편재'와 '부재'를 동시에 경험하고 있다. 시편 139편의 시인은 하나님의 편재를 말하나, 현재 그가 경험하는 것은 원수들로부터 고통당하는 하나님의 '부재'이다시 139:20-22. 욥도 어디를 가도 하나님을 볼 수 없다고 말하나, 현재 그가 경험하고 있는 바는 자신에게 놀라움과 두려움을 주는 하나님의 '편재'다욥 23:15-16. 이렇게 하나님의 '편재'와 '부재'가 공존하고, 하나님의 '멀리 계심'과 '가까이 계심'이 함께 경험된다.

제3부는 '시온'Zion을 주제로 하는 시편 연구들이다. '시온'은 보다 풍부한 상징성을 가지고 다양한 의미를 보여주는 개념을 찾기는 어려울 만큼 시온은 구약성경에서 중요한 개념이다. 시온산은 시내산과 함께 구약성경에 나타난 두 가지 전승군 가운데 하나이다. 이러한 시온

전승의 신학을 잘 보여주고 있는 것이 시편집의 시온시편들이다. 시온시편 가운데서도 시편 87편은 시온시편의 '요약'이요 '정점'으로 여겨진다. 시편 87편은 시온이 '세계의 어머니'라는 은유처럼 열방을 향한 그리고 열방을 위한 교회의 소명과 사명이 있다는 것을 일깨워 주기도 하며, 구약성경에 깊이 스며있는 시온에 관한 우주적이며 종말론적 전망과 비전을 깨닫게 한다. 다음으로 '세 층위를 가진 시편으로서 시편 51편 읽기'는 다윗의 참회 시편으로 알려진 시편 51편에 대한 '통-공시적' 접근이다. 이 연구는 시편 51편의 확장과 변화에서 발견되는 신학적 의미를 탐구하기 위해 세 단계의 고찰을 시도한다. 첫 번째 단계는 '개인 탄원시'로서의 51편이고, 두 번째 단계는 표제어를 가진 '다윗의 시'로서의 시편 51편이며, 세 번째 단계는 '공동체 탄원시'로서의 시편 51편이다. 이러한 과정에서 시온의 '화신'으로서 다윗의 의미와 시온의 '다윗화'라는 공동체적 이해가 분명하게 드러난다.

필자가 최근 구약성경을 연구하면서 무엇보다 강조하고자 하는 점은 본문의 화자를 분명하게 인식하는 일이다. 화자에 대한 분명한 인식이 있을 때 그 본문의 의미와 주제가 명확해진다. 시편 연구에서도 마찬가지다. 특별히 시편은 시인과 화자가 분리되어 나타나기도 한다. 시인이 얼마든지 자신이 설정한 화자를 통해 자신이 원하는 목소리를 내게 할 수 있다. 지금까지 연구를 통해 확신하는 바는 시편의 모든 화자는 '가난한 자'의 정체성을 가진다는 사실이다[1]. 구약성경에서 '가난한 자'는 한편으로 '자신이 가진 결핍으로 인해 고통을 당하는 자'를 의미하고, 다른 한편으로 '세상에서는 가진 것이 없어 오직 하나님만을 의지의 대상으로 삼는 자'라를 의미한다. 다시 말하면 '가난한 자'는

---

1 참조. 부록: 구약성경에 나타난 가난한 자

‘자신이 가진 결핍으로 인해 하나님만을 의지하는 겸손하고 온유하며, 신실하고 하나님을 경외하는 믿음의 사람’이라고 정의할 수 있다. 이러한 가난한 자는 다윗, 왕, 모세, 시온, 이스라엘, 마음이 상한 자, 야훼를 경외하는 자, 궁핍한 자, 성도 등 다양한 명칭으로 등장한다. 이러한 의미에서 시편은 "가난한 자들의 기도와 노래"라고 명명할 수 있다.

이 책이 나오기까지 도움의 손길을 아끼지 않은 이들이 있다. 이일호, 이광형, 이마리아 목사, 세 사람은 필자와 시편 연구의 여정을 함께하면서 성장하고 진보하며 후학양성의 보람을 느끼게 하였을 뿐만 아니라 필자의 원고를 꼼꼼하게 검토해 주었다. 또한 양지민 전도사는 논문을 묶어 책으로 편집하면서 독자의 이해를 돕기 위해 추가한 도상학 자료들을 스캔하고 정리하는데 정성을 아끼지 않았다. 그리고 원고가 멋진 책의 모습을 띠도록 성심을 다해 편집작업을 이끌어 준 출판부 양정호 박사의 노고가 있었다. 이 모든 이들에게 감사의 마음을 전하며, 부디 이 부족한 연구가 시편의 깊고 넓은 세계를 이해하며, 가난한 자들의 영성을 배우는 데 조금이라도 도움이 되길 바란다. 그리하여 우리 모두가 ‘새 노래’로 야훼께 노래하며, ‘이스라엘의 찬송 가운데 거하시는 하나님’을 만나는 행복을 누릴 수 있기를 소망한다.

"이스라엘의 찬양들에 거하시는 당신은 거룩하십니다."
וְאַתָּה קָדוֹשׁ יוֹשֵׁב תְּהִלּוֹת יִשְׂרָאֵל

광나루 선지동산에서

하경택

목차

I
·
제왕시

아들을 통한 야훼의 통치

시편 2편에 대한 주석적 연구[1]

1. 들어가는 말

시편은 오래 전부터 다양한 학자들에 의해서 그 중요성이 인정되어 왔다. 특히, 시편의 중요성은 다양한 용어들을 통해서 강조되며 평가되어 왔다.[2] 4세기 신학자 아타나시우스는 시편을 '성경 전체의 축도'epitome라고 불렀고, 동시대의 가이사랴 감독이었던 바실Basil은 시편을 '모든 신학의 요약'이라고 평가했다. 또한 마틴 루터는 시편이 '하나의 작은 성경'eine kleine biblia과 같다고 했고, 쟝 칼뱅은 인간이 의식할 수 있는 모든 감정이 시편 안에 거울처럼 투영되어 있다고 평가했다. 이처럼 시편은 구약신학의 '축소판'이라 불릴 만큼 구약의 모든 주제를 담고 있다. 동시에 시편은 하나님이 특별한 방법으로 그분의 백

---

1 이 논문은 『서울장신논단』 15 (2007. 4), 7-40쪽에 실렸다.

2 Tremper Longman III, *How to Read the Psalms*, 한화룡 역, 『어떻게 시편을 읽을 것인가』 (서울: IVP, 2000), 65.

성을 만나시는 곳이요, 그분의 백성이 찬양과 탄원을 통해 하나님께 나아가며 그분을 경험하는 '문학적 성소'로서 기능한다.

이러한 시편집 가운데서도 시편 2편은 '제왕시'로서 가지는 의미와 그 주제의 중요성 때문에 많은 주목을 받아왔다.[3] 그러나 기존의 시편 2편 연구가 '삶의 자리'Sitz im Leben를 위한 역사적 배경이나 연대 문제에 지나치게 치중함으로써, 오늘날의 독자들에게 주는 실존적 의미를 고찰하는 데에는 상대적으로 소홀했던 측면이 있다. 본 논문에서 필자는 그간에 이루어졌던 시편 2편에 대한 연구를 비평적으로 평가하고 최종형태로 주어진 본문의 의미를 파악하는데 중점을 두고자 한다. 특별히 시편 2편이 시편집 안에서 차지하는 위치의 의미와 신약성서의 수용에서 나타난 '현재화'Vergegenwärtigung를 통해 우리 그리스도인들에게 적용할 수 있는 신학적 의미가 무엇인가를 찾고자 한다.

2. 본문의 해석사

시편 2편은 궁켈H. Gunkel 이후 전형적인 '제왕시'Königspsalmen로 분류되어 왔다.[4] 제왕시에 내포되어 있는 '삶의 자리'는 다양하다.[5] 그

3　시편 2편에 포함되어 있는 다양한 신학적 주제에 대하여 다음을 참조하라. 장영일, "시편 2편: 비평적 주석,"『장신논단』6 (1990), 176.

4　제왕시에 관하여 다음을 참조하라. Hermann Gunkel and Joachim Begrich, *Einleitung in die Psalmen: die Gattungen der religiösen Lyrik Israels* (Göttingen: Vandenhoeck & Ruprecht, 1933), 140-71. 궁켈은 제왕시를 왕과 관련된 시편이라고 규정한다(예, 2편; 18편; 20편; 21편; 45편; 72편; 101편, 110편, 132편, 144:1-11, 참조. 89:47-52). 제왕시는 이 시편에 등장하는 용어들을 통해서 확인된다. 예컨대 왕에 대한 명칭으로는 "왕"(시 20:10; 21:2, 8; 45:2, 6, 12; 72:1), "왕의 아들"(72:1), "야훼의 왕"(2:6; 18:51), "야훼의 기름부음 받은 자"([2:2], 18:51; 20:7; 89:52; 132:10), 야훼의 "종"(89:51) 등이 있고, 왕의 거주지는 "시온"([2:6], 20:3; 110:2; 132:13), "야훼의 성"(101:8)으로 불린다. 왕의 시조(始祖, Ahnherr)는 다윗이다([18:51; 89:50; 132:10, 17; 144:10). 모든 제왕시에서 왕의 하나님은 야훼이시다. 그의 백성은 "야곱"(20:2), "야훼의 백성"(72:2)으로 지칭된다. 제왕시 가운데 더러는 왕 자신이 화자로 등

중에서도 시편 2편이 점유하는 구체적인 '삶의 자리'는 바로 왕위 즉위식이다. 그러나 왕위 즉위식이 거행된 제의적인 배경에 대해서는 학자들의 해석들이 여러 가지로 나뉜다. 다양한 학자들의 견해를 아래와 같이 세 가지 입장으로 나누어 생각할 수 있다.[6]

먼저 이른바 '신화와 의식학파'myth and ritual school의 견해이다.[7] 여기에 속한 학자로는 벤첸A. Bentzen, 엥그넬I. Engnell, 존슨A. R. Johnson, 비덴그렌G. Widengren 등이 있다. 이러한 입장의 선구자는 모빙켈S. Mowinckel이다.[8] 그는 시편이 포로 이전에 이스라엘의 예배 공동체에서 형성되고 사용되었다는 사실을 강조함으로써 시편 연구의 새로운 장을

<hr>

장한다(2편, 18편, 101편, 132:1-10; 144:1-11; 또한 참조. 89:47-52). 이러한 시편에서 화자인 "나"(Ich)는 히브리인들의 관례에 따라 자기 자신을 "야훼의 왕"(18:51), 야훼의 "종"(89:51), 그의 "기름부음 받은 자"(18:51; 89:52; 132:10) 등으로 부르며, "왕들"(144:10) 가운데 한 사람으로 취급하기도 한다(Hermann Gunkel and Joachim Begrich, *Einleitung in die Psalmen*, 140).

5 궁켈은 제왕시가 저작된 배경에 관하여 다양한 상황의 예를 제시한다(참조. Hermann Gunkel and Joachim Begrich, *Einleitung in die Psalmen*, 141f.). 그것은 이스라엘 왕들에 의해 개최된 많은 종류의 축제가 열리는 상황이다. 예나 지금이나 궁정에서는 왕조의 번영과 영광을 축하하는 다양한 축제를 벌인다(에 1:4). 구약성서에서는 이러한 상황에 대해서 비교적 적게 묘사하고 있으나 시편 자체로부터 그러한 배경들을 유추할 수 있다. 먼저 새로운 왕이 왕으로 등극하는 '즉위식'(Thronbesteigung)이다. 또한 왕이 배설한 다양한 잔치의 자리가 있다(참조. 삼상 25:36; 삼하 9:10ff; 왕상 5:2f). 이때 가수들의 노래들이 잔치의 흥을 돋우었음을 알 수 있다(삼하 19:36). 이 외에도 왕의 생일이나 즉위일을 기념하는 행사가 그 배경이 될 수 있다(호 7:5; 시 21편; 72편). 또한 왕의 결혼식에 왕을 위한 노래가 불려진다(45편). 그밖에 다른 '삶의 자리'를 생각할 수 있는데 이러한 날들은 종교적인 의미를 띤다. 예컨대 시온으로 법궤를 이동한 때(삼하 6:5, 15)라든가 성전을 봉헌할 때(왕상 8장) 큰 축제가 거행되었다. 시 132편으로부터는 왕의 집과 성소를 세운 날에 대한 기억을 담고 있다(참조. 시 78:68-72). 또한 왕이 전쟁에 나가는 날(시 20편; 144:1-10; 참조. 삼상 13:9ff; 대하 14:10; 20:4ff)이나 승리하고 돌아왔을 때(시 18편, 참조. 20:6; 68:18f), 왕이 심각한 병에 걸렸거나 슬픈 일을 당하여 속죄의식을 행할 때(삼하 12:16; 왕하 20장), 병에서 나음을 입어 감사축제를 벌일 때, 왕이 죽어서 애가를 부르는 상황(삼상 31:13; 삼하 1:12; 3:31ff; 왕상 14:18; 사 34:5; 대하 16:14; 21:19; 35:25) 등이 그 배경이다.

6 시편 2편의 '삶의 자리'(Sitz im Leben)에 대한 입장들에 대해서 다음을 참조하라. J. T. Willis, "A Cry of Defiance - Psalm 2," *JSOT* 47 (1990), 33-38; J. W. Watts, "Psalm 2 in the Context of Biblical Theology," *Horizons in Biblical Theology* 12 (1990), 74-76; 김정우, 『시편주석 I』(서울: 총신대학교출판부, 2005), 168-69; 『시편 89편: 그 문학과 신학』(서울: 총신대학교출판부, 1990), 39-69.

7 J. W. Watts, "Psalm 2 in the Context of Biblical Theology," 75; J. T. Willis, "A Cry of Defiance - Psalm 2," 36-37; 김정우, 『시편 89편: 그 문학과 신학』, 53-62.

8 Ronald E. Clements, *A Century of Old Testament Study*, 문동학, 강성열 역, 『구약성서해석사』(서울: 나눔사, 1988), 150-54. 모빙켈의 저서로는 참조. S. Mowinckel, *The psalms in Israel's worship*, Vol. 1, 2, (Oxford: Basil Blackwell, 1962).

열었다. 그렇지만 그의 주장은 바벨론의 아키투 축제와 같이 예루살렘에서 신년이 시작되는 가을 축제에 '야훼 즉위 축제'Thronbesteigungsfest Jahwes가 거행되었을 것이라는 가설에 기초하고 있다. 시편 2편과 같은 제왕시가 가을에 행해졌던 신년축제에서 야훼의 신년 등극과 함께 왕도 함께 등극하는 제의적 상황에서 사용되었다고 말한다. 이러한 주장에 대해서 많은 학자들이 주목하였고, 신화와 제의 학파에 의해서 폭넓게 수용되었다.[9] 그들은 지역이나 역사에 따르는 차이보다는 각각의 신화나 제의가 가지고 있는 공통의 '패턴'Ritualmuster에 주목한다.[10] 그들은 이 시편이 신년축제 때 신을 대신하여 혼돈과 싸우고 승리하여 새롭게 왕으로 등극하는 왕을 노래한다고 말한다. 그들은 5절에 언급된 "그때"אז가 신과 혼돈과의 싸움이 있었던 태초를 가리킨다고 본다. 따라서 태초의 신화적인 싸움이 이제는 왕에게서 수행된다. 시편 2편에서 언급된 왕의 대적자들은 역사적인 인물들이 아니라 신년 축제의 드라마에 등장하는 혼돈의 세력을 상징한다는 것이다. 이렇게 하여 시편 2편은 매해 거행된 신년축제에서 낭송되었다고 이해되었다. 그러나 이러한 이해는 이스라엘에서 신년축제가 있었는가에 대한 근본적인 문제제기와 더불어 이스라엘 왕을 신격화시킨다는 점에서 비판의 대상이 된다.

두 번째 견해는 시편 2편의 저작 상황을 왕위 등극 의식에서 찾되, 다윗 왕조가 존속했을 당시 실행되었던 역사적 배경을 강조하는 입장

---

9 Hans-Joachim Kraus, *Theologie der Psalmen*, 신윤수 역, 『시편의 신학』(서울: 비블리카아카데미아, 2004), 199-200. 왓츠(J. W. Watts, "Psalm 2 in the Context of Biblical Theology," 74-76, 그리고 그의 분석을 따르는 김정우)는 모빙켈이 역사적 배경을 강조하는 입장에 속한 것으로 소개하고 있으나 그가 제의 가운데서 혼돈의 세력을 물리치고 즉위하는 야훼즉위축제를 강조하였다는 점에서, 그리고 많은 스칸디나비아 학자들(예컨대, A. R. Johnson)이 그의 영향을 받았다는 점에서 첫 번째 입장으로 분류되어야 할 것이다.

10 고대 중동아시아의 신년축제에서 다음과 같은 다섯 개의 중심적인 요소가 고찰된다(참조. 김정우, 『시편 89편: 그 문학과 신학』, 54): ① 신의 죽음과 부활을 드라마로 표현한다; ② 창조신화를 낭송하거나 상징적으로 재현한다; ③ 신이 적들에게서 승리를 거두는 의식적인 전투를 행한다; ④ 거룩한 결혼식이 거행된다; ⑤ 왕이 신의 역할을 감당하는 승리의 행진이 있다.

이다.[11] 이러한 입장에는 궁켈, 폰라트G. von Rad, 바이저A. Weiser, 크라우스H.-J. Kraus, 올렌버거B. C. Ollenburger 등의 학자들이 동의한다. 그러나 그들이 설명하고 강조하는 왕위 즉위식의 상황설정은 저마다 조금씩 차이가 난다. 그들은 매해 거행되었을 이스라엘의 축제에 대한 다양한 모형들을 제시했다. 예컨대 바이저는 시편의 제의가 농경종교의 축제로부터 출발했다는 궁켈의 주장에 반대하면서, 야훼전통이 시편의 진정한 '삶의 자리'이며, 가을철 신년 축제에서 야훼와 맺은 언약을 축하하고 새롭게 갱신하는 '언약축제'Bundesfest 또는 '언약갱신축제'Bundeserneuerungsfest를 시편의 출발점으로 삼아야 한다고 주장했다.[12] 크라우스는 이집트에서 3년마다 거행된 세드-축제Sed-Fest의 양식을 따라 "매해 거행되었을 왕위 즉위식"alljährliche Begehung der Thronbesteigung이나 "왕실 시온축제"königliches Zionfest가 그 제의적 배경이라고 주장한다.[13] 특별히 왕실 시온축제는 다윗 왕조의 건립을 축하하며 언약궤의 거주지와 성전의 입지로서 시온산을 정하신 하나님의 선택을 축하하는 행사였다고 설명한다.

끝으로 시편 2편의 저작동기와 상황을 포로기 이후로 보는 입장이 있다. 게르스텐베르거E. Gerstenberger가 대표적이다.[14] 그는 기쁨의 축하와 기대 속에서 진행되는 회당의 예배가 시편 2편의 '삶의 자리'라고 주장한다. 지혜적인 언어가 회당적 상황을 보여주며, 유대의 제의력Jewish liturgical calendar에 제시된 축제들이 메시야의 회복에 대한 기대를 낳게

---

11 Gerhard von Rad, "Erwägungen zu den Königspsalmen," in *Zur neueren Psalmenforschung*, ed. P. H. A. Neumann (Darmstadt: Wissenschaftliche Buchgesellschaft, 1976), 176-84.; H. -J. Kraus, 『시편의 신학』, 270-89.
12 Artur Weiser, *Die Psalmen*, 김이곤 역, 『시편 (1)』(서울: 한국신학연구소, 1992), 38, 47-69.
13 Hans-Joachim Kraus, *Psalmen. 1. Teilband: Psalmen 1-59*, 14.
14 Erhard S. Gerstenberger, *Psalms, Part 1: An Introduction to Cultic Poetry* (Grand Rapids: Eerdmans, 1988), 48-49.

하였다는 것이다. 초기 유대 공동체는 야훼의 새로운 개입을 고대하며 노래를 불렀다. 이 노래는 이미 시온의 선택과 성전 재건으로 나타난 구원이, 향후 다윗 후손이 우주적 왕으로 등극할 때 온전히 실현될 것이라는 기대를 담고 있다. 시온산과 다윗 후손에서 나온 메시야가 흩어진 유다 공동체의 재집결지 rallying points 이다. 분명 메시야 찬송시는 다윗에 대한 하나님의 선택과 이스라엘에 대한 다윗 왕의 권한을 묘사하는 과거 왕조의 전통들을 부활시킨다. 하지만 이스라엘 왕조가 역사적으로 존속할 당시의 상황 안에서는 시편 2편의 우주적이며 종말론적인 전망들이 설명되지 않는다. 오히려 시편 2편은 초기 유대교에서 보여주는 신학적 보편주의 early Jewish theological universalism 의 상황에 더 잘 어울린다는 것이다. 이러한 신학적 입장은 제2 이사야나 제3 이사야 그리고 스가랴서에도 동일하게 고찰된다.

그러나 명백하게 묘사되어 있는 왕위 등극의 상황이 단지 전통으로만 취급될 수 있을까? 우주적인 왕권을 묘사하는 것이 포로기 이후의 상황에만 적용될 수 있는가에 대한 근본적인 문제가 제기된다. 필자는 시편 2편에 반영된 왕의 즉위식이 역사적 실제에 기반하고 있다는 점을 강조하는 두 번째 견해에 동의한다. 그렇지만 다양한 시편들이 수집되고 실제적인 영향력을 가지고 사용되었던 제2성전 시대에 유대 공동체에 수용되고 재해석된 시편의 사용이 도외시 되어서도 안 될 것이다.

3. 본문주석

가. 본문사역

1절 어찌하여 열방들이 술렁대며,
   민족들이 헛된 일을 꾸미는가?[15]

2절 땅의 왕들이 들고 일어나며,
   통치자들이 한패가 되어 야훼와 그의 기름부음 받은 자
   를 대적하여 말하기를:

3절 "우리가 그들의 사슬을 끊어버리자,
   그들의 밧줄을 우리에게서 벗어 던지자" 하는구나!

4절 하늘에 앉아 계신 이가 웃으신다;
   주님אֲדֹנָי께서 그들을 비웃으신다.

5절 그때 그가 분노 가운데 그들에게 말씀하시며,
   진노하심으로 그들을 놀라게 하신다:

6절 "내가 나의 왕을,
   내 거룩한 산 시온에 세웠다."[16]

---

15 여기에 사용된 히브리 동사 הגה 〈하가〉는 '계획하다'(시 38:13; 잠 24:2)는 의미 외에 다음과 같이 다양한 의미로 사용된다(HAL, 228): 짐승의 소리로서 비둘기가 '구구거리다'(사 38:14; 59:11) 또는 사자가 '으르렁거리다'(사 31:4), '입을 작게 벌려 읊조리다'(시 1:2; 수 1:8), '중얼거리며 숙고하다'(사 33:18; 시 63:7; 77:13; 143:5), '말하다, 선포하다'(사 59:3; 시 35:28; 37:30; 71:24; 115:7; 욥 27:4; 잠 8:7; 15:28) 등.

16 서두의 접속사 ו("그리고")를 5절 마지막 글자의 중복오기로 간주하여 생략한다. 그런데 70인경은 이 구절을 하나님의 말씀이 아니라 왕의 선언으로 이해하여 왕이 말한 것으로 번역되어 있다: "내가 그에 의해서 그의 거룩한 산 시온에서 왕이 되었다"(ἐγὼ δὲ κατεστάθην βασιλεὺς ὑπ' αὐτοῦ ἐπὶ Σιων ὄρος τὸ ἅγιον αὐτοῦ).

7절   내가 야훼의 칙령을 선포한다. 그가 내게 말씀하시기를:

"너는 내 아들이다. 오늘 내가 너를 낳았다.

8절   나에게서 구하라.

내가 열방을 너의 유업으로, 땅 끝들을 네 소유로 줄 것이다.

9절   네가 그들을 철장으로 부서뜨리며,[17]

질그릇처럼 그들을 깨뜨릴 것이다."

10절   그러므로 이제 왕들아, 지혜롭게 행동하며,

땅의 재판관들아, 교훈을 받으라.

11절   경외함으로 야훼를 섬기고,

떨림으로 그를 즐거워하라.

12절   아들בַּר[18]에게 입 맞추라.

그렇지 않으면 그가 진노하시며,

그의 분노가 지체 없이 불타올라 너희는 길에서 망할 것이다.

그분께 몸을 피하는 자는 모두 복되다.

---

17   70인경은 תְּרֹעֵם의 형태가 רעע가 아니라 רעה에서 파생된 변화로 간주하여 '다스린다'의 뜻을 가진 ποιμανεῖς (=תִּרְעֵם)로 번역한다.

18   아들을 표현하고 있는 낱말이 히브리어가 아니라 아람어이기 때문에 이 시가 이스라엘 왕조 초기에 지어진 시라고 할 경우에 본래 히브리 본문에 포함되지 않았던 것으로 볼 수 있다. 또한 시리아 역을 제외한 역본과 후기 랍비 문헌들이 이 낱말을 히브리 본문에 본래 בַּר("순전한")나 בַּר("깨끗한, 순수한")로 나타나 있음을 전제로 하고 있다. 그래서 이 부분의 히브리 본문에 대한 학자들의 여러 제안들이 있었다(예, קברי-נשי "무덤을 잊은 너", William L. Holladay, "A New Proposal for the Crux in Psalm II 12," *Vetus Testamentum* 28-1 [January, 1978], 110-12). 그러나 이스라엘 왕조 어느 한 시대에 지어진 것으로 보이는 시 2편이 아람어 사용을 전혀 할 수 없었다고 단정할 수 없다. 아람어는 적어도 주전 9세기부터 시리아와 팔레스틴 지역에서 널리 사용되었다. 또한 델리취(Franz Delitzsch, *Biblical Commentary on the Psalms, Volume I* [Edinburgh: T. & T. Clark, 1880], 128)의 지적대로 בַּר의 사용은 〈벤〉(בֵּן)과 〈펜〉(פֶּן)의 중복을 피하려는 시인의 의도라고 할 수 있다. 내용상으로도 하나님과 그의 기름부음 받은 자에 대한 지상 통치자들의 반역(2절)과 좋은 대조를 보이고 있으므로 필자는 마소라 본문을 그대로 인정하기로 한다(Peter C. Craigie, *Psalms 1-50* [Waco: Word Books, 1983], 73-74).

나. 본문의 양식/구조/배경

위에서 살펴보았듯이 시편 2편이 '제왕시'라는 견해에는 반론의 여지가 없다. 이 시편은 '제왕시'로서 다윗 왕조와 관련되어 해석된다. 이 시편의 구체적인 삶의 자리는 '왕위 즉위식'이다. 이스라엘 왕의 즉위식에는 새로운 왕의 머리에 왕관을 씌우는 의식이 있고, 그에게 율법서를 전달하며 머리에 기름을 붓고 그가 왕위에 올랐음을 선포하는 절차가 포함된다참조. 왕하 11:12. 이 시편에는 이러한 즉위 절차를 암시하는 언급들이 고스란히 들어 있다. 이 시편이 다윗 왕가의 즉위식에 대한 것이라는 사실은, 나단의 신탁을 통해서 다윗에게 해준 약속삼하 7:8-16과 이 시편 사이에 있는 유사점들을 통해서도 확인할 수 있다.[19] 이 시는 다음과 같은 구조로 분석된다:

1) 제1연: 지상 통치자들의 반역1-3절
2) 제2연: 야훼의 반응4-6절
3) 제3연: 야훼의 말씀을 선포하는 왕7-9절
4) 제4연: 지상 통치자들에게 주는 경고10-12절

이 시편에서는 여러 사람의 목소리를 들을 수 있다. 그러나 화자는 시온에 왕으로 등극하는 왕 혼자이다. 그는 놀라움 속에서 열방들과 그 통치자들의 반역에 대해서 인지하고1-3절, 야훼의 반응을 설명하며4-6절, 자신의 전권 위임을 선포하고7-9절, 적대적인 통치자들에게 주는 경고와 훈계로서 시편을 마친다10-12절.[20] 이 시편은 이방 통치자나 하나

---

19 P. C. Craigie, *Psalms 1-50*, 74.
20 Hans-Joachim Kraus, 『시편의 신학』, 13.

님의 말들을 직접적으로 인용하여 극적인 효과를 더하고 있으나, 이 시편은 다양한 화자에 의해서 전달된 것이 아니라 왕위 즉위식 혹은 그의 즉위를 기념하는 축제 가운데 왕이 선포하거나 낭독한 '선언문'이었을 것이다.[21]

이 시편의 배경에 대해 정확한 역사적 정황을 거론하는 것은 불가능하다. 예컨대 열방들의 반역에 대한 묘사1-3절도 어떤 특정한 역사적 상황을 염두하고 있는 표현이라기보다 "상투적인 어구 사용"konventionierten Sprachgebrach으로 간주된다.[22] 9절의 아람어 사용도 연대설정에 어떠한 논거가 되지 못한다. 아람어 사용이 어느 특정한 시기에만 국한되지 않기 때문이다.[23]

이 시편의 저자는 왕 자신일 수도 있고 궁정에서 일하던 시인일 수도 있다. 그러나 시편 2편에 예언적 요소가 강하게 침투해 있는 것을 볼 때, 저자가 왕을 위해 일하던 궁정예언자 그룹 가운데 한 사람일 수도 있다.[24] 따라서 필자는 시편 2편의 저자에 대한 논의를 열어 놓은 채 '시인'이라는 용어를 사용하여 시편 저자를 언급할 것이다.

---

21 메이스(James Luther Mays, *Psalms(Interpretation: A Bible Commentary for Teaching and Preaching)* [Louisville: Westminster John Knox Press, 1994], 85)도 이 시편이 왕위 즉위식 때 왕에 의해서 '대중연설문'으로 사용되었을 것이라고 말한다. 그러나 제의적인 관점에서 보아 이 시편이 다양한 화자에 의해서 전달되었다고 보는 견해도 있다. 예컨대, 이 시의 서두(1-6절)는 회중의 제의적/예언적 지도자들에 의해서 언급된 것이며, 그 다음(7-9절)은 이에 대한 왕의 답변이고, 마지막 부분(10-12절)은 회중 혹은 제사장들의 맺음말일 수 있다는 것이다(Peter C. Craigie, *Psalms 1-50*, 75.).

22 Hans-Joachim Kraus, *Psalmen. 1. Teilband: Psalmen 1-59*, 14

23 자이볼트(Klaus Seybold, *Die Psalmen* [Tübingen: Mohr Siebeck, 1996], 31)는 간간이 사용된 아람어 낱말들(רגשׁ, רעע, בר)과 고어적 형태(3인칭 복수 접미어 wm-)로 볼 때 시편 2편이 시편 110편에서와 같이 '유대의 궁정문학양식'(judäischer Hofstil)을 반영하고 있다고 평가한다.

24 Hans-Joachim Kraus, *Psalmen. 1. Teilband: Psalmen 1-59*, 14

다. 본문해설

1) 지상 통치자들의 반역[1-3절]: "우리가 그들의 사슬을 끊어버리자!"

1절은 이 시편의 시작이면서 동시에 시편 전체의 분위기를 주도한다. 여기에는 시인의 감정이 잘 드러나 있다. 시인은 열방들의 행동을 어이없음과 놀라움의 감정을 가지고 바라본다. 이러한 시인의 감정을 잘 표현하고 있는 낱말이 '어찌하여'〈람마〉, לָמָּה?이다. 그런데 이 '어찌하여' 어구는 '헛된 일'〈리크〉, רִיק이라는 말과 교차대구적으로 상응하여 그 의미를 더하고 있다.[25] 야훼의 우주적인 통치[8-9절]를 알고 있는 그는 열방들의 반역적인 계획과 행동이 어이없고 어리석게만 보인다. 여기에서 열방들의 행동은 두 개의 동사에 의해서 묘사되고 있다: רָגַשׁ qal. '쉬지 않고 움직이다'와 הָגָה qal. '계획하다'. 그들은 반역을 위해서 끊임없이 움직이며 모반 계획에 몰두한다.

2절에는 반역의 주체들이 더욱 구체적으로 드러나며 그들의 행동도 발전된 형태로 나타난다. 그들은 '땅의 왕들'מַלְכֵי־אֶרֶץ이며 '통치자들'רוֹזְנִים이다. '들고 일어난다'고 번역이 되는 히브리 동사יצב, hitp.는 전쟁의 상황에서 진을 치는 모습을 연상케 한다. 그들은 '야훼'와 그의 '기름부음 받은 자'에게 대적하는 일에 한패가 된다.[26] 그들의 행동이 계획의 단계에서 조직화되고 연합된 형태를 띠며 정치적-군사적 행동으로 발전한다.[27] 여기에서 '기름부음 받은 자'는 6-7절에서 묘사되는 이스라

---

25 1절은 히브리 원문의 어순을 따라 살펴보면 다음과 같이 교차대구적으로 상응한다: ① 어찌하여; ② 술렁대며; ③ 열방들이; ④ 민족들이; ⑤ 꾸미는가; ⑥ 헛된 일을.

26 יסד (ni. '함께 앉다', '공모하다')라는 동사에 〈야하드〉יַחַד , '함께')가 덧붙여져 서로 함께 어울려 음모를 꾸미고 야훼와 기름부음 받은 자에게 대항하는데 뜻을 같이하는 모습이 강조된다.

27 자이볼트(Klaus Seybold, *Die Psalmen*, 32)는 제1연에서(1-3절) 반역자들의 행동이 시끄러운 움직임에서 시작하여 점점 조직화되어(미완료) 마침내 반역의 목표를 기술하고 있는 3단계의

엘의 왕을 가리킨다. 표면적으로는 열방들의 행동이 이스라엘 왕에 대한 반역으로 나타나지만, 실제로 그것은 그 왕을 세우신 야훼에 대한 반역이다6절 참조.[28]

3절에는 그들이 하는 말이 인용된다. 이것은 열방들이 반역을 통해 얻고자 하는 목표다. 열방은 야훼의 통치로부터 자유롭고 싶어 한다. 여기에서 '사슬'＜모세라＞, מוֹסְרָה과 '밧줄'＜아보트＞, עֲבוֹת은 억압과 예속성을 나타낸다. 이것은 이집트의 문헌에서 '손의 사슬'과 '목의 밧줄'이라는 상투적인 그림으로 표현된 것에서 확인할 수 있다.[29] [도상자료 1-1-1] 그들은 야훼의 통치를 '억압'과 '속박'으로 느낀다. 그러한 억압과 속박으로부터 벗어나고자 반역의 음모를 꾸미고 있는 것이다. 제1연에 나타난 열방들의 행동은 고대 중동 세계에서 봉신국가들이 자신들의 주군主君에 대하여 음모적인 소요와 반역으로 맞서는 모습의 전형적인 묘사이다.[30] 이러한 열방들의 반역은 어떤 결과를 초래하는가?

2) 야훼의 반응4-6절: "내가 나의 왕을 내 거룩한 산 시온에 세웠다."

4절에는 열방 통치자들의 반역에 대한 야훼의 반응이 묘사된다. 1-3절과 4-6절의 대조는 '땅'과 '하늘'이라는 대립어구를 통해서 잘 나타난다.[31] 반역을 꾀하는 땅의 통치자들은 술렁거리며 치밀한 계획 속에

과정으로 묘사되고 있음을 지적한다.

28 '기름부음 받은 자'와 '내 아들'이라는 명칭은 신의 선택을 상징하는 칭호들이다. 기름부음은 지명과 임명을 상징하는 의식이다. '기름부음'에 의미에 대하여 다음을 참조하라. James L. Mays, *Psalms*, 86.

29 Klaus Seybold, *Die Psalmen*, 32.

30 Hans Strauss, *Gott preisen heisst vor ihm leben: Exegetische Studien zum Verständnis von acht ausgewählten Psalmen Israels* (Neukirchen-Vluyn: Neukirchener Verlag, 1988), 12.

31 게르스텐베르거(Erhard S. Gerstenberger, *Psalms, Part 1*, 12)는 1-3절과 4-6절의 상관관계를 '탄식'(complaint)과 '응답'(response)의 관계로 풀이한다. 1-3절은 하나님의 판결 앞에 가지고

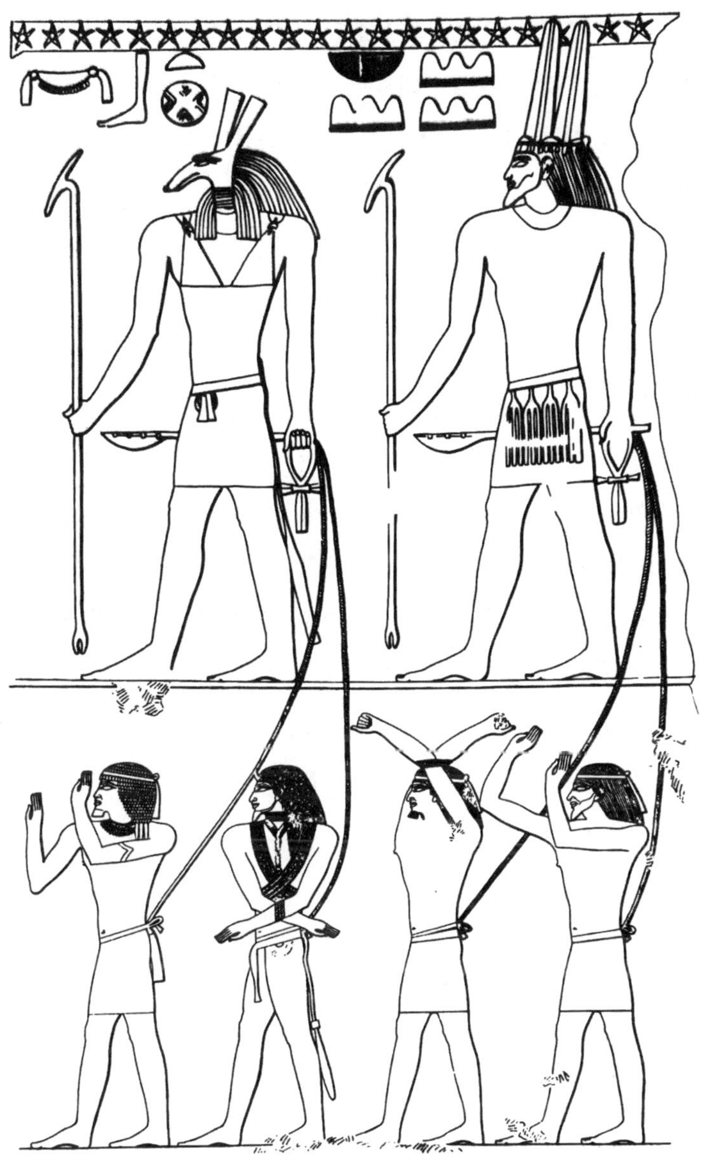

[1-1-1] **사슬과 밧줄.** 주전 2480경 사후-레(Sahu-re) 피라밋에서 발견된 석회석 부조 조각에 새겨진 그림. 이 그림에서 셋(Set)과 솝두(Sopdu) 두 신은 긴 끈에 묶인 푼트 지역의 동아프리카 사람과 리비아 사람, 그리고 중동아시아(시나이-시리아-팔레스티나) 출신의 사람들을 파라오에게 인도한다. 사슬과 밧줄은 묶임을 당한 대상에 대한 통제와 지배권을 상징한다. L. Borshardt, *Grabdenkmal* II Taf. 5-7, O. Keel, *Bildsymbolik*, Abb. 406, 280쪽에서 재인용.

전쟁을 치를 준비하는 모습을 보이는 반면, 이들의 모습을 보시고 하늘에 계신 '주님' אֲדֹנָי 은 웃으신다참조. 시 37:13; 59:9[8]. 땅의 통치자들이 일으키는 반역에 대한 야훼의 반응은 어이없음을 의미하는 웃음이다. 이러한 야훼의 웃음은 1절에서 놀라움으로 반응하는 시인의 반응을 상기시킨다. 이러한 상응관계를 통해 시인의 판단과 행동이 야훼의 반응에 근거하고 있음을 알 수 있다.

5절에서는 야훼의 분노와 진노가 묘사된다. 야훼께서 진노 가운데 말씀하실 때에 그들은 놀랄 수밖에 없다. 이렇게 날카롭게 기술된 신인동형론적인 표현은 야훼께서 살아서 반응하시며 지상의 움직임에 정열적으로 개입하신다는 사실을 분명하게 보여준다.[32] 여기에서 논란이 되는 것이 '그때'〈아즈〉, אָז가 가리키는 시제가 무엇인가 하는 문제이다. 이 낱말의 뜻을 해석할 때 중요하게 보아야 할 점이 〈아즈〉가 미완료 형태의 동사와 함께 사용되고 있다는 점이다. 이것은 야훼의 반응과 말씀이 과거에 이루어진 사실을 표현하면서도, 그것이 우선적으로 이 시편의 말씀을 경험하는 모든 현재에서 더 나아가 앞으로 일어날 것으로 예견되는 미래에서 절대적인 유효성을 가지고 있음을 나타낸다.[33]

온 제3자에 대한 탄식이라는 것이다(예컨대, 시 79:10). 이 탄식은 두 가지 근거로 구성된 적들의 소요에 대한 묘사(1-2절)와 적들의 신성모독적인 발언(3절)으로 이루어져있다. 적들의 말을 인용하는 것은 탄원시에서 흔히 있는 일인데, 이것은 야훼께서 그의 고통에 개입해주시도록 설득하기 위함이다. 이와 동일한 구조 속에서 제2연이 묘사된다고 본다: 천상의 실제(4절), 하나님의 대응(5절), 야훼 자신의 말씀에 대한 인용(6절). 이렇게 제1연과 제2연의 상응구조를 파악하며 '탄식'의 기능을 하는 것으로 제1연을 보는 것은 본 시편 자체의 분위기에서보다 이 시편에 대한 신약성서의 수용에서 더욱 분명하게 확인된다(행 4:25-26).

32 Hans-Joachim Kraus, *Psalmen. 1. Teilband: Psalmen 1-59*, 16; 또한 다음을 참조하라. Ludwig Köhler, *Theologie des Alten Testaments* (Tübingen: J. C. B. Mohr [Paul Siebeck], 1936), 6. 여기에서 야훼께서 의인화되어 표현된 것과 우주적 통치를 강조하는 하늘 보좌에 대한 심상은 대조적으로 나타난다.

33 Hans Strauss, *Gott preisen heisst vor ihm leben*, 13. 〈아즈〉(אָז)가 과거, 현재, 미래에 모두 적용될 수 있다는 사실에 대해서 다음을 참조하라. G-K. § 107b (각주 1번)와 § 107f. 시원적 인간의 의미를 가진 제왕으로서 보면서 과거적인 의미로 해석하는 벤첸(Bentzen)과 이러한 견해에 반대하면서 미래적인 의미(참조. 미 3:4; 습 3:9)를 강조하는 크라우스(Kraus)의 견해에 대해서 다음을 참조하라. Hans-Joachim Kraus, *Psalmen. 1. Teilband: Psalmen 1-59*, 17.

6절에는 실제적인 야훼의 말씀이 등장한다. 하나님은 열방 가운데 자신이 이 왕을 선택했다고 선언하신다. 이스라엘 왕의 왕위가 위협을 받을 때 야훼의 도움과 개입에 대한 기대는 야훼께서 예루살렘에 세우신 다윗 왕조의 선택과 인준에 근거한다. 다윗 왕조에 대한 선택은 나단의 신탁삼하 7장으로부터 촉발되었고, 솔로몬 시대로부터 이어진 유다 왕조의 궁정의식에서 다듬어져 다윗계약 사상을 형성하게 되었다.[34] 이 선언은 어느 특정한 시대에 국한되지 않고 미래에도 계속해서 유효한 것이다. 따라서 시온에 세운 기름 부음 받은 자의 지위가 위협받을 때, 야훼께서는 이를 방관하지 않으시고 분노와 진노로 개입하신다.

3) 야훼의 말씀을 선포하는 왕7-9절: "너는 내 아들이다."

7절은 '내가 선포한다' אֲסַפְּרָה pi. 로 시작하는데 이것은 이와 비슷한 제의적 선언을 연상케 하는 엄숙한 도입부이다시 9:2, 15[1, 14]; 22:23[22]; 66:16; 75:2[1]; 79:13; 96:3 등. 여기에서 '칙령'이라고 번역된 〈호크〉חֹק는 이집트의 궁정예식에서 사용된 "왕위인증서" Königsprotokoll와 같은 것이다.[35] 이것은 왕의 즉위의 정당성을 부여하고 왕이 가지고 있는 특별한 권한을 보장한다. '너는 내 아들이다'라는 형식구는 수메르 시대로부터 구약시대까지 내려오는 오래된 전통을 가지고 있으며, 수없이 많은 고대 중동문헌에서 알려진 것이다. 이러한 형식구를 통해서 아들로 위임된 자에게

---

34 Klaus Seybold, *Die Psalmen*, 32.

35 폰라트(Gerhard von Rad, "Das judäische Königsritual," *Theologische Literaturzeitung* 72-4 [1947, 4], 211-16.)는 이집트 궁정예식의 사례와 함께 〈호크〉에 대한 설명을 설득력 있게 전개한다. 이 '국왕조서'는 왕위 즉위식 때 뿐만 아니라 그 후에 반복되는 즉위기념행사에서도 동일하게 사용된다. 이와 관련하여 구약성서에는 〈에두트〉(עֵדוּת)라는 표현과 함께 왕하11:12에 한 번 더 언급된다. 〈호크〉와 〈에두트〉 모두 자신이 선택한 왕과 맺은 계약과 관련된 어휘군에 속한다. Hans-Joachim Kraus, *Psalmen. 1. Teilband: Psalmen 1-59*, 18.

왕으로서의 권위와 유산이 물려지는 것이 보장된다.[36] 그러나 이스라엘에서 하나님의 아들로서 위임된 왕의 존재는 그 지위에 있어서 이스라엘 주변세계의 경우와 분명한 차이가 드러난다.[37]

왕의 지위에 관하여 하나님의 아들됨을 강조하는 것은 이집트와 닮았다. 그러나 그것이 육체적 생산은 아니다. 구약성서는 하나님의 아들로서 인정되는 의식 자체에 그 초점을 맞춘다. '양자의식'per adoptionem을 통해서 하나님의 아들로서 인정된다.[38] 왕이 하나님의 아들됨을 선언하는 이 발언은 예언자적인 선언과 같이 창조적이고 새로운 존재로 만드는 말씀이다. 그렇다고 왕이 본성에 의해서 '하나님의 아들'이 되는 것이 아니다. 그는 다만 "이스라엘 하나님의 결정에 의해서 아들로 선언되며 왕의 직분을 감당하게 되는 것이다."[39] 여기에서 말하는 '오늘'은 — 그것이 지금 막 이루어진 즉위이건 매년 거행되었던 즉위

---

36 Erhard S. Gerstenberger, *Psalms, Part 1*, 47. 고대 중동의 왕궁문학을 보면 왕은 신에 의해 창조되고 선택받으며 특별한 이름, 칭호, 그리고 정체를 얻으며 신으로부터 세상을 다스릴 권세를 받고 그 나라를 열방에 전파하고 대적으로부터 보호하는 위대한 사명을 부여받는다는 주제들이 흔히 발견된다. Othmar Keel, *Die Welt der altorientalischen Bildsymbolik und das Alte Testament: Am Beispiel der Psalmen* (Göttingen: Vandenhoeck & Ruprecht, 1996), 243f; James L. Mays, *Psalms*, 84-85.

37 이집트에서는 왕의 아들됨이 대부분 일관되게 신화적으로 이해되었다. 파라오는 '성육신한 신'(Deus incarnatus)이다. 아몬신이 그를 왕의 어머니와 관계하여 낳은 자식이다. 이와는 달리 바벨론과 앗수르에서는 왕이 대체로 신들을 위해 부름을 받고 즉위되며 하나의 '외침'을 통해서 위임된 종으로서 이해된다. 크라우스는 이런 두 지역의 전통을 비교하면서 구약성서의 즉위의식은 이 두 가지 입장의 중간 정도에 위치해 있다고 평가한다. HaHans-Joachim Kraus, *Psalmen. 1. Teilband: Psalmen 1-59*, 19. 또한 다음을 참조하라. Gerhard von Rad, *Theologie des Alten Testaments I. Die Theologie der geschichtlichen Überlieferungen Israels*, 허혁 역, 『구약성서 신학 제1권』(칠곡군: 분도출판사, 1993), 320.

38 Hans-Joachim Kraus, *Psalmen. 1. Teilband: Psalmen 1-59*, 19. 제의 절차 중 단면에 불과하지만 시 110편과 2:7을 통해 공식적인 권력수여 절차는 다음과 같은 세 가지 특성을 지닌다 (참조. H. -J. Kraus, 『시편의 신학』, 274): ① 왕이 '하나님의 아들'이라는 엄숙한 제의적 선포(시 2:7; 110:3); ② 하나님의 '우편' 보좌에 오르라는 권면(시 110:1); ③ 보좌에 오른 자가 예루살렘의 적법한 제왕전승(예, 멜기세덱 전승, 시 11:4)에 따라 정통성을 갖춘 계승자가 되었다는 선언.

39 Martin Noth, "Gott, König, Volk im Alten Testament," in *Gesammelte Studien zum Alten Testament* (ThB 6), 222, Hans-Joachim Kraus, 『시편의 신학』(서울: 비블리카아카데미아, 2004), 276쪽에서 재인용.

이건 — 왕이 왕위에 오르는 날을 가리킨다. 그날은 왕의 생일로서 축하된다참조. 사 9:1-7. 하나님의 아들로서 세움 받은 왕은 하나님과 특별한 관계를 맺고 하나님을 대신하여 자신의 나라와 백성을 통치한다.

8절의 상황은 열왕기상 3장 5-15절의 본문과 비교할 때 가장 잘 설명된다. 어휘면에서 보아도 '구하라'שְׁאַל는 명령과 '주겠다'אֶתְּנָה는 약속이 서로 일치한다. 선택된 왕의 특권 가운데 하나가 청원의 권리다왕상 3:5 이하; 시 20:5; 21:3, 5; 삼하 24:12.[40] 야훼는 그의 선택한 왕에게 '열방'과 '땅의 끝들'을 유업으로 줄 것이다. 따라서 시온에 세움을 입은 이스라엘 왕은 '세계의 통치권'을 갖게 된다. 이것이 가능한 것은 단 한 가지 이유 때문이다. 왕의 아버지인 야훼께서 열방과 전 세계에 대한 주관자이시기 때문이다시 24:1-2; 47:2, 8; 89:11; 사 6:3. 그에게 모든 것이 속해 있고 그 자신이 창조자이시기 때문에, 그의 기름부음 받은 자에게 모든 것을 넘겨줄 수 있다.[41]

9절은 열방에 대해서 왕이 가지고 있는 통치권과 재판권에 대해서 말씀한다. '철장鐵杖, בְּשֵׁבֶט בַּרְזֶל으로 부서뜨리며 질그릇처럼 깨뜨린다'는 표현은 다소 생소하게 느껴지지만, 고대 중동의 관습과 문헌에서는 그렇지 않다. 이집트의 즉위축제나 축하의식에서 왕은 열방의 이름이 기록된 토기를 깨뜨리거나 사방으로 화살을 쏨으로 자신의 권력을 과시

---

40 Gerhard von Rad, 『구약성서 신학 제1권』, 320.

41 Hans-Joachim Kraus, 『시편의 신학』, 290-300, 특히 297. 크라우스는 알트(A. Alt)의 견해를 받아들여 이스라엘 왕의 세계통치권에 대한 진술을 고대 오리엔탈 문화권의 '왕-이데올로기'(Königsideologie)의 틀 안에서 이해될 수 있다고 하면서도 구약성서의 독특성을 다음과 같이 요약한다: ① 이스라엘 왕의 세계 통치권은 '바다에서 바다까지'의 다윗왕국을 모델로 한 것이며(시 72:8), ② '큰 나라'(Großreich)가 '세계왕국'(Weltreich)으로 확대되었고, ③ 그의 통치권은 창조주 하나님에게 근거한다. 따라서 이스라엘 왕의 우주적인 통치에 관한 사상은 창조론과 다윗 또는 그의 왕조 선택의 교차지점(Schnittpunkt)에 있다는 것이다. 이것은 과장이나 궁중문학양식, 또는 이상이나 투사가 아니라 세계의 창조자와 주관자로서 창조주 하나님이 자신이 선택한 왕에게 넘겨준 포괄적인 위임이다(Hans-Joachim Kraus, *Psalmen. 1. Teilband: Psalmen 1-59*, 15).

하곤 했다. 메소포타미아 문헌에서는 왕이 열방을 '토기'와 같이 부숴뜨리며 사방의 세계지역들을 관장한다는 언급이 자주 등장한다. 이러한 표상들은 "우주적이며 사법적인 전권"을 드러내는 상징어들이다.[42] 왕이 가지고 있는 세계통치권은 말로만 그치지 않고 세계 열방을 향하여 야훼께서 보장하신 엄위한 권한을 실제로 행사할 것이다.

4) 지상 통치자들에게 주는 경고 10-12절: "경외함으로 야훼를 섬기라!"

시편 2편은 지상 통치자들에 주는 경고로 종결된다. 제4연에서는 지혜전승의 영향이 두드러지게 나타난다. '지혜롭게 행동하다' שׂכל[43]나 '교훈을 받으라' יסר, ni.[44]로 옮겨진 히브리 동사는 주로 지혜문학적인 본문에 등장하는 낱말들이다. 야훼께서 시온에 세운 왕에게 세계 지배권을 보장하셨다면 지상의 통치자들은 그의 최고 권위를 인정해야만 한다. 그리고 그의 교훈을 받아들이고 지혜롭게 행동해야 한다.

주의 깊게 듣고 이치에 순종하는 것은 지혜자 집단에서 최우선적인 관심사다 잠 4:1; 5:1, 7; 단 9:25. 무엇이 지혜롭고 현명한 처사인가? 11절

---

42 Hans-Joachim Kraus, *Psalmen. 1. Teilband: Psalmen 1-59*, 20; 또한 다음을 참조하라. Hermann Kees, *Der Götterglaube im alten Ägypten* (Berlin: Akademie-Verlag, 1977), 103.

43 '분별력 있는'(einsichtig), '영리한'(klug) 등의 기본의미를 가지고 있는 이 동사는 한 번을 제외한 모든 경우 히필형으로 사용되었다(59회: 잠언 13회; 시편11회; 다니엘 9회; 예레미야 5회; 사무엘상, 이사야, 욥기에 각각 3회). 더 나아가 이 동사는 주로 בִּין '이해하다'나 יָדַע '알다' 등의 동사와 병행하여 사용되었다. Magne Sæbø, "שׂכל (Hif.): Einsichtig sein," *Theologisches Handwörterbuch zum Alten Testament II* (1976), 823.

44 '견책하다'(züchtigen), '훈계하다'(zurechtweisen) 등의 기본의미를 가지고 있는 이 동사는 그 명사형 *mūsār*의 용례에서 지혜문학적인 사용을 확인할 수 있다(50회의 용례 중 30회가 잠언에서 발견된다). 훈계는 단순히 말만 아니라 채찍의 사용도 배제되지 않는데, 우선적으로 부모, 지혜자(스승), 하나님이 권위를 가진 훈육의 주체로서 나타난다. Magne Sæbø, "יָסַר (Hif.): züchtigen, zurechtweisen; מוּסָר: Zucht, Erziehung," *Theologisches Handwörterbuch zum Alten Testament I* (1971), 738-39.

과 12절 전반절에 그 대답이 있다. 먼저 '야훼를 경외함으로 섬기는 것'이다. 야훼 경외는 지혜의 시작이자 목표이다참조. 잠 1:7; 9:10; 욥 28:28; 시 111:10. 그것은 단순히 야훼하나님 앞에서의 두려움을 말하는 것이 아니라, 그분을 유일한 주권자와 심판자로 인정하면서 그분의 뜻과 계명에 순종하며 그분이 기뻐하시는 일을 함으로써 그분에 합당한 존경과 섬김의 모습을 보여주는 것이다.[45] 또한 '떨림으로 그를 즐거워 하는 것'이다참조. 시 32:10; 35:9; 욜 2:23; 합 3:18. 야훼께서 베푸신 구원을 맛보며 그리고 그것을 기대하며 기뻐하는 것이다.

이렇게 야훼를 인정하는 삶은 동시에 '아들'을 섬기는 삶으로 이어진다12절 전반절. 발에 입맞춤하는 것은 섬기겠다는 복종의 표시이다참조. 사 49:23. [도상자료 1-1-2] 야훼를 섬기는 것과 아들을 섬기는 것이 동일시된다. 이것은 '아들'의 통치가 '아버지'의 주권과 상응한다는 의미이다.[46] 따라서 기름부음 받은 자의 대관식은 하나님의 주권을 부정하는 인간의 역사 한가운데서 '야훼가 친히 다스리신다'는 사실을 천명하는 것이다.[47] 만약 이러한 다스림을 부정한다면 야훼의 분노가 '지체 없이' 타올라 그들을 길 가운데서 망하게 하실 것이다.[48] 그러나 이 시편은 심판에 대한 경고[49]로 끝나지 않고 복된 삶의 가능성을 제시함으로 마치

---

45 야훼(하나님) 경외에 대하여 다음을 참조하라. 하경택,『질문과 응답으로서 욥기 연구(개정증보판)』(서울: 한국성서학연구소, 2016), 91; 또한 다음을 참조하라. Gerhard von Rad, *Weisheit in Israel* (Neukirchen-Vluyn: Neukirchener Verlag, 1970), 91-93; Hans-Joachim Kraus,『시편의 신학』, 380-81.

46 김정우는 화자와 각 소절의 내용 연결에 대한 분석을 통해서 하늘의 대왕이신 주님과 그가 땅에 대리자로 세우신 왕의 밀접한 연대성이 중심주제로 나타남을 보여주고 있다(김정우,『시편주석 I』, 167).

47 James L. Mays, *Psalms*, 86-87.

48 여기에서 시편 1편과 2편의 긴밀한 연관관계를 살펴볼 수 있다. 구체적인 내용에 대해서는 아래의 '시편집의 서론으로서 시 2편'의 내용을 보라.

49 크라우스는 이 경고를 '최후통첩'(Ultimatum)이란 말로 표현한다(Hans-Joachim Kraus, *Psalmen. 1. Teilband: Psalmen 1-59*, 20). 그러나 게르스텐베르거는 전쟁의 상황에서 최후통첩과 같은 내용은 오직 예언적 상황에서만 나타난다고 주장하면서(암 1:3-2:3; 사 49:1) 이러한 양식 분

[1-1-2] 발에 입맞춤. 니느웨에 있던 아시리아 산헤립 왕궁의 부조로서 앗수르바니팔 시대의 것으로 추정. 아시리아는 엘람을 물리치고 아시리아에 적대적이었던 엘람 왕 테움만(Teumman)을 폐위시킨 후 아시리아에 친화적인 테움만의 조카를 새로운 왕으로 등극시켰다. 이 장면은 아시리아 왕의 대리자로서 아시리아 장군 중 하나가 새로운 왕으로 등극할 조카를 귀족들 앞에 소개하는 모습이다. 이때 아시리아의 귀족들은 그 대리자에게 엎드려 절하고 발에 입 맞춘다. 그들의 행동은 새로운 왕에 대한 충성과 복종의 표시일뿐 아니라 아시리아 왕에 대한 충성과 복종의 표시이기도 하다. 이것은 시온에 세워진 새로운 왕에게 충성하고 복종하는 것이 그를 세우신 야훼 하나님에 대한 충성과 복종의 의미를 담고 있다는 시편 2편의 신학을 잘 드러낸다. A. Paterson, *Assyrian Sculptures* Taf. 76/77. O. Keel, *Bildsymbolik*, Abb. 360a, 246쪽에서 재인용.

고 있다. 그분께 '몸을 피한다'חסה, qal. 분사형[50]는 것은 '신뢰의 고백'을 나타낸다. 이것은 믿음을 가진 자와 경건한 자의 '기본적인 결정'이며

류에 반론을 제기한다. 그는 이러한 내용의 양식을 '조언에 주의하도록 하는 소환'(Summons To Heed Counsel)이라고 평가한다(참조. Erhard S. Gerstenberger, *Psalms, Part 1*, 47). 필자도 12절의 내용이 그 무엇보다도 지혜적 전통 속에 있는 본문으로 평가하여 '지혜로운 선택'을 권유하는 훈계와 경고로 이해하는 것이 좋다는 입장이다.

50 '자신을 숨긴다'(sich verbergen)는 기본의미를 가지고 있는 이 동사는 시편에 집중되어 있다 (37회 용례 중 시편에서만 25회). 제의적 본문에서 야훼의 보호를 요청하며 신뢰의 고백을 나타낼 때 주로 사용된다(참조. 시 7:2; 11:1; 16:1; 25:20; 31:2; 57:2; 71:1; 141:8). Erhard S. Gerstenberger, "חסה (Hif.): sich bergen," *Theologisches Handwörterbuch zum Alten Testament I* (1971), 622-623.

'기본태도'이다.[51] 야훼를 신뢰하는 자, 그에게 피난처를 삼고 그분께 자신을 숨기는 자는 복되다참조. 시 5:12; 17:7; 18:31; 31:20; 34:23; 나 1:7; 잠 30:5.[52]

라. 내용요약과 중심주제

시편 2편의 화자는 왕위에 즉위하는 왕이다. 수신자는 표면적으로 땅의 왕들과 재판장들이다. 그러나 이것은 왕의 권위와 직임을 부정하고 반역을 도모하는 대표자들이기 때문에 언급된 것이다. 이 시편의 청중에는 직접적으로 언급된 이방 통치자들과 더불어 이스라엘 왕의 즉위식에 참여하는 이스라엘 백성들이 당연히 포함된다.

시편 2편은 내용에 따라 4연으로 명확하게 구분된다. 1연과 2연에서는 땅과 하늘의 극명한 대조 속에서 반역을 획책하는 열방 통치자들의 행동과 그러한 모습을 가소可笑롭게 여기며 시온에 세우신 왕을 주목하게 하시는 하나님의 행동이 상반된 모습으로 묘사된다. 3연에 오면 하나님의 아들로 등극하는 이스라엘 왕의 신분과 그가 가지고 있는 통치권에 대한 야훼의 선언과 약속이 인용의 형태로 선포된다. 4연에서는 1연에서 언급된 열방통치자들이 다시 시야의 중심에 놓이게 된다. 여기에서 이방 통치자들은 야훼의 선택받은 이스라엘 왕에 대한 복종을 통해서 진정한 우주의 통치자이신 하나님을 경외함으로 섬기라는 경고를 듣는다. 그러나 이 시편은 여기에서 끝나지 않고 하나님

---

51 Johann Gamberoni, "חסה," *Theologisches Wörterbuch zum Alten Testament*, III ed. (1982), 71ff. 브라운(W. P. Brown)은 시편에 등장하는 메타포들 가운데 '길'과 '피난처'를 두 가지 중심 메타포로 평가한다(W. P. Brown, *Seeing the Psalms: A Theology of Metaphor* [Louisville, Ky. : Westminster John Knox Press, 2002], 16). 시편 1편이 '길' 메타포를 보여준다면, 시편 2편은 '피난처' 메타포를 보여준다고 말할 수 있다.

52 12절 하반절은 많은 주석가들에 의해서 후기로서 평가된다. 그럴 경우 이 '행복선언'은 포로기 이전 제왕시에 나타난 신앙고백을 현재화시키는 시편 기도자와 다윗 시편을 읽는 독자들을 향한 것으로 볼 수 있다. Klaus Seybold, *Die Psalmen*, 33.

께 피하는 자에 대한 '행복선언'으로 종결된다. 이 '행복선언'은 진노에 멸망하지 않고 복되고 지혜로운 삶을 사는 길은 무엇인가를 보여 준다.

시편 2편에서 다루어지는 중심주제는 '세계의 통치자'가 누구인가와 세계통치는 과연 '어떻게' 이루어지는가에 대한 물음이다. 이러한 물음에 하늘에 좌정하신 야훼가 세계의 궁극적 통치자이며 그분은 자신이 시온에 세우신 '아들'을 통해서 세계를 통치하신다고 응답한다. 그리고 '아들을 통한 하나님의 통치'를 인정하고 야훼와 '기름부음 받은 자'מָשִׁיחַ를 떨림으로 섬기는 것이 복된 길임을 열방의 통치자들을 비롯한 모든 사람들에게 교훈한다.

시편 2편에서 강조하는 이스라엘 왕의 '세계 통치권'에 대한 이상과 이스라엘의 실제 경험 사이에는 명백한 괴리가 있다. 따라서 이 시편의 궁극적인 성취는 이스라엘 궁정에서가 아니라 종말론적인 약속으로서 장차 도래할 다윗의 후손에게서 기대될 수 있다.[53]

4. 시편집의 서론으로서 시편 2편

시편 2편의 의미를 고찰할 때 시편집에서 차지하는 위치도 중요하게 작용한다. 개별적인 시편 연구를 넘어서 시편집으로 확정된 최종형태의 본문 안에서 보여주는 시편의 의미와 기능을 탐구하는 것은 시편

---

53 James L. Mays, *Psalms*, 88. 이스라엘 왕의 세계통치권에 대하여 다음을 참조하라. Winfried Thiel, "Der Weltherrschaftsanspruch des judäischen Königs nach Psalm 2," in *Theologische Versuche III*, ed. Joachim Rogge and Gottfried Schille (Berlin: Evangelische Verlagsanstalt, 1971), 53-63.

연구의 또 다른 가능성을 제공한다.[54]

　시편집 안에서 시편 2편의 의미와 기능을 고찰할 때 우선적으로 파악되는 것은 시편 1편과 시편 2편의 관련성이다. 시편 1편과 시편 2편은 모두 표제어가 없다. 이것은 이미 상당기간동안 하나의 수집 단위로서 사용된 시편 모음집예컨대 시편 3-41편 혹은 제2권의 마지막인 72편까지의 수집물, 아니면 150편까지의 전체 시편집에 이 시들이 덧붙여졌음을 시사한다.[55] 시편 1편과 시편 2편의 관련성은 여러 가지 점에서 관찰된다.[56] 우선 시편 1편의 시작1:1과 시편 2편의 마지막2:12이 '복있다'אַשְׁרֵי는 선언으로 일치하고 있어서 수미쌍관법首尾雙關法, inclusio의 문학적 기법이 사용된 한 편의 시로서 파악할 수 있게 한다. 또한 시편 1편에서 나왔던 두 가지 '길'에 대한 교훈을 시편 2편에서도 찾아 볼 수 있으며 '망한다'는 동사가 똑같이 사용되고 있다דֶּרֶךְ와 동사 אבד의 사용: 참조. 시 1:6; 2:12.[57] 이와 더불어 시편 1편 1절의 '악인의 꾀'는 '지혜를 얻고 교훈을 받으라'는 시편 2편 10절과 대조를 이루면서 모두가 지혜문학적 전통 가운데 있음을 보여준다.[58] 시편 1편과 연결지어 읽을 때 '복있는 사람'은 토라와 야훼의 통치를 따르는 자이다. 이러한 의미에서 야훼와 기름부음 받은 자에게 반역하는 이방 통치자들은 '악인'이며 '멸망의 길'을 가는 자들

54　이러한 관심으로 시도된 시편연구에 대해서 다음을 참조하라. M. Millard, *Die Komposition des Psalters. Ein formgeschichtlicher Ansatz* (FAT 9) (Tübingen: J. C. B. Mohr, 1994); 박경철, "한권으로 읽는 시편," 김영일 외 편, 『시편: 우리 영혼의 해부학 – 김이곤교수정년퇴임기념논문집』(서울: 한들, 2006), 11-57.

55　Erhard S. Gerstenberger, *Psalms, Part 1*, 45.

56　사도행전 13장 33절에 대한 여러 고대 사본에서는 시편 2편을 첫째 시편으로 인용하고 있어서 시편 1편과 시편 2편을 하나의 시편으로 간주하고 있다는 사실을 짐작할 수 있으며, 바벨론 탈무드에서도 랍비 요하난이 "다윗이 특별히 사랑하던 시편은 '복되다'는 말로 시작하여 역시 '복되다'는 말로 끝맺는다"고 말함으로서 시편 1-2편의 통일성을 강조한다(Ber. 9b).

57　이뿐 아니라 우리말로는 '묵상하다'(1:2)와 '꾸미다'(2:1)로 각기 다르게 옮겨졌지만, 여기에 쓰인 히브리 낱말은 동일하여(hgh) 두 시편의 연관성을 보여준다.

58　K. Schaefer, *Psalms*, 10-11.

이다.

이렇게 긴밀한 연관성 속에 있으면서 '토라'와 '다윗 왕조'의 중요성을 강조하는 두 시편은 시편집의 '서론' Proömium 으로서 시편집 전체의 문을 연다.[59] 시편 1편은 교훈의 수단 '토라'을 강조하는 서론의 기능을 한다고 하면, 시편 2편은 교훈의 내용 '하나님이 다스리신다'을 도입하는 서론으로서 기능한다.[60]

시편집의 구조 속에서 시편 2편의 기능을 고찰할 때, 또 하나 주목해야 할 점은 시편집의 결론과의 상응관계를 살피는 일이다. 시편집의 마지막 장인 시편 150편은 '할렐루야' 송영으로 끝을 맺고 있는데, 이것은 할렐루야 모음집의 마지막임과 동시에 시편집 전체의 결론이기도 하다. 시편집의 서론으로서 시편 1편과 시편 2편의 기능을 생각하고 시편집의 처음과 마지막으로서 시편 1편과 시편 150편의 구성적 의미를 고려한다면, 시편 2편과 시편 149편의 상응관계에 대한 고찰을 시도할 수 있다. 그런데 놀랍게도 시편 2편과 시편 149편은 많은 유사성을 가지고 있다.[61] 야훼께서 '시온'에 왕을 세우셨다는 언급 2:6은 '시온의 주민이 자신들의 왕으로 인하여 즐거워하리라' 149:2는 말과 호응을 이룬다. 또한 이방 통치자들에 대한 심판의 주제가 서로 일치한다 2:8-9, 12; 149:7-9. 그 가운데 '철장으로 질그릇같이 깨뜨린다'는 표현 2:9은 세계 심판에 참여하는 성도들이 손에 '두 날을 가진 칼'이 있다는 진술

---

59 Klaus Seybold, *Die Psalmen*, 31; 또한 다음을 참조하라. R. Rendtorff, *Theologie des Alten Testaments. Ein kanonischer Entwurf, Band 1: Kanonische Grundlegung* (Neukirchen-Vluyn: Neukirchener Verlag, 1998), 296-97. 시편집의 첫 번째 시가 '토라'의 중요성을 강조하면서 '의인과 악인의 길'을 제시하고 있는 것은 시편집의 서론으로서뿐 아니라 구약성서 전체의 구조 안에서도 매우 중요한 의미를 지닌다. 왜냐하면 토라, 예언서(네비임), 성문서(케투빔)로 나뉘는 3분 구조의 히브리 성서에서 예언서의 처음('율법을 주야로 묵성,' 수 1:8)과 마지막('의인과 악인의 구분,' 말 3:22-24[4:4-5])의 주제를 함축하고 있기 때문이다. 박경철, "한권으로 읽는 시편," 20-21.

60 K. Schaefer, *Psalms*, 11.

61 박경철, "한권으로 읽는 시편," 23; F.-L. Hossfeld and E. Zenger, *Die Psalmen I*, 11f.; 51.

149:6과 연결되어 있다. 그러면서도 '사슬을 끊고 밧줄을 벗어 던지자' 2:3고 말하면서 반역을 시도하는 이방 통치자들과 열방과 민족들에게 '고랑과 쇠사슬로 결박할 것이다' 149:8라고 하면서 선포되는 야훼의 심판이 대조와 대응관계를 이루고 있다.

이처럼 시편 2편은 한편으론 시편 1편과의 연결 관계를 통해서 다른 한편으로는 시편 149편과의 상응관계를 통해 시편집의 서론으로서 기능한다. 이러한 시편 2편의 위치적 의미와 그 기능을 고려할 때, 시편 2편은 제의의 주관자이며 시인으로서의 '다윗'과 야훼의 통치를 실현하는 이스라엘 왕으로서의 '다윗'의 모습을 강조하는 시편 신학의 의도를 잘 보여주고 있다.[62]

5. 신약성서의 수용

시편 2편은 제왕시 가운데서도 '메시야 시편'으로 알려져 있다. 왜냐하면 이 시의 내용이 궁극적으로 예수 그리스도에게서 성취되었기 때문이다. 또한 복음서에서 예수의 신분과 사역을 묘사하는 세 가지 칭호, 즉 하나님이 세우신 '왕', '기름부음 받은 자', '아들'이 함께 들어 있는 유일한 구약성서 본문이기도 하다.[63]

먼저 신약성서에서 예수 그리스도를 '아들'이라고 호칭하는 경우는 다음 세 가지 경우이다: ① 세례 받을 때막 1:11과 병행구절; ② 변화산 상에서막 9:2-7과 병행구절; 또한 참조. 벧후 1:17; ③ 그리고 부활 시행 13:33; 롬 1:4에. 특별히 예수의 세례 사건은 시편 2편의 왕위 즉위식의 상황과 일맥

---

62 R. Rendtorff, *Theologie des Alten Testaments*, 296-97.

63 James Luther Mays, *Psalms*, 83.

상통한다. 요한에게서 세례를 받으시고 올라오실 때 성령이 임하시고 하늘에서 '너는 내 사랑하는 아들이라. 내가 너를 기뻐하노라'하는 소리가 들린 것은 이스라엘 왕의 왕위 즉위식에서 기름부음의 의식이 있고 그가 하나님의 아들이라고 선언되는 것과 같다.[64] 다시 말하면 예수의 삶은 일반적인 삶이 아니라 '세계 통치권'을 가진 이스라엘의 왕으로서 등극하셔서 활동하게 되는 특별한 삶임을 명백하게 보여준다. 그에게는 하늘과 땅의 모든 권세가 주어졌고^{마 28:18}, 그가 하나님의 아들로서 상속자이며^{마 21:38과 병행구절; 또한 참조. 갈 4:7} 아버지의 참 아들이시다^{히 1:5; 5:5}.

사도행전 4장 23-31절에서는 시편 2편이 예수, 즉 하나님의 기름부음 받은 자를 대적하는 권세자들과 백성들의 모습을 해석하는 데 사용된다. 교회를 핍박하는 것이 곧 예수를 핍박하는 것이다. 예수를 핍박하는 것은 하나님의 아들이자 하나님이 기름부으신 거룩한 종을 핍박하는 것이므로 하나님의 통치에 반기를 드는 것이 된다. 그러므로 교회는 시편 2편의 열방 통치자들과 같이 하나님에 대한 반역을 꾀하는 무리들을 물리치시고 자신들을 더욱 담대하게 하시어 복음을 전하게 해달라고 기도한다. 하나님께서는 그들의 기도를 들으시고 사도들이 큰 권능으로 예수 부활을 증거하게 하셨고, 그리스도의 통치권이 교회를 통해서 세상에서 드러나게 하셨다^{참조. 행 4:32-35}.

마지막으로 종말론적인 예언의 상황에서 시편 2편이 인용된다. 예수 그리스도는 전쟁에서 승리하시어 쇠막대기로 열방을 다스리게 되신다^{계 12:5; 19:15-16}. 또한 세상나라가 하나님과 그리스도의 나라가 되어

---

64 '너는 내 아들이다'라는 선언은 예수와 하나님과의 관계를 설명하는 핵심적인 요소이다. 신약에서의 '아들'은 하나님의 나라를 대변하기 위해 이 땅에 보내진 그분을 지칭하게 된다. '아들'이라는 지칭은 다른 어떤 칭호보다도 하늘의 주권자와 세상의 통치자와의 상응관계를 잘 드러낸다. 위의 책, 89.

그가 세세토록 왕노릇 하게 될 것이다^{계 11:15; 또한 참조. 계 1:5; 4:2}.

성서에는 아버지와 아들의 관계 유비가 지속적으로 고찰된다. 출애굽은 하나님이 이스라엘을 '장자'로 택하시고 자신을 섬기도록 이끌어 내신 하나님의 구원행동이다^{출 4:22; 신 32:6; 호 11:1; 또한 참조. 호 1:10; 사 43:6; 63:16; 렘 3:4, 19; 31:9; 말 1:6}. 시내산 계약은 이스라엘 백성이 아버지와 아들 관계의 유비 속에서 하나님과 맺어진 언약사건이다^{참조. 출 19:5-6}. 하나님과 이스라엘 백성과의 관계를 규정하는 시내산 계약은, 하나님께서 다윗^{그리고 그의 왕위를 이은 왕}과 맺은 다윗 언약으로 그 계약의 범위가 좁혀진 채 계승된다^{참조. 삼하 7장; 시 89:3f, 20, 27, 35-37; 132:11f, 17}.[65] 신약에서 아버지와 아들의 관계유비는 그리스도와의 관계에서 이어지고 있으며, 이것이 다시 그리스도를 통해 구원을 얻은 교회와 그리스도인들에게 확대된다. 따라서 그리스도를 영접하는 자들은 언약의 백성으로서 하나님의 자녀가 될 뿐만 아니라 아들에게 주시는 '왕적 통치'의 권세를 누리게 된다^{참조. 요 1:12; 눅 10:19; 롬 8:14; 고후 6:18; 벧전 2:9; 계 2:26-27}.

6. 나가는 말

지금까지 시편 2편에 대한 다양한 측면들을 살펴보았다. 시편 2편의 해석사를 통해서 제왕시의 '삶의 자리'에 대하여 고찰하였으며, 개별주석을 통해 시편 2편이 담고 있는 주제를 살펴보았고, 시편집 서론으로서 시편 2편이 차지하는 위치적 의미도 탐구했다. 핵심적 주제로서 시편 2편은 '아들을 통한 야훼의 궁극적 통치'를 선포하고 교훈한

---

[65] Peter C. Craigie, *Psalms 1-50*, 78.

다. 하나님이 기름 부어 세우신 '아들'은 먼저 다윗의 혈통을 이은 이스라엘 왕의 형태로 나타났고, 다음으로는 이 땅에 하나님의 통치를 이루기 위해서 인간의 몸을 입고 오신 예수 그리스도의 모습으로 나타났다. 그러나 오늘날 우리 시대에도 하나님의 '아들'로서의 모습이 기대된다. 그것은 그리스도를 믿는 믿음을 가진 자들에게 약속하시고 기대하시는 '하나님의 아들'로서의 모습이다. 시온에 세움을 받은 이스라엘의 왕과 같이 세계 통치권을 가지고 하나님의 뜻을 이 땅에 펼쳐나가고 놀라운 권능과 위엄을 드러내는 삶이다. 이것이 가능한 것은 하나님이 그렇게 약속하셨기 때문이요, '하늘과 땅의 모든 권세'를 가지신 예수께서 '임마누엘' 하나님으로서 세상 끝날까지 항상 함께 하시기 때문이다^{마 28:18-20}.

'제사장-왕'을 통한 야훼의 통치

시편 110편의 해석과 적용[1]

1. 들어가는 말

본 논문은 시편 110편에 대한 해석과 적용을 시도한다. 시편 110편은 초기 교부시대부터 많은 주목을 받았으며, 신약성서에서 가장 많이 인용되는 구약본문으로 나타난다. 이 시편은 예수 그리스도의 사역과 활동을 예언하는 본문으로 해석되어 메시아사상의 굳건한 토대를 형성하게 하였다. 그 가운데 '보좌 우편에 앉으신' 분과 '멜기세덱의 방식을 따른 영원한 제사장'에 대한 내용이 예수 그리스도에 대한 본문으로 읽게 하는 대표적인 내용이다. 그러나 이러한 시편 110편에 대한 기독론적 해석은 시편 110편이 의미하는 바의 전체가 될 수 없다. 이에 필자는 시편 110편이 현대 주석가들에 의해서는 어떻게 해석되고 있

---

1 이 논문은 『구약논단』 66 (2017. 12), 150-82쪽에 실렸다.

으며, 오늘날 우리에게는 어떻게 해석되고 적용될 수 있는지를 살펴보고자 한다.

2. 시편 110편의 해석사: 교부시대에서부터 종교개혁시대까지

시편 110편은 초기 교회시대에서부터 관심의 대상이 되었을 뿐 아니라 다양한 해석으로 인한 논쟁의 진원지가 되기도 하였다. 순교자 저스틴Justin Martyr은 1절에서 말하는 '주'가 히스기야를 지칭하며 2절에서 언급하는 통치가 히스기야 시대의 예루살렘 구원을 의미하는 것이라는 유대교 랍비들의 해석에 반대하였다. 저스틴은 히스기야는 영원한 제사장이 아니었음으로 시편 110편이 말하는 '주'가 될 수 없고, 예수 그리스도만이 그렇다고 주장함으로써 시편 110편에 대한 기독론적 해석을 지지했다.[2]

어거스틴Augustine은 시편 102편 18절 "이 일이 장래 세대를 위하여 기록되리니"에 근거하여 시편은 그리스도인들에게 하나님의 새 언약에 대한 예언을 담고 있다고 생각했다. 그는 시편 2편과 110편이 메시아 예언으로서 짝을 이룬다고 말하며, 시편을 통해 "하나님이 아들을 길에 대한 이정표가 아니라 길 자체가 되게 하신 것"을 알 수 있다고 말한다. 그는 예수 그리스도가 다윗의 아들이요 다윗의 주로서 찬양된다는 사실을 주지시키면서, "다윗은 그의 아들의 출생을 통해 영광을 받고 그의 아들의 주되심을 통해 해방된다"고 말한다.[3]

---

2 B. K. Waltke, *The Psalms as Christian Worship. A Historical Commentary* (Grand Rapids, Mi./Cambridge, U.K.: W. B. Eerdmans Publishing Company, 2010), 487.

3 위의 책, 488. 이외에도 어거스틴은 예수 그리스도가 성서의 중심이며("예수 그리스도는 성서를 하나로 묶는다. 왜냐하면 그는 성서의 종말점[endpoint]이자 충만[fullness]이기 때문이다.") 그

제롬Jerome은 어거스틴과 동시대 사람으로서 어거스틴의 해석을 비판하면서 비판적 연구를 시도했지만, 시편의 예언적 의미는 인정했다.[4] 제롬은 히브리어 본문을 따라 1절에서 야훼와 지상의 '주'를 구분하였고, 예수의 신성과 인성이 시편에서 확인된다고 보았다. 3절의 '날'이 영원한 하나님의 시작을 의미한다고 해석하며 이것을 요한복음 1장 1절과 연결시켰다. 아들과 아버지와 함께 '그 시작'은 영원하다. 그럼에도 불구하고 예수는 인간으로서 아버지와의 대화 속에서 도움을 위한 기도를 드린다. 제롬은 그러한 인간 예수 그리스도의 모습을 시편의 기도에서 찾아내었다.

다음으로 루터M. Luther의 시편 해석이다.[5] 그는 중세의 해석전통과 결별할 때 다음 두 가지 사항이 중요했다. 첫째로, 그는 한 본문이 다중적인 의미를 가지고 있다는 본문의 다의성polysemy을 부정했다. 둘째로, 그는 성직자만이 본문을 제대로 이해할 수 있다는 성직주의를 거부하고, 본문의 '문자적 의미' 파악에 주력했다. 그가 주장한 '문자적 의미'literal sense는 다른 세 가지 다른 의미와 구별되는 단순한 사실 기술을 넘어, 성경 독자가 내면에서 경험하는 확신과 관련된 실제적 의미를 나타내며, 이는 구원 자체에 대한 분명한 확신을 요구한다. 이처럼 루터는 성서 본문에 대한 깊은 실존적 이해를 경험하기 위한 방법으로, 새로운 해석 방법을 시도한 것이다. 또한 루터는 그리스도 중심적으로 성서를 이해했다. 그는 성서의 모든 부분이 직접적이든 은유적이든 상관없이 예수 그리스도와 관계있는 것처럼 이해되어야 한다고

러한 해석은 성령에 의해 주어지는 "새로운/영적 의미" 안에서 발견된다고 말한다. S. J. Henri de Lubac, *Medieval Exegesis: The Four Senses of Scripture*, vol. 1, trans. Mark Sebanc (Grand Rapids: Eerdmans, 1998), 237.

4   B. K. Waltke, *The Psalms as Christian Worship*, 489.

5   위의 책, 491-92.

말한다. 이러한 루터의 그리스도 중심적 해석학은 시편 110편에 관한 해석에서도 그대로 드러난다. 그는 '내 오른편에 앉으라'는 명령을 '신적이라고 불리는 위엄과 권세를 가지라'는 의미로 해석한다. 루터는 이 시편에 대해 123쪽에 달하는 긴 설명을 하면서 다음과 같이 결론을 맺는다. "이 아름다운 시편은 성서 전체의 중심이자 핵심이다. 다른 어떤 시편도 이처럼 그리스도에 관하여 풍부하고 아름답게 예언하지 못할 것이다. 그것은 주님과 그분의 왕국 전체에 관하여 묘사하고 있으며, 그것은 그리스도인들에게 위로를 준다."[6]

다음으로 칼뱅J. Calvin의 해석이다.[7] 그는 루터를 토대로 자신의 방법론을 발전시켜, 그는 '단순하고' '자연스러운' 의미를 찾고자 한다. 칼뱅의 역사관은 하나님을 모든 인간사에 대한 주권자로서 인식하는 것이며, 이스라엘의 자리를 성서 전체가 증언하는 '교회'의 연속체 안에서 보는 것이다.[8] 그는 '의인법'擬人法, prosopopoeia이라는 고전적 개념을 받아들이고 다윗을 '표본'으로 이해한다. 다윗이 그리스도를 대신하여 말하고 있다는 것이다. 그리하여 시편에 나타난 하나의 기도 전체가 그리스도의 기도로서 해석될 수 있었다. 또한 그는 변함없으신 하나님의 성품이 시편과 그것들의 계속되는 해석에 통일성을 부여한다고 말한다. 자신의 백성, 즉 이스라엘뿐만 아니라 교회와 맺은 하나님의 언약은 영원토록 동일하다. 그래서 칼뱅은 독자를 하나의 본문으로 안내한다. 그래서 그 독자는 아브라함과 멜기세덱의 시대로부터 그

---

6 *Luther's Works*, vol. 13, 348.

7 B. K. Waltke, *The Psalms as Christian Worship*, 493-96.

8 칼뱅은 알레고리와 유형론을 구분하면서, '유형(type)은 약속과 성취를 위한 유일한 장르(specie)다'라고 말한다. 그가 말한 '유형'은 기본적으로 역사적 해석 방법인데 그것은 그의 언약의 역사를 통해 나타나는 하나님의 의도의 연속성에 기초한다. 칼뱅은 종말론적 유형론을 수용하는데, 이는 성서 저자의 유일성과 성서의 통일성에 근거한다. 그는 출애굽 사건들과 예수의 십자가-부활-승천을 인간의 역사에 대한 모든 해석을 결정하는 하나의 연속체로서 이해한다. 위의 책, 493.

의 제자로서 예수를 따르는 사람들에게, 또한 오늘날 우리들에게 이르기까지 성도들과의 교제 안에서 그 본문을 공유할 수 있게 만든다. 그는 시편 110편에 대한 해석에서 다윗 왕권의 유일성과 그리스도 왕권 사이에 있는 유형론적 연결성을 인지하여, 다윗에 대한 그리스도의 주되심이 그의 정체성을 더욱 특별하게 만든다고 말한다. 그에 따르면 시편 110편은 그리스도의 왕국이 공간적으로는 우주 전체에 미치며 시간적으로 영원까지 이른다는 사실을 예언적으로 선포한다.

이상 종교개혁시대까지의 해석사는 시편 110편의 해석에 대한 두 가지 사실을 분명히 한다. 첫째, 모든 해석자들은 이전의 해석 전통에 잇대어 있다는 사실이다. 후대의 해석이 이전 전통을 이어가든 반대하든 이전 전통과 나름대로의 관계를 맺으면서 자신의 목소리를 내고 있다. 둘째, 대부분의 주석은 시편 110편이 예수 그리스도에 대한 예언을 담고 있다고 해석한다. 시편 110편이 궁극적으로 지향하고 있는 것은 예수 그리스도에 관한 약속이라는 것이다. 이러한 해석 전통 가운데 있는 시편 110편이 오늘날 독자들에게는 어떤 의미가 있을까? 시편 110편이 예수 그리스도에 대한 약속이며 성취된 예언으로만 읽혀야 할 것인가? 아니면 시편 110편이 오늘날 독자들에게도 여전히 의미가 있는 시편으로서 읽히고 적용될 수 있는가? 이러한 질문들을 가지고 시편 110편을 다시 한번 살펴보도록 하자.

3. 본문 주석

가. 사역

1절   다윗의 시

내 주אֲדֹנִי에 대한 야훼의 말씀입니다.

"내 우편에 앉으라.

내가 네 대적들을 네 발의 발판으로 삼을 때까지"

2절   야훼께서 당신의 능력의 홀을 시온으로부터 보내실 것입니다.

당신의 대적들 가운데서 통치하소서.

3절   당신의 권능의 날에 당신의 백성이 온전히 헌신합니다.[9]

거룩의 찬란함 가운데서[10] 새벽의 모태로부터,

당신의 젊음[11]의 이슬이 당신께 있습니다.

4절   야훼께서 맹세하셨고,

---

9 이 문장의 히브리어 원문(עַמְּךָ נְדָבֹת בְּיוֹם חֵילֶךָ)에는 동사가 없고 술어가 실명사로 나타나는 명사문장이다. 이때 실명사 술어는 주어와 동일한 것으로서 무엇인가를 나타내기 때문에 형용사 술어나 동사 술어에 비해 주어의 뜻을 더 강조한다. 간혹 실명사 술어가 복수형으로 나타나 그 의미가 강조되는 경우가 있는데, 바로 이 구절에서 그렇다(G-K § 141c). 그래서 필자는 여기에서 '온전히'라는 표현을 덧붙였다.

10 '찬란함 가운데서'라고 번역된 부분의 히브리어 표현은 <베하드레-코데쉬>(בְּהַדְרֵי־קֹדֶשׁ)이다. 이것은 <베하르레-코데쉬>(בְּהַרְרֵי־קֹדֶשׁ)("거룩한 산들에")와 혼동하기 쉽다. 이 부분에 대한 소(小)마소라(mp)는 그러한 혼동의 가능성을 시사하면서 <베하르레-코데쉬>와 혼동하지 말 것을 주문한다. 실제로 <베하르레-코데쉬>는 시편 87편 1절에서 시온의 위치를 말하는 "거룩한 산들에 있다"는 의미로 사용되어 그러한 혼동을 일으키는 데 일조한다.

11 여기에서 '당신의 젊음'으로 번역된 <얄두테카>(יַלְדֻתֶיךָ)에는 <얄두트>(יַלְדוּת)라는 실명사가 포함되어 있다. 이 낱말은 시간적으로 이해하면 '젊은 시절'을 의미하지만(전 11:9, 10), '젊음' 자체를 의미할 수 있다. 70인경은 이 부분을 <엑스에게네사 세>(ἐξεγέννησά σε)("내가 너를 낳았다")라고 번역하고 있어, 이 부분을 <옐리드티카>(יְלִדְתִּיךָ)라고 이해하고 있는 것을 알 수 있다. 이러한 이해는 자음을 수정하지 않으면서도 시편 2편과 같이 왕위 즉위식을 배경으로 하는 제왕시의 분위기에 잘 맞는다는 점에서 설득력을 갖는다. 하지만 현재의 마소라 본문이 이해 불가능한 상태가 아닐 뿐만 아니라 그 자체로 의미 있는 내용을 담고 있으므로 마소라 본문을 그대로 받아들인다.

그는 그 뜻을 돌이키지[12] 않을 것입니다.
"너는 멜기세덱의 방식을 따라[13] 영원한 제사장이다."

5절   당신의 오른편에 계신 주님אֲדֹנָי께서,
그의 진노의 날에 왕들을 쳐부수십니다.

6절   그가 이방 가운데서 심판하여 시체들로 가득하게 하시며,
큰 나라[14]에서 머리[15]를 깨부수십니다.

7절   그가 길에 있는 강으로부터 마시리니,
그러므로 그가 머리를 드실 것입니다.

나. 구조

시편 110편에 대한 구조 분석은 세 단락으로 구분하려는 입장과 두 단락으로 구분하려는 입장이 서로 맞서고 있다. 세 단락으로 구분하는 학자들은 본 시편에서 4절이 차지하는 의미를 특별하게 여긴다. 예컨대, 넬P. J. Nel은 1-3절과 5-6절은 대적의 굴복에 관한 축복의 신탁인데 반해, 4절은 왕을 제사장으로 선택했다는 신탁으로서 이 시편의 중심에 위치하고 있다고 평가한다.[16] 이와는 달리 포드샤르E. Podechard

---

12 소마소라는 <인나헴>(יִנָּחֵם)이라는 표현이 구약성경에서 본 절을 포함하여 4회 등장하고 있음을 지적하는데(출 13:17; 삿 2:18; 삼상 15:29), 네 곳 모두 "그가 뜻을 돌이키다(또는 후회하다)"는 의미로 사용되었다.

13 <알-띠브라티>(עַל-דִּבְרָתִי)에는 <다바르>의 여성형 <디브라>(דִּבְרָה)가 사용되었는데 '방식'(manner)의 의미로 사용된 유일한 용례이다. 욥기 5장 8절에서는 '나의 일'(דִּבְרָתִי)의 의미로, 전도서(3:18; 8:2; 7:14)에서는 '-에 관하여'(עַל-דִּבְרַת)의 의미로 사용되었다. 또한 <띠브라티>에 있는 접미어 <이>(יִ)는 연계형의 의미를 강조하기 위한 연결모음으로 이해된다(G-K § 90 k-l). 70인경은 이것을 '순번'(τάξις)으로 이해한다(눅 1:8 참조).

14 '큰'이라고 번역된 히브리말 <랍바>(רַבָּה)는 '수많은'(numerous), '많은'(many)의 뜻이 있지만, '큰'(great)이란 뜻도 있다. 여기에서는 '나라'(<에레츠>)를 수식함으로 '큰'으로 번역한다.

15 70인경은 <로쉬>(ראש, "머리")를 복수로 이해한다. 이것은 하나님의 심판이 여러 사람에게 임한다는 사실을 보여주는 것이다.

16 P. J. Nel, "Psalm 110 and Mechizedek Tradition," *JNSL* 22.1 (1996), 6.

는 3절이 4절의 신탁을 위한 길을 예비하는 구실을 한다고 평가하면서 1-2절, 3-4절, 5-7절의 세 단락으로 구분할 것을 제안한다.[17]

그러나 필자는 두 단락으로 구분하는 입장을 지지한다. 왜냐하면 이 견해가 시편 110편을 좀 더 용이하게 이해하게 만들고, 본문의 구조와 흐름을 더욱 잘 보여준다고 판단되기 때문이다. 두 단락으로 구분할 때 아래와 같이 본문의 구조를 파악할 수 있다.

Ⅰ. 야훼의 말씀: 야훼와의 '공동 통치자'로서의 왕 1-3절
    1절   말씀 인용: "내 우편에 앉으라"
    2절   시온으로부터의 통치
    3절   '권능의 날'의 시온 왕

Ⅱ. 야훼의 맹세: 멜기세덱과 같은 '제사장-왕'
    4절   맹세 인용: "너는 영원한 제사장이다"
    5-6절   '제사장-왕'의 우편에 있는 야훼
    7절   '제사장-왕'의 승리

본 시편에서 더욱 뚜렷하게 고찰되는 것은 두 개의 단락이 보여주는 구조상의 유사성이다.[18] 두 단락 모두 야훼가 주어로 등장하는 도입구로 시작한다 1절 전반절: '야훼의 말씀'; 4절 전반절: '야훼의 맹세'. 또한 이어서 야훼의 발언이 각각 인용된다 1절 후반절: "내 우편에 앉으라. 내가 네 대적들을 네 발의 발판으로 삼을 때까지", 4절 후반절: "너는 멜기세덱의 방식을 따라 영원한 제사장이다". 그러

---

17 E. Podechard, "Paume 110," 13, L. C. Allen, Psalms 101-150 (WBC) (Waco, TX: Word Books, 1983), 85에서 재인용.
18 B. K. Waltke, The Psalms as Christian Worship, 500.

고 나서 두 단락 모두에서 '예언자적' 화자의 발언내용이 소개된다[2-3절; 5-7절]. 이러한 유사성과 더불어 차별성도 동시에 고찰된다.[19] 전반부는 화자의 '주主'[lord]가 왕으로서 나타나지만, 후반부는 제사장으로서 불린다. 전반부에서는 '내 주主'가 야훼의 우편에 앉으라고 지시되지만, 후반부에서는 주님[야훼]께서 화자의 '주主'의 오른 편에서 계신다. 이때 '당신의 권능의 날'[3절]과 '그의 진노의 날'[5절]이 서로 짝을 이루고 있다. 한편 전체적으로 볼 때 첫 번째 구절과 마지막 구절이 의미의 대조를 통한 대응을 이룬다.[20] 1절의 대적들을 밟고 있는 '네 발들'과 7절의 들어 올리는 승리자의 '머리'가 대조를 이루면서 시편 110편 전체를 감싸고 있다.

다. 양식과 배경

시 110편의 '삶의 자리'[Sitz im Leben]에 관한 견해들은 그동안 다양하게 제시되었다. 신년축제, 계약갱신축제, 시온 왕실축제, 예루살렘으로의 법궤 이동, 다윗 언약의 승인, 예루살렘 정복 후 축하의식, 전쟁에 출정하는 왕을 위한 교훈, 시편 2편과 21편에 대한 숙고, 솔로몬의 즉위식 등 10가지로 요약된다.[21] "내 오른 편에 앉으라"는 하나님의 명령은 무엇보다도 '왕위 즉위식'의 상황에 잘 어울린다. 시편 110편은 왕의 즉위를 축하하는 예식의 상황에서 유래했을 뿐만 아니라 그러한 예식에서 사용되었을 것으로 추정되는 '예언자적 신탁'[prophetic oracle]을

---

19 위의 책, 500-501.

20 Leslie C. Allen, *Psalms 101-150*, 85. 또한 본 시편의 구조에 관하여 다음을 참조하라. 김정우, 『시편주석 III』(서울: 총신대학교출판부, 2010), 348-50.

21 자세한 것은 다음을 보라. E. E. Johnson, "Hermeneutical principles and the interpretation of Psalm 110," *Bibliotheca sacra*, 149/596 (Oct - Dec 1992), 430.

포함하고 있다.[22] 하지만 시편 110편의 '삶의 자리'는 즉위식에만 국한되지 않는다. '당신의 권능의 날' 3절이라는 표현 속에서 전쟁을 위한 출정식이나 적국에 대한 승리의 날을 떠올릴 수 있다아래 본문 해설을 보라. 중요한 것인 시편 110편이 시온에 세워진 '이스라엘의 왕'을 위해 생성되었으며 그와 관련된 의식에 사용된 것이라는 사실이다.[23] 따라서 본 시편은 시편 2편이나 45편, 89편, 132편 등과 같이 '제왕시'로 분류된다.[24]

이러한 시편의 배경에 대한 질문과 더불어 이 시편의 화자가 누구인가의 문제도 논쟁거리 중 하나이다.[25] '예언자적 신탁'을 근거로 궁정 예언자A. Weiser/K. Seybold나 제의 예언자S. Mowinckel/A. A. Anderson/H.-J. Kraus를 상정하거나 예언적 계시 양식을 차용한 궁정 시인/가수의 진술로 이해한다H. Gunkel. 여기에서 화자를 누구로 보든 분명한 것은 시편 110편에는 다른 시편들과는 달리 '예언적' 요소가 두드러지게 나타난다는 점이다. 특별히 1절의 <네움 야훼>נְאֻם יְהוָה라는 표현은 예언서에서 하나님의 말씀을 전달할 때 전형적으로 나타나는 형식구이다. 이

---

22 B. K. Waltke, *The Psalms as Christian Worship*, 500. 힐버(J. W. Hilber)는 시편 110편과 앗시리아 궁정예언을 비교하면서, 다음과 같은 공통점을 갖고 있다고 지적한다. ① 두 본문 모두 도입 형식구로 시작한다(110:1). ② 두 번째 도입 형식구를 통한 단락 나누기(110:4). ③ 발언의 수신자와 발화자의 인칭이 바뀜(110:4-5, 6-7). ④ 신과 왕 사이의 관계에 대한 합법화("오른쪽에" 110:1). ⑤ 왕의 발아래에 있는 대적들(110:1). ⑥ 적들이 파멸될 것에 대한 약속(110:2, 5-6). ⑦ 우주적인 통치에 대한 약속(110:3). ⑧ 거짓에 대한 부정이 동반된 신적인 약속(110:4). ⑨ 제사장적 책무에 대한 확언(110:4). ⑩ 제왕적 특권의 영원성(110:4). John W. Hilber, "Psalm CX in the Light of Assyrian Prophecies," *Vetus Testamentum* 53/3 (2003), 355-58; Cultic Prophecy in the Psalms (BZAW 352) (Berlin; New York: Walter de Gruyter, 2005), 76-88, 특히 76-80.

23 제왕시의 '삶의 자리'에 대하여 다음을 참조하라. Klaus Seybold, *Die Psalmen: Eine Einführung*, 이군호 역, 『시편 입문』(서울: 대한기독교서회, 1995), 57-58, 133.

24 이와는 달리 여전히 이 시편을 메시아 시편으로 분류하는 사람들이 있다. 예컨대, 왈키는 이 시편이 다윗에 의해 쓰인 것으로서 장차 나타날 메시아에 대한 예언을 담고 있는 메시아 시편이라고 보며(B. K. Waltke, *The Psalms as Christian Worship*, 516-18), 게르스텐베르그는 제2성전기에 있었던 메시아 대망사상을 반영한다고 여긴다(E. S. Gerstenberger, *Psalms 2*, 267).

25 John W. Hilber, "Psalm CX in the Light of Assyrian Prophecies," 354.

표현은 구약성서에서 376회 등장하나 11회를 제외하고는 모두 하나님의 발언에 관한 표현으로 나타난다.[26] 더 나아가 1절과 4절에서는 하나님의 발언 내용이 직접 인용되고 있다. 하지만 하나님의 발언을 인용하고 전달한 사람이 반드시 '예언자'이어야 한다고 못 박을 필요는 없다. 궁정신학에 관여한 제사장, 서기관, 지혜자 등 다양한 직책을 고려할 수 있기 때문이다^{예컨대, 시편 45편의 화자}. 그러한 의미에서 필자는 시편 110편의 화자를 '예언자적 시인' prophetic poet 혹은 '예언자적 화자' prophetic speaker 라고 명명하고자 한다.

본 시편의 시대적 배경에 대해서도 의견이 다양하다. 시편 110편의 생성시기에 대한 입장들을 크게 다음 세 가지로 나눌 수 있다.[27] 첫째로, 이 시편은 '즉위시편'으로서 전체가 혹은 부분적으로 왕정시대, 즉 포로기 이전에 생성된 것이라는 입장이다. 이런 입장을 취하는 학자들 가운데는 솔로몬이나 요시야와 같은 특정 왕의 즉위식에 이 시편을 관련시키기도 한다. 포로기 이전 예루살렘의 왕실 제의에 이러한 즉위의식이 있었다는 사실은 시편 110편에서 다루어진 동일한 주제와 사상이 이집트[28]와 신앗시리아[29] 궁정 제의에서도 발견된다는 점에서

---

26 H. Eising, "אְנֻם," *Theologisches Wörterbuch zum Alten Testament* (1986), 120.

27 세 가지 입장들 가운데 각 입장을 대변하는 학자들에 대한 더 자세한 정보는 다음을 참고하라. Frank-Lothar Hossfeld and Erich Zenger, *Psalmen 101-150* (HThKAT) (Freiburg: Herder, 2008), 202-203. 또한 다음을 참고하라. L. C. Allen, *Psalms 101-150*, 83-84; 김정우, 『시편주석 III』, 351-52. 이 세 가지 입장 외에도 이 시편을 제2성전기에 일어났던 메시아 대망사상을 반영하는 메시아 시편으로 읽으려는 시도가 있고(Erhard S. Gerstenberger, *Psalms, Part 2, and Lamentations* [Grand Rapids: Eerdmans, 2001], 267), 더 나아가 알렉산드리아 유대-헬라 공동체가 만들어 낸 승리의 노래라고 보는 입장도 있다(Miriam von Nordheim(-Diehl), *Geboren von der Morgenröte? Psalm 110 in Tradition, Redaktion und Rezeption* [Neukirchen-Vluyn: Neukirchener Verlagsgesellschaft, 2008], 112, 307). 또한 다음을 참조하라. 김태경, "시편연구사 - 1990년 이후 현재까지," 『구약논단』 53 (2014. 9), 332.

28 M. Görg, "Thronen zur Rechten," *Religion in Geschichte und Gegenwart*, 4th ed., vol. 7 (1996); R. Kilian, "Der „Tau" in Ps 110,3 - ein Mißverständnis?," *Zeitschrift für die alttestamentliche Wissenschaft* 102 (1990), 417-19; Klaus Koch, "Der König als Sohn Gottes in Ägypten und Israel," in *Mein Sohn bist du* (Ps 2,7): Studien zu den Königspsalmen, ed. *Eckart Otto and Erich Zenger* (Stuttgart: Katholisches Bibelwerk, 2002), 1-32.

설득력을 얻는다. 둘째로, 이 시편이 마카비-하스몬 왕가의 시대에 생성되었다고 보는 입장이다. 마카베오상 14장 41절의 지평에서 이 시편은 하스몬 왕가의 '제사장-왕'인 시몬주전 143-135년의 정당화 본문으로 읽혀지거나 또는 그의 즉위식주전 140년과 관련된 것으로 여길 수 있다. 여러 학자들에 의해서 시편 110편의 최종본문은 하스몬 왕가의 대제사장직을 합법화하는 문서로서 기능한다고 평가받는다[30]. 셋째로, 앞의 두 입장 사이에 있는 중간적 입장으로서 이 시편은 포로기 이후 초기의 이스라엘 회복 프로그램 본문이라는 것이다. 시편 110편은 포로기 이전의 '제왕신학'Königstheologie을 수용하되 거기에 제사장직이라는 '새로운' 주제를 결합시켰다고 평가한다. 여기에는 제사장직도 함께 수행하게 되는슥 6:9-15 새로운 또는 갱신된 '다윗' 왕정에 대한 기대사 11:1-9; 겔 34:23가 반영되어 있다[31].

필자는 위의 논의 가운데 첫 번째와 세 번째 입장에 대한 절충적 이해가 본 시편에 가장 적절한 접근이라고 여긴다. 그것은 시편 110편이 본래 왕정시대 왕위 즉위나 왕과 관련된 다양한 의식에서 사용되었으나, 포로기 이후 이스라엘 회복을 꿈꾸는 일종의 '프로그램 본문'으로 활용된 것이라는 이해이다. 따라서 시편 110편에서 왕에게 주어지는 '제사장직'은 완전히 새로운 것이 아니다. 예루살렘 제의를 이어받은 초기 다윗 왕정은 '제사장-왕' 사상을 가지고 있었다. 그러한 흔적

---

29 J. W. Hilber, *Cultic Prophecy in the Psalms*.

30 Adrian Schenker, "Textkritik und Textgeschichte von Ps 110 (109):3: Initiativen der Septuaginta und der protomasoretischen Edition," in *La Septante en Allemagne et en France: Septuaginta Deutsch und Bible d'Alexandrie*, ed. Wolfgang Kraus and Olivier Munnich (Fribourg: Academic Press; Göttingen: Vandenhoeck & Ruprecht, 2009); Stefan Schreiner, "Psalm CX und die Investitur des Hohenpriesters," *Vetus Testamentum* 27 (1977), 216-22.

31 Corinna Körting, *Zion in den Psalmen* (Tübingen: Mohr Siebeck, 2006), 206-17; Markus Saur, *Die Königspsalmen* (BZAW 340) (Berlin; New York: de Gruyter, 2004).

이 다윗과 솔로몬의 행적에서 발견된다^{아래 4절에 대한 '본문해설'을 보라}. 이러한 '제사장-왕'으로서의 왕의 모습은 다윗-솔로몬 이후 더 이상 발견되지 않는다. 하지만 포로기 이후 이스라엘 재건을 위해 필요한 새로운 지도자는 다시금 '제사장-왕'의 모습을 가진 다윗 계열의 왕이어야 한다는 것이다. 그러한 의미에서 시편 110편은 다윗 왕정 초기에 있었던 '제왕신학의 재발견'이라고 말할 수 있다. 또한 이것은 후대 발전될 메시아사상의 중요한 근거가 된다.

라. 본문 해설

1) 야훼의 말씀: 야훼와의 '공동 통치자'로서의 왕 1-3절

㉮ 말씀 인용: "내 우편에 앉으라" 1절

먼저 시편의 표제어에 대한 이해이다. <레다비드 미즈모르>לְדָוִד מִזְמוֹר는 보통 '다윗의 시'로 번역된다. 하지만 여기에서 전치사 <레>לְ는 그 의미의 다양성과 함께 '다윗에 의한/위한/관한' 등의 다양한 해석이 가능하다. 필자는 이 모든 가능성이 열려 있다고 본다. 전통적으로는 이것이 다윗의 저작성을 가리키는 표현으로 이해되었으나, 현대의 구약학자들은 이것이 이차적으로 추가되어 시편 읽기를 위한 지침을 제공한다고 본다.[32] 필자는 '다윗의 시'가 단순히 다윗이 이 시편을 저작했다는 사실을 나타내는 것이 아니라, 이스라엘 왕의 모범이요 모델인 '다윗을 위한' 또는 '다윗에 관한' 시편임을 나타내는 표제어라는 사실에 주

---

32 표제어의 기능에 관하여 다음을 참조하라. William P. Brown, *Psalms*, 하경택 역, 『시편』(서울: 대한기독교서회, 2015), 155-56; Klaus Seybold, *Die Psalmen: Eine Einführung*, 이군호 역, 『시편 입문』(서울: 대한기독교서회, 1995), 123-25; 손세훈, "시편 표제어 첨가에 관한 이해," 『구약논단』 36 (2010, 6), 92-115.

목한다. 이럴 때 이 시편은 메시아가 도래할 때만 의미 있게 되지 않고, 시편 110편에 묘사된 '제사장-왕'에 대한 약속과 기대가 과거뿐 아니라 현재에도 의미 있게 다가오게 된다.

이어서 도입부가 나타난다. '야훼의 말씀'이라고 번역된 <네움 야훼>יהוה נאם가 예언서에서는 보통 단락 끝에 나온다.[33] '야훼께서 이렇게 말씀하신다'나 '야훼의 말씀이 임했다'는 말로 시작하여 <네움 야훼>라는 말로 끝맺음으로써 자신이 전한 말씀이 야훼께서 주신 말씀이라는 사실을 확증한다렘 31:35-37; 34:17; 겔 26:3-5; 30:6 등. 이 표현은 예언자들이 예언 선포를 위해 즐겨 사용하던 전문용어였다. 그러나 여기에서는 이 표현이 이사야 56장 8절이나 스가랴 12장 1절에서와 같이 단락의 서두에 나타난다. 이 표현을 통해 '예언자적' 시인은 자신의 말이 '야훼께로부터 온' 말씀임을 강조한다.

"내 우편에 앉으라. 내가 네 대적들을 네 발의 발판으로 삼을 때까지."라고 인용된 야훼의 말씀 가운데 가장 주목되는 내용은 "우편에 앉으라"는 명령이다. 이 명령을 솔로몬 왕궁이 성전의 오른쪽에 있었기 때문에 가능한 진술이라고 이해하기도 한다.[34] 하지만 이집트의 조각상이나 그림에서 보여주듯이 "우편에 앉으라"는 명령은 실제 야훼의 보좌 오른 편에 앉는 것을 의미한다. [도상자료 1-2-1] 우편은 영광의 자리이다왕상 2:19. 이것은 하나님이 그의 영광, 권세, 위엄을 영원히 보호하신다는 사실을 확인시켜 준다. 더 나아가 이것은 야훼와 함께 통치하는 '공동통치'Mit-Thronen를 의미한다.[35] 이것은 단순히 왕에 대한 존

---

33 H. Eising, "נאם," *Theologisches Wörterbuch zum Alten Testament V* (1986), 120.

34 솔로몬 왕궁의 위치에 관하여 다음을 참조하라. Othmar Keel, *Die Welt der altorientalischen Bildsymbolik und das Alte Testament: Am Beispiel der Psalmen* (Neukirchen-Vluyn: Neukirchener Verlag, 1972), 241; D. R. W. Wood and I. Howard Marshall, eds., *New Bible Dictionary*, 3rd ed. (Leicester: Inter-Varsity Press, 1996), 1129.

[1-2-1] 오른편에 앉음. 이집트 파라오 하렘합(Haremhab, 1345-1318년)이 왕의 신 호루스의 우측에 앉아 있다. J. Vandier, *Manuel III* 369f Taf. 120.5. O. Keel, *Bildsymbolik*, Abb. 353, 240쪽에서 재인용.

중과 선택을 넘어서 왕으로 하여금 야훼 자신의 통치에 참여하게 하는 '공동 통치'로의 초대이다.[36] [도상자료 1-2-2].

'발판'<하돔>, הֲדֹם 은 하늘의 보좌와 함께 언약궤를 가리키는 말로 자주 언급된다시 99:5; 132:7; 애 2:1; 사 66:1; 대상 28:2. 그러나 여기에서는 왕좌 앞에 놓인 발판으로서 대적에 대한 승리와 완전한 제압을 의미하는 은유로 사용되었다. 대적들을 발판으로 삼는 예들은 텔 엘 아마르타 편지나 이집트의 도상연구iconography를 통해 어렵지 않게 확인할 수 있다.[37] [도상자료 1-2-3] 야훼께서 보좌에 '좌정'하는 것은 보편적이며 우주적인 야훼의 통치를 의미한다사 6장; 시 93편, 99편.[38] 이뿐 아니라 야훼의 '좌정'을 통한 통치가 동시에 민족들을 이스라엘 발아래에 복종하게 하심을 의미할 수 있다시 47:8=47:3.

그렇다면 1절에서 '내 주'אֲדֹנִי가 가리키는 인물은 누구인가? 이 질문에 대한 대답은 이 시편의 장르와 성격을 규정하는 것과 연관된다. 이것은 다윗인가 다윗의 후손인가 아니면 미래의 메시아인가를 의미하는가?[39] 이것은 양식과 배경에서 살펴보았듯이 '지상의 왕'을 가리키는 것으로 보아야 한다. 역대기의 솔로몬에 대한 서술대상 29:23에서도

---

35 Frank-Lothar Hossfeld and Erich Zenger, *Psalmen 101-150*, 206.

36 이와 유사하게 역대기는 다윗의 나라와 왕위를 야훼의 나라와 왕위로 표현한다. 다윗 언약에서 "내가 그를 내 집과 내 나라에 세우리니"(대상 17:14)라고 말하고 있고(삼하 7:16과 비교해 보라), 솔로몬이 다윗을 이어 "야훼께서 주신 왕위(직역하면 '야훼의 왕위')에 앉아"(대상 29:23) 왕이 되었다고 말한다.

37 김정우, 『시편주석 III』, 354.

38 원수를 굴복시키는 것으로서의 보좌 개념에 관하여 다음을 참조하라. Ute Neumann-Gorsolke, *Herrschen in den Grenzen der Schöpfung: Ein Beitrag zur alttestamentlichen Anthropologie am Beispiel von Psalm 8, Genesis 1 und verwandten Texten* (WMANT 101) (Neukirchen-Vluyn: Neukirchener Verlag, 2004), 99-121.

39 Elliott E. Johnson, "Hermeneutical Principles and the Interpretation of Psalm 110," 431. 라쉬는 '나의 주'를 두 가지 경우로 생각할 수 있다고 말한다. 그래서 그는 시편 110편에 대하 주석을 두 가지 판본으로 저술하였는데, 하나는 아브라함으로 보는 것이고, 다른 하나는 다윗으로 보는 것이다. Mayer I. Gruber, *Rashi's Commentary on Psalms* (Philadelphia: Jewish Publication Society, 2007), 645-54.

[1-2-2] 태양신 우편의 람세스 2세. 아부심벨 대신전의 지성소에 안치된 신상들 모습이다. 왼쪽부터 차례대로 1. 멤피스의 창조·장인의 신인 프타(Ptah), 2. 테베(룩소)의 주신인 아문-라(Amun-Ra), 3. 람세스 2세, 4. 태양신 라-호라크티(Ra-Horakhty) 순으로 배열되어 있다. 이 중에서 라-호라크티는 호루스를 상징하는 매 머리 위에 라의 태양 원반이 있고 그 둘레를 우라에우스(치켜오른 코브라)가 감싼 형태의 머리 모양을 보여주는데, 이것은 라-호라크티가 일출부터 일몰까지 태양의 여정을 보여주듯이 왕권의 합법성과 질서를 보장하는 신임을 드러낸다. 이러한 태양신의 우편에 앉아 있는 람세스 2세는 그의 왕권이 라-호라크티의 보호를 받을 뿐 아니라 세 신에 준하는 위상을 지닌 존재임을 보여준다. 장신대 성지연구원 주관으로 2025.1.20.-2.1까지 진행된 제42차 일반성지답사 중 필자가 촬영한 것임.

알 수 있듯이 시온의 왕은 야훼의 보좌에 앉을 수 있는 인물로 보고 있다. 하지만 이 '지상의' 시온 왕에 대한 서술은 후에 메시아 예언으로 이해되어 천상의 야훼 보좌에서 우주적인 통치를 수행하는 '메시아적 인물'로 해석된다아래 '신약성서의 수용'을 보라.

[1-2-3] 왕의 발판. 투트모시스 4세(1422-1413년) 시대 헤케르네헤(Hekaerneheh)의 무덤에 있는 그림. 신의 무릎에 앉아 있는 왕의 발판에 정복된 원수들이 갇혀 있다. 이것은 신의 보호 아래 대적들을 물리치고 안정된 통치권을 유지하는 왕의 모습을 형상화한 것이다. J. Vandier, *Manuel IV* Abb. 293. O. Keel, *Bildsymbolik*, Abb. 342, 233쪽에서 재인용.

㉯ 시온으로부터의 통치 2절

2-3절은 1절에서 인용된 야훼의 말씀에 대한 해석과 설명이다.[40] 화자는 2절 전반절에서 '야훼께서 당신의 능력의 홀을 시온으로부터 보내실 것'이라고 말한다.[41] 시온은 하나님의 거주지로서 하나님의 보좌가 있는 장소이다.[42] 또한 '세계의 배꼽'으로서 천상과 지상의 차이가 초월되고 천상과 지상의 만남이 이루어지는 장소이기도 하다.[43] 그러한 의미에서 야훼께서 능력의 홀을 '시온으로부터' 보내실 것이라는 진술은 1절의 하나님의 '좌정'에 대한 언급과 자연스런 연결점을 갖는다. 여기에서 '홀'이라고 번역된 <마테>מַטֶּה 는 막대기 또는 지팡이를 가리키는데, 왕의 통치와 관련된 진술에서는 통치자의 증표로서 왕의 권위와 힘을 상징한다사 10:5.[44] 이제 시온의 왕에게는 야훼께서 보내신 '능력의 홀'이 있다. 이러한 사실에 근거하여 시인은 후반절에서 자신의 '주'인 시온의 왕에게 말한다. "당신의 대적들 가운데서 통치하소서." 여기에서 '통치하소서'라고 번역된 히브리어 동사 <라다>רדה 는 창세기 1장 26절과 28절에서도 등장한다. 이 동사는 기본적으로 포도주 틀에서 포도를 밟는 행위를 나타내거나욜 4:13[3:13], 강력한 힘으로 다스림을 나타낼 때 사용된다레 25:43; 26:17; 겔 34:4.[45] '시온으로부터 보내진 능력

---

40 물론 2-3절과 5-7절을 하나님의 발언으로 인식할 수도 있다. 종종 1인칭과 3인칭은 교환되어 서술되기 때문이다. 하지만 2-3절과 5-7절은 시편 110편의 구성상 1절과 4절의 직접인용 이후 예언자적 시인의 해석과 설명으로 보는 것이 적절하다고 본다.

41 '능력의 홀'이라는 말은 다음과 같은 곳에서 발견된다(렘 48:17; 겔 19:11, 12, 14). 그러나 두 책에서는 모압(렘 48:17)과 이스라엘(겔 19장)의 부러진 '통치의 홀'을 말한다(시 2:9 참조). Frank-Lothar Hossfeld and Erich Zenger, *Psalmen 101-150*, 208.

42 시온의 의미에 관하여 필자의 졸고를 참조하라. 하경택, "'세계의 어머니'로서의 시온 - 시편 87 편에 대한 주석적 연구," 『장신논단』 47/2 (2015. 6), 13-40, 특히 18, 25-26.

43 '시온으로부터 능력의 홀을 보내다'는 표현에서 시온을 세상의 중심으로 보는 시온 중심주의 사상을 엿볼 수 있다(삼하 5:7, 9; 시 48편; 132:13-18; 행 1:8 등). Bruce K. Waltke and James M. Houston, *The Psalms as Christian Worship: An Historical Commentary*, 505.

44 위의 책, 505.

45 H.-J. Zobel, "רדה," *Theologisches Wörterbuch zum Alten Testament VII*, 355.

의 홀'을 가진 시온 왕은 '대적들 가운데서'도 통치할 수 있다. '당신의 대적들 가운데서'<베케레브 오예베카>, בְּקֶרֶב אֹיְבֶיךָ라는 표현은 두 가지로 해석이 가능하다. 한편으로는 대적들의 한 가운데서, 즉 대적의 심장부에서 그들을 꼼짝 못하게 하는 왕의 통치를 생각할 수 있고, 다른 한편으로는 적들에 의해 둘러싸여 있는 가운데서도 굴하지 않고 주위의 모든 세력을 압도하는 왕의 통치를 생각할 수 있다. 이 두 가지 모두 시온 왕이 행사할 통치가 이스라엘 안에서만 머물지 않고 열방들에게까지 미치는 세계적인 것임을 알게 한다.

㉯ '권능의 날'의 시온 왕 3절

3절은 시온 왕에게 주어진 조건에 대한 진술의 연속이다.[46] 여기에서는 '당신의 권능의 날'에 집중한다. '권능의 날'은 여러 가지로 해석이 가능하다. 이날은 왕으로 태어난 출생일 실제로는 왕위에 오른 즉위일을 가리킬 수도 있고,[47] 거룩한 전쟁을 수행하기 위한 출정일을 말할 수 있으며, 더 나아가 전쟁에서 승리한 승리의 날을 의미할 수도 있다.[48] 여기에서 이날을 어느 특정한 시기로 제한할 필요는 없다.[49] 이 시편은 위에서 말한 다양한 상황에 사용될 수 있도록 열려 있다. 이 '권능의 날'에 왕에게 온전히 헌신하고자 하는 백성들이 있다. 여기에서 '백성'은 일

---

46 구약성경 가운데 가장 난해한 구절 중 하나로서 다양한 번역이 가능하다.

47 크라우스는 3절 마지막 부분을 '내가 너를 낳았다'라고 해석하는 70인경의 읽기 방식을 따르면서 이 날을 왕의 즉위일로 해석한다. Hans-Joachim Kraus, *Psalmen 60-150* (BK) (Neukirchen-Vluyn: Neukirchener Verlag, 1980), 755, 759.

48 왈키는 이 날을 '거룩한 전쟁'의 시기에 대한 환유(metonymy)라고 설명한다. Bruce K. Waltke and James M. Houston, *The Psalms as Christian Worship: An Historical Commentary*, 506.

49 쳉어는 이 시편의 초기 판본은 70인경의 번역에서 보여주듯이 야훼를 통한 생식/출생으로서의 즉위를 암시하지만(시 2:7과 사 9:4 참조), 현재 마소라 본문은 왕의 '백성'과 왕에게 '아침 놀 품으로부터의' 놀라운 재생의 선물을 약속하고 있다고 설명한다. Frank-Lothar Hossfeld and Erich Zenger, *Psalmen 101-150*, 208.

반 백성을 가리킬 수도 있으나 전쟁에 나갈 군대를 가리킬 수도 있다예
컨대, 삿 20:10; 삼상 14:17; 삼하 2:26; 왕하 13:7.[50] 이러한 '헌신된 백성'의 모티프는
드보라의 노래에서도 확인할 수 있다삿 5:2, 9.

이뿐 아니라 시온 왕에게 주어진 조건이 또 있다. 그것은 '젊음의
이슬'יַלְדֻתֶיךָ טַל 이다. 여기에는 '이슬'과 '젊음'이 결합되어 있다. '이슬'
은 비가 없는 땅에 수분을 공급하는 생명력을 상징하는 것으로서[51] 특
별히 야훼호 14:6와 왕잠 19:12; 시 72:6이 가져다주는 생명력을 표현할 때
사용된다. '젊음'은 생명력이 충만한 시기를 가리키는 말로서 인생에
서 가장 좋은 시기를 의미한다. 따라서 이 두 가지 표현은 모두 생명력
과 영향력에 대한 은유로서 왕이 가지고 있는 능력과 생명력에 대한
의미를 극대화한다.[52] 이 젊음의 이슬은 '거룩의 찬란함' 가운데서 '새
벽의 모태'로부터 나온 것이다. '거룩의 찬란함'은 왕이 가지고 있는 능
력과 생명력이 영광과 위엄을 갖추고 있다는 사실을 말하며, '새벽의
모태'로부터 나왔다는 것은 왕이 가진 젊음과 생명력은 매일 새롭게
공급되는 새롭고 신선한 것이라는 사실을 알려준다.

2) 야훼의 맹세: 멜기세덱과 같은 '제사장-왕'

㉮ 맹세 인용: "너는 영원한 제사장이다" 4절

4절에서 다시 야훼의 발언이 인용된다. 여기에서 야훼의 발언이

---

50 위의 책, 208.

51 이러한 이슬의 생명력을 보여주는 본문들은 여러 곳에서 고찰된다(신 32:2; 창 27:28; 호 14:5;
사 26:19; 미 5:7; 잠 19:12). 이러한 이슬의 생명력에 기초하여 다양한 대상들이 이슬에 비유된
다. 야훼(호 14:6)와 모세의 노래(신 32:2)와 왕(잠 19:12)과 이스라엘의 남은 자(미 5:6)와 이스
라엘(호 6:4; 13:3)이 이슬과 같다고 말한다.

52 Frank-Lothar Hossfeld and Erich Zenger, *Psalmen 101-150*, 208-209.

직접 인용되며, 그 가운데 왕이 2인칭으로 말 걸어진다는 점에서 분명한 전환을 엿볼 수 있다. 그런데 여기에서 야훼의 발언은 단순한 말씀이 아니라 '맹세'이다.[53] 이 맹세는 다시는 돌이켜지지 않고 영원히 지켜질 약속을 의미한다. 야훼는 왕에게 "너는 영원한 제사장이다"라고 맹세하신다. 이것은 왕에게 '제사장적 위엄과 기능'을 약속하는 것이다. 여기에서 특별한 점은 '보좌'와 '제단'으로 상징되는 왕과 제사장의 두 직임이 하나로 결합된다는 것이다.

이집트나 메소포타미아에서와는 달리 이스라엘 왕정기에 이스라엘 왕은 마음대로 제단을 침범할 수 없었다예, 웃시야: 대하 26:16-21. 하지만 특별한 경우 제사장으로서 기능했던 왕의 모습들이 고찰된다. 그것은 다윗과 솔로몬의 경우이다. 왕이 제사장의 옷을 입었고삼하 6:14, 번제와 화목제를 드렸을 뿐 아니라 백성에게 축복하였다삼하 6:13, 17-18; 또한 삼하 24:25 참조. 솔로몬도 기브온 산당에서 일천 번제 뿐 아니라 성전 봉헌식에서 화목제와 희생제물의 제사를 드렸고, 백성을 위해 축복하였다왕상 3:4; 8:14, 55, 62-66[54] 하지만 이것은 아론계 제사장직과는 다른 것이었다. 그러기 때문에 시온의 왕에게 약속되는 '영원한 제사장직'은 다른 기원과 전통을 따른 것이다. 그것은 '멜기세덱의 방식을 따라' 이루어진다.

구약성경에서 멜기세덱은 본 시편과 창세기 14장 18-20절에만 등장한다.[55] 여기에 멜기세덱[56]이 언급된 이유가 다윗계 왕의 제사장직 합

---

53 야훼의 맹세에 대해 보도하는 본문들이 여럿 있고(암 4:2; 6:8; 사 5:9; 14:24; 시 95 11 등) 다윗에 대한 야훼의 맹세들도 여러 번 나타난다(시 89:4, 36; 132:11).

54 Hans-Joachim Kraus, *Psalmen 60-150*, 760; 김정우, 『시편주석 III』, 357.

55 따라서 본 시편과 창세기 본문간의 관계를 설명하는 다양한 시도들이 있었다.

56 멜기세덱에 관한 여러 해석이 있다. 쿰란 문서에서 멜기세덱은 종말론적인 구원자로 나타난다. 그는 천상적 존재로 인식되었으며 미가엘과 동일시된다. 또한 에녹서에서는 멜기세덱의 죽음에 관한 기록이 없는 것을 근거로 그의 영원성을 주장한다. M. Delcor, "Melchizedek

법화의 근거를 제공하기 위해서라고 말할 수도 있다.[57] 하지만 시온의 왕에 관한 시편에서 멜기세덱이 언급되는 것은 오히려 과거에 있었던 '제왕신학의 재발견'이라는 측면에서 더욱 잘 설명될 수 있다. 과거 여부스족이 차지하고 있던 예루살렘 정복을 통해 그들이 가지고 있던 제사장-왕의 전통이 이스라엘에 의해 수용되고 다윗 왕정에 적용되었다.[58] 그러한 멜기세덱의 방식을 따른 '제사장-왕'으로서의 시온 왕의 의미가 여기에서 '재발견'되고 '재확인'되는 것이다.[59] 이러한 제사장-왕으로서의 모습은 스가랴서에서 확인된다슥 6:11-13.

   ㈏ '제사장-왕'의 우편에 있는 야훼 5-6절

   5-7절은 다시 야훼의 맹세에 이어지는 '예언자적' 시인의 설명과 해석이다. 여기에서 '제사장-왕'으로서 시온 왕에게 약속되는 야훼의

from Genesis to the Qumran texts and the Epistle to the Hebrews," *Journal for the Study of Judaism in the Persian, Hellenistic and Roman Period* 2/2 (1971, Dec), 115-35. 랍비들은 그가 셈의 후손이라고 말한다. 또는 천사나 성령, 성자, 성부를 나타낸다고 한다. 종교개혁자들도 서로 다른 해석을 내 놓았다. 루터는 멜기세덱이 셈의 후손이라는 견해에 찬성했으나 칼뱅은 그것을 반대했다. B. McNair, "Luther, Calvin and the exegetical tradition of Melchisedec," *Review and Expositor* 101 (2004, Fall), 748-50.

57 Robin Routledge, "Psalm 110, Melchizedek and David: Blessing (the descendants of) Abraham," *Baptistic Theologies* 1/2 (2009, Autumn), 4.

58 창세기 14장 18절의 '살렘 왕'이란 표현을 통해 멜기세덱이 이스라엘 이전의 살렘/예루살렘의 왕이었음을 알 수 있다. 시편 76편 2절에서 '살렘'은 예루살렘의 다른 이름이었으며, 이것은 예루살렘에 대한 고대의 전통을 반영한다. Joseph A. Fitzmyer, "Melchizedek in the MT, LXX, and the NT," *Biblica* 81-1 (2000), 65.

59 멜기세덱의 방식을 따른 제사장으로서 다윗 왕의 기능에 대해서 라우틀리지(R. Routledge)는 무엇보다 아브라함 자손을 축복하는 축복의 중재자, 즉 축복의 도구로서의 제사장직을 의미하는 것이라고 말한다. Robin Routledge, "Psalm 110, Melchizedek and David: Blessing (the descendants of) Abraham," 13. 이와 관련하여 제사장-왕으로서의 멜기세덱의 행동에 대한 다양한 해석이 있었다. 종교개혁자 루터와 칼뱅은 모두 떡과 포도주를 가져온 멜기세덱의 행동을 성만찬의 예시로 보는 클레멘트나 제롬이나 어거스틴의 해석을 따르지 않고 '왕'으로서의 행동으로 해석한다. 그리고 루터와 칼뱅은 아브람을 축복하는 축복 행위와 그에게서 십일조를 받은 것이 '제사장'으로서 행동하는 멜기세덱의 모습이라고 말한다. 이러한 해석 이면에는 구원은 교회의 성만찬에서 발견되지 않고 하나님 말씀 안에서 발견된다는 종교개혁자들의 신학이 자리하고 있다. Bruce G. McNair, "Luther, Calvin and the Exegetical Tradition of Melchisedec," *Review & Expositor* 101 (Fall 2004), 750-53.

도움과 시온 왕의 승리가 묘사된다. 5-6절에서는 시온 왕을 돕는 야훼의 행동이 구체적으로 그려진다. 1-3절에서 구상된 '정적인' 그림이 5-6절에서는 사건으로서 '현재화된다'.[60] 야훼께서 왕의 우편에 계실 것이다. 우편에 계신다는 것은 왕의 근접거리에서 보호하신다는 것을 의미한다. 이뿐 아니라 영광의 자리에서 그를 돕는다는 것을 의미한다시 16:8; 또한 74:11 참조.[61] 이때 야훼가 <아도나이>אֲדֹנָי, "주님"로 지칭된다. 여기에서 '진노의 날'은 야훼께서 열국에 대한 개입과 심판이 이루어지는 날이다시 2:12; 21:9. 그날에 야훼께서 왕들을 쳐부수실 것이다.[62] 이날에 '제사장-왕'인 시온의 왕을 도우심으로써 우주적인 야훼의 통치가 실현될 것이다. 이것이 예언서에서는 '야훼의 날'로 표현된다사 13:9; 욜 3:1이하; 나 1:8 이하; 습 3:6이하.[63] 6절은 5절에 대한 부연 설명이다. 열방 가운데 있는 세계적인 심판이 어떻게 이루어질지를 보여준다. 시체들로 가득하게 될 장면 묘사는 야훼의 심판이 얼마나 분명하게 이루어질지를 보여준다사 5:25; 34:3, 6이하; 렘 9:21; 겔 6:13; 32:5이하; 35:8.[64] 그리고 큰 나라에서 '머리를 깨부순다'라는 것은 이집트나 바벨론과 같은 구체적인 나라들에 대한 것으로 해석될 수 있으나, 불의한 왕들을 통해 우주적인 혼돈 세력을 암시하는 은유가 그 배경에 함께 깔려 있다.[65] 이러한 '진노의 날'

---

60 Frank-Lothar Hossfeld and Erich Zenger, *Psalmen 101-150*, 210.

61 Ariel Frisch, "YMYNK - A Forgotten Title of the King of Israel in the Book of Psalms," *Biblische Notizen* 100 (1999), 5-10.

62 여기에서 '쳐부순다'로 번역된 <마하츠> 동사는 14회 등장하나 모두 시문에서 등장한다. Bruce K. Waltke and James M. Houston, *The Psalms as Christian Worship*, 510.

63 야훼의 날에 관하여 다음을 참조하라. Rolf Rendtorff, *Theologie des Alten Testaments: Ein kanonischer Entwurf*, 하경택 역, 『구약정경신학』(서울: 새물결플러스, 2009), 516-22.

64 Hans-Joachim Kraus, *Psalmen 60-150*, 762.

65 Frank-Lothar Hossfeld and Erich Zenger, *Psalmen 101-150*, 211-12.; 또한 다음을 참조하라. Hans-Joachim Kraus, Psalmen 60-150, 761. 라쉬는 자신의 시편 주석에서 '큰 나라의 머리'에 대한 구체적인 역사적 인물을 제시하는데, 하나는 이집트의 머리인 파라오로 해석하는 것이며(시 105:20; 겔 29-32장), 다른 하나는 니느웨와 앗시리아의 머리였던 산헤립을 의미하는 것으로 해석한다(왕하 19:35-37). Mayer I. Gruber, *Rashi's Commentary on Psalms*,

에 대한 묘사는 3절의 '권능의 날'과 대조를 이루며 연결점을 갖는다.

㉱ '제사장-왕'의 승리 7절

7절의 묘사가 야훼에 관한 것인가 시온 왕에 관한 것인가에 대한 논란이 있다. 내용상 왕의 행동으로 보아야 할 것이다.[66] 라아베Paul R. Raabe는 이것이 '의도적인 시적장치'로서 모호성을 통해 더 풍성한 의미를 전달하고 있다고 평가한다.[67] 시편의 흐름상 야훼께서 등장할 곳에 왕이 등장한다. 주어의 모호성 속에서 왕의 역할이 주목된다. 이때 왕은 승리자 하나님의 역할을 대신한다. 이 장면은 모든 전쟁이 끝나고 승리자가 경험하게 될 사실을 묘사하고 있다. '길에 있는 시내에서 마시는 것' 또는 '낯선 물을 마시는 것'은 승리한 백성에 대한 우월성을 보여주는 행동이다. 대적들에게는 도발적인 행동이다. 또한 '머리를 든다'라는 것은 최종적인 승리를 의미한다.[68] 이것은 1절의 "네 대적들을 네 발의 발판으로 삼을 때까지"라는 표현과 대응을 이루며 승리자의 모습을 강조한다. 야훼께서 이기게 하신 승리를 '제사장-왕'이 경험하게 된다. 싸움은 야훼께서 이기게 하셨으나 승리의 영광과 기쁨은 이스라엘 '제사장-왕'이 누린다.

645-54.

[66] 시편에서 야훼가 '마심'의 주어로 등장하는 경우 두 번인데 시편 50편 13절은 수사적 의문문이고, 시편 78편 65절도 신화적인 배경 속에서 진술되는 표현임으로 이 본문에서 야훼가 주어라고 보는 것은 적절치 않다. 한편 왈키는 6-7절을 지상 왕에 관한 진술로 이해한다. Bruce K. Waltke and James M. Houston, *The Psalms as Christian Worship: An Historical Commentary*, 501, 510-11.

[67] Paul R. Raabe, "Deliberate Ambiguity in the Psalter," *Journal of Biblical Literature* 110/2 (1991), 213-27.

[68] Miriam von Nordheim(-Diehl), *Geboren von der Morgenröte? Psalm 110 in Tradition, Redaktion und Rezeption* (WMANT 118) (Neukirchen-Vluyn: Neukirchener Verlagsgesellschaft, 2008), 110쪽 이하.

4. 내용요약과 중심주제

시편 110편은 크게 두 단락1-3절과 4-7절으로 나누어진다. 각 단락은 야훼의 말씀1절과 맹세4절에 대한 인용을 통해서 시작된다. 첫 번째 단락에서 시온 왕은 야훼의 통치를 위해 보좌 우편에 초청된다. 그의 통치는 야훼의 초청으로 끝나지 않고 '능력의 홀'을 시온으로부터 보내심으로써 그의 통치를 보장하신다. 시온 왕에게는 자신의 권능의 날에 '헌신된 백성'이 함께 있을 뿐만 아니라 거룩의 찬란함 가운데 새벽의 모태로부터 생겨난 '젊음의 이슬'이 있다. 두 번째 단락에서 야훼의 맹세를 통해 시온 왕은 멜기세덱의 방식을 따라 영원한 제사장직을 수여받는다. 시온 왕은 단순히 통치자로뿐만 아니라 축복의 중재자로서도 기능한다. 여기에서는 야훼의 도우시는 행동이 구체적으로 묘사된다. 그는 '제사장-왕'의 오른편에 계셔서 왕들을 쳐부수시고 그들의 잘못된 행동을 심판하실 것이다. 그는 큰 나라의 머리를 깨뜨려 이 세상에서 완전한 통치를 이루실 것이다. 그러나 이러한 야훼의 통치는 시온에 세운 '제사장-왕'을 통해 이루어질 것이다. '제자장-왕'은 길가 시내의 물을 마시고 머리를 드는 행동을 통해서 자신이 하나님의 통치의 실행자이며 승리자임을 보여줄 것이다. 비록 단락은 두 개로 나누어지지만 주제는 하나로 집약된다. 그것은 시온에 세우신 '제사장-왕'을 통한 야훼의 통치가 어떻게 이루어지는가를 보여주는 것이다.[69]

---

69 이러한 '제사장-왕'으로서의 시온 왕은 '제사장 나라'로서의 이스라엘의 의미를 생각하게 한다 (출 19:6; 또한 벧전 2:9; 계 1:6 참조).

5. 신약성서의 수용

시편 110편은 구약성서 가운데 신약성서에서 가장 빈번한 인용과 암시를 보여주는 본문이다. 시편 110편 가운데 신약성서의 인용은 1절과 4절에 집중된다. 1절은 공관복음서를 비롯하여 사도행전과 서신서에 이르기까지 폭넓게 수용된다. 하지만 4절은 오직 히브리서에서만 수용되고 있다.

시편 110편 1절에 대한 직접적인 인용은 두 곳막 12:36; 행 2:34에서 고찰된다.[70] 두 곳 모두 다윗이 이 시편의 저자라는 사실을 전제하면서 예수의 메시아 되심과 하나님의 아들 되심을 증명하고자 시편 110편 1절을 인용한다. 직접 인용이 아니라 '하나님의 우편에 앉음'이라는 모티프 사용도 여러 곳에서 고찰된다.[71] 이 모티프가 인용된 본문에서는 예수 그리스도의 하나님 아들 되심과 부활을 천상에 좌정하심을 통해서 증언하고자 한다막 14:62; 16:19; 행 5:31; 7:55; 롬 8:34; 엡 1:20; 골 3:1; 히 1:3; 8:1; 10:12; 12:2; 벧전 3:22.[72] 예수는 하나님의 천상의 보좌에 앉으셨으며 심판과 구원을 통해 자신의 능력을 보여주시는 하나님의 통치에 참여하신다. 특별히 1절에서 다루고 있는 '즉위'와 '원수의 굴복' 두 가지 모티프의

---

70 행 2:33은 예수 그리스도가 하나님 보좌 우편에 앉아 성령을 부어주시는 분으로 묘사된다. 이것은 멜기세덱이 아브라함에게 축복을 나누어 준 모습에 견줄 수 있다. Elliott E. Johnson, "Hermeneutical Principles and the Interpretation of Psalm 110," 435.

71 공관복음에서 시편 110편 1절은 서로 다른 세 가지 맥락 속에서 전해진다. 그것은 첫째로 '다윗의 자손-다윗의 주님' 논쟁을 다루는 본문에서 나타나고(막 12:35-37; 마 22:41-46; 눅 20:41-44), 둘째로 수난 이야기에서 나타나며(막 14:62; 마 26:64), 셋째로 마가복음의 부록에서 나타난다(막 16:19). Hans-Joachim Kraus, *Theologie der Psalmen*, 신윤수 역, 『시편의 신학』(서울: 비블리카아카데미아, 2004), 449.

72 이 시편에 대한 인용에서 중심적인 사건은 대제사장의 질문에 대한 예수의 답변이다(막 14:61-64). 이 증언은 뒤따르는 예수의 죽음에 결정적인 역할을 한다. 기독교는 예수의 이 증언에 매달려 있기도 하고 떨어지기도 한다. 자신의 주석에 근거한 그리스도의 자기 이해는 초기 교부들에게, 특별히 어거스틴에게 이 시편에 대한 기독론적인 해석을 하도록 강한 영향을 주었다. Bruce K. Waltke and James M. Houston, *The Psalms as Christian Worship: An Historical Commentary*, 485.

연결은 마태복음 26장 64절에서 시편 110편 1절과 다니엘서 7장 13절의 조합을 가능하게 하였다. 여기에서 하늘로 올리어져 권능의 우편에 앉으신 예수님은 장차 구름을 타고 오실 것이다. 고린도전서 15장 25절과 27절에서 시편 110편 1절의 모티프는 시편 8편 7절과 연결되어 부활하신 예수님이 하나님의 보좌 우편에서 만물을 다스리신다는 그리스도의 통치를 강조한다.[73] 특별히 히브리서의 저자는 멜기세덱 모티프를 수용하여 대제사장직을 수행하시는 그리스도에 대한 가르침을 전개하고자 한다^{히 5:6, 10; 6:20; 7:3, 11, 15, 24, 28}. 시편 110편 4절의 멜기세덱 모티프는 분명한 목표를 가지고 시편 2편 7절에 대한 인용과 함께 히브리서 5장 6절에서 사용된다. 히브리서 7장은 시편 110편 4절과 창세기 14장 17-20절의 멜기세덱 본문에 대한 일종의 미드라쉬적 해석의 예를 보여준다. 히브리서에서 제사장-왕에 대한 시편 110편의 진술은 한결같이 하나님의 세계로 올라간 천상의 대제사장의 영광을 증언하기 위해 사용된다. 110편의 1절과 4절의 내용을 결합하면 하나님 우편에 앉아서^{히 8:1} 그의 모든 원수들이 그의 발판이 될 때까지 기다리고 있는^{히 10:12-13} 대제사장 개념을 얻게 된다.[74]

신약성서에서 시편 110편은 예수 그리스도의 메시아 되심을 철저하게 증언하는 본문으로 사용된다. 예수님은 하나님의 아들이시다. 그분은 십자가의 죽으심으로 인류를 위해 단번에 제물이 되셨다. 부활하신 예수님은 승천하셔서 하나님 보좌 우편에 앉으셨다. 그곳에서 그분은 원수들을 정복하실 때까지 하나님의 통치를 이루신다. 이러한 모든

---

73 궁극적으로 그리스도가 왕국을 그의 아버지께 돌릴 것이다. 그때까지는 즉 "즉 그가 그의 모든 원수를 그의 발아래에 둘 때까지" 왕노릇 할 것이다(고전 15:25). 그러므로 그리스도의 통치권은 단지 세상 위에 정적으로 군림하는 권세가 아니고 역사 속에서 운동이요, 하나님의 투쟁이며 하나님의 승리이다. 그러나 잊지 말아야 할 사실은 최후의 원수는 사망이라는 것이다(고전 15:26). Hans-Joachim Kraus, 『시편의 신학』, 455.

74 위의 책, 449.

진술이 시편 110편을 통해 예언되고 확인된다. 시편 110편에서 '나의 주'라고 불리는 사람은 다윗 왕위를 잇는 시온의 왕이다. 다윗 언약에 따라 그는 '하나님의 아들'로서 통치한다시 2:7; 89:26-27; 또한 삼하 7:14; 대상 17:13. 그는 멜기세덱의 방식을 따라 '영원한 제사장'의 직무를 감당한다4절. 그는 영원한 제사장으로서 축복의 중재자가 된다. 그는 야훼 보좌 우편에 '좌정'하심으로 천상에서 하나님의 통치에 참여하신다. 그는 하나님의 위임과 도우심으로 모든 원수들을 정복하고 하나님의 통치를 이루실 것이다. 이러한 시온의 왕은 다윗의 '자손'이며, 다윗의 '주님'이다.[75] 이러한 의미에서 시편 110편은 예수 그리스도에 '관한' 노래가 되고, 예수 그리스도'의' 노래가 되며, 예수 그리스도를 '위한' 노래가 된다.

그러나 시편 110편의 인용은 예수 그리스도에 관한 증언에서 그치지 않는다. 그것은 하나님의 자녀로서 그리스도인들을 위한 의미를 갖는다. 하나님의 아들로서 시온의 '제사장-왕'인 메시아가 부활 승천 하셔서 하나님 보좌 우편에서 통치하고 계시듯이 그리스도인들도 새로운 신분과 존재 양식을 갖게 된다. 그리스도인들은 하나님을 예배하며 축복의 중재자가 되어야 할 제사장들이다벧전 2:5. 루터의 주장대로 모든 신자는 제사장인 것이다.[76] 이뿐 아니라 그리스도인들은 하나님의 아들로서 왕적 지위를 얻는다요 1:12; 눅 10:19; 계 2:26-27. 그러므로 그리스도인들은 하나님의 자녀로서 '제사장-왕'인 것이다'왕같은 제사장'[벧전 2:9];

---

75 신약성서는 예수의 인격 안에서 지상적 메시아와 천상적 인자의 두 가지 바람이 동시에 온전하게 이루어졌다는 사실을 보여주고 있으며, 이러한 사실을 증언하는데 결정적인 역할을 하는 것이 시편 110편이다.

76 루터는 영적 계급(성직자들과 수도사들)이 세속 계급(평신도들)보다 우월하다는 중세적 주장에 대하여, 모든 세례 받은 자들은 제사장이라고 하는 명제를 주장했다. Bernhard Lohse, *Martin Luther: Eine Einführung in sein Leben und sein Werk*, 이형기 역, 『루터 연구 입문』(서울: 크리스챤다이제스트, 1993), 179.

'나라[왕]와 제사장'[계 1:6; 5:10]. 이러한 그리스도인의 정체성은 시편 110편에서 말하고 있는 시온 왕에 대한 약속과 동일하다. 바울은 에베소서 2장 6절에서 "또 함께 우리를 일으키사 그리스도 예수 안에서 함께 하늘에 앉히시니"또한 고전 4:8; 딤후 2:8-12; 롬 6:5-8; 고전 15:51-54 참조라고 말한다. 이러한 바울의 진술은 믿음을 통해 하나님의 자녀가 되고 언약의 백성이 된 그리스도인들이 그리스도와 함께 일으켜지고 하늘에 올리어져 그리스도의 왕적 통치에 참여한다는 사실을 보여준다또한 계 3:21; 눅 22:29-30 참조.[77] 따라서 시편 110편은 단순히 예수 그리스도에 대한 약속이며 성취된 예언으로만 읽혀야 할 것이 아님을 알 수 있다. 시편 110편은 예수 그리스도에 대한 믿음으로 하나님의 자녀가 된 그리스도인들에게도 의미가 있는 시편으로 읽히고 적용되는 시편인 것이다. 시온 왕에 대한 약속과 맹세가 '제사장-왕'의 신분을 가진 그리스도인들을 향한 약속과 맹세가 되는 것이다.

---

[77] 루터는 윤리적인 의미를 믿음으로 새 존재가 된 그리스도인의 존재양식(고후 5:17)에 대한 진술로 이해한다. 시편 110편 1절에서 그러한 해석의 예를 볼 수 있다. "내 우편에 앉으라"는 의미는 이전에 죄의 종이었던 영이 이제는 양심의 자유를 가지고 보좌에 앉는 것을 말하며, 마치 죄악된 지체를 지배하는 왕과 같이 앉는 것을 말한다고 해석한다. 왜냐하면 그는 그리스도와 함께 우편에 앉아 있기 때문(엡 2:6)이라는 것이다(WA 4, 227, 18-20). Henning Graf Reventlow, *Epochen der Bibelauslegung. Band III: Renaissance, Reformation, Humanismus* (München: C. H. Beck, 1997), 74. 또한 구약성서의 '제왕시'가 예수 그리스도에 대한 예언적 의미를 넘어서 그리스도들에 대한 의미를 갖는다는 점에 대해서 필자의 졸고를 참조하라. 하경택, "'아들'을 통한 하나님의 통치: 시2편에 대한 주석적 연구," 『서울장신논단』 15 (2007. 4), 7-40, 특히 36-37쪽. 골로새서 3장 1-4절에서도 바울은 "위의 것을 찾으라. 거기는 그리스도께서 하나님 우편에 앉아 계시느니라."라고 말하면서 그리스도인의 삶이 그리스도와 함께 하나님 안에 감추어져 있음을 말한다. Erwin Mülhaupt (Hsg.), *D. Martin Luthers Psalmen = Auslegung. 2. Band Psalmen 26-90* (Göttingen: Vandenhoeck & Ruprecht, 1962), 528.

6. 나가는 말

시편 110편은 메시아사상을 견고하게 만드는 중요한 근거가 된다. 시편 110편은 시편 2편과 함께 메시아로서 예수 그리스도의 신분과 활동을 예언한 중요한 본문으로 해석되었다.[78] 하지만 시편 110편은 단순히 예수 그리스도를 예언하는 메시아 예언으로만 해석될 수 없다. 시편 110편이 메시아 시편으로서 기능하려면 고대 이스라엘 상황 가운데 의도되었던 본래적인 의미가 규명되어야 한다. 그러한 문자적-역사적 의미가 분명해질 때 신앙의 유비 안에서 2차적인 적용이 제대로 가능해 질 수 있다.[79] 그러한 의미에서 시편 110편은 다음 세 가지 차원의 의미를 가진다:

첫째, 시편 110편은 야훼의 통치를 이루는 고대 이스라엘의 '시온 왕'에 관한 시편이다.

둘째, 시편 110편은 보좌 우편에서 '제사장-왕'의 직무를 수행하는 예수 그리스도에 대한 예언이다.

셋째, 시편 110편은 그리스도와 함께 하나님의 통치에 참여하는 '그리스도인'에 대한 약속이다.

---

[78] 하나님 아들로의 상승을 보여주는 네 가지 사건(예수의 세례, 변화산 사건, 부활과 승천)의 서술에서 두 시편은 중요한 인용된다. Hans-Joachim Kraus, 『시편의 신학』, 438.

[79] 문자적-역사적 이해와 신앙의 유비 안에서의 이해에 관하여 다음을 보라. E. E. Johnson, "Hermeneutical principles and the interpretation of Psalm 110," *Bibliotheca sacra*, 149/596 (Oct - Dec 1992), 428-37.

왕을 위한 기도

시편 72편의 해석과 수용에 관한 소고[1]

1. 들어가는 말

시편 72편의 해석은 형성사와 수용사의 두 차원에서 살펴볼 수 있다. 시편 72편의 형성사는 크게 세 가지 입장으로 요약할 수 있다.[2] 하지만 본 논문에서는 형성사보다는 시편 72편의 최종본문에 대한 주석

---

1 이 논문은 『선교와 신학』 62 (2024), 7-33쪽에 실렸다.

2 시편 72편의 형성사에 대한 관점은 각 입장에 대한 대표적인 학자를 중심으로 크게 세 가지로 분류할 수 있다. 첫째로, 시편 72편 전체가 왕정기에 생겨난 것이라고 보는 입장(Hans-Joachim Kraus, *Psalmen 64-150* [Neukirchen-Vluyn: Neukirchener Verlag, 1972], 495)과 둘째로 기본시(1b-7절, 12-14절, 16-17b절)는 왕정기에 생성된 것이나 후대의 첨가와 확장(8-11절, 15절, 17cd절)이 있었다는 입장(Frank-Lothar Hossfeld and Erich Zenger, *Psalmen 51-100* [Freiburg im Breisgau u. a.: Herder, 2000], 312-16)과 셋째로, 시편 72편 전체가 통일성을 가진 시편으로서 포로기 이후에 생겨난 것(Carmen Diller, „,Er soll leben, solange die Sonne bleibt' (Ps 72,5): die räumlichen und zeitlichen Dimensionen der Königsherrschaft in Psalm 72," in *Studien zu Psalmen und Propheten. Festschrift für Hubert Irsigler*, ed. Carmen Diller et al. [Freiburg im Breisgau: Herder, 2010], 19-22)이라고 보는 입장이다. 이 가운데 필자는 시편 72편이 본래 왕정기를 배경으로 하고 있으나 후대에 부분적인 확장이 있었다는 두 번째 입장을 지지한다.

과 수용에 중점을 두고자 한다. 따라서 필자는 우선 최종본문에 드러
나는 시편 72편의 의미를 주석적으로 설명하고, 시편 72편에 드러난
'왕을 위한 기도'가 다른 본문에서 어떻게 해석되고 수용되는지를 살
피고자 한다. 이를 통해서 시편 72편의 '왕을 위한 기도'에 드러난 '왕
정신학'의 의미가 무엇이며, 시편 72편의 '왕정신학'이 오늘날 독자들
에게 어떠한 의미로 다가올 수 있는지를 고찰하고자 한다.

2. 본문 주석

가. 사역

1절   솔로몬을 위하여
       하나님, 당신의 의로운 판결들מִשְׁפָּטֶיךָ을 왕에게 주시고
       당신의 정의וְצִדְקָתְךָ를 왕의 아들에게 주소서.

2절   (그러면) 그는 당신의 백성עַמְּךָ을 공의로בְצֶדֶק 판단하며
       당신의 가난한 자들וַעֲנִיֶּיךָ을 공평으로בְמִשְׁפָּט 판단할 것입니
       다.

3절   산들이 그 백성에게 샬롬שָׁלוֹם을 가져오고
       작은 산들도 정의로בִּצְדָקָה (그것을 가져올 것입니다.)

4절   그가 백성의 가난한 자들עֲנִיֵּי־עָם을 판결하며,
       궁핍한 자의 자손들לִבְנֵי אֶבְיוֹן을 구원하고,
       압박하는 자עוֹשֵׁק를 쳐부술 것입니다.

5절　　　그들은 해와 함께עִם־שֶׁמֶשׁ 당신을 두려워할 것이며וְיִירָאוּךָ,³

달 앞에서וְלִפְנֵי יָרֵחַ 대대로 (두려워할 것입니다.)

6절　　　그는 베인 풀 위에 비처럼כְּמָטָר 내려오고,

땅을 적시는 소나기처럼כִּרְבִיבִים (내려올 것입니다.)

7절　　　그의 날들에는 의인이 번성할 것이며

풍성한 샬롬רֹב שָׁלוֹם이 달이 다할 때까지 (있을 것입니다.)

8절　　　그때 그가 바다에서부터 바다까지מִיָּם עַד־יָם 다스리며,

강에서부터 땅끝까지מִנָּהָר עַד־אַפְסֵי־אָרֶץ (다스릴 것입니다.)

9절　　　광야에 거하는 자들צִיִּים이 그 앞에서 절하고,

그의 대적들אֹיְבָיו이 먼지를 핥을 것입니다.

10절　　　다시스와 섬들의 왕들이 예물מִנְחָה을 가져오고,

시바와 스바의 왕들이 선물אֶשְׁכָּר을 바칠 것입니다.

11절　　　모든 왕들כָל־מְלָכִים이 그에게 절하며,

모든 열방כָל־גּוֹיִם이 그를 섬길 것입니다.

12절　　　참으로, 그는 도와 달라 부르짖는 궁핍한 자אֶבְיוֹן를 구해 주며,

그를 도울 자 없는 가난한 자עָנִי를 (구할 것입니다.)

13절　　　그는 약하고 궁핍한 자וְאֶבְיוֹן דַּל를 불쌍히 여기며,

궁핍한 자들אֶבְיוֹנִים의 목숨을 건질 것입니다.

14절　　　그는 억압תֹּךְ과 폭력חָמָס에서 그들의 생명을 구원하며,

3　많은 번역들이 여기에 나타난 '당신'이라는 호칭이 문맥에 어울리지 않는다는 판단 아래, 70인경의 이해(συμπαραμενεῖ)를 따라 본문 수정을 시도한다. 따라서 "그는 오래 (자신의 날들을) 길게 만들 것이다"(וְיַאֲרִיךְ) 또는 "(그의 날들은) 길 것이다"(וְיַאֲרִיכוּ)로 이해한다. 하지만 마소라 본문 수정 없이도 본문이해는 얼마든지 가능하다(5절에 대한 해설을 보라).

그들의 피를 귀중히 여길 것입니다.

15절   그가 생존할 것이고,

그가 그에게 시바의 금을 줄 것이며,

그를 위해 계속해서 기도하고,

종일 그를 축복할 것입니다.[4]

16절   땅에 풍성한 곡식이 있을 것이며,

산꼭대기에 그것의 열매가 레바논과 같이 물결치고,

그들이 땅의 채소처럼 성에서 번성할 것입니다.

17절   그의 이름שְׁמוֹ이 장구하게 있을 것이며יְהִי,

그의 이름שְׁמוֹ이 해 앞에서 널리 퍼지고יִנּוֹן,

사람들이 그를 통해/그와 함께/그의 안에서בוֹ 복을 받을

것이며יִתְבָּרְכוּ,

모든 열방כָּל־גּוֹיִם이 그를 복되다 말할 것입니다יְאַשְּׁרוּהוּ.

18절   야훼 하나님이 송축 받으시기를 원합니다בָּרוּךְ.

그는 홀로 기이한 일들을 행하시는 이스라엘의 하나님이

십니다.

19절   그의 영광의 이름כְּבוֹדוֹ שֵׁם이 영원히 송축 받으시기를 원

합니다בָּרוּךְ.

또한 그의 영광כְּבוֹדוֹ שֵׁם이 온 땅에 충만하기를 원합니다.

아멘, 아멘.

---

4   15절의 진술이 누구에 관한 것인지를 파악하는 것이 쉽지 않다. 왕의 행동을 묘사하는 것으로 볼 수도 있고 왕에 관한 행동을 묘사하는 것으로 볼 수도 있다. 필자는 3인칭 남성 단수의 주어를 왕으로 보고 왕의 행동에 관한 진술로 이해한다(자세한 것은 아래 해설을 참조하라).

20절   이새의 아들 다윗의 기도 דָּוִד תְפִלּוֹת[5]가 끝났다 כָּלּוּ.

나. 본문의 구조와 양식

시편 72편은 이스라엘 왕과 관련된 '제왕시'로서 왕실의 다양한 상황에서 사용된 것으로 보인다. 특별히, 왕의 대관식이나 취임식, 왕의 출생이나 결혼 그리고 왕궁에서 이루어진 축제의 상황을 생각할 수 있다.[6] 72편의 구조도 다양한 방식으로 이해될 수 있다.[7] 필자는 쳉어 Erich Zenger 의 분석을 토대로 시편 72편을 아래와 같은 구조로 분석한다.[8]

1) 도입 기도 1절
2) 기도의 결과로서 이루어지는 왕의 통치 2-17절
    가) 샬롬과 구원으로 나타나는 왕의 통치 2-4절
    나) 사람과 창조세계에 미치는 왕의 통치 5-7절
    다) 땅끝까지 미치는 왕의 통치 8-11절
    라) '가난한 자'를 구원하는 왕의 통치 12-14절

---

5   70인경에서는 이 '기도'(תְפִלּוֹת)를 '찬송'(ὕμνοι)이라고 번역한다.

6   Hans-Joachim Kraus, *Psalmen 64-150*, 495. 크라우스는 시편 72편에 나타나는 다양한 청원과 기대들이 고대 중동의 왕정 국가에서 유사 사례들이 풍부하게 고찰된다는 사실을 지적하며, 그 예들을 보여준다(위의 책, 296-97). 그에 따르면 시 72편의 표현들은 고대 중동의 일반적인 "왕궁 양식" 요소들을 차용한 것이며, 이 시편은 포로기 이전 왕정시대를 배경으로 한다. 쳉어(Frank-Lothar Hossfeld and Erich Zenger, *Psalmen 51-100*, 308)도 "예루살렘의 제의전통(시온전통)은 제왕 이데올로기 측면에서 보거나 성전신학의 측면에서 볼 때에 고대중동과 가나안의 뿌리를 가지고 있다는 사실을 부인할 수 없다"라고 말한다. 그러면서 시편 72편은 주전 7세기 이집트와 고대중동의 제왕이데올로기의 "혼합"과 신 앗시리아의 왕 개념의 통합을 통한 "현재화"를 반영한다고 평가한다.

7   예컨대, 보이켄(W. Beuken)은 다음과 같이 세 단락으로 구분한다: ① 1-11절: 하나님께 비는 왕을 위한 기도; ② 12-15절: <키>로 시작하는 하나님의 응답; ③ 16-17절: 가난한 자들의 왕을 위한 기도. 보이켄의 분석에서 인상적인 것은 중간단락인 12-15절을 하나님의 응답으로 보아 시편 72편을 기도와 응답의 관계 속에서 파악한다는 것이다.

8   Frank-Lothar Hossfeld and Erich Zenger, *Psalmen 51-100*, 310-11.

5) 사람과 창조세계를 복되게 하는 왕의 통치 15-17절

3) 송영 18-19절

4) 후기 20절

시편 72편의 기본적인 분위기는 '기도'이다. 그러한 의미에서 이 시편을 아르네트M. Arneth와 같이 '즉위식 찬양'이라고 분석하기보다[9] 베스터만C. Westermann과 같이 개인 탄원시의 범주 안에서 '기도'로 이해하는 것이 여러모로 의미가 있다.[10] 이렇게 '기도'로 이해하는 것은 "다윗의 기도가 끝났다"20절는 후기와도 일맥상통하는 장점이 있다. 1절을 기도로 이해하고, 2-17절을 기도의 결과로 이해할 때 중요한 것이 2-17절에 나타나는 미완료와 지시법jussive의 시제를 어떻게 번역할 것인가의 문제다. 미완료와 지시법은 형태가 거의 동일하다. 강동사의 히필형이나 단축형을 가진 약동사의 경우를 제외하고는 형태상의 구별이 힘들다.[11] 따라서 본문의 내용을 미완료로 이해하여 미래시제로 번역할 수도 있고, 지시법으로 이해하여 기원이나 청원의 의미로 번역할 수도 있다.[12] 하지만 히브리어에서 미완료의 의미는 폭넓고 다양하

---

9   Martin Arneth, "Psalm 72 in seinen altorientalischen Kontexten," in *"Mein Sohn bist du" (Ps 2,7): Studien zu den Königspsalmen*, ed. Eckart Otto and Erich Zenger (Stuttgart: Verlag Katholisches Bibelwerk, 2002), 148-72; Nancy L. deClaissé-Walford, Rolf A. Jacobson, and Beth LaNeel Tanner, *The Book of Psalms* (Grand Rapids, Michigan: William B. Eerdmans Publishing Company, 2014), 573.

10 Claus Westermann, *Ausgewählte Psalmen* (Göttingen: Vandenhoeck & Ruprecht, 1984), 49. 제왕시는 양식적인 분류에서 어느 특정한 양식에 국한되지 않는다. 개인 찬양시(18편, 21편)나 개인 탄원시(20편), 공동체 탄식시(89편), 혹은 하나님의 말씀이 등장하는 예언시(2편, 110편)와 같은 양식으로도 나타난다.

11 G-K § 48f-g; 이영근 편, 『히브리어 문법해설』(서울: 비블리카 아카데미아, 2018), 182.

12 Walter J. Houston, "The King's Preferential Option for the Poor: Rhetoric, Ideology and Ethics in Psalm 72," *Biblical Interpretation* 7/4 (1999. 10), 344-45. 딜러는 미래시제와 지시법을 구분하면서 두 표현법 사이의 차이점에 대하여 설명하지만, 궁극적으로 시편 72편은 두 표현법을 통해 미래에 이루어질 일종의 '유토피아'(Utopie)를 묘사한다고 말한다. Carmen Diller, "'Er soll leben, solange die Sonne bleibt' (Ps 72,5)," 4.

다. 히브리어에서는 미완료를 통해 가능성, 당위성, 소원을 모두 표현할 수 있다.[13] 필자는 이러한 미완료의 의미를 살려 2-17절의 내용을 미래시제로 번역하였다. 우리말 미래시제는 여러 가지를 함축한다. 단순히 미래에 이루어질 일에서부터 화자의 의지나 바람, 더 나아가 화자의 강한 확신을 표현할 수도 있다. 이것은 히브리어 미완료나 지시법의 의미를 담을 수 있는 표현방식이다.

기도의 결과로 나타나는 왕의 통치에 대한 묘사는 위의 구조분석에서 보는 바와 같이 '땅끝까지 미치는 왕의 통치' 8-11절를 중심으로 A-B-C-A'-B'의 구조로 기술된다.[14] 세 번째 단락을 중심으로 '정의'의 실현으로 나타나는 왕의 통치 2-4절; 12-14절와 사람과 창조세계에 미치는 왕의 통치 5-7절; 15-17절가 반복적으로 기술된다. 이를 통해 왕의 의로운 통치는 '사람'과 '창조세계'를 아우르며 '땅끝까지' 미치는 '범세계적인' 통치임이 분명해진다.

3. 본문해설

가. 도입 기도 1절

이 시편의 표제어는 <리쉘로모> לשׁלמה이다. 한글성경에는 '솔로몬의 시'라고 번역되어 있으나 '솔로몬을 위한 시' 혹은 '솔로몬에 관한 시'라고 번역할 수 있다. 이러한 표제어가 붙여진 것은 시편 72편이 열왕기상 3-10장의 내용과 많은 연결점을 보여준다는 사실에서 그 이유

---

13 Paul Joüon and Takamitsu Muraoka, *A Grammar of Biblical Hebrew*, 김정우 역, 『주용-무라오까 성서 히브리어 문법』(서울: 기혼, 2022), 484; G-K § 107i-o.

를 찾을 수 있다[1절: 왕상 3:5-9; 2절: 왕상 3:9; 5-7절: 왕상 3:14; 10-11절: 왕상 5:15-26; 9:10-14; 10:1-13].[15] 이것은 72편 20절의 후기와 연결되어 구체적인 의미를 가질 수 있다. 곧 이 시편이 자신의 아들 솔로몬을 위해 드리는 '다윗의 기도'라는 것이다. 이것은 다윗과 관련된 표제어를 "다윗 역사의 중요한 장에 대한 하나의 미드라쉬"[16]로 이해하는 입장과 일치한다.

시인은 '왕'을 위해 두 가지를 구한다. 하나는 <미쉬파팀> מִשְׁפָּטִים 이고, 다른 하나는 <체다카> צְדָקָה 이다. 필자는 전자를 '의로운 판결들', 후자를 '정의'라고 옮겼으나 이 두 낱말의 의미를 정확히 파악하는 것은 매우 어렵다. 두 낱말의 구별도 쉽지 않다. <미쉬파팀>은 '법규정들'을 의미한다고 볼 수도 있고,[17] 다수의 번역본들과 같이 '판단력'이라 번역할 수도 있다. 하지만 두 표현이 평행법적으로 대구를 이루고 있기 때문에, 동의어로서 '정의'와 관련되어 있음을 알 수 있다. 따라서 두 낱말의 의미는 구약성경에 나타난 '정의'에 대한 일반적인 의미와 관련하여 이해할 수 있다. 구약성경의 '정의'는 기본적으로 "공동체 안의 약자들을 돕는 '공동체적 신실성' Gemeinschaftstreue"이라 말할 수 있고, 그것은 심판을 능가하는 "'구원하는' 정의 rettende Gerechtigkeit"로 나

---

14 Carmen Diller, "'Er soll leben, solange die Sonne bleibt' (Ps 72,5)," 3. 쳉어도 8-11절이 다섯 단락의 중심임을 인정하나, 내용상 주변 단락과의 연결점을 찾기 어렵다는 이유로 후대의 확장으로 분석한다. Erich Zenger, "'Es sollen sich niederwerfen vor ihm alle Könige' (Ps 72,11): Redaktionsgeschichtliche Beobachtungen zu Psalm 72 und zum Programm des messianischen Psalters Ps 2-89," in *"Mein Sohn bist du" (Ps 2,7): Studien zu den Königspsalmen*, ed. Eckart Otto and Erich Zenger (Stuttgart: Katholisches Bibelwerk, 2002), 67-69.

15 Frank-Lothar Hossfeld and Erich Zenger, *Psalmen 51-100*, 317.

16 Rolf Rendtorff, "The Psalms of David: David in the Psalms," in *The Book of Psalms: Composition and Reception*, ed. Peter W. Flint and Patrick D. Miller (Leiden/Boston: Brill, 2005), 55.

17 쳉어는 이것이 사회적 약자의 구조와 돌봄을 규정하고 있는 언약책(출 21-23장)이나 신명기 법전(신 15장; 23-24장)과 같은 규정들을 암시한다고 해석한다. Frank-Lothar Hossfeld and Erich Zenger, *Psalmen 51-100*, 320.

타난다.[18] 이러한 정의의 이해를 따르면, 시편 72편의 도입 기도는 왕에게 요구되는 기본적인 직무와 사명이 무엇인지를 분명하게 보여준다. 그것은 바로 자신의 백성과 가난한 자들을 돌보는 '의로운 재판장'으로서의 역할이다. 이어지는 내용2-17절은 구조분석에서 드러나는 바와 같이 도입 기도의 결과로서 나타나는 왕의 통치를 묘사한다.[19] 아래와 같이 다섯 개의 단락으로 나눌 수 있다.

나. 기도의 결과로서 이루어지는 왕의 통치 2-17절

1) 샬롬과 구원으로 나타나는 왕의 통치 2-5절

왕을 위한 기도를 통해 이루어지는 왕의 통치는 '정의'의 실현이다. 이러한 사실이 2절에서 분명하게 기술된다. 그는 '공의로'בְּצֶדֶק, 그리고 '공평으로'בְמִשְׁפָּט 재판할 것이다. 그런데 여기에서 '당신의 백성'עַמְּךָ과 '당신의 가난한 자들'עֲנִיֶּיךָ이 대구로 묘사된다. 백성과 가난한 자들의 관계는 여러 가지로 해석할 수 있다. 백성 전체를 가난한 자들로 인식하고 있다고 말할 수도 있으나 여기에서는 백성의 일부로서 이해되는 가난한 자들이라고 보는 것이 더 나을 것이다. 이러한 이해는 4절에 등장하는 '백성의 가난한 자들'이라는 표현을 통해서 지지를 얻는다. 2절에서 더욱 주목해야 할 사실은 '당신'이라는 소유대명사이다. 왕이 판단해야 할 '백성'과 '가난한 자들'은 '그의' 백성이나 '그의' 가

---

18 구약성경에 나타난 '정의'의 의미에 관하여 다음을 참조하라. 하경택, "'하나님 닮아가기'(Imitatio Dei)로서의 정의 - 시편을 통해서 본 구약성서의 '정의' 신학," 『장신논단』 48-2 (2016. 6), 37-66.

19 1절의 특별성은 여러 가지로 고찰된다(Frank-Lothar Hossfeld and Erich Zenger, *Psalmen 51-100*, 310). 1절에서만 '하나님'이 호격으로 등장하고, 기도가 명령형으로 진술된다. 또한 1절에서만 '왕'이 기도의 대상으로 언급된다.

난한 자들이 아니라 '당신의' 백성이요 '당신의' 가난한 자들이라는 것이다. 왕이 자신의 나라를 다스리는 것 같지만 그것은 '그의' 나라가 아니라 '하나님의' 나라라는 사실이다.[20] 그는 자신의 백성이 아니라 하나님의 백성을 돌보도록 세우심을 입은 자이다.[21] 따라서 그가 하는 일은 자신의 일이 아니라 하나님의 일을 대행하는 것이다.

3절은 창조세계의 반응을 묘사한다. 산들과 작은 산들이 그 백성에게 반응한다. 그것들은 그 백성에게 '샬롬'שָׁלוֹם을 가져오고, '정의로'בִּצְדָקָה 반응할 것이다. 산과 작은 산들이 왕이 백성에게 행동하는 방식 그대로 '정의로' 반응할 것이며, 그것들이 가져오는 결과는 '샬롬'이다. 왕의 의로운 통치는 '샬롬'을 통해서 완성된다시 85:11[10].

4절은 다시금 왕이 행하는 '의로운' 재판장으로서의 역할이 무엇인가를 분명하게 보여준다. 여기에서 왕의 통치가 미치는 대상이 점층법적으로 묘사된다. 왕의 통치가 백성 가운데 '가난한 자들'에 미치고, 더 나아가 '궁핍한 자의 자손들'에게까지 미친다. 사회의 약자들 가운데 약자들이라고 할 수 있는 사람들에게까지 그의 통치가 효력을 발생하는 것이다. '백성의 가난한 자들'을 '판결'하고, '궁핍한 자의 자손들'을 '구원'한다는 묘사를 통해 왕의 의로운 통치가 의미하는 바가 무엇인가 분명하게 드러난다. 그것은 가난한 자들을 '구원'하는 것이다'가난한 자'에 관하여 12-14절의 해설을 참조하라. 이 구원은 그들을 압박하는 자들에게 '심판'으로 나타난다.

---

20 이것은 다윗의 언약에서 다윗 왕조를 '내 집'과 '내 나라'로 이해하는 역대기의 입장과 일치한다(대상 17:14; 또한 참조. 대상 28:5; 출 3:7 '내 백성'; 비교, 삼하 7:14).

21 여기에는 다른 단락에서는 전혀 등장하지 않는 '백성'을 의미하는 히브리 낱말 '암'(עַם)이라는 표현이 세 번이나 등장하고 있어 하나님이 돌보시는 '가족'으로서 '백성'의 의미를 일깨운다. Frank-Lothar Hossfeld and Erich Zenger, *Psalmen 51-100*, 322.

2) 사람과 창조세계에 미치는 왕의 통치 5-7절

5절은 설명이 필요한 부분이 많다. 우선 주어가 누구를 가리키는가에 대한 설명이 필요하다. 지금까지 등장한 적이 없는 3인칭 복수의 주어가 등장한다. 여기에서 '그들은' 누구인가? 앞 단락2-4절에서 왕의 통치를 경험한 백성들이라고 말할 수 있다. 하지만 의미상으로 이 사람들은 앞으로 왕의 통치를 경험하게 될 모든 왕들과 모든 민족들에게도 확대 적용할 수 있다8-11절 참조. 그들은 당신을 두려워할 것이라고 말한다. 여기에서 '당신'이라는 호칭이 문제가 될 수 있다. 문맥에 맞지 않는다고 본문을 수정하는 읽기를 시도할 수 있기 때문이다. 하지만 마소라 본문MT에 대한 수정 없이도 이해가 가능하다. 마소라 본문에 대한 수정 없이 읽으면, 왕의 통치가 결국 '당신'을 두려워하는, 즉 '하나님 경외'의 결과를 가져올 것이라는 사실을 보여준다. 이것은 시편 72편이 왕의 통치를 통해서 궁극적으로 지향하는 바가 신-중심적theozentrisch 세계의 이상이라는 사실을 엿볼 수 있게 한다.[22] 동시에 이러한 이해는 시편 72편의 기본적 특징이 하나님을 향하여 드리는 '기도'라는 사실을 일깨운다. 이때 주목할만한 것이 '해와 함께'עִם־שֶׁמֶשׁ라는 표현이다. 이것은 후반절의 '달 앞에서'לִפְנֵי יָרֵחַ와 평행을 이룬다. 이것은 우선 '해'와 '달'을 비롯한 천체숭배 사상을 분명하게 배격한다참조. 신 4:19; 17:3; 왕하 17:16; 23:5, 11; 렘 19:13; 습 1:5.[23] 경외의 대상은 천체가 아니라 하나님 자신, 곧 '당신'이라는 사실이다. 또한 '해와 함께'라는 표현은 '해가 존재하는 동안'이라는 의미로 불변성과 영원성을 의미한다. '해'와

---

22 위의 책, 305.
23 '해'와 '달'이 등장하는 본문들이 천체숭배 사상의 배격을 의미한다는 사실에 대하여 다음을 참조하라. Carmen Diller, "'Er soll leben, solange die Sonne bleibt' (Ps 72,5)," 5-7.

'달'이 변함없이 늘 존재하듯이 사람들의 하나님 경외도 변함없이 지속될 것이라는 사실이다 참조. 렘 33:20-21; 시 89:36-37. 그것은 낮과 밤의 하루라는 시간에 국한되지 않고 '대대로' 이어질 것이다. [도상자료 1-3-1]

6절에서 왕의 통치는 비의 내림과 비교된다.[24] 왕의 통치는 비가 풀

[1-3-1] 천체 숭배. 건축 명문이 새겨진 석판. 이 도상은 바벨론 왕 나부아팔이딘(Nabuapaliddin)이 사제에 이끌리어 수호신과 함께 시파르(Sippar)의 태양 신전에 들어가는 모습을 보여준다. 신전 앞 탁자 모양의 받침대 위에는 태양신의 상징이 놓여 있다. 그 뒤에는 뱀과 야자나무 기둥으로 된 닫집 아래에 태양신이 앉아 있다. 위쪽에는 각각 신(Sin)(=달, 누워있는 초승달)과 샤먀쉬(=태양, 불꽃 다발이 있는 네 개의 광선 별)와 이쉬타르(=금성, 여덟 개의 광선 별)를 상징하는 문양이 새겨져 있다. 그들 아래에는 천상의 바다를 상징하는 '하늘 바다'가 형상화되어 있다. 그 바다에는 태양과 달과 금성을 제외한 네 개의 행성이 그려져 있다. 이것은 메소포타미아 지역에 널리 퍼져 있던 태양과 달과 별을 숭배하는 천체 숭배 신앙을 보여준다. 바그다드 남서쪽 40km 지점에 위치한 시파르 신전 유물. A. Parrot, Assur Abb. 215. O. Keel, *Bildsymbolik*, Abb. 239, 153쪽에서 재인용.

24 Marvin E. Tate, *Psalms 51-100*, 손석태 역, 『시편 51-100』(서울: 솔로몬, 2002), 381.

위에 내리고 대지를 적시듯이 백성들에게 생명력을 제공할 것이다. 그러나 이러한 묘사는 단지 비유적인 의미만을 갖지 않는다. 왕의 의로운 통치는 창조세계에도 영향을 미친다는 사실을 암시한다. 3절에서 산과 산들이 반응하듯이 왕의 통치는 풀과 대지 위에 내린 비를 통해 풍성한 수확과 열매를 가져오게 할 것이다.

7절에서는 다시 인간세계에 미치는 영향을 다룬다. 왕의 의로운 통치가 이루어지는 때에는 의인이 번성할 것이다. '번성하다'로 번역된 <파라흐>פרח 동사는 초목이 움이 돋아 자라는 모습을 표현한다. 마치 초목이 비를 맞고 생명력을 회복하여 움이 돋고 자라듯이 의인들이 번성할 것이라는 사실을 보여준다. 그러한 의인의 번성은 '풍성한 샬롬'에 비유된다. 왕의 의로운 통치는 악인의 멸망과 의인의 번성을 가져오고, 샬롬이 충만한 세계를 이루게 할 것이다.[25] 이 단락에서는 인간 사회와 자연이 용해되어 불가분의 관계로 연결되어 있다.[26]

3) 땅끝까지 미치는 왕의 통치 8-11절[27]

8절은 왕의 통치 영역을 기술한다. 그는 '바다에서부터 바다까지' 그리고 '강에서부터 땅끝까지' 다스릴 것이라고 말한다. 여기에 등장하는 영역의 경계는 일반적이지 않다. "~에서 ~까지"라는 표현은 경계

---

25 이 시편에서 샬롬은 두 번 등장하지만(3, 7절), 왕의 통치를 드러내는 핵심적인 개념이다. 테이트(Marvin E. Tate, 『시편 51-100』, 383.)는 이 샬롬을 "정치적, 경제적, 사회적, 영적 영역을 통합하는 삶의 총체성"을 의미한다고 설명하며, 그것은 "모든 피조물의 생명과 조화를 지향하며, 궁극적으로 모든 피조물을 아우르는 구원"을 의미한다고 말한다.

26 Frank-Lothar Hossfeld and Erich Zenger, *Psalmen 51-100*, 322.

27 쳉어는 이 단락을 15절, 17cd절과 함께 후대의 확장이라고 평가한다(위의 책, 312-13). 그는 이 단락이 여러 가지 점에서 2-7절과 12-14절의 흐름을 깬다고 말한다. 이 단락은 왕적 통치의 우주적인 연장이라는 주제의 변화뿐 아니라 왕으로부터 번져가는 움직임에서 왕을 향한 움직임으로 운동의 방향이 바뀌는 관점의 변화를 통해서 주위 본문과의 구별된다는 것이다. 하지만 이러한 특징은 이 단락을 이 시편의 중심으로 보게 하는 구성적인 기획으로 평가할 수도 있다.

표시의 일반적인 형식구이다. "이집트강에서부터 큰 강 유프라테스강까지"의 땅을 아브라함의 자손에게 주시겠다고 하신 약속창 15:8이나 이스라엘 땅의 경계로서 "단에서부터 브엘세바까지"라는 표현이 전형적이다.[28] 또한 보통 강은 유프라테스강이나 이집트강을 의미하여 남북 경계의 극점을 나타내고, 바다는 지중해나 사해 혹은 아카만을 의미하여 동서경계의 종점을 나타낸다.[29] 따라서 "바다에서 바다까지"라는 표현과 "강에서부터 땅끝까지"라는 표현의 조합은 지구상의 네 방위를 모두 포괄하는 최대치의 경계를 서술한다고 말할 수 있다.[30] 이와 동일한 표현이 스가랴 9장 10절에 나타난다. 공의롭고 겸손하여 나귀를 타며 전쟁을 그치게 하고 이방인에게까지 샬롬을 전하는 시온의 왕이 이를 통치영역을 묘사할 때 사용된다.

9절과 10절은 왕의 통치가 실행되는 모습을 구체적으로 언급한다. 9절에 등장하는 '광야에 거하는 자들'צִיִּים이나 '그의 대적들'אֹיְבָיו은 왕과 적대적인 관계에 있는 사람들을 가리킨다. 그들이 왕 앞에 와서 절을 하고 먼지를 핥는다. 절을 하는 것이나 먼지를 핥는 행위사 49:23; 미 7:17[31] 모두 섬김과 복종을 나타내는 상징적인 행위이다. 왕의 적대자들이 장차 왕의 통치를 받아들이고 그에 대한 충성과 존경을 보일 것임을 보여준다. 10절은 세계 각국에서 가져오는 예물과 선물에 관한 묘

---

28 "단에서부터 브엘세바까지" 신명기 역사서에서 7회 등장(삿 20:1; 삼상 3:20; 삼하 3:10; 17:11; 24:2, 15; 왕상 4:25)하고, "브엘세바에서 단까지"라는 표현은 역대기 역사서에서 2회 등장한다 (대상 21:2; 대하 30:5).

29 Magne Sæbø, "Vom Grossreich zum Weltreich. Erwägungen zu Pss. LXXII 8, LXXXIX 26; Sach. IX 10b," *Vetus Testamentum 28/1* (1978, 1), 91.

30 제보(M. Saebø)는 이러한 사실에 근거하여 이 표현이 다윗 계열 왕의 통치영역에 대한 옛 형식구를 우주적 차원까지 넓혀 왕의 통치가 온 세상에 미치는 '세계제국'(Weltreich)임을 보여준다고 평가한다. 위의 책, 91.

31 살만에셀 3세의 승전비에 묘사된 예후의 모습이 그 예가 될 수 있다. Frank-Lothar Hossfeld and Erich Zenger, *Psalmen 51-100*, 323.

사이다. 다시스와 섬들의 왕들이 예물을 가져온다고 말한다. [도상자료 1-3-2] 다시스는 이스라엘로부터 지중해 서쪽으로 멀리 떨어진 나라를 상징할 뿐 아니라사 66:19; 또한 참조. 욘 1:3, 거대한 부를 가진 나라를 대

[1-3-2] **섬김과 복종.** 아브드 엘 쿠르나(Abd el Qurna)의 소케트호테프(Sobekhotep)의 무덤 벽화. 제 18 왕조 투트모시스 4세 시대를 배경으로 한다. 이집트 주변 나라들 중 아시아 지역에서 가져오는 조공 행렬의 모습을 묘사한다. 윗줄과 아래 줄 모두 첫 번째 세 사람은 복종의 표시로 땅에 절하며 먼지를 핥는 모습을 보여주고, 뒤이어 오는 사람들은 각종 예물을 들고 있다. 그들이 드리는 예물 가운데 어린아이도 있다. Davis/Gardiner, *Paintings I* Taf. 42. O. Keel, *Bildsymbolik*, Abb. 408, 282쪽에서 재인용.

표한다대하 9:21.[32] 섬들도 지중해 지역의 섬들을 가리키지만 멀리 있는 나라를 대표한다사 49:1. 이어서 시바와 스바의 왕들이 선물을 바칠 것이라고 말한다. 시바שְׁבָא는 남부 아라비아 지역의 나라지금의 예멘를 가리킨다. 솔로몬을 방문한 시바의 여왕의 사례가 이 지역에 대한 대표적인 언급이다왕상 10:1-13. 스바סְבָא는 구스의 자손으로 나타나며창 10:7 이집트와 함께 언급되는 것으로 보아사 43:3; 45:14 북부 아프리카에 있는 나라로 여겨진다.[33] 결과적으로 다시스와 섬들, 시바와 스바는 가장 먼 나라들을 대표하면서 동시에 모든 나라를 대표한다. 이 나라들이 의미하는 세계의 "전체성"Totalität[34]이 11절에서 직접적으로 언급된다. 세상의 모든 왕들이 그에게 절하고 모든 민족들이 그를 섬길 것이다. 세계 전체가 인정하는 이스라엘 왕의 통치가 구체화할 것임을 말하고 있다. 8절의 첫 번째 낱말 '그때 그가 다스린다'וְיֵרְדְּ는 표현과 11절의 마지막 낱말 '그들이 그를 섬긴다'יַעַבְדוּהוּ는 표현이 서로 상응을 이루어 이 단락의 주제를 명확하게 한다.

4) '가난한 자'를 구원하는 왕의 통치 12-14절

이 단락은 '키'כִּי라는 강조의 불변사emphatic particle를 통해서 새롭게 시작된다. 이 낱말은 '참으로'라고 번역할 수 있고 이를 통해서 시인

---

32 Carmen Diller, "'Er soll leben, solange die Sonne bleibt' (Ps 72,5)," 10.

33 딜러는 당시 이스라엘에게 알려진 세계의 남부 '모서리'(Zipfel)를 의미한다고 설명한다. 위의 책, 13.

34 Erich Zenger, "'Es sollen sich niederwerfen vor ihm alle Könige' (Ps 72,11)," 83. 김정우는 이러한 표현이 '포괄성'과 '개체성' 또는 '모호성'과 '구체성'을 모두 담고 있다고 평가한다(김정우, 『시편주석 II』[서울: 총신대학교출판부, 2005], 441). 한편, 쳉어는 이러한 묘사가 "새로운" 제왕신학으로서 "유토피아적인" 관점을 보여준다고 평가한다(Erich Zenger, "'Es sollen sich niederwerfen vor ihm alle Könige' (Ps 72,11)," 82-83).

의 진술하는 바가 강조된다.[35] 12-14절에서 다루어지는 주제는 이미 2-4절에서 다루어진 바 있다. 하지만 달라진 강조점도 발견된다. 앞 단락에 3회 등장했던 '백성'עַם이 나타나지 않고, 왕의 통치의 성격을 드러내는 '공의'צֶדֶק, '공평'מִשְׁפָּט, '정의'צְדָקָה, '샬롬'שָׁלוֹם과 같은 표현이 전혀 사용되지 않는다. 그 대신 '가난한 자'에게 행하는 왕의 통치 행위가 구체적으로 묘사된다. 이때 '가난한 자'에 해당하는 용어가 다양하게 나타난다참조. 시 82:3-4. 궁핍한 자אֶבְיוֹן, 가난한 자עָנִי, 약하고 궁핍한 자דַּל וְאֶבְיוֹן, 궁핍한 자들אֶבְיוֹנִים 모두가 '가난한 자'를 지칭하는 용어들이다. 그러면서도 수식어구를 통해서 이 가난한 자들이 처한 상황이 얼마나 절박한가를 보여준다. 그들은 도움을 달라고 부르짖으나 도울 자가 없는 무력한 자들이다12절.[36] 이러한 상황에서 왕은 그들을 구해준다. 또한 이 단락에서는 이러한 왕의 구원행위 근저에 깔려있는 행동의 동기가 무엇인지가 강조된다. 그것은 '가난한 자들'을 향한 긍휼의 마음이다13-14절. 왕은 그들의 처지를 불쌍히 여기고 그들의 생명을 귀하게 여겨 그들을 돕는다. 14절에서 왕의 구원행동을 묘사할 때 사용된 동사 '가알'גָּאַל은 기업 무르기레 25:33, 48이하나 수혼제창 30:1; 룻 4:4, 6의 의무를 행하는 '가족적인 연대'를 보여주는 동사이다.[37] 왕은 억압과 폭력에 맞서 싸워 가족을 돌보듯이 그들을 구원하여 억울한 희생이 발생하지 않도록 할 뿐 아니라 그들의 생명이 얼마나 소중한가를 입증할 것이다. 이러한 행동

---

35 쳉어는 강조의 어구 '키'(כִּי)의 등장과 함께 2-4절과 5-7절에 나타났던 동일한 주제가 8-11절 이후 다시 반복되는 것을 통해 시 72편이 '계획적인 상승'(programmatische Steigerung)을 보여준다고 평가한다. Frank-Lothar Hossfeld and Erich Zenger, *Psalmen 51-100*, 312.

36 크라우스는 '가난한 자'는 법의 보호 밖에 있는 자, 곧 "권리 없는 자"(rechtlos)로서 어떤 영향력이나 신분적 배경이 없어 무제한의 힘을 가지고 있는 대적들의 처분만을 기다리는 연약한 사람들을 가리킨다고 말한다. Hans-Joachim Kraus, *Theologie der Psalmen*, 신윤수 역, 『시편의 신학』(서울: 비블리카아카데미아, 2004), 366; '가난한 자'의 어원과 의미에 관하여 다음을 참조하라. Erhard S. Gerstenberger, "ענה II," *Theologisches Wörterbuch zum Alten Testament*, VI ed. (1989), 252-53.

37 Frank-Lothar Hossfeld and Erich Zenger, *Psalmen 51-100*, 325.

은 다른 곳에서 하나님이 하시는 행동들이다^{예컨대, 시 22:23-26; 68:5-6; 76:9;} ^{146: 7-9}. "야훼 대신 왕이 '구원을 행하며 자비를 베푸는 구속자' rettender, barmherziger Erlöser 로 등장한다." [38] 그러한 점에서 왕의 행동은 '하나님 닮아가기'를 보여준다고 말할 수 있다.[39]

5) 사람과 창조세계를 복되게 하는 왕의 통치 15-17절

15절부터 새로운 단락이 시작된다. 5-7절에서 다루어진 주제가 다시금 반복된다. 사람뿐 아니라 자연세계에 미치는 왕의 통치가 기술된다. 15절은 주어를 누구로 보느냐에 따라 내용분석이 달라진다. 지금까지 이어지는 주도적인 흐름을 따른다면 15절의 주어는 왕으로 보는 것이 자연스럽다.[40] 첫 번째로 왕의 장수가 기대된다. 두 번째로 그가 시바의 금을 나누어줄 것이 기대된다. 여기에서 나눔의 대상이 되는 '그'에 대한 이해가 쟁점이 될 수 있는데, 12-14절에 등장하는 '가난한 자'로 보는 것이 시편 72편 전체 맥락에도 잘 어울린다.[41] 그는 자신이 받은 시바의 금을 가난한 자들에게 나누어줄 것이다. 세 번째와 네 번째 내용도 같은 흐름에서 이해할 수 있다. 왕은 '그'를 위해 계속해서 기도하고, 종일 '그'를 축복할 것이다. 자신이 가진 물질적인 부를 나누어줄 뿐 아니라 기도와 축복을 통해 영적인 부도 나누어줄 것이다. 이렇게 '가난한 자'를 위해 기도하고 축복하는 모습은 솔로몬이 성전을 봉헌할 때 백성을 축복하며 기도하는 장면^{왕상 8:14-61}을 통해 확인된다.

38　Hans-Joachim Kraus, *Psalmen 60-150*, 499.

39　'하나님 닮아가기'로서의 왕의 행동에 관하여 다음을 참조하라. 하경택, "'하나님 닮아가기'(Imitatio Dei)로서의 정의 - 시편을 통해서 본 구약성서의 '정의' 신학," 37-66.

40　Frank-Lothar Hossfeld and Erich Zenger, *Psalmen 51-100*, 306-307, 325.

41　위의 책, 325.

16절은 그가 통치하는 영역 안에서 이루어질 복을 묘사한다. 땅에 풍성한 곡식이 있을 뿐 아니라 산꼭대기에도 그것의 열매가 물결칠 것이라고 말한다. 산과 들에 곡식과 열매가 얼마나 풍성한가를 한 폭의 그림을 통해 펼쳐 보인다. 레바논과 같다는 직유는 호세아의 비전에서 그 근거를 찾을 수 있다호 14:5-7. 여기에서 묘사된 땅에서의 풍요는 하나님의 은혜를 비를 통해 나타나는 땅의 풍요와 같은 그림을 보여준다 시 65:9-13. 왕의 의로운 통치가 하늘의 비처럼 땅에 흡수되어 풍성한 결실을 가져오는 것이다6절 참조.[42]

17절의 전반부는 왕의 이름에 관한 내용이다. 왕의 '이름'이 장구하며, '해 앞에서' 널리 퍼질 것이다. '해 앞에서'라는 말이 시간적으로 이해될 때는 영원부터 영원까지의 의미를 떠올리게 하지만,[43] '해 앞에서'를 공간적으로 이해하면 해보다도 빛날 그의 이름을 상상하게 된다. 그의 이름은 그의 통치를 통해 맛보게 될 풍성함과 번영만큼이나 널리 그리고 오래토록 기억될 것이다. 17절의 후반부는 사람들이 받게 될 복에 관한 내용이다. 사람들이 왕 때문에 복을 받을 것이다. 이러한 왕의 역할은 아브라함에게 약속된 바와 일치한다창 12:3; 또한 22:18; 28:14.[44] 여기에서 '보'בִ는 다양하게 번역될 수 있다. 따라서 그를 '통해' 혹은 그와 '함께' 또는 그의 '안에서' 등의 번역이 가능하다. 이것은 사람들이 받게 되는 복이 단순히 그를 '통해서'만 이루어지는 것이 아니다. 그와 '함께' 또는 그 '안에서'처럼 왕이 축복의 '중재자'만이 아니라 축복

42　메이즈는 15절에 대한 설명에서 왕과 하나님의 상응관계를 "하나님의 속성의 연장"이라고 표현한다. James L. Mays, *Psalms*, 신정균 역, 『시편』, 현대성서주석 (서울: 한국장로교출판사, 2002), 319.

43　이 표현을 70인역과 탈굼에서는 '태양이 있기 전에'(πρὸ τοῦ ἡλίου)라고 이해하여 그 이름의 영원성을 강조한다.

44　James L. Mays, 『시편』, 319. 창세기 12장 1-3절은 '이스라엘 역사' 가운데 처음으로 등장하는 야훼의 말씀이라는 점에서도 의미가 있다. Frank-Lothar Hossfeld and Erich Zenger, *Psalmen 51-100*, 327.

의 ‘모범자’나 축복의 ‘유지자’로서 기능하는 것을 나타낼 수 있다.[45] 왕
은 이스라엘 역사의 시작점이 된 아브라함처럼 이스라엘만이 아니라
모든 민족에게 하나님의 복을 끼치는 복의 중재자요 모범자요 유지자
로서 기능한다.[46] 이러한 복을 보고 경험한 사람들, 즉 모든 열방은 그
를 ‘복되다’고 말할 것이다. 열방은 단순히 그를 섬기는 외적인 차원의
행동11절에서 그치는 것이 아니라 그를 ‘복되다’고 칭송하며 마음에서
우러나는 경의를 표하며 그를 축복할 것이다.

6) 송영 18-19절

송영 단락에 대한 입장은 크게 두 가지로 나뉜다. 본래부터 시편
72편의 일부였다는 입장과 후대의 편집 결과라는 입장이 있다.[47] 이 송
영은 시편의 각 권에 종결될 때 나타나는 송영과 많은 공통점을 보여
준다시 41:14; 89:53; 106:48. 모두 <바루크 아도나이>בָּרוּךְ יְהוָה라는 어구로
시작한다는 점에서도 그렇지만, ‘아멘’אָמֵן이 두 번 등장한다는 점에서
도 그렇다.[48] 이같은 사실은 이 송영이 시편집을 1-3권, 혹은 1-5권으로
편집하는 과정에서 덧붙여진 것으로 추측하게 만든다.[49]

---

45 아브라함에게 약속된 복에 나타난 전치사 구 ‘베카’(בְּךָ)에 관하여 다음을 참조하라. 하경택,
    “아브라함의 소명(召命)과 이스라엘의 사명(使命): 창세기 11장 27절-12장 20절에 대한 주석적
    연구,” 36-62, 특히 49-50.

46 Magdalene L. Frettlöh, *Theologie des Segens. Biblische und dogmatische Wahrnehmun-
    gen* (Gütersloh: Chr. Kaiser/Gütersloher Verlagshaus, 1998), 187. 이스라엘이 열방 가운데에
    서 열방을 위한 존재라는 사실은 이스라엘의 ‘선택’을 강조하는 아모스 본문(3:1-2)에서도 확인
    된다. 배희숙, “이스라엘의 삼중 관계: 이스라엘과 야훼, 열방, 예언자(암 2:6-3:8),” 『선교와 신
    학』 59 (2023. 2), 283-84.

47 두 입장에 관하여 다음을 참조하라. Frank-Lothar Hossfeld and Erich Zenger, *Psalmen 51-
    100*, 315-16.

48 제4권을 종결짓는 106:48에는 ‘아멘’이 한 번 등장하나, 모든 백성에게 ‘아멘’하라고 명령하기
    때문에 아멘의 수는 응답하는 백성의 수만큼 늘어난다(대상 16:36).

49 쳉어는 이 송영이 주전 300년까지는 완성되었을 시편 2편에서 89편에 이르는 ‘메시아 시편

하지만 이 송영이 후대에 덧붙여진 것이라 할지라도 최종본문 안에서 차지하는 의미는 매우 크다. 우선 이것은 왕의 영광과 존엄을 집중적으로 높이는 17절과 대조를 이루어, 청중이나 독자의 시선을 왕에게서 하나님께로 향하게 한다. 18절에서 야훼 하나님이 송축받으시기를 바라는 기원이 표명된다. 야훼 하나님은 홀로 기이한 일을 행하시는 이스라엘의 하나님이시다. 19절에서는 그의 영광의 이름이 송축되기를 바란다. 더 나아가 그의 영광이 온 땅에 충만하기를 기원한다. [도상자료 1-3-3] 이러한 송축은 정의와 샬롬을 실현하는 주체로서 왕에게 쏠렸던 시선을 그것을 가능케 하시는 하나님께로 돌리게 만든다. 생명과 정의와 능력을 베푸시는 분은 왕이 아니라 하나님 자신임을 분명하

[1-3-3] 온 땅에 충만한 영광. 왕들의 계곡 람세스 10세의 무덤 벽화. 이 도상에서는 지구가 거대한 분지로 묘사되어 있다. 이것은 양쪽에 산으로 줄지어 있어 길게 늘어진 계곡의 형태를 띤 이집트 지형의 단면을 보여준다. 이 그림의 중심에 딱정벌레(스카라베)와 수양 머리 모양을 한 남자가 있는 태양 원반이 그려져 있다. 그것은 각각 아침 태양과 낮 또는 저녁 태양을 상징한다. 이 도상은 태양 빛이 온 세상을 가득 채우고 있는 모습을 형상화한다. H. Schäfer, *Weltgebäude*, 89. O. Keel, *Bildsymbolik*, Abb. 15, 20쪽에서 재인용.

집'(messianischer Psalter)의 편집자들에 의해서 덧붙여졌을 것이라고 말한다. Frank-Lothar Hossfeld and Erich Zenger, *Psalmen 51-100*, 316; Erich Zenger, "'Es sollen sich niederwerfen vor ihm alle Könige' (Ps 72,11)," 80-91.

게 인식하게 한다.[50] 쳉어의 표현을 빌리면, 이 송축을 통해 "메시아적 왕 정신학적 관점이 신정적 신중심적 관점 아래에 놓이게 된다."[51] 이것은 다시금 시편 72편이 왕을 위한 기도라는 사실을 일깨워준다. 기도는 '주권 포기'라고 말하는 것처럼, 하나님이 주권자이심을 드러낸다. 2-17절의 내용이 왕의 활동으로 묘사되지만, 그것을 가능하게 하시는 분은 하나님이시다. 그러기 때문에 모든 영광은 하나님께 돌려져야 한다. 이러한 의미에서 18-19절의 송영은 왕을 위한 기도로서 시편 72편의 성격을 분명히 하고 신학적 균형감을 갖게 한다는 점에서 없어서는 안 될 중요한 요소이다.

마지막에 '아멘, 아멘'의 외침이 등장한다. '아멘'은 인식과 동의의 표시이다. 발화내용에 대해서 수용과 인정을 표현하는 것이다.[52] 동시에 '아멘'은 신뢰와 희망의 언어행위이기도 하다.[53] 이 '아멘'을 통해 발화자들은 시편 72편 혹은 제2권을 자신의 고백으로 받아들인다.[54] 이 '아멘'의 발화자는 우선 시인이며, 당대의 청중과 후대의 독자를 모두 포괄한다. '아멘'을 통해 이 모든 발화자들이 동일한 사실을 증언하고 찬양하고 기도하는 하나의 신앙공동체가 된다.

---

50 Marvin E. Tate, 『시편 51-100』, 382.

51 Frank-Lothar Hossfeld and Erich Zenger, *Psalmen 51-100*, 327.

52 '아멘'은 "확언(Bekräftigung)이고 맹세(Schwur)이며 인수(Übernahme)"라는 신학적 이해를 보여주는 '아멘'의 의미에 관하여 다음을 참조하라. Klaus Seybold, "Zur Vorgeschichte der liturgischen Formel 'Amen,'" *Theologische Zeitschrift* 48/1 (1992), 109-17.

53 이러한 의미를 잘 드러내는 것이 70인경의 번역이다. <게노이토>(γένοιτο)는 '그렇게 되기를' 바란다는 의미를 담고 있다.

54 자이볼트(K. Seybold)는 이 아멘을 '도장'이나 '개인적인 서명'에 비유한다. Klaus Seybold, "Zur Vorgeschichte der liturgischen Formel 'Amen,'" 114.

7) 후기 20절

"이새의 아들 다윗의 기도가 끝났다."는 후기는 여러 가지 해석을 가능하게 한다.[55] 이것은 시편집의 편집과정에서 생겨난 기록으로 평가되지만, 공시적 입장에서 보면 시편 72편을 이해하는 데에 도움을 주는 매우 중요한 언급이다. 시편 72편을 '다윗의 기도'로 읽을 수 있게 하기 때문이다. 18-19절의 송영처럼 시편집의 편집과정에서 후대에 덧붙여진 것이지만, 이 후기는 시편 72편에 대한 이해와 새로운 해석의 길을 열어준다.[56]

4. 내용요약과 중심주제

시편 72편은 왕을 위한 기도이다. 1절의 도입 기도에 이어 그 기도의 결과로 나타나는 왕의 통치가 분명하고 다채롭게 기술된다. 기도의 결과로 나타나는 왕의 통치는 A-B-C-A'-B'의 구조로 기술된다. 땅끝까지 미치는 왕의 통치8-11절를 중심으로 '정의'의 실현으로 나타나는 왕의 통치2-4절; 12-14절와 사람과 창조세계에 미치는 왕의 통치5-7절; 15-17절가 반복적으로 기술된다. 하지만 이 주제의 반복은 단순한 반복이 아

---

55 이 후기에 대한 다양한 해석에 관하여 다음을 참조하라. Adam D. Hensley, "David, Once and Future King? A Closer Look at the Postscript of Psalm 72.20," *Journal for the Study of the Old Testament* 46/1 (2021. 9), 24-43. 핸슬리는 시 72:20에 대한 설명을 두 가지 범주로 파악하는데, 하나는 이것이 초기 모음집의 종결어구로서 편집적 특징을 가진다는 것과 다른 하나는 공시적 관점에서 의미론적 특징을 가진다는 것이다.

56 핸슬리(Adam D. Hensley, "David, Once and Future King?")는 이 후기가 시편집의 전반부와 후반부의 분기점을 형성하여 과거의 다윗과 미래의 다윗을 구분하게 한다고 말하며(34쪽), 제3권의 다윗계열의 왕정은 72편에서 축하된 종말론적 통치를 실현하는 도구로서의 다윗의 모습을 보여준다(40쪽)고 평가한다. 하지만 이러한 다윗상의 변화는 공시적인 구조로 파악하기보다 통시적인 해석의 과정으로 설명하는 것이 더 적합하게 여겨진다.

니라 강조와 상승의 모습으로 나타난다. 왕의 의로운 통치가 '가난한 자'에게 집중된 모습으로 묘사되고[12-14절], 왕을 통한 통치의 실현이 아브라함에게 주신 약속의 실현으로 기술된다[15-17절]. 이후 송영을 통해 왕을 위한 기도가 결국 하나님의 영광을 위한 것임을 알게 되고, 후기를 통해 이 기도가 '다윗의 기도'였음을 알게 된다. 이처럼 "하나님, 당신의 의로운 판결들을 왕에게 주시고, 당신의 정의를 왕의 아들에게 주소서."라는 짧은 기도는 크나큰 파도가 되어 사람과 창조세계를 아우르며 땅끝까지 미치는 왕의 통치로 실현된다.

시편 72편의 왕을 위한 기도는 '왕정신학'[57]의 핵심을 보여준다. 시편 72편을 통해 드러나는 '왕정신학'의 주제를 다음과 같이 요약할 수 있다. 첫째, 왕은 아브라함의 약속을 성취하는 자이다. 그가 이루게 될 '의로운' 통치[2-4절; 12-14절]는 '공의와 정의' צְדָקָה וּמִשְׁפָּט 를 행하게 하려고 아브라함을 부르신 부름의 목적에 상응한다[창 18:19]. 또한 왕이 다스릴 통치의 영역[8절]은 아브라함에게 약속하신 땅 경계의 모델을 따라 기술된다[창 15:18]. "사람들이 그를 통해/그와 함께/그의 안에서 복을 받는다"는 사실은 왕이 아브라함의 역할을 감당한다는 의미이다[창 12:3]. 그는 아브라함처럼 축복의 '중재자'만이 아니라 축복의 '모범자'나 축복의 '유지자'가 된다. 이처럼 왕은 아브라함에게 주신 약속을 이행하는 자이다. 그는 이스라엘뿐만 아니라 열방을 위한 통치를 이루며 아브라함의 복을 성취한다.

둘째, 왕은 하나님의 대행자로서 하나님이 하시는 일을 대신한다. 왕은 땅에 내리는 비처럼 사람들에게 생명력을 제공한다[6절]. 그의 통치의 결과는 산과 들에 물결치듯 펼쳐진 곡식과 열매를 통해 나타난다

---

57 필자는 여기에서 '왕정신학'이라는 용어를 "이스라엘 왕정제도에 나타난 이스라엘 '왕권'의 의미"를 가리키는 말로 사용한다.

16절. 이같은 모습은 하나님이 은혜를 단비를 통해 일으키시는 땅의 풍요에 대한 묘사와 일치한다시 65:9-13. 또한 그가 의로운 통치를 통해 '가난한 자'를 구하는 모습은 하나님이 행하시는 모습들이다예컨대, 시 22:23-26; 68:5-6; 76:9; 146: 7-9. 그는 야훼 하나님을 대신하여 "구원을 행하며 자비를 베푸는 구속자"이다. 왕은 이러한 행동을 통해 구약성경의 기본적인 삶의 원리인 '하나님 닮아가기'imitatio Dei를 실천한다.

셋째, 왕은 기도와 찬양의 주체자로서 기도하고 찬양한다. 왕은 시편 72편에서 기도의 수혜자이지만 동시에 기도의 주체자이기도 하다. '후기'를 통해 시편 72편은 '다윗의' 기도가 된다. 왕을 위한 '왕의' 기도인 것이다. 또한 18-19절의 송영은 시인만이 아니라 모두가 불러야 할 찬양이다. 야훼의 이름을 송축하고 그의 영광이 온 땅에 충만하기를 기원하는 것은 왕을 포함한 모든 사람이 보여야 할 행동이다. 특별히 '아멘'은 모두를 하나로 묶는다. '아멘'은 왕을 위한 기도와 야훼 하나님을 위한 찬양을 수용하고 인정하는 행위일 뿐 아니라 하나님이 이루실 일에 대한 신뢰와 희망을 표현한다. '아멘'을 통해 이 모든 발화자들, 즉 시인이나 왕또한 당대의 청중과 후대의 독자들이 함께 증언하고 찬양하고 기도하는 하나의 신앙공동체가 된다.

5. 시편 72편의 해석과 수용

시편 72편은 그 자체로 해석의 역사를 보여준다. 18-19절 송영부의 첨가를 통해서 '왕을 위한 기도'가 균형감을 갖게 한다. '생명과 정의와 능력을 베푸시는 분은 왕이 아니라 하나님 자신'임을 분명하게 인식하게 만들고, 그의 이름과 영광이 송축되어야 할 분은 야훼 한 분이심을 똑똑히 보여준다. 또한 20절의 후기를 통해서 이 시편또는 51-72편, 더 나아가 시편집 1-2권 전체이 '이새의 아들 다윗'의 기도임을 보여준다. 이것은 시편이 단순한 사람의 말이 아니라 '야훼 영이 말씀하시는'삼하 23:2 영감있는 기도이며 '신령한 노래'대상 25:1-2임을 드러낸다. 이러한 의미에서 시편은 예언적 요소를 포함하여, 시인들이 하나님을 가진 '예언자'대상 25:5; 행 2:30; 또한 막 12:36; 행 1:16; 히 3:7로 이해될 수 있었다.

그렇다면 시편 72편 이외의 본문에서는 시편 72편의 왕을 위한 기도가 어떻게 이해되고 있는가? 특별히 시편 72편의 '왕정신학'이 어떻게 해석되고 수용되는가? 시편 72편의 '왕정신학'은 '민주적' 이해와 '메시아적' 이해 두 가지 차원에서 살펴볼 수 있다.[58]

6. 왕정신학의 '민주적' 이해와 수용

클레멘츠는 이사야서에 반영된 시편 72편의 의미를 흥미롭게 분석한다.[59] 그는 이사야 40-66장의 예언이 상당한 정도로 기록된 시편 모음집에 의존하고 있다고 평가하며, 시편 72편의 내용이 이사야서에서 어떻게 이해되고 있는지를 보여준다.[60] 그는 이사야의 두 번째 부분

---

58 여기에서 '민주적'이라는 말은 '왕'의 의미가 공동체 구성원 모두에게 적용된다는 '왕권의 민주화' 차원에서 일컫는 말이고, '메시아적'이라는 말은 '왕'의 의미가 '메시아를 겨냥한 말'로 이해하는 것을 말한다. 이러한 두 가지 방식의 수용은 "메시아적" 관점에서 현재의 모습으로 편집된 시편 2-89편에서 '기름부음 받은 자'인 '메시아'가 '왕'으로서의 개인적인 의미와 '메시아적 백성'으로서의 공동체인 의미 사이를 오갈 수 있다는 쳉어의 설명에서 예견할 수 있다. Erich Zenger, "'Es sollen sich niederwerfen vor ihm alle Könige' (Ps 72,11)," 90.

59 Ronald E. Clements, "Psalm 72 and Isaiah 40-66: A Study in Tradition," *Perspectives in Religious Studies* 28/4 (Winter 2001), 333-41.

60 그는 자신의 연구가 이사야의 예언이 다른 보존된 예언과 시편에 의존하고 있음을 보여주는 다음 두 연구에 기초하고 있음을 밝힌다. W. A. M. Beuken, *Jesaja II-III*, POT, 4 vols. (Nijkerk: Callenbach, 1979-1989); Benjamin D. Sommer, *A Prophet Reads Scripture: Allusion in Isaiah 40-66* (Stanford, CA: Stanford University Press, 1998).

40-66장에서 바벨론 포로의 상황에서도 제왕시^{시 2편, 72편, 89편}에 나타난 다윗 왕조에 대한 약속이 유효한가에 대한 답변이 제시된다고 말한다.[61] 특별히 시편 72편 20절의 후기는 시편 2-89편까지의 모음집을 다윗의 기도로 보게 하며, 제왕시에 나타난 다윗에 대한 약속들이 예언적 권위를 갖게 한다고 말한다.[62] 그러면서 이사야 44장 24절에서 45장 8절의 예언을 통해 시편 72편을 통해 약속된 바가 성취됨을 보여준다는 것이다. 클레멘츠는 외국의 왕이 이스라엘의 종이 된다는 사고는 시편 72편에서 가져온 것이라고 말한다.[63] 고레스 왕의 등장은 시편 72편 10-11절에서 묘사된 바와 같이 이방의 왕이 와서 "그의 종의 말"을 성취하는 것의 예시가 된다^{사 44:26}. 이때 중요한 사실은 페르시아의 고레스 왕이 다윗을 대체하는 것이 아니라 다윗에게 약속된 바를 성취하는 것이라는 점이다. 그는 오래전 다윗에게 약속되고 다윗의 기도로 기록된 시편^{시 2:10-11; 72:15-17}의 약속들을 이스라엘을 위해 성취하는 인물이라는 것이다^{사 49:7-26}.[64]

클레멘츠의 연구는 시편 72편이 구약성서 안에서 수용되고 재해석되고 있는 사례를 보여준다는 점에서 의미가 있다. 이때 주목해야 할 사실은 다윗에게^{to} 주어진 복과 다윗을 통해^{through} 백성 이스라엘에게 주어진 복 사이에 큰 차이가 없음을 지적하고 있다는 사실이다.[65] 이것은 왕이 의미하는 바가 왕 개인이나 그의 왕조만을 의미하는 것이 아니라 그가 다스리는 나라와 백성을 대표하며 전체 백성으로서의 나라와 동일시되는 인물로서의 의미가 있다는 사실을 알게 한다. 이러한

---

61 R. E. Clements, "Psalm 72 and Isaiah 40-66," 335.
62 위의 책, 336.
63 위의 책, 339.
64 위의 책, 336-39.
65 위의 책, 337.

사실은 이사야 55장 3-5절에서 다윗에게 허락된 약속과 언약이 이스라엘 전체에게 확대 적용되고 있음을 통해 확인된다.[66] 이러한 사실은 다윗 언약의 의미가 백성 모두에게 적용된다는 의미에서 '왕권의 민주화' democratization of kingship 라고 지칭될 수 있다.[67]

이러한 관점에서 이사야 60장 9-11절은 의미가 있다. 시편 72편의 왕을 위한 기도가 시온에게 이루어지는 상황을 묘사하기 때문이다. 이때 시온은 다윗이 아니라 하나님의 구원의 백성, 곧 이스라엘을 형상화한다.[68]

> 먼 곳에서 네 자손과 그들의 은금을 아울러 싣고 와서…
>
> 이방인들이 네 성벽을 쌓을 것이요 그들의 왕들이 너를 섬길 것이며…
>
> 이는 사람들이 네게로 이방 나라들의 재물을 가져오며 그들의 왕들을 포로로 이끌어 옴이라 사 60:9-11.

이처럼 이사야서에서는 시편 72편의 왕정신학이 민주적으로 적용되는 예를 보여준다. 시편 72편의 왕을 위한 기도에서 이스라엘 왕에

---

66 클레멘츠(Ronald E. Clements, "Psalm 72 and Isaiah 40-66," 341.)는 이러한 이해가 아이스펠트의 논문(Otto Eissfeldt, "The Promises of Grace to David in Isaiah 55:1-5," in *Israel's Prophetic Heritage: Essays in Honor of James Muilenburg*, ed. Bernhard W. Anderson and Walter Harrelson [New York: Harper & Brothers, 1962], 196-207)이 출판된 이래 계속해서 이어지고 있다고 평가한다. 예컨대, 폰라트도 이 본문이 다윗에 대한 약속이 이스라엘에게서 실현된다는 사실을 보여준다는 점에서 다윗 언약의 "민주화"(Demokratisierung)를 보여준다고 말한다(Gerhard von Rad, *Theologie des Alten Testaments*. Band II: Die Theologie der prophetischen Überlieferungen Israels [München: Chr. Kaiser, 1960], 250.).

67 터커는 이사야 55장이 왕권의 민주화를 보여주는 가장 분명한 사례라고 말한다. W. Dennis Tucker Jr., "Democratization and the Language of the Poor in Psalms 2-89," *Horizons in Biblical Theology* 25/1 (2003), 161-78, 164.

68 세상의 왕들이 시온의 왕 앞에 나아와 절하고 예물을 드리는 모습은 궁극적으로 새 예루살렘에 이루어질 모습으로 나타난다. "사람들이 만국의 영광과 존귀를 가지고 그리고 들어갈 것이다"(계 21:26).

게 약속된 바가 페르시아왕 고레스를 통해 예증되며, 구원의 백성을 상징하는 시온에게 이루어질 것이 예언된다.

7. 왕정신학의 '메시아적' 이해와 수용

8절에 나타나는 통치영역은 스가랴 9장 9-10절에 묘사된 시온에 임하는 왕의 통치영역과 동일하다. 시편 72편의 왕을 위한 기도에서 기원되는 바가 스가랴 9장의 예언에 다시 등장하는 것이다. 이것은 두 본문이 밀접한 관계를 맺고 있으며, 두 본문이 왕에 대한 동일한 기대를 가지고 있었음을 보여준다. 따라서 시편 72편에 나타나는 왕을 위한 기도가 스가랴 9장 9-10절과 같이 메시아적으로 해석될 수 있음을 알게 한다.[69] 스가랴 본문이 신약성서에서 예수님의 예루살렘 입성을 통해 성취되었다고 보도된다면 마 21:4-5; 요 12:14-15, 시편 72편의 내용도 얼마든지 메시아 본문으로 해석될 수 있음을 예견할 수 있다.

마태복음 2장 1-12절에 묘사된 동방으로부터 온 박사점성가들의 경배는 시편 72편의 묘사를 그대로 반영한다. 동방의 박사점성가들이 와서 아기 예수께 경배하고 선물을 드리는 모습은 땅의 모든 왕들이 그를 절하며 섬길 것이라는 서술11절과 일치한다. 또한 동방박사들이 선물한 황금과 유향과 몰약은 다시스를 비롯한 세계 각국의 왕들이 가져온 예물과 선물에 해당한다10절. 이 박사점성가들이 시편 72편의 영향 속에서 '왕들'로 해석되기도 한다.

---

69 시편 72편에 대한 메시아적인 이해는 탈굼에서도 확인할 수 있다. 탈굼에서는 1절을 다음과 같이 번역한다. "솔로몬이 예언으로 말한 시. 오 하나님, 주님의 의로운 율법을 메시아 왕에게 주십시오." 김정우, 『시편주석 II』, 434.

또한 누가복음에서 시편 72편의 수용을 찾아볼 수 있다. 예수 그리스도의 잉태를 하나님의 구원사건으로 고백하는 마리아의 찬가[눅 1:48]에서 시편 72편의 표현[17절]을 엿볼 수 있고, 메시아의 시대의 도래를 찬양하는 사가랴의 노래[눅 1:68]에서 시편 72편의 활용[18절]을 엿볼 수 있다.[70] 누가복음에 반영된 가난한 자의 메시아로서의 예수의 모습[예컨대, 눅 4:16-21]도 시편 72편의 영향 아래 있다고 평가할 수 있다.[71]

8. 나가는 말

시편 72편은 '왕을 위한 기도'이다. 이 기도에는 '왕정신학'의 핵심이 담겨있다. 왕은 아브라함의 약속을 성취하는 자로서 축복의 중재자이며, 모범자요 유지자이다. 또한 왕은 하나님의 대행자로서 하나님이 하시는 일을 대신하고, 기도와 찬양의 주체자로서 하나님께 기도하고 찬양한다. 이러한 왕의 모습은 한편으로는 '민주적'으로 이해되어 언약 백성 전체에게 적용되고, 다른 한편으로는 '메시아적'으로 이해되어 예수 그리스도를 통해서 성취된다. 이러한 의미에서 시편 72편의 왕을 위한 기도는 하나님의 자녀로서 언약 백성의 위상을 지니는 그리스도인들에게도 여전히 유효하다. 교회가 하나님의 백성이 모인 공동체로서 하나님의 통치를 드러내는 도구요 기관이 되어야 한다는 점에서 그렇고,[72] 교회의 구성원인 신자들이 그리스도를 머리로 하는 몸의

---

70 Barbara Aland and Kurt Aland, eds., *Novum Testamentum Graece* 27th rev. ed. (Stuttgart: Deutsche Bibelgesellschaft, 1993), 785.

71 Frank-Lothar Hossfeld and Erich Zenger, *Psalmen 51-100*, 330.

72 Nancy L. deClaissé-Walford, Rolf A. Jacobson, and Beth LaNeel Tanner, *The Book of Psalms*, 573-74.

지체로서 그리스도가 보여준 하나님의 통치를 드러내야 한다는 점에서 그렇다. 이러한 점에서 시편 72편의 '왕을 위한 기도'는 '교회를 위한 기도'이며, 동시에 '나를 위한 기도'이다.

시편 82편의 해석과 적용

"하나님이여, 이 땅을 심판하소서."[1]

1. 들어가는 말

성서해석의 문제는 다음과 같은 양극단의 상황에서 나타난다. 한편으론 본문의 일차적인 의미를 제공하는 역사적 상황을 무시한 해석에서 발생하며, 다른 한편으론 본문의 역사적인 의미만을 강조하여 오늘날의 독자 또는 청중들에게 의미하는 바를 도외시하는 해석에서 나타난다. 전자는 알레고리적 해석이나 소위 본문의 영적 의미만을 탐구하는 해석 방법에서 잘 나타나는 문제점이고, 후자는 본문의 과거적 의미에 집중하는 역사비평적 해석 방법에서 자주 등장하는 문제점이다. 시편 82편은 다양한 해석이 가능한 시편이다. 특히 본문에 나타나는 "신들의 모임"이나 "신들"에 대한 해석이 여러 가지로 나타나기 때

---

1   이 논문은 『구약논단』 33 (2009. 9), 49-66쪽에 실렸다.

문에, 해석 입장에 따라 본문의 의미와 적용이 크게 달라진다. 시편 82편에 대한 연구를 통해 고대 이스라엘에서 사용되었던 시편이 오늘날의 독자 또는 청중들에게는 어떻게 해석되고 적용될 수 있는가 하는 점에 대한 인식과 통찰을 얻고자 한다.

2. 본문사역

1절 아삽의 시
  하나님이 신들의 모임 עֲדַת־אֵל 중에 서 계시며,
  신들 אֱלֹהִים 가운데서 재판하신다.

2절 "언제까지 너희가 불공평하게 재판하며,
  악인들의 낯을 들어줄 것인가?
3절 가난한 자 דַל 와 고아에게 공평하게 하며,
  곤궁한 자 עָנִי 와 빈곤한 자 רָשׁ 에게 공의를 베풀어라.
4절 가난한 자 דַל 과 궁핍한 자 אֶבְיוֹן 를 구하고,
  악인들의 손으로부터 건져내라.
5절 그들은 알지도 못하고 깨닫지도 못한다.
  그들은 흑암 중에 헤매고 있으며,
  땅의 모든 기초가 흔들린다."
6절 내가 말한다:
  "너희는 신들 אֱלֹהִים 이다.
  너희 모두는 지존자의 아들들 בְּנֵי עֶלְיוֹן 이다.
7절 그러나 너희는 사람처럼 죽을 것이며,

우두머리의 하나처럼 넘어질 것이다.”

8절   하나님, 일어나소서.

이 땅을 심판하소서.

참으로 모든 나라들이 당신의 유업이기 때문입니다.

3. 본문의 구조

Ⅰ. 서론^{배경}

    1절: 하나님이 신들의 모임 가운데 재판하심

Ⅱ. 본론^{판결내용}

    2-4절: 신들에 대한 명령

    5절: 신들의 그릇된 활동의 결과

    6-7절: 신들에 대한 심판 선고

Ⅲ. 결론^{기원}

    8절: 세상을 심판해 달라는 기도

본문의 구조는 비교적 명확하다.[2] 1절은 이 시편의 배경을 제공한다. 하나님께서는 재판장으로서 신들을 심판하시기 위해 신들의 모임 가운데 서 계신다. 2-7절은 하나님의 판결내용으로서 이 시편의 중심부를 형성한다. 하나님은 재판장의 권위를 가지고 질문과 권면으로 여러 신들에게 이 땅에 정의를 실현하지 못한 사실을 지적하며2-4절, 그

---

2   James L. Mays, *Psalms*, 신정균 역, 『시편』, 현대성서주석: Interpretation (서울: 한국장로교 출판사, 2002), 356. 5절에 대한 다양한 해석에 대해서는 아래 본문설명을 보라.

결과로 생겨난 이 땅의 혼란스러움에 대한 책임을 묻고5절, 직위 해제
와 더불어 죽음과 종말의 심판을 선고한다6-7절. 마지막 절8절에서는
하나님이 일어나셔서 이 땅을 심판하시기를 바라는 간구가 나타난다.

4. 시편의 양식

이 시편의 양식에 대해서는 통일된 의견이 없었다. 이 시편은 어느
특정한 하나의 양식으로 분류할 수 없게 하는 여러 가지 특성을 가지
고 있다. 우선 형식적인 측면에서 보면 다음 몇 가지 의견을 고려할 수
있다. 궁켈H. Gunkel은 시편 82편의 서술양식을 "예언자적 발언방식의
모방"이라고 규정하면서 예언적 특성을 가지고 있는 예언시로 보았다
그에 의하면 시편 50편도 마찬가지로 이해된다.3 모빙켈S. Mowinckel은 "신탁이 중요
한 위치를 차지하고 있지만 유기체적으로 짧은 기도에 어울리는 시와
신탁의 특별한 혼합"으로 구성된 시편이라고 생각한다.4 뷔르트봐인E.
Würthwein은 예언자적 심판발언이 본래 제의 영역에 있었다는 사실을
옹호하며, 시편 82편의 발언들은 제의 예언자들이 말한 내용이라고 생
각한다.5 예레미아스J. Jeremias는 이 시편을 제의적-예언자적 탄식 제의
들과 매우 유사하며 이스라엘의 악인들을 반대하는 제의 예언자들의
심판 연설의 맥락 속에서 나타나는 기도로 여긴다.6 한편 메이즈J. L.

3 Marvin E. Tate, *Psalms 51-100*, 손석태 역, 『시편 51-100』, WBC (서울: 솔로몬, 2002), 549.

4 Sigmund Mowinckel, *The Psalms in Israel's Worship II* (Oxford: Basil Blackwell, 1962), 64.

5 Hans-Joachim Kraus, *Psalmen 60-150*, BK (Neukirchen-Vluyn: Neukirchener Verlag, 1972), 569-70.

6 Jörg Jeremias, *Kultprophetie und Gerichtsverkündigung in der späten Königszeit Israels*, 120-25, Marvin E. Tate, *Psalms 51-100*, 손석태 역, 『시편 51-100』(서울: 솔로몬, 2002), 549쪽

Mays는 이 시편에 기록된 하나님의 행위와 말씀은 법정소송절차를 반영한다고 말한다.[7] 이러한 법률절차 형식을 따른 발언들은 이스라엘과 그들의 지도자들을 심판하는 예언자들의 선포에서 발견된다는 것이다사 3:13-15; 또한 참조. 사 1:18-20; 미 6:1-5; 호 4:1-3.

하지만 내용적인 면에서 보면 이 시편은 최고의 재판장이시며 이 세상의 통치자이신 하나님의 모습을 강조하고 있으며, 이 시편은 그분께 이 땅을 심판해달라는 요청으로 끝을 맺는다8절. 이런 점에서 이 시편은 하나님의 다스리심을 찬양하고 간구하는 야훼-제왕시로 분류될 수 있다. 이 시편에서 선포되고 있는 "신들의 무력화"Depotenzierung는 왕이시며 최고의 신이실 뿐만 아니라 재판장이신 야훼 앞에 드리는 제의적인 경배를 의미하는 것으로 이해된다참조. 시 95:6; 100:4.[8] 따라서 시편 82편이 형식적인 면에서는 예언적 특성을 가진 '예언시'로 분류될 수 있으나, 내용적인 면에서 볼 때 야훼가 온 땅의 재판장이시면서 통치자이심을 드러내는 '야훼-제왕시'로 분류된다.

5. 본문의 '삶의 자리'

이 시편은 누구에 의해서 그리고 어디에서 사용되었을까? 낭송자는 성소에서 활동하던 제의 예언자를 생각할 수 있다. 크라우스는 단순히 제의祭儀예언자라고 말하기보다는 "하나님의 세계의 신비에 능숙하고 그의 '모임'에 접근할 수 있었던"참조. 민 12:6 이하; 왕상 22:19 이하; 사

에서 재인용.

7　James L. Mays, 『시편』, 356.

8　Hans-Joachim Kraus, *Psalmen 60-150*, 570.

6:1이하; 렘 23:18; 시 50편 최고의 권위를 가진 "예언적 중재자"prophetischer Mittler라고 부르는 것을 선호한다.[9] 이러한 환상적이고 예언적인 발언은 어디에서 행해졌을까? 이에 대해 모빙켈과 슈미트H. Schmidt는 시편 82편이 "야훼의 대관식 축제"Thronbesteigungsfest Jahwes에 사용되었을 것이라고 설명한다. 하지만 이스라엘 제의에서 "야훼의 대관식 축제"가 있었는지조차 의문시될 뿐만 아니라[10] 다양한 요소들이 병합되어 있는 이 시편이 어느 한 가지 특정한 제의적 상황만을 고려한다는 것이 문제가 된다. 탈무드의 규정에 의하면 시편 82편은 매주 셋째 날 낭송되는 시편이었다.[11] 따라서 이 시편은 예배에서 사용되어 왔음을 알 수 있다. 이 시편이 읽힐 때마다 하나님의 행위와 말씀이 거듭 들렸고, 그러한 하나님의 행위와 말씀이 예전의 바탕을 제공하였다.[12] 본 시편에 나타난 하나님의 판결내용은 8절의 간구로 이어져 하나님이 일어나셔서 이 땅 심판하기를 간구한다. 결국 이 시편은 본문 안에 묘사된 하나님의 모습처럼 불성실하고 부적격한 신들을 폐하고 이 땅의 진정한 재판장으로서 이 땅을 판단하고 다스리시기를 간구하는 기도문으로 사용된 것으로 보인다.

9   위의 글, 570. 크라우스는 이러한 "예언적 중재자"의 원형은 모세(신 18:15 이하; 민 12:6 이하)라고 말한다.

10 "야훼 대관식 축제"가 이스라엘 제의에서 불가능하다는 견해에 대해서 다음을 참조하라. HHans-Joachim Kraus, *Theologie der Psalmen*, 신윤수 역, 『시편의 신학』(서울: 비블리카아카데미아, 2004), 209-11.

11 미쉬나 소책자인 타미드(Tamid) 7:4에 의하면 시편을 노래하는 것은 성전 예배의 일부분이었다. 이 예배는 희생제사를 포함하고 있었으나 특별한 시편들이 매주일, 그리고 매일 읽도록 규정되어 있었다. 그래서 안식일에는 92편, 일요일에는 24편, 월요일에는 48편, 화요일에는 82편, 수요일에는 94편, 목요일에는 81편, 금요일에는 93편(헬라어 번역판)을 읽었다. 참조. Klaus Seybold, *Die Psalmen: Eine Einführung*, 이군호 역, 『시편개론』(서울: 대한기독교서회, 2002), 19.

12 James L. Mays, 『시편』, 356-67.

6. 본문해설

가. 배경: 하나님이 신들의 모임 가운데 재판하심 ^{1절}

1절은 아삽의 시에 대한 표제어 다음에 다른 어떤 설명도 없이 "신들의 모임" 가운데 서 계시는 하나님을 언급하면서 시작된다. 한 절에 신에 관한 명칭이 세 번 사용되었다^{엘로힘, 엘, 엘로힘}. 각각 "하나님", "신들의 모임", "신들"이라고 다르게 번역되었다. 이것은 고의적인 어휘 선택이 아닌가 추측된다.[13] <엘>을 세 번 반복함으로써 하늘의 권위를 가장 높은 것에서부터 가장 낮은 것에 이르기까지 단계적으로 표현하고 있는 것으로 여겨진다.[14]

"모임"이나 "회중"의 의미를 갖는 <에다>עֵדָה 는 이스라엘 백성 전체를 가리키는 말로써 "이스라엘 (자손)의 회중" עֲדַת [בְּנֵי] יִשְׂרָאֵל 구약성서에서 ^{39회 사용됨}이나 "야훼의 회중" עֲדַת יהוה ^{민 27:17; 31:16; 수 22:16 이하}의 구문형태로 자주 쓰인다. 그러나 "신들의 모임" עֲדַת־אֵל 이라는 형태로는 이곳에서 단 한 번 사용된다. 이 "신들의 모임"은 수메르, 아카드, 우가릿 등의 문헌들에서 발견되는 "신들의 회의"^{divine council}의 개념과 유사하다.[15] 이러한 "신들의 회의"에 대한 사고는 구약성서에서 쉽게 증명될 수 있다. 그러나 구약성서에서는 신적인 존재들이 단지 하나님께 수종하는 천상의 존재로서 나타난다^{왕상 22: 19 이하들; 사 6:3; 욥 1장과 2장; 시 103:19 이하들}.[16]

---

13 Lowell K. Handy, "Sounds, Words and Meanings in Psalm 82," *JSOT* 47 (1990), 53.

14 Kenneth M. Craig, Jr., "Psalm 82," *Interpretation* 49/3 (Jul 1995), 282.

15 위의 책, 281. 여기에 이집트의 "세드-축제"(sed-Fest)가 추가적으로 언급될 수 있다(참조. Hermann Kees, *Der Götterglaube im alten Aegypten* [Leipzig: J. C. Hinrichs, 1941], 214.).

16 Hans-Joachim Kraus, *Psalmen 60-150*, 571. "천상의 회의"를 나타내는 표현에는 여기에서 사용된 <에다>(עֵדָה)라는 개념 외에 무엇보다 <소드>(סוֹד)라는 개념이 사용된다(욥 15: 8; 렘 23: 18; 시 89: 8).

야훼 하나님은 이 "신들의 모임"에서 재판장으로 등장하신다. 가나안 신화에서는 <엘>이나 <엘리욘>이 "의장" 역할을 담당한다.[17] 시편 82편에서 야훼 하나님이 이러한 <엘>의 기능을 한다. [도상자료 1-4-1] 시리아-가나안의 신화에는 하늘의 세계가 수많은 "천상의 존재"들로 가득 차 있는 것으로 묘사된다. 그것들은 <엘로힘>אֱלֹהִים, 시 8:6, <엘림>אֵלִים, 시 58:1 고쳐읽기를 따라, <베네 하엘로힘>בְּנֵי הָאֱלֹהִים, 욥 1:6이하, <베네 엘림>בְּנֵי אֵלִים, 시 29:1, <케도쉼>קְדֹשִׁים, 시 89:6, 8; 출 15:11; LXX 욥 5:1; 15:15, 또는 집단개념으로 <콜 체바 하샤마임>כָּל־צְבָא הַשָּׁמַיִם, 신 4:19; 사 34:4으로 지칭된다. 이스라엘 이전의 신화에서는 "하늘의 왕"이나 "지존의

[1-4-1] **재판장 하나님.** 아카드 시대(2350-2150경)의 원통형 인장. 메소포타미아의 태양신 샤마쉬(Schamasch)가 산 모양의 보좌에 앉아 있고, 그 앞에 한 사람이 두 인물에 의해서 끌려온다. 어깨에 빛이 발산되는 인물은 태양신의 도우미이고, 그들에 의해서 끌려오는 인물은 사자 머리 모양을 한 악마이다. 시편에서는 야훼 하나님이 온 땅의 심판자이심을 증언한다. R. M. Boehmer, *Entwicklung der Glyptik* Nr. 461. O. Keel, *Bildsymbolik*, Abb. 286, 188쪽에서 재인용.

17　Otto Eissfeldt, *El im ugaritischen Pantheon* (Berlin: Akademie-Verlag, 1951), Hans-Joachim Kraus, *Psalmen 60-150* (Neukirchen-Vluyn: Neukirchener Verlag, 1972), 571쪽에서 재인용.

하나님"으로 만신전의 "최고 통치자"를 표현했던 반면, 구약성서의 시편에서는 야훼가 신들 세계의 절대적인 주권자임을 말한다출 15:11; 시 86:8; 97:7 이하; 103:19 이하; 135:5.[18] 야훼는 "모든 신들 위에 계신 위대한 왕이시다"시 95:3; 96:4.

하나님은 "신들의 모임"에서 지존의 재판장으로 나타나신다. 여기에서 흥미로운 것은 하나님이 "서 계신다"는 진술이다. 이스라엘에서의 재판은 통상 앉아서 진행된다참조. 출 18:13; 삿 4:5; 왕상 7:7; 사 16:5; 28:6; 시 122:5; 잠 20:8. 그러나 하나님은 종종 중요한 재판이 일어날 때 서 계시는 분으로서 묘사된다사 3:13; 시 76:10; 또한 참조. 행 7:54-55; 계 5:6; 14:1; 19:17. 드보R. de Vaux는 사건의 논쟁 중에는 재판장이 앉아 있으나 판결을 선언하기 위해서는 일어나며, 논쟁 당사자들은 시종일관 서 있다고 주장한다.[19] 하나님이 서시는 장면은 신들을 심판하는 하나님의 선언을 기대하게 만든다.[20] 체밧M. Tsevat은 이 장면이 본래는 "신들이 보고하거나 토론에 참여하는 정례적인 회집이었을 것인데 그것이 갑작스레 재판정으로 바뀌었고 하나님께서 회집한 자들을 재판하기 위해 서신 것이다"[21]고 설명한다. 이제 하나님은 신들의 모임에서 일어서신 후 신들의 행동에 대한 중요한 판결을 내리실 것이다.

18 Hans-Joachim Kraus, *Psalmen 60-150*, 571.

19 Roland de Vaux, *Ancient Israel: Its Life and Institutions* (London: Darton, Longman & Todd, 1961), 156.

20 Kenneth M. Craig, Jr., "Psalm 82," 281.

21 Matitiahu Tsevat, "God and the Gods in Assembly: An Interpretation of Psalm 82," *HUCA* 40-41 (1969-1970), 127.

나. 판결내용 2-7절

1) 신들에 대한 명령 2-4절

2절에서는 하나님이 질문하신다: "너희가 언제까지?" עַד־מָתַי. 신들을 향하여 하신 이 질문은 그들의 행동에 대한 비난의 특징을 가지고 있다 참조. 출 10:3, 7; 삼상 1:14; 왕상 18:21; 렘 4:14; 시 74:10 등; 또한 참조. 출 16:28; 민 14:11, 27.[22] 인내의 기다림 후에 지존의 하나님은 등장하신다. 여기에는 신들이 재판장의 직무를 수행한다는 사실이 전제되어 있다. 고대 세계에서 모든 재판은 다음과 같은 사실에 기인한다: "재판은 하나님의 것이다" הַמִּשְׁפָּט לֵאלֹהִים, 신 1:17.[23] 하나님이 신들에게 묻는 책임의 내용은 우상숭배나 다른 신들의 존재 문제가 아니다. 공평한 재판과 정의 실현의 문제이다. 그들이 의롭지 않게 재판관의 직능을 수행했다고 지적한다. 그들은 악인들의 "낯을 들어 올린다." 이것은 악인에게 호의를 베푼다는 의미이며, 이것은 모세의 율법에서 엄중히 금하고 있는 것이다 참조. 신 1:17; 16:19; 레 19:15.

3-4절의 경고의 말은 정의로운 재판의 길이 무엇인가를 제시한다. 3절에서만 보아도 가난하고 궁핍한 자들에 대한 단어가 네 번 반복된다: <달>דַל - <야톰>יָתוֹם - <아니>עָנִי - <라쉬>רָשׁ. 4절에서도 동일한 의미의 단어가 두 번 반복된다: <달>דַל - <에브욘>אֶבְיוֹן. 반복은 강조의 효과를 주기 위한 시적 장치다.[24] 이러한 낱말들의 조합을 통해서 이

---

22 액커만(J. S. Ackerman)은 "언제까지?"라는 질문이 대답을 요구하는 것이 아니라 신들의 행동에 대한 고발과 "그치라/중단하라!"는 명령형의 효과를 가진 중지의 요구라고 말한다. 하지만 테이트(M. E. Tate)는 질문 뒤에 명령이 뒤따라 나오기 때문에 이 질문 자체를 명령으로 보기는 어렵다고 말한다(참조. 출 10:3; 삼상 1:14; 16:1; 왕상 18:21; 렘 23:26, 28). 참조. Marvin E. Tate, 『시편 51-100』, 554.

23 Hans-Joachim Kraus, *Psalmen 60-150*, 572.

스라엘의 가난한 자를 총체적으로 표현하고 있다. 시편에서 "가난한 자"는 법의 보호 밖에 있는 자, 곧 "권리 없는 자"rechtlos로서 어떤 영향력이나 신분적 배경이 없어 무제한의 힘을 가지고 있는 대적들의 처분만을 기다리는 사람들이다.[25] 이들은 사회적 약자, 소외계층을 대표하고 타인의 도움이 절대적으로 필요한 사람들이다. 이들의 권익을 보호해 주는 것이 재판관들의 본연의 임무이다.

3절과 4절에서 모두 보호받아야 할 대상들을 가운데 두고 두 개의 동사가 각각 앞과 뒤에 배치되어 있다. 그들이 행해야 할 바가 무엇인가를 효과적으로 강조하고 있다. 3절에서는 "공평하게 하라"שִׁפְטוּ와 "공의를 베풀라"הַצְדִּיקוּ는 동사가 사용되었고, 4절에서는 "구하라"פַּלְּטוּ와 "건져내라"הַצִּילוּ는 동사가 사용되었다. 이러한 동사의 배치는 3절에서 <쉬프투>와 <하츠디쿠>, 4절에서 <팔레투>와 <핫칠루>가 어울려 뚜렷한 각운을 나타내게 한다. 신들의 임무는 인간사회에서 물질과 권력이 없어 스스로를 보호할 수 없는 자들을 보호하고 그들을 위한 판결을 제공하는 것이었다.[26] 이것은 구약성서에서 말하는 정의의 기초규정을 연상시킨다참조. 출 22:21; 23:6; 신 10:8; 24:17; 27:19.[27] 이렇게 신들<엘로힘>은 정의와 도움을 실행하는 야훼의 종이 되어야 했고, 그의 구원의지를 현실화해야 했다.[28] 하지만 그들은 자신의 임무를 제대로 수행하지

---

24 Matitiahu Tsevat, "God and the Gods in Assembly: An Interpretation of Psalm 82," 128.

25 Hans-Joachim Kraus, 『시편의 신학』, 366. 더 나아가 시편의 "가난한 자들"의 전반적인 문제에 관하여 362-72쪽을 참조하라.

26 Marvin E. Tate, 『시편 51-100』, 554.

27 Hans-Joachim Kraus, *Psalmen 60-150*, 572. 그렇지만 법률 제정자와 재판장에게 힘없는 자들에 대한 도움의 의무를 요구하는 것은 구약성서의 윤리만이 아니라 고대 오리엔트 사회가 함께 공유하는 바이었다. 고대 중동의 다른 나라들도 진정한 통치자의 권위는 정의의 보호와 실현에 있다고 생각했다. 참조. James L. Mays, 『시편』, 358.

28 Hans-Joachim Kraus, *Psalmen 60-150*, 572.

못했다. 그래서 그들은 자신들의 행동에 대한 심판선언을 들어야 했다. 심판이 선고되기 전에 그들이 행한 행동의 결과가 서술된다.

2) 신들의 그릇된 활동의 결과 5절

5절의 화자와 내용은 불분명하다. 많은 주석가들이 5절의 내용을 신들의 행동을 묘사하는 것이라고 해석한다.[29] 그럴 경우 시편의 흐름이 끊어진다. 그럴 경우 하나님께서 신들에게 2인칭으로 말씀하시다가 갑자기 3인칭으로 바꾸어 말씀하시는 것이 되거나, 제3의 화자가 개입하여 상황을 서술하는 것으로 보아야 하기 때문이다.[30] 하지만 5절의 내용을 하나님의 계속되는 발언이라고 보는 것이 이 시편의 맥락을 이해하는 가장 적절한 접근일 것이다. 존슨[A. R. Johnson]은 5절의 내용을 3-4절에서 말한 압제받는 사람들의 상황을 더욱 자세하게 묘사하고 있는 것으로 해석하였고[31], 키드너[D. Kidner]도 이 구절을 "폭정을 당하고 속임을 당한 자들의 곤경"에 대한 서술로 보았다.[32]

신들에 의해 의로운 재판이 시행되지 못한 결과로 그들, 곧 "가난한 자들"은 무엇이 의롭고 불의한 지 구별할 수 없는 처지에 있게 된다[5a]. 그들은 어둠 속에서 방황한다[5b]. 정의의 빛이나 공의의 태양이 비치지 않기 때문이다.[33] 따라서 "땅의 기초가 흔들린다"[5b]. 의로운 재판

---

29 바어저(ATD), 크라우스(BK), 테이트(WBC), 쳉어(HThKAT) 등의 주석들을 참조하라.

30 쳉어(E. Zenger)는 8절의 화자와 5절의 화자가 같은 것으로 보고, 5절을 신들의 행동에 대한 탄식이라고 해석한다. Frank-Lothar Hossfeld and Erich Zenger, *Psalmen 51-100* (HThKAT) (Freiburg: Herder, 2000), 481-82, 488.

31 Aubrey R. Johnson, *Sacral Kingship in Ancient Israel* (Cardiff: University of Wales Press, 1955), 90.

32 Marvin E. Tate, *Psalms 51-100*, 555; Derek Kidner, *Psalms 73-150*, 298.

33 Frank-Lothar Hossfeld and Erich Zenger, *Psalmen 51-100* (HThKAT), 488.

은 창조 전체의 기초이며 세계의 본래적인 근거다참조. 시 96: 10. 공의가 서지 않으면 세계의 근간이 흔들리는 것이다: "터가 무너지면 의인들이 무엇을 할 수 있으랴?"시 11:3[34] 이로써 "야훼의 개입이 불가피하게 되는 상태, 즉 극도로 위태롭게 된 상황이 예고된다."[35] 이스라엘의 하나님은 창조와 생명의 집으로서의 세계를 구하기 위하여 가만히 계실 수 없다. 이제 그러한 상황을 초래한 신들에게 심판이 선고된다.

3) 신들에 대한 심판 선고 6-7절

6-7절은 1절과 함께 구약성서에서 가장 큰 물의를 일으키는 본문 중에 하나이다. 모든 신들의 죽음을 선고하고 그러한 신들에 기반하고 있는 통치체계들의 무력화를 선언하고 있기 때문이다.[36] 6절의 도입부인 <아니 아마르티>אֲנִי־אָמַרְתִּי에 대해서는 다양한 해석이 가능하다. 궁켈H. Gunkel은 <아켄>과 함께 쓰인 이 표현이 잘못된 생각을 사실들을 통해 반박하거나 바로잡을 때 사용되었다고 말한다참조. 사 49:4; 렘 3:19 이하; 습 3:7; 욥 37:7 이하; 시 31:23; 66:18 이하.[37] 따라서 6-7절은 다음과 같이 설명된다: "내가 이전에 생각하기를, 너희가 신들이고 또한 정의로운 재판을 통해 너희의 높은 지위를 존귀하게 만들 것으로 생각했으나 오히려

---

34 슈미트(H. H. Schmid)는 판결이 제대로 이루어지지 않을 때 "땅의 기초가 흔들리며… 우주적인 질서가 파괴된다"고 설명한다.Hans Heinrich Schmid, *Gerechtigkeit als Weltordnung: Hintergrund und Geschichte des alttestamentlichen Gerechtigkeitsbegriffes* (Tübingen: Mohr [Siebeck], 1968), 81-82.

35 (띄어쓰기 추가)Jörg Jeremias, "Die Erde 'wankt'," in *"Ihr Völker alle, klatscht in die Hände!" Festschrift für Erhard S. Gerstenberger zum 65. Geburtstag*, ed. Rainer Kessler (Münster: LIT Verlag, 1997), 173.

36 Frank-Lothar Hossfeld and Erich Zenger, *Psalmen 51-100* (HThKAT), 488.

37 Hermann Gunkel, *Einleitung in die Psalmen: Die Gattungen der religiösen Lyrik Israels* (Göttingen: Vandenhoeck & Ruprecht, 1975), 362.

너희는 제멋대로 다스림으로 모든 것이 혼란스럽고 황폐하게 만들었다; 따라서 너희는 육체와 피를 가진 사람처럼, 우두머리 중 하나처럼 넘어지고 죽을 것이다." 그렇지만 쳉어는 이 표현을 동시적 완료Perfekt der Koinzidenz의 용법으로 이해하고, 뒤따라 나오는 하나님의 발언 전체를 이끄는 도입부라고 해석한다"Spruch ex cathedra".[38]

신들은 자신들에게 기대된 역할을 제대로 수행하지 못함으로 <엘로힘>로서의 특성을 빼앗기게 된다.[39] 그들은 무력화될 뿐만 아니라 죽음을 맞게 되는 인간의 운명을 갖게 된다. 이러한 판결은 단호하다. 신들은 생명의 천상의 영역에서 죽음의 세계로 추락된다. 그들은 질병과 사망의 파괴로부터 자유로울 수 있는 고양된 지위를 더 이상 가질 수 없다. 어떤 왕의 불충한 "고위 관료"가 궁정으로부터 추방되는 것처럼 이 실력자들은 축출된다.[40] 그들이 엎드러지며 죽을 수밖에 없게 되었을 때 그들은 더 이상 신이 아니다.[41]

4) 기원: 세상을 심판해 달라는 기도 8절

8절은 제의 공동체의 기도다. 1-7절이 천상 세계의 깊은 곳까지 들

---

38 Frank-Lothar Hossfeld and Erich Zenger, *Psalmen 51-100* (HThKAT), 488.

39 참조. Hans-Joachim Kraus, *Psalmen 60-150*, 573.

40 이렇게 한 왕이 죽음의 세계로 추방되는 모티프는 구약성서에서 두로 왕의 이야기에 반영되어 있다(겔 28장). 신들의 정원에 살던 "신적인 왕"은 그의 교만함 때문에 쫓겨난다. 천상의 세계에서 그는 추락된다(겔 28:17). 이사야 14장에도 비슷한 모티프를 발견할 수 있다. 스스로 신들의 회에 앉아 있는 것으로 생각할 정도로 상당한 지위를 가지고 있던 바벨론 왕이 이젠 죽은 자가 되어 구더기와 벌레들과 더불어 지내고 있는 스올로 떨어져 있는 존재로 묘사되어 있다(4-21절). 이 외에도 다니엘 8장 9-11절과 11장 21-45절을 생각할 수 있다. 참조. Julian Morgenstern, "The Mythological Background of Psalm 82," *HUCA* 14 (1939), 76-114; James Stokes Ackerman, "An Exegetical Study of Psalm 82" (unpublished Th.D. dissertation, Harvard Divinity School, 1966), 402-23.

41 Marvin E. Tate, *Psalms 51-100*, 558.: 고대 사상의 개념적 영역에서 신들에 의한 불멸성의 상실은 그들이 더 이상 자신들의 위치를 지킬 수 있는 능력이 없다는 것을 의미한다(참조. Matitiahu Tsevat, "God and the Gods in Assembly," *HUCA* 40-41 [1969-1970], 129-30.).

여다보고 신들에 대한 이스라엘 하나님의 심판을 선포하는 환상적이며 예언자적인 폭로였다면, 8절은 이러한 폭로에 대한 공동체의 응답으로 이해될 수 있다.[42] 제의에 참석한 공동체는 마지막 청원을 통해 하나님의 세계심판을 간구한다. 이 청원은 신명기 32장 8-9절에 연결된다. 이스라엘의 하나님은 온 우주의 통치자이며 모든 나라를 "기업으로서" 소유한다. 그만이 세계의 왕이며 심판자이시다. 여기에서 사용된 명령형은 역사의 진행 상황을 시사한다는 점에서 중요하다. "하나님이여, 일어나소서קוּמָה"는 하나님의 구원을 이루는 역사에 대한 하나님의 간섭을 촉구하는 말이었다참조. 민 10:35; 시 3:8[7]; 7:7[6]; 9:20[19]; 10:12; 17:13; 44:27[26]; 74:22.

이 청원의 파괴력은 이 시편이 역사적 배경 속에서 그리고 아삽시의 맥락시편 73-83편에서 고찰될 때 더욱 분명하게 드러난다.[43] 이스라엘은 두 번의 정치적 재난주전 722년과 587/6년을 통해 제국의 종교들과 만난다. 한 나라의 정치적 운명과 그 나라 종교의 신적 위상은 긴밀한 연관 관계에 있다. 성전파괴를 통해 이스라엘의 하나님은 문자 그대로 거주할 곳을 잃어버린다. 따라서 시편 79편 10절에서 보여주듯이 이방인들은 "너희의 하나님은 어디 있는가?"라고 조롱 섞인 질문을 할 수 있다. 이런 상황 속에서 시편 82편의 화자와 청중은 현실 인식에 대한 교정을 시도한다. "패배한 신처럼 보이는 이스라엘의 하나님이 유일한 참 하나님이시다."[44] 그분은 모든 신들 가운데 으뜸으로 서실 뿐만 아니라 다른 모든 신들의 지위와 자격을 박탈하신다.

---

42 Hans-Joachim Kraus, *Psalmen 60-150*, 573.
43 Frank-Lothar Hossfeld and Erich Zenger, *Psalmen 51-100* (HThKAT), 490.
44 위의 책, 490.

7. 해석과 적용

시편 82편의 해석과 적용의 문제는 1절에 나오는 "신(들)의 모임" עֲדַת־אֵל과 "신들"אֱלֹהִים을 어떻게 해석할 것인가의 문제로 귀결된다. "신들"에 관한 해석의 입장들은 다음 세 가지 갈래로 나누어질 수 있다.

가. 참 신은 누구인가?

이 시편을 종교사적인 배경에서 해석하는 것이다. "신(들)의 모임" עֲדַת־אֵל이라는 표현은 고대 중동에서 일반적인 종교개념으로 갖고 있었던 "만신전"pantheon의 사상체계를 그 배경으로 하고 있다. "엘El의 모임"이라는 표현이 이 용어의 가나안적 기원을 더욱 뚜렷이 드러낸다고 할 수 있다. 가나안의 만신전에서는 후에는 바알이 그 지위를 이어받기는 하지만 엘El이 최고의 지위를 가지고 다수의 신들로 구성된 신들의 공회를 이끌어 간다. 이러한 관점에서 보면 1절의 "신들אֱלֹהִים 가운데서"나 6절의 "너희는 신들אֱלֹהִים이다."는 표현도 자연스럽게 이해가 된다. 그것은 신들의 회의에 참석한 신들이다. 이스라엘의 하나님 야훼는 이 회의를 주재하며 신들을 판단하는 심판자이다.[45] 따라서 7절

---

45 여기에서 다신론과 일신론 사이의 경계에 놓여 있는 군주적 일신론(der monarchische Mono-theismus)의 흔적을 본다. 군주적 일신론은 다음과 같은 세 국면으로 나눌 수 있다: ① 어떤 신이 보좌에 오르는 과정으로서의 투쟁과 승리의 국면(즉위 국면, 예> 에누마 엘리쉬에서 마르둑이 최고신으로 즉위); ② 특정한 계층 질서의 수립과 선포 국면(계층질서 국면, 예> 우가릿 만신전의 엘); ③ 만신전의 여타 세력을 완전히 제거함으로써 초래된 "군주신론"의 변용- 이것이 구약성서 특히 시편에 나타나는 양상이다(세력박탈 국면). 구약성서에는 이스라엘 주변국가들의 외래적 요소들을 선택적으로 수용하거나 거부한다. "군주적 일신론"과 그 신학은 여타 모든 세력들이나 신들이 그들의 힘을 완전히 박탈당한 채 수용되었기 때문에, "신의 아들들"(אֵלִים)은 왕이신 야훼를 섬기는 영적 존재로 바뀌거나(시 103:19-22) 그들의 존재가 헛된 우상으로서 완전히 부인되기도 한다(시 96:5). 시편에서 야훼가 열방과 온 세상의 주님이시라는 점은 <엘리욘>이나 <멜렉>이란 용어의 차용에서도 드러나지만, 무엇보다 야훼를 "심판자"(שֹׁפֵט)로서 부르는 호칭에서 잘 드러난다(시 7:9[8]; 9:8, 19; 58:11[12]; 82:8; 94:2; 96:10, 13; 98:9). 참조.

에서 신들이 "사람처럼"כָּאָדָם 죽을 것이라는 판결은 신들에게 내려질 수 있는 가장 무거운 심판 선언인 셈이다.

이러한 이해 속에서 시편 82편은 참 신의 자격이 무엇인지를 똑똑히 보여준다. 참 신이 누구인가는 가난한 자와 힘없는 자를 돌보는 사회적 정의를 이루는가 그렇지 못한가에 의해서 결정된다. 이러한 역할을 수행하지 못하는 신과 종교체계는 가차없이 신적 지위를 박탈당한다. 또한 시편 82편은 이스라엘의 하나님이 이 세계 가운데 어떤 분이신지를 알게 한다. 이스라엘의 하나님은 세계와 거기에 속한 모든 것을 다스리시는 최고의 신이다. 신명기 32장 8-9절에서 확인되는 바와 같이 "지존하신 이께서 만방에 땅을 나누어 주시고, 인류를 갈라 흩으실 때, 하나님의 아들들의 수효[46]만큼 경계를 그으시고 민족들을 내셨다"참조. 신 4:19-20; 단 10:13, 20-21; 12:1; 계 12:7-9. 야훼께서는 모든 민족에 대한 궁극적인 주도권을 유지하시면서 열방을 정의로 인도하기 위해 신들을 배치하셨다8절.[47] 그 신들은 "지존자의 아들들"בְּנֵי עֶלְיוֹן로서 하나님을 섬겨야 한다7절. 그러나 그들의 섬김이 하나님의 목적에 부합되지 않을 때는 지존하신 하나님의 심판선언을 들어야 한다.[48] 신들의 존재여부는 전적으로 지존자이신 하나님의 말씀에 달려 있다6절.[49] 하나님은 우주의 통치자이시다. 그러기 때문에 시편 82편의 기도자들은 이스라엘의 하나님께 "이 땅을 심판하소서"8절라고 기도할 수 있다.

Hans-Joachim Kraus, 『시편의 신학』, 52-53, 64-67.

46 마소라 본문의 '이스라엘의 아들들'(בני ישראל)을 70인경(נוילגנשא קָ)과 사해사본(בני אל / בני אלים)을 따라 '하나님의 아들들', 곧 천사로 이해한다.

47 Marvin E. Tate, *Psalms 51-100*, 560.

48 하나님이 천상의 세력들을 책임 추궁하고 심판하시는 다음 본문들을 참조하라: 사 24:21; 41:2 이하들.

49 James L. Mays, *Psalms*, 357.

나. 재판권을 오용하는 권력자들에 대한 사회비판

두 번째 입장은 시편 82편의 주된 초점이 재판권을 오용하는 권력자들에 대한 사회비판에 있다는 해석이다. 2-4절에 서술된 하나님의 발언은 예언자들의 사회비판Sozialkritik에 나타나는 비난과 고발의 형태로 제시된다예컨대, 사 1:18-20; 3:13-15; 미 6:1-5; 호 4:1-3. 따라서 하나님의 판결내용2-7절은 신들을 향한 것이 아니라 당시 사회에서 신적인 권력을 행사하던 재판관이나 고위관리들을 향한 것이라는 해석이다. 이러한 비판에 대한 근거는 관리들의 재판규정에서 찾을 수 있다참조. 출 23:1-9; 신 16:18-20. 이러한 해석의 대표자는 다이슬러A. Deissler이다.[50] 그는 시편 82편의 주제와 상황이 이사야 3장 13절이하와 유사하다고 평가한다: 야훼께서는 재판하시려고 서 계시고 백성의 장로들과 고관들을 심문하시려고 등장하신다. 그들은 포도원을 삼킨 자들이며, 가난한 자들의 물건을 탈취하고 그들의 얼굴에 맷돌질하였다고 책망하신다. 이어서 그들에게 심판이 선고된다사 3:24 이하들: 남자들이 쓰러지고7절의 <나팔> [נפל] 동사 참조 시온은 황폐하게 될 것이다. 이것은 고위관리와 재판관들에 대한 예언자들의 고발과 일치한다예컨대, 미 3:9이하들: "야곱 족속의 우두머리들과 이스라엘 족속의 통치자들 곧 정의를 미워하고 정직한 것을 굽게 하는 자들아! 원하노니 이 말을 들을지어다." 이것은 또한 예언자들을 통해 전달된 하나님의 요구와 일치한다예컨대, 사 1:17: "선행을 배우며 정의를 구하며 학대받는 자를 도와주며 고아를 위하여 신원하며 과부를 위하여 변호하라." 이러한 맥락에서 보면 "신들의 모임" עֲדַת־אֵל, 1절은 이스라엘 백성을 의미하는 "야훼의 회중" עֲדַת יהוה, 민 27:17;

---

50 Alfons Deissler, *Die Psalmen* (Düsseldorf: Patmos-Verlag, 1964), 319f.

31:16; 수 22:16이하이라는 표현에 상응하고, "신들"אֱלֹהִים, 1절과 6절은 시편 58편 2절에서와 같이 재판장을 의미하는 "신화적-시적 명칭"mytisch-poetische Bezeichnung으로 이해된다.[51]

이러한 해석은 <엘>과 <엘로힘>에 대한 고대 역본들의 입장과 일치한다. 70인경은 1절의 <아다트 엘>עֲדַת־אֵל을 "신들의 모임에서"ἐν συναγωγῇ θεῶν라고 번역하고 있지만, 다른 역본들은 "지상의 재판장"이라고 번역한다: 예컨대, 아퀼라역은 이 부분을 <엔 쉬나고게 이스퀴론> ἐν συναγωγῇ ἰσχυρῶν "권세있는 자들의 모임"이라고 번역한다페쉬타와 탈굼도 이러한 전통에 서 있다. 이것은 <아다트 엘>을 <아다트 엘림>עֲדַת־אֵלִים으로 고쳐 읽는 번역으로서 다신론적인 사고의 개입을 방지하려는 의도에서 비롯된 것으로 추정된다.[52] 하지만 구약성서에서 <엘로힘>이 재판장으로 해석되는 곳을 여러 곳에서 찾아볼 수 있다출 21:6; 22:6-7, 8, 27; 삼상 2:25. 특별히 출애굽기 22장 27[28]절에서는 <엘로힘>과 <나시> נָשִׂיא 가 평행어구로 나타난다.[53] 그러므로 시편 82편의 <엘(림)>이나 <엘로힘>은 각각 "권능있는 자"와 "재판관"으로 해석된다는 점은, 이 시편이 사회적 약자에 대한 의무와 돌봄을 소홀히 하는 지상 통치자들의 불의를 폭로하고 바로잡려는 의도임을 보여준다. 우리는 이 시편에서 불의한 시대에 하나님의 공의로운 통치를 갈망하는 예언자적 열정과, 포로기 전후 자행된 이방 민족 및 재판장들의 불의를 고발하고 심판을 탄원하는 공동체의 기도를 발견할 수 있다.

---

51 Frank-Lothar Hossfeld and Erich Zenger, *Psalmen 51-100* (HThKAT), 482.

52 위의 책, 491.

53 Marvin E. Tate, *Psalms 51-100*, 543, 561.

다. "하나님의 말씀이 임한 자들은 신이다."

세 번째 입장은 신들이 하나님의 말씀을 받은 자들을 가리킨다고 보는 해석이다. 시편 82편은 유대인과 벌이는 예수님의 논쟁에서 인용된다. 요한복음 10장 34절에 인용된 예수님의 말을 이해하려면 요한복음 10장 30절에서 "나와 아버지는 하나이니라"는 예수님의 말로부터 시작해야 한다. 이 말을 들은 유대인들은 예수님을 신성모독으로 돌로 치려한다. 사람으로서 자신을 자칭 하나님이라고 말한다는 것이다[33절]. 이에 예수께서 그들에게 대답하셨다[34절]: "너희의 율법에 '너희는 신들이라고 내가 말했다'고 기록되지 아니하였느냐?" 이때 시편이 정경으로서의 구약성서 전체에 대한 명칭인 "율법"[νόμος]이라고 지칭된다. 그리고 이 말씀을 "하나님의 말씀이 임한[ἐγένετο] 사람들을 신이라고 불렀다"고 설명하신다. 따라서 이러한 구약의 말씀에 비추어 본다면 아버지의 보내심을 받은 사람인 자신이 "나는 하나님의 아들이다"라고 말하는 것은 정당하며 신성모독이 될 수 없다고 말씀하시는 것이다[36절]. 이러한 예수님의 발언에서는 시편 82편 6b절에 대한 관계성도 고찰된다. 또한 출애굽기 4장 21-22절에 근거하여 시내산에서의 이스라엘 백성들이 하나님의 아들이라고 불릴 수 있다면, 예수님이 하나님의 아들이라고 불리는 것은 전혀 문제가 되지 않는다. 이러한 예수님의 대응방식은 작은 것에 대한 정당성이 인정된다면 더 큰 것에 대해서는 말할 것도 없이 그 정당성이 인정되게 하는 논증법의 일환이다[a minore ad maius, קל וחומר].[54]

이러한 예수님의 논증은 시편 82편의 해석에 대한 유대 전통들을

---

54 Frank-Lothar Hossfeld and Erich Zenger, *Psalmen 51-100* (HThKAT), 492.

반영하는 것이다. 네이레이 J. H. Neyrey는 유대적 전통에 시편 82편의 신들을 해석하는 데 다음과 같은 네 가지 입장들이 있음을 소개한다: ① 천사들, ② 멜기세덱, ③ 재판관들, ④ 시내산의 이스라엘 백성들.[55] 이 가운데 예수님의 해석은 네 번째 입장의 전통 속에 있다. 이 네 번째 해석전통에서는 이스라엘이 율법이 받았을 때에 죽음의 권능으로부터 보호되어 신과 같은 존재가 되었다고 말한다. 그러나 금송아지를 만드는 부패한 행위 때문에 이스라엘의 신적인 상태가 오래 지속되지 못하고 보통 인간들처럼 죽게 되었다는 것이다. 액커만Ackerman은 자신의 논문에서 시내산 계시와 요한복음 1장의 프롤로그 사이에 놀랄만한 유사성이 있음을 지적한다.[56] 하나님의 말씀이 이 세상에 왔는데 이것을 받아들이는 자들은 신과 같은 존재가 된다는 것이다.[57] 요한복음에 반영되어 있는 시편 82편에 대한 해석은 이 시편을 하나님의 말씀을 대하는 사람 누구에게나 적용되는 시편으로 읽을 수 있게 한다. 시편 82편은 이스라엘 신관의 발전을 보여주는 종교사적 중요성과 사회적 부조리를 고발하는 예언자적 영성을 동시에 지니고 있다. 그러나 이 시편은 이러한 역사적 의미를 넘어, 하나님의 백성이 갖추어야 할 개인적 윤리와 책임성을 교훈하는 본문으로 우리에게 다가온다. 특히 이 본문은 하나님의 말씀이 임한 자들이 신과 같은 권능을 위임받았을지라도, 그 권위는 맡겨진 직임과 책무를 충실히 이행할 때에만 비로소 정당성을 얻고 유지된다는 사실을 역설한다.

---

55 Jerome H. Neyrey, "I Said, 'You Are Gods': Psalm 82:6 and John 10," *JBL* 108/4 (1989), 647-63.

56 James S. Ackerman, "The Rabbinic Interpretation of Psalm 82 and the Gospel of John: John 10:34," *Harvard Theological Review* 59/2 (1966), 186.

57 하지만 양자의 경우 모두 하나님의 말씀을 배척한다. 여기에는 지혜는 선재하며 하나님과 함께 거주하고 하나님의 천지창조에 참여하고 하늘에서 내려와 인간과 함께 할 장소를 찾는다는 율법-지혜(Torah-Sophia) 사상이 내재되어 있다.

8. 나가는 말

니르H. Niehr는 시편 82편의 신들에 대한 해석에서 양자택일식의 접근은 적절하지 않다고 말한다: "8세기 예언자들은 예외로 할 때 포로기 이전 이스라엘에서는 다신론적인 만신전과 야훼에 대한 이해가 지상세계에 대한 유비 속에서 이해되었다. 이러한 신학적 유비에는 신들의 행위가 인간들의 행위 안에 내재되어 있다는 사고가 전제되어 있다. 신들의 행위가 인간 행동에 대한 유비 속에서 고찰되기 때문에 2-4절에서와 같이 신들의 행위들이 전형적인 인간의 행동으로서 이해되는 것이 전혀 문제가 되지 않는다."[58] 그러므로 시편 82편의 대상이 신들인가 인간인가를 두고, 서로를 배제하는 방식으로 해석하는 것은 적절하지 않다. 여기서 우리는 천상과 지상을 통합적으로 이해하는 구약성서의 통전적 신학을 확인하게 된다. 스스로를 인간사로부터 분리하려는 추상적 신학은 결국 죽음의 판결로 귀결될 뿐이다.[59] 신들이나 종교적 체계들조차도 사회적 약자를 대하는 구체적인 실천을 통해서만 그 정당성과 유효성을 입증받는다. 또한 통치자들의 재판 행위는 이 세계를 향한 하나님의 우주적 통치를 구현하는 도구이자 척도가 된다. 나아가 하나님의 말씀을 받은 각 개인 역시 신적인 권위를 위임받아 하나님의 사역을 수행하게 된다.

위임된 직임과 사명 안에서 이 세상을 향하신 하나님의 정의가 실현되지 않을 때는 온 땅을 통치하시고 심판하시는 하나님께 부르짖고 기도할 수 있다: "하나님이여, 이 땅을 심판하소서."

---

58 Hermann Niehr, "Götter oder Menschen - eine falsche Alternative. Bemerkungen zu Ps 82," *ZAW* 99 (1987), 96f.

59 James L. Mays, 『시편』, 367.

하나님 닮아가기'Imitatio Dei 로서의 정의

시편을 통해서 본 구약성서의 '정의' 신학[1]

1. 들어가는 말

정의에 관한 논의는 고대로부터 현대에 이르기까지 계속되었다. 구약성서에 나타난 '정의'에 대한 연구도 폭넓게 시도되었다.[2] 본고에서 필자는 구약성서에 말하는 '정의'의 의미가 무엇인가를 언어학적 고찰과 대표 본문들에 대한 연구를 통해 살펴보고자 하였다. 구약성서의 정의를 논할 때 가장 먼저 제기되는 문제는 우리말 번역의 복잡성이다. . 이는 '정의'에 해당하는 히브리어 어휘군이 '공의, 공평, 의, 공정, 의로움' 등 다양한 용어로 번역될 뿐만 아니라, 동일한 어휘조차 문

---

1   이 논문은 『장신논단』 48/2 (2016. 6), 37-66쪽에 실렸다.

2   한국구약학회는 2011년 4월 '구약과 공정한 사회'라는 주제로 제86차 춘계학술대회를 열었고, 학술대회를 통해 발표된 주요 논문들이 『구약논단』 41집에 '구약과 공정한 사회'라는 주제 아래 실려 있다. 한동구, "잠언의 지혜신학에 반영된 공정한 사회이념," 12-33; 우택주, "구약성서 법전에 나타난 '공정한 사회론'의 허와 실," 34-53; 배희숙, "구약 성경적 공정한 사회," 54-82; 서명수, "맹자의 인의 사상과 구약의 공의 사상," 83-99.

맥에 따라 상이하게 번역되고 있기 때문이다.[3] 이러한 상황에서 구약
성서의 '정의'를 말하기는 쉽지 않다. 따라서 필자는 그동안의 논의를
바탕으로 구약성서에서 말하는 '정의'의 성격과 내용을 분명히 하는
개념정의를 통해 구약성서의 '정의'의 의미를 규명하고자 한다. 그리
고 새로운 개념정의에 기초한 '정의'의 모습을 가장 보여주는 시편의
대표 본문들을 살펴보고자 한다. 이때 구약의 '정의'가 '하나님의 정의'
와 '인간의 정의'의 두 차원에서 고찰될 것이며, 이를 통해 구약성서의
'정의'가 보여주는 신학적인 함의가 무엇인지 고찰해 보고자 한다.

2. '정의'에 대한 언어학적 고찰

가. 정의에 관한 히브리어 표현들

구약성서에서 '정의'를 표현하는 데 가장 대표적으로 사용되는 낱
말은 <체덱>צֶדֶק과 그것에서 파생된 낱말들이다. 구약성서에서는 주로
<체덱>이 명사형으로 사용되고, 신명으로도 사용된다멜기세덱, 아도니세덱.[4]
여성형 명사로서 <체다카>צְדָקָה가 사용되며, 형용사로서 <차띠크>
צַדִּיק가 있다.[5] 이외에 '정의'와 관련된 히브리 낱말들로서 <미쉬파트>

---

3   다음 글은 성서에 사용된 '정의'에 관련된 용어들의 번역에 관한 문제점과 논의들을 잘 소개해
      주고 있다. 김창락, "성서에 사용된 정의와 관련된 용어들의 번역에 대하여 - '미쉬파트', '체다
      카', '체데크', '디카이오쉬네'의 용례를 중심으로," 『성경원문연구』 30 (2012. 4), 161-227.

4   J. Scharbert, "Gerechtigkeit I. Altes Testament," *Theologische Realenzyklopädie* 12
      (1984), 404-11.

5   <체덱>과 <체다카>가 많은 경우 상호교환이 가능하지만, 동의어라고 할 수는 없다. 남성명사
      <체덱>은 올바름과 질서와 관련될 때 선택된다. <체다카>는 상태가 아니라 행위나 행동에 강
      조점이 놓여 있다. <체다카>는 작용하고 있는 <체덱>이다. Helmer Ringgren and B. John-
      son, "צדק" *Theologisches Wörterbuch zum Alten Testament* VI (1989), 898-924.

מִשְׁפָּט와 <미쇼르>מִישׁוֹר, <메샤림>מֵישָׁרִים이 있다. 이 가운데 <체덱>과 함께 구약성서에서 '정의'를 표현하기 위해 자주 사용되는 낱말이 <미쉬파트>이다. <체다카>와 <미쉬파트>는 그 의미를 구분하기가 쉽지 않으며, 동의어로 쓰이는 경우가 많다. 특히 이 두 낱말은 <체다카 우미쉬파트>צְדָקָה וּמִשְׁפָּט 혹은 <미쉬파트 우체다카>מִשְׁפָּט וּצְדָקָה의 형태로 짝을 이루어, 구약성서에서 약 80회나 등장한다. 이러한 용법은 두 낱말에 상응하는 아카드어 <케투>와 <메샤루>가 짝을 이루어 사용된 데에서 영향받은 것으로 보인다.[6] 하지만 <미슈프테 치드케카>מִשְׁפְּטֵי צִדְקֶךָ 라는 표현에서 <체덱>은 <미쉬파트>의 상위개념인 것처럼 보이기도 한다시 119:7, 62, 106, 164. 또한 "심판미쉬파트은 의체덱로 돌아가리니"시 94:15라는 표현에서도 <미쉬파트>는 <체덱>에 적합해야 함으로 <체덱>이 <미쉬파트>의 상위개념으로 나타난다또한 욥 8:3; 35:2; 전 3:16 참조.[7]

본 논문에서는 <체덱>을 중심으로 구약성서에 나타난 '정의'의 의미를 살펴보고자 한다. <체덱>의 어근을 가진 낱말들은 구약성서에서

---

6 J. Scharbert, "Gerechtigkeit I. Altes Testament," 405. 이러한 두 개념의 결합은 아카드 여신 <키투>(Kittu)와 남신 <메샤루>(mēšaru)의 결합에서 기인한다. Klaus Koch, "צדק" *Theologisches Handwörterbuch zum Alten Testament* II (1976), 507-30. <메샤루>는 판결의 공정함, 사람이 진실을 말하는 것, 땅의 이룩된 공정한 질서 등을 의미하고, <케투>는 전조나 징후의 신뢰성, 섬기는 자의 충실성, 사람이 말하는 바의 진실성 등을 의미한다(Helmer Ringgren, "צדק" in *Theologisches Wörterbuch zum Alten Testament, Bd.* VI, ed. G. Johannes Botterweck, Helmer Ringgren and Heinz-Josef Fabry [Stuttgart/Berlin/Köln/Mainz: W. Kohlhammer, 1989], 901). 이와 같은 <메샤루>와 <케투>는 우선적으로 왕과 재판장에게 요구되는 덕목이었다. 그러나 이것들은 태양신의 의인화되거나 구상화된 속성으로서 다른 신들을 뒤따라 다닌다(위의 책, 902). 신들 가운데 샤마쉬는 공정한 재판장과 "의와 정의의 주"(Herr des Rechts und der Gerechtigkeit)로 나타난다.

7 Bo Johnson, "צדק" in *Theologisches Wörterbuch zum Alten Testament, Bd.* VI, ed. G. Johannes Botterweck, Helmer Ringgren and Heinz-Josef Fabry (Stuttgart/Berlin/Köln/Mainz: W. Kohlhammer, 1989), 903. 엄밀히 말하면 <미쉬파트>와 <체덱>은 동의어가 아니다. <판결하다, 재판하다>의 의미를 가진 <솨파트> 동사에서 파생된 <미쉬파트>가 "결정, 판결, 법률" 등의 의미영역을 가진다면, <체덱>은 원칙으로서 "올바른 것"을 의미한다. <미쉬파트>가 구체적인 계명이나 행동의 방향으로 의미의 기능들이 확장된다고 한다면, <체다카>는 <체덱> 보다 조금 더 많은 것을 포함함으로써 좀 더 원칙적이고 포괄적인 의미로 사용된다. 위의 책, 908.

523회 등장한다.[8] <체덱>의 용례는 이사야, 에스겔, 시편, 잠언에 집중되어 나타나고, 이 책들은 주로 예루살렘 전승과 시편과 지혜문학에 관련된 책들이다.[9] 재판절차의 맥락에서 <체덱>은 재판장 개인의 '정의'가 아니라, 무죄판결을 통해 원고나 피고의 <체다카>를 회복시키는 데 일차적인 관심을 둔다.[10] 이는 당사자의 훼손된 권리혹은 지위를 복구하는 것을 의미하며, 동시에 상대방에 대한 유죄 판결을 필연적으로 수반한다. 출 23:6-8; 레 19:15; 신 25:1-3. 그러한 의미에서 <체덱>은 보호나 구원과 거의 동의어로 이해된다.[11] 정의란 하나님에 의해서 세워진 규범에 관련된 것이 아니라 하나님 자신과의 관계로서 묘사된다. 하나님의 보호하시고 구원하시는 개입은 하나님의 정의와 대립되는 것이 아니라 도리어 그러한 정의를 나타내는 표현이다.[12]

나. <체덱>의 다양한 용례들[13]

(1) <체덱>과 함께 쓰이는 유사 개념들이 여럿 있다. 그 중에서도 <에메트/에무나>אמת/אמונה, <헤세드>חסד, <샬롬>שלום이 대표적이다. 이 세 낱말들은 일반적으로 긍정적인 공동체적 관계의 상태를 표현한

---

8 Bo Johnson, "צדק," 903.

9 Klaus Koch, "צדק," 511.

10 위의 책, 514.

11 <체덱>/<체다카>는 단순히 윤리적인 행동을 말하는 것이 아니라 건강하고 논쟁의 여지가 없으며 부족함 없이 회복된 상태를 의미한다. 특별히 시편과 이사야서에서 이러한 용례가 두드러지는데, 따라서 번역자들은 이 낱말을 '구원'이라고 번역하기도 한다(예컨대, 취리히 성서 [Züricher Bibel]의 사 51:1-5). 이러한 용례는 한 낱말을 통해 '수단'과 '목적'의 통일성을 표현하는 히브리어 용법에 기인한 것으로 이해된다. 위의 책, 516-17.

12 B. Johnson, "צדק," 903-25. 또한 다음을 참조하라. K. Koch, "צדק," 518. 이러한 점에서 폰라트의 야훼의 의에 대한 진술은 의미가 있다. "야훼의 의는 규범이 아니라 행위 곧 구원을 베푸는 행위이다." Gerhard von Rad, *Theologie des Alten Testaments. Band 1: Die Theologie der geschichtlichen Überlieferungen Israels* (München: Chr. Kaiser, 1969), 384f.

13 B. Johnson, "צדק," 905-909쪽에 소개된 내용을 요약한 것이다.

다. <에메트/에무나>는 자연과 다양한 인간관계에서 올바른 관계를 표현한다시 85:11이하; 호 2:21-22; 삼상 26:23 등. <헤세드>는 하나님의 <체덱>이나 왕의 <체덱>과 함께 등장한다호 2:21; 시 85:11; 89:15. 이 두 낱말들은 주로 하나님의 신실하신 구원행동을 묘사할 때 등장한다렘 9:23; 호 10:12; 시 33:5; 36:11; 40:11; 103:17. <샬롬>은 <체덱>과 함께 복되고 질서 잡힌 상황을 묘사한다시 35:27; 85:11. 또한 <샬롬>은 <체다카>의 결과로 나타나기도 한다사 32:17. <샬렘>이라는 형용사는 <체덱>과 함께 완전하고 올바른 무게와 도량형을 의미한다신 25:15.

(2) <체덱>과의 대응어로서 유익을 주고 구원하시는 하나님의 개입을 나타내는 하나님의 <예솨>ישַׁע는 그의 정의의 표현으로서 나타난다사 45:8; 51:5이하들; 61:10; 63:1 등. 왕이나 예루살렘이 <체덱>과 <예슈아>ישׁוּעָה를 받고 소유하는 주체로서 등장하기도 한다사 62:1. 시편 24편 4절 이하에는 <체다카>가 <베라카>בְּרָכָה와 대응어로 등장한다.

(3) <체덱>에 포함된 합법성의 특징은 당연히 속해야 하는 영광으로 귀결된다렘 58:8; 62:2; 시 97:6; 112:9; 잠 8:18; 21:21. 예레미야 31장 23절에는 '의로운 처소' <네베 체덱>נְוֵה־צֶדֶק과 '거룩한 산' <하르 하코데쉬>הַר הַקֹּדֶשׁ가 대응어로 나타난다.

(4) <체덱>은 은혜<하눈>, חַנּוּן, 자비 <라훔>, רַחוּם, 긍휼<라하밈>, רַחֲמִים 등과 같은 낱말들과 함께 나타나기도 한다호 2:21; 시 111:3 이하; 112:4; 116:5. 그러한 이런 것들은 <체덱>의 일면을 나타낼 뿐 동의어인 것은 아니다.

(5) <체덱>이 <탐>תָּם, 시 7:9; 15:2; 욥 9:20; 12:4; 22:3 등이나 <타호르>טָהוֹר, 욥 4:17; 17:9; 전 9:2와 평행하게 사용되기도 한다.

(6) 지혜문학에서는 <하캄>חָכָם과 함께 등장한다잠 9:9; 11:30; 23:24. 두 가지 모두 하나님의 손에 달려 있다전 9:1.

(7) 시편 146편 7-9절에서 하나님의 도움을 입는 억눌린 사람, 주

린 자, 갇힌 자 등과 같은 억압받는 자들이 의인과 동일시된다.

(8) <체덱>의 반대말은 여러 가지가 있으나, 가장 대표적인 것은
<라쇠>רָשָׁע이다.

다. 정의의 개념에 관한 연구사

구약성서의 '정의' 개념 연구사는 <체덱>에 대한 연구사라고도 말
할 수 있다.[14] 가장 먼저 언급해야 할 사람은 디스텔Ludwig Diestel이다.
그는 <체덱>의 의미를 이해할 때 하나님의 징벌하시는 행위로 이해하
는 것을 거부하고 구원을 위한 개입으로서 하나님의 정의를 말하였
다.[15] 다음으로 주목된 사람은 크레머Hermann Cremer이다. 그는 <체덱>
이 관계 개념임을 강조하였다.[16] 관계 자체가 정의의 기준이라는 것이
다. 의로운 사람은 의를 행하고 회복된 관계를 가지며 의의 결과를 받
는 자이다. 크레머의 주장은 이후 많은 사람의 지지를 얻었으며,[17] 이후
정의에 대한 영적 이해가 대두되었다. 페더슨Johannes Pedersen은 구약성
서의 '정의'를 "영혼의 건강함"이라고 규정하였다.[18] '정의'는 약자를 돕
고 강한 자에게 영예를 명령함으로써 언약을 올바로 세우는 것을 말한
다고 주장하였다. 이와는 달리 팔그렌K. H. Fahlgren은 '정의' 연구에 있

---

14 B. Johnson, "צדק," 903-905.

15 Ludwig Diestel, "Die Idee der Gerechtigkeit, vorzüglich im Alten Testament, bib-
    lisch-theologisch dargestellt," *Jahrbücher für deutsche Theologie* 5 (1860), 173-253.

16 Hermann Cremer, *Biblisch-theologisches Wörterbuch der neutestamentlichen Gräcität*
    (Gotha: F. A. Perthes, 1915), 300.

17 K. Koch, "צדק," 515-16; Walther Eichrodt, *Theologie des Alten Testaments. Teil 1: Gott
    und Volk* (Leipzig: J. C. Hinrichs, 1933), 161f; Ludwig Köhler, *Theologie des Alten Testa-
    ments* (Tübingen: J. C. B. Mohr [Paul Siebeck], 1936), 17f; Gerhard von Rad, *Theologie
    des Alten Testaments. Band 1*, 382-95; Klaus Koch, "Wesen und Ursprung der 'Gemein-
    schaftstreue' im Israel der Königszeit," *Zeitschrift für Evangelische Ethik* 5 (1961), 72-90.

18 Johannes Pedersen, *Israel I-II: Sjæleliv og Samfundsliv* (København: Branner, 1920).

어서 고대 이스라엘인들의 사고방식을 이해하는 것이 중요하다고 여겼다. 그는 삶에 대한 이스라엘인들의 이해가 "종합적"synthetisch 이라고 말한다. 그들은 행동과 행동의 결과를 분리하지 않고 서로 연결되어 있는 것으로 이해했다는 것이다.[19] 따라서 그는 <체덱>의 내용을 사람의 행동과 태도로서 결정한다. 팔그렌은 하나님의 정의와 관련하여 '정의'의 기본 의미가 "공동체적 신실성"Gemeinschaftstreue 이라고 규정한다.[20] 이러한 기본 의미에 구조, 승리, 구원과 같은 이차적인 의미들이 연결되어 나타난다는 것이다.

팔그렌의 연구 이후 활발히 진행되었던 연구는 정의의 의미에 과연 징벌의 의미가 포함되어 있는가에 관한 문제였다. 하이니쉬 P. Heinisch 나 루베트 J. Ruwet 는 <체덱>의 개념 안에 징벌과 구원의 두 가지 차원이 모두 포함되어 있다는 사실을 밝히려 노력했다. 그러나 하나님의 징벌하시는 정의는 대부분의 경우, <아샴>אשם, <야사르>יסר, <칼라>כלה, <나가프>נגף, <나캄>נקם, <나사>נשא, <파카드>פקד, <샬렘>שלם, <쇠파트>שפט 등과 같은 동사로 표현된다는 사실이 그러한 주장이 힘을 잃게 했다.[21] 라이브스타드 Leivestad 는 심혈을 기울인 연구 끝에 구약성서에서 징벌의 의미로 쓰인 <체덱>의 용례가 세 군데 밖에 나타나지 않는다고 말했다 사 5:16; 10:22; 습 3:5.[22] 폰라트 von Rad 와 코흐 Klaus Koch 도 구약성서에 나타난 정의의 속성이 긍정적이며 그것은 하나님이나 사람이 구원을 이루는 행위를 나타내는 것이라는 사실을 강조하

19 K. H. Fahlgren, *Ṣedāḳā, nahestehende und entgegengesetzte Begriffe im Alten Testament* (Uppsala: Almqvist & Wiksell, 1932), 51쪽 이하.

20 위의 책, 105.

21 Klaus Koch, ed., *Um das Prinzip der Vergeltung in Religion und Recht des Alten Testaments* (Darmstadt: Wissenschaftliche Buchgesellschaft, 1972).

22 B. Johnson, "צדק," 904.

였다. 특별히 폰라트는 <체덱>이 선물Gabe로서 이해될 뿐 징벌Strafe로
서는 이해되지 않는다고 역설하였다.[23] 코흐는 팔그렌의 사고를 받아들
여 히브리어 낱말에 '숙명적 영향을 미치는 행위의 영역'이라는 개념
이 포함되어 있음을 주장했다.[24] 그는 인간이 자신의 행동을 통해 구원
이나 불행을 초래하는 어떤 영역을 스스로 창출하며, 이 영역은 추상
적인 것이 아니라 마치 재산을 소유하듯 행위자에게 귀속되는 물질적
실체라고 역설했다. 이와는 달리 슈미트H. H. Schmid는 정의가 이집트
의 <마아트> 개념과 유사하게 질서의 의미를 가진 것으로 이해하였
다.[25] 이후 등장한 새로운 언어학적 연구들은 정의가 지닌 두 가지 차원
을 통합하려는 경향을 보인다. 이는 '선물'로서의 정의와, 규범을 확립
하며 징벌을 가하는 '행위'로서의 정의를 종합적으로 이해하려는 시도
이다Seierstad.[26]

　이상의 논의를 종합하면 구약성서의 정의를 특징짓는 두 가지 요
소를 찾아낼 수 있다. 하나는, 구약성서의 정의가 가지고 있는 기본의
미가 공동체 안의 약자들을 돕는 '공동체적 신실성'Gemeinschaftstreue이
라는 점[27]과 구약성서의 정의는 우선적으로 '구원하는' 정의rettende Ge-

23　Gerhard von Rad, "'Gerechtigkeit' und 'Leben' in der Kultsprache der Psalmen," in
　　Festschrift Alfred Bertholet zum 80. Geburtstag, ed. Walter Baumgartner (Tübingen: J. C.
　　B. Mohr [Paul Siebeck], 1950), 418-37.

24　K. Koch, "צדק," 517.

25　Hans Heinrich Schmid, *Gerechtigkeit als Weltordnung: Hintergrund und Geschichte des
　　alttestamentlichen Gerechtigkeitsbegriffes* (Tübingen: J. C. B. Mohr [Paul Siebeck], 1968).
　　이집트에서 <마아트>는 일차적으로 이집트 최고의 신인 태양신 <레>의 딸로서 '정의'의 여신
　　을 가리킨다. 하지만 <마아트>는 윤리와 사법의 영역에서 근본적인 요소인 '진실'과 '정의'를
　　의미할 뿐만 아니라 '세계질서'(Weltordnung)를 의미하는 추상명사로 나타나기도 한다. K.
　　Koch, "צדק," 510.

26　여기에서 닥퀴노(Dacquino)는 '하나님의 정의'가 가지고 있는 종말론적인 특성을 강조한다.
　　B. Johnson, "צדק," 905.

27　이러한 <체덱>의 기본의미에 기초하여 유대-아람어와 중세 히브리어에서 <체덱>은 "선행"
　　(Wohltätigkeit)과 "자선"(Almosen)을 의미하는 낱말로 사용된다.

rechtigkeit로 나타난다는 점이다.[28] 그렇기 때문에 구약성서의 <체덱>은 <헤세드>, <에메트/에무나>, <라훔/라하밈>, <하눈> 등과 동의어로 사용될 수 있고, 무엇보다 <예슈아>와 상호교환이 가능한 낱말로 나타난다.[29] 이러한 '정의'의 의미와 특징은 성서 히브리어의 의미를 넘어서서 새로운 변형들이 나타나는데, 그것은 하나님을 통해 이루어지는 판결의 의미로 사법적인 의미에서 "무죄인정"Rechtfertigung과 관계된다.[30]

3. '하나님의 정의'에 관한 구약성서의 진술들

가. '하나님의 정의'에 관하여

<체덱>이 하나님과 관련되어 사용될 때 그것은 주로 법정적 사용

28　김창락은 '미쉬파트,' '체다카,' '체데크' '디카이오쉬네'에 대한 고찰을 통해 구약성서의 정의는 주로 '사회 정의'(social justice)를 의미하는 말로 쓰였다고 말한다. 하지만 '사회 정의'라는 말은 일반적으로 쓰이는 사회학적 용어여서 구약성서의 '구원하는 정의'의 의미를 담아내기에는 적절치 않다. 김창락, "성서에 사용된 정의와 관련된 용어들의 번역에 대하여," 207.

29　이른바 '제2이사야'에서 <체다카>는 자주 (하나님께서 선사하시는) "구원"을 의미한다(사 45:8; 46:12; 48:18; 54:17; 59:9, 14; 61:10 이하; 또한 말 3:20). <체덱>은 흡사 '구원'(45:8; 62:1이하)과 '경건'(51:1; 61:3; 4:4)으로 이해될 수 있다. 이사야 53장 11절에서 <차다크>의 동사형은 '구원을 행하다'라는 의미의 '의롭게 하다'를 뜻한다. Josef Scharbert, "Gerechtigkeit I. Altes Testament," 407. 이러한 제2이사야와 제3이사야에 나타난 정의에 대한 이해와 가장 가까이에 있는 책이 시편이다. 시편에는 그 어떤 책에서보다 자주 구원하시는 하나님의 정의가 자주 등장한다. 불의한 핍박자나 압제자를 상대하는 경건한 자와 자신의 적들을 상대하는 이스라엘을 구원하시기 위해 개입하는 행동으로서 하나님의 '정의'가 찬양된다. '구원하고 도우시는 의'로서의 <체덱>(시 35:24, 28; 48:11; 50:6 등)과 '도우시는 구원행동 또는 구원'으로서 <체다카>(시 22:32; 36:11 등; 복수형으로 시 11:7; 103:6)가 자주 발견된다.

30　K. Koch, "צדק," 507-508. 구약성서에서 '의인의 무죄인정'(Rechtfertigung des Gerechten, iustificatio iusti)은 폭넓게 고찰된다. 하지만 '죄인의 무죄인정'(Rechtfertigung des Sünders, iustificatio impii), 다시 말하면 '칭의론적 인식'이 이미 구약성서 안에서 발견되는가에 대한 문제는 여전히 논란의 대상이 된다. 이점에 대해서는 다음을 참조하라. Hermann Spieckermann, "Rechtfertigung I. Altes Testament," *Theologische Realenzyklopädie* 28 (1997), 282-86; Franz-Ludwig Hossfeld, "Rechtfertigung," *Lexikon für Theologie und Kirche* 8 (1999), 882-89.

을 전제한다.[31] 정의의 법정적 사용에 가장 잘 어울리는 하나님의 모습은 최고의 재판장으로서의 모습이다. 따라서 하나님의 정의는 재판장으로서의 하나님의 모습에서 가장 잘 드러난다고 말할 수 있다.[32] 사법 전통에 있는 본문들에서 야훼는 자신이 재판장으로서 '악인을 의롭다 하지 않겠다'고 말씀하신다 출 23:7. 이야기 본문에서도 하나님은 분명 재판장으로 묘사된다. 가장 분명한 예가 창세기 18장 18-33절이다. 여기에서 분명하게 드러나는 사실은 정의의 하나님이 우선적으로 관심을 두고 계시는 것이 악인을 징벌하는 것이 아니라 무고한 자를 구원하시는 것이라는 사실이다. 열왕기상 8장 32절에서 솔로몬은 악인을 정죄하고 의인을 의롭다 하여, 각 사람의 행위대로 판결해 주시기를 간구한다. 이는 의로운 재판장이신 하나님의 성품을 강조한 것이다. 역대기를 비롯하여 에스라서와 느헤미야서에서도 야훼는 '의로우신 분'으로 지칭되고 고백된다 대하 12:6; 스 9:15; 느 9:33.[33]

예언서에서도 의로운 재판장으로서 하나님의 모습은 여러 곳에서 찾아볼 수 있다. 예레미야는 야훼로부터 의로운 판결을 기대한다. 왜냐하면 야훼는 공평과 정의를 행하시는 분이기 때문이다 렘 9:23. 미가로부터 제3이사야에 이르는 예언 전승은, 야훼께서 당신의 정의 — 곧 구원 약속에 대한 신실함 — 으로 인해 이스라엘의 구원을 위해 지체 없이 개입하실 것이라는 희망을 피력한다. 이때 <체덱>은 '구원'이고 사 41:10; 42:6, 21 등, 그의 <체다카>는 '구원행동'이다 사 46:13; 56:1 등; 복수형으로 미 6:5;

---

31 Josef Scharbert, "Gerechtigkeit I. Altes Testament," 408.

32 크라우스(H.-J. Kraus)는 야훼의 의와 재판활동에 대해서 다음과 같이 말한다. "야훼의 의가 그의 구원활동의 현시요, 공동체에 대한 그의 신실함의 표현이라는 점은 확실하다. 그러나 출발점은 하나님의 재판 활동이 되어야 한다. 야훼는 '재판장'이시지만, 그의 재판은 사람들로 하여금 그들의 권리를 찾도록 돕는 것이다."Hans-Joachim Kraus, *Theologie der Psalmen*, 신윤수 역, 『시편의 신학』(서울: 비블리카아카데미아, 2004), 98.

33 Josef Scharbert, "Gerechtigkeit I. Altes Testament," 408-409.

사 5:16-17; 더 나아가 렘 23:6; 33:16; 미 7:9; 슥 8:8. 야훼는 의로우시다. 왜냐하면 그는 구원자이시기 때문이다사 45:21.[34]

나. 야훼 제왕시에 나타난 하나님의 정의

시편은 구약성서 전체를 통틀어 하나님의 정의에 관해 가장 선명한 신학적 진술을 담고 있는 책으로 평가된다. 시편은 다양한 방식으로 하나님의 정의를 표현한다.[35] 시인들은 야훼께서 '의로운 재판장'으로서 자신의 보좌에 앉아 계시고 있으며시 9:5, 의를 사랑하신다고 말한다시 11:7; 33:5. 이뿐 아니라 시인들은 그분이 공평과 정의대로 판결해 주시길 바란다시 119:121; '내가 공평과 정의로 행하였으나 나를 박해하는 자들에게 넘기지 마소서'. 그들은 야훼께서 판결하실 때 의로우심으로 하실 것이라고 확신한다51:6. 이 가운데서도 '의로운 재판장'으로서의 모습이 가장 두드러지는 곳은 이른바 '야훼 제왕시'이다. 특별히 시편 96-99편까지에서 '야훼께서 다스리심'이 찬양될 때 그분의 '의로운 통치'가 강조된다.[36]

시편 96편의 서두는 여러 면에서 주목할 만하다. 1절에서 시인은 '야훼께 노래하라'고 명령하는데, 여기서 '새 노래'와 '온 땅'은 절묘한 대구를 이룬다. 이는 이전에 없었던 새로운 노래로 찬양하라는 요청인 동시에, 찬양의 주체가 이스라엘을 넘어 '온 땅'으로 확장됨을 의미한다. 이로써 시인은 야훼가 온 우주의 통치자이심을 선포하며, 그 통치

---

34 이와는 달리 다니엘 9장 7-19절에는 야훼의 구원하시는 '정의'가 징벌하시는 '정의'와 함께 나타난다. 이것은 정의의 의미파악을 위해서는 화자의 처지가 어떠냐가 매우 중요하다는 사실을 암시한다. 화자의 상황에 따라 하나님의 정의가 징벌의 의미가 되기도 하고 구원의 의미가 되기도 한다는 것이다. 다니엘서는 회개의 기도를 드리는 상황이기 때문에 하나님의 정의에 관한 진술에 징벌의 의미가 부각되어 있다.

35 Josef Scharbert, "Gerechtigkeit I. Altes Testament," 409.

36 Reinhard Feldmeier and Hermann Spieckermann, *Der Gott der Lebendigen: Eine biblische Gotteslehre* (Tübingen: Mohr Siebeck, 2011), 474.

에 대한 고백과 감사는 날마다 새로워야 함을 역설한다. 야훼의 이러한 통치에 관한 직접적인 신학적 진술은 10절과 13절에서 구체화 된다.

> 10절　열방 가운데에 야훼께서 다스리신다고 말하라.
>
> 　　　진실로 세계가 견고히 서고 흔들리지 아니할 것이다.
>
> 　　　그가 백성들을 공의롭게 <메샤림> 심판하실 것이다.

> 13절　야훼 앞에서. 참으로 그가 오신다.
>
> 　　　참으로 그 땅을 심판하시러 그가 오신다.
>
> 　　　그가 세계를 정의 <체덱> 로,
>
> 　　　백성들을 그의 신실하심 <에무나> 으로 심판하실 것이다.

시인은 만국의 족속들이 야훼를 예배하고 그분께 찬양해야 할 이유로 야훼의 '의로운 통치'를 말한다[7-9절]. 10절에서 야훼의 통치는 두 가지 차원에서 기술된다. 하나는 야훼의 '다스림'으로 이 세계가 견고할 것이라는 사실이며, 다른 하나는 사람들의 행위는 공의롭게 심판될 것이라는 사실이다. 이것을 종합하면 공평과 정의로 다스리는 야훼의 통치가 세계를 견고하게 한다는 것이다.[37] 태고로부터 인간의 소원이던 정의로운 사회와 세계뿐 아니라 질서 있고 정의로운 삶이 야훼의 다스림을 통해 실현될 것이다.[38] 이러한 야훼의 통치는 사람들뿐만 아니라

---

[37] 여기에서 하나님의 공의로운 통치가 우주적인 것이며, 동시에 그것이 세계 질서의 일부로 작용한다는 사실이 분명해진다. J. J. M. Roberts, "The Enthronement of Yhwh and David: The Abiding Theological Significance of the Kingship Language of the Psalms," *The Catholic Biblical Quarterly* 64 (2002), 680-81.

[38] James L. Mays, *Psalms*, 신정균 역, 『현대성서주석 시편』(서울: 한국장로교출판사, 2002), 407.

하늘과 땅과 바다에 있는 모든 피조물들도 기뻐하게 한다11-12절. 13절에서 야훼의 오심이 미완료시제로 표현된다. 이것은 과거와 현재와 미래를 모두 포괄하는 표현이다. 과거의 주의 '오심'은 미래의 사건을 예견하게 한다.[39]

세 부분으로 나누어지는 시편 97편은 첫 번째 단락1-6절에서 창조세계에 드러나는 야훼의 '다스리심'을 찬양한다. 시인은 1절에서 '야훼께서 다스리신다'고 선포하며, '땅'과 '많은 섬들'을 향해 '기뻐하라'고 외친다. 그리고 이어지는 진술에서 '정의와 공평'<체덱 우미쉬파트>이 그의 보좌의 기초'라고 말한다참조. 시 89:15; 97:2; 잠 16:12. 야훼가 앉으신 보좌의 확고함과 세계의 창조를 서로 연결된 '하나의' 과정으로 묘사한다.[40] 야훼께서는 태초부터 '공평과 정의'를 세우셨을 뿐만 아니라 이것들을 자신의 보좌로부터 실행하고 계신다는 사실을 분명하게 보여준다. '공평과 정의'가 그의 '보좌의 기초'라는 표현은 왕위의 근본적인 성격이 무엇인가를 드러낸다.[41] 이러한 야훼의 통치에 기초하여 시인은 두 번째 단락7-9절과 세 번째 단락10-12절에서 '신들'과 '야훼를 사랑하는 자들'에게 외친다. 먼저, 우상으로 섬김을 당하는 '신들'<엘로힘>에게는 야훼께 경배하라고 외친다7절. 왜냐하면 공평과 정의로 다스리시는 야훼는 온 땅 위에 지존하시고 모든 신들보다 높으신 분이기 때문이다9절. 다음으로 야훼를 사랑하는 자들에게는 악을 미워하라고 외친다10절. 왜냐하면 그분은 자기 성도의 영혼을 보호하시고 그들을 악인의 손에서 건지시기 때문이다. 시인은 야훼를 사랑하는 자들을 의인이라고

---

39 메이즈는 이러한 사실을 "이 시편은 기억하는 동시에 기대한다."라는 말로 적절하게 표현한다. 위의 책, 407.

40 Frank-Lothar Hossfeld and Erich Zenger, *Psalmen 51-100* (HThKAT) (Freiburg u.a.: Herder, 2000), 680.

41 James L. Mays, 『현대성서주석 시편』, 409.

부르면서 야훼를 기뻐하고 그분의 거룩한 기억하심[42]에 감사하라고 말한다12절. 시편 97편에서 '공평과 정의'<체덱 우미쉬파트>라는 표현이 동시에2절 또는 각각6절과 8절 등장하는 것을 합치면 모두 세 번 나타난다. 이것은 야훼의 통치를 이해하는데 이 두 개념이 얼마나 중요한지를 보여주는 증거가 된다.[43] [도상자료 1-5-1]

시편 98편은 시편 96편과 동일하게 '새 노래로 야훼께 노래하라'는 외침으로 시작한다1절. 그런데 여기에서는 시편 96편에서와 달리 명령의 대상이 나타나지 않는다. 그 대신 하나님이 행하신 일이 강조

[1-5-1] 공평과 정의의 하나님. 와디 에스 세부아(Wadi es Sebua)에 있는 람세스 2세 신전의 지성소 부조. 이 도상은 그 중앙에 가구형 신전이 얹혀 있는 신의 성선(聖船, sacred barque)을 보여준다. 보좌에 앉아 있는 태양신 라-호크라티(Ra-Horakhty)가 궁정의 조신(朝臣)들에 의해 둘러싸인 모습이다. 궁정의 조신들은 네 인물로 형상화된다. 매 머리 모양을 한 하늘의 신 호루스(Horus)가 뒤에 있고, 그 앞에는 따오기 머리를 한 서기관의 신 토트(Thot)가 보고를 위해 서 있다. 그 앞쪽에 암소 귀를 가진 어머니이자 사랑의 여신 하토르(Hathor)와 머리에 깃털 장식을 하고 있는 정의로운 세계 질서의 화신인 마아트(Maat)가 서 있다. 이 도상은 태양신 라-호크라티가 대소 신료의 도움을 받아 세상을 정의로 통치한다는 사실을 말하고자 한다. 하지만 구약성경은 야훼 하나님 한 분만이 공평과 정의로 다스리시는 진정한 통치자임을 천명한다(참조. 시 89:5-8; 95:3; 96:4-5; 97:9). A. Erman, *Religion* 18 Abb. 6. O. Keel, *Bildsymbolik*, Abb. 287, 189쪽에서 재인용.

---

42 '이름'이라고 번역되기도 하는 히브리 낱말 <제케르>(זֵכֶר)는 문자 그대로 번역하면 '기억하심'이다. 여기에서 감사하라는 시인의 명령을 고려할 때 하나님의 행동을 나타내는 '기억하심'이라고 번역하는 것이 더 적절하게 여겨진다.

43 James L. Mays, 『현대성서주석 시편』, 409.

된다. 그분은 놀라운 일들을 행하셨는데, 그것은 그의 오른손과 거룩한 팔로 자신을 위해 구원을 이루신 것이다. 이어서 그분이 행하신 일들이 더욱 자세히 묘사된다.

2절   야훼께서 그의 구원<예슈아>을 알리셨고,
       그의 정의<체다카>가 열방의 눈앞에 드러나게 하셨도다.
3절   그가 이스라엘의 집을 위해 그의 인애<헤세드>와 신실하심
       <에무나>을 기억하셨고,
       땅의 모든 끝이 우리 하나님의 구원<예슈아>을 보았도다.

여기서 하나님의 정의는 여러 신학적 개념과 동의어로 혼용된다. 무엇보다 이는 '구원'과 동일시되며, 하나님의 '인애'와 '신실하심'을 입증하는 구체적 행위로 묘사된다. 찬양 명령의 수신자는 4절에 이르러서야 등장하는데, 시편 96편과 마찬가지로 그 대상은 바로 '온 땅'이다. 나아가 시편 98편의 결말은 시편 96편과 거의 동일한 신학적 진술로 귀결된다. 다른 점이 있다면 '그가 오신다'는 진술이 한 번 나타나고, <에무나> 대신 <메샤림>이 나타난다는 사실뿐이다.

9절   야훼 앞에서. 참으로 그가 그 땅을 심판하시러 오신다.
       그가 세계를 정의<체덱>로,
       백성들을 그의 공의<메샤림>로 심판하실 것이다.

시편 98편을 통해서 알 수 있는 사실은 하나님의 정의가 구약성서의 여러 핵심 개념들과 같은 의미로 쓰일 수 있다는 사실이다. 다시 말하면, <체다카>와 <예슈아>, <헤세드>와 <에무나>, <체덱>과 <메샤

림>은 서로 상호교환이 가능한 용어들이라는 사실이다.

시편 99편은 시편 97편과 동일하게 '야훼께서 다스리신다'는 외침으로 시작한다. 그러나 이어지는 명령은 시편 97편과 다르다. 기뻐하며 즐거워하라는 외침과는 다르게 백성들이 떨며 땅이 흔들릴 것이라고 말한다1절. 이러한 분위기는 이어지는 진술에서도 확인된다2-3절. 시온에 계시는 야훼는 위대하시고 높으시다. 그분의 이름은 크고 두렵다. 그분은 거룩하시다. 세 개의 큰 단락1-3, 4-5, 6-9절으로 나누어지는 시편 99편은 '그/우리 하나님은 거룩하시다'는 진술이 후렴구처럼 반복된다. 두 번째 단락에서 하나님의 정의에 대한 직접적인 진술이 나타난다.

4절　　　또한 왕의 능력은 그가 사랑하는 공평<미쉬파트>입니다.
　　　　　당신은 공의<메샤림>를 견고히 세우셨으며,
　　　　　야곱 안에서 공평과 정의<미쉬파트 우체다카>를 행하셨습니다.

여기에서 야훼가 '왕'으로 호칭된다. 야훼의 능력이 다름이 아닌 '공평'에서 비롯됨을 보여준다. 지상의 왕들은 말과 병거와 무기를 자신의 힘으로 삼을지 모르나참조. 시 20:7; 45:6-7 야훼는 자신이 사랑하는 정의를 통해서 힘을 발휘하신다.[44] 그러나 세 번째 단락에서 이러한 하나님의 정의는 다른 방식으로 표현된다. 야훼는 자신의 종들이 드리는 기도에 응답하시는 분이시며, 행한 대로 갚으시면서도 용서하시는 하나님으로 그려진다.8절.

시편 96-99편에 이르는 '야훼-제왕시'에 대한 고찰에서 다음 두 가

44　Frank-Lothar Hossfeld and Erich Zenger, *Psalmen 51-100*, 701.

지 사실을 확인할 수 있다. 첫째로, 하나님의 다스리심은 하나님의 정의에 기초하고 있으며 그것을 실행하는 모습으로 나타난다는 것과 둘째로, 그러한 하나님의 정의는 하나님의 백성과 종들에게 하나님의 신실하심을 증명하는 구원으로 나타난다는 사실이다.

다. 시편 82편에 나타난 하나님의 정의

위에서 고찰한 하나님의 정의에 대한 이해는 시편 82편에서 더 구체적인 모습으로 확인된다. 시편 82편은 하나님이 신들의 모임 가운데서 신들을 재판하시는 장면이 중심을 이루고 있다.

1절	아삽의 시
	하나님이 신들의 모임 עֲדַת־אֵל 중에 서 계시며,
	신들 אֱלֹהִים 가운데서 재판하신다.
2절	"언제까지 너희가 불공평하게 재판하며,
	악인들의 낯을 들어줄 것인가?
3절	가난한 자와 고아에게 공평하게 하며,
	연약한 자와 곤궁한 자에게 공의를 베풀어라.
4절	가난한 자과 궁핍한 자를 구하고,
	악인들의 손으로부터 건져내라.
5절	그들은 알지도 못하고 깨닫지도 못한다.
	그들은 흑암 중에 헤매고 있으며,
	땅의 모든 기초가 흔들린다."
6절	내가 말한다:

"너희는 신들אלהים이다.

너희 모두는 지존자의 아들들בני עליון이다.

7절   그러나 너희는 사람처럼 죽을 것이며,

우두머리의 하나처럼 넘어질 것이다."

8절   하나님, 일어나소서.

이 땅을 심판하소서.

참으로 모든 나라들이 당신의 유업이기 때문입니다.

세 단락으로 구분되는 시편 82편의 구조는 명확하다.[45] 첫 번째 단락인 1절은 이 시편의 배경을 제공하고, 두 번째 단락인 2-7절은 하나님의 판결내용으로서 이 시편의 중심부를 형성하며, 세 번째 단락인 8절은 시인의 간구가 나타난다. 하나님은 재판장의 권위를 가지고 질문과 권면으로 여러 신들에게 이 땅에 정의를 실현하지 못한 사실을 지적하며2-4절, 그 결과로 생겨난 이 땅의 혼란스러움에 대한 책임을 묻고5절, 직위 해제와 더불어 죽음과 종말의 심판을 선고한다6-7절. 이러한 진술에 이어 시인은 하나님께서 일어나셔서 이 땅을 심판하시기를 바라는 간구로 시편 82편을 마치고 있다.

시편 82편의 해석에서 가장 문제가 되는 것이 1절에 등장하는 <아다트-엘>עדת-אל과 1절과 6절의 <엘로힘>אלהים에 대한 이해이다. 구약성서의 맥락에서 시편 82편에 등장하는 <아다트-엘>과 <엘로힘>은 세 가지 방향에서 해석이 가능하다.[46] 이 가운데서 '참 신은 누구인가'

---

45 James L. Mays, 『현대성서주석 시편』, 356.
46 이 점에 대한 자세한 논의는 필자의 졸고를 참조하라. 하경택, "시편 82편의 해석과 적용," 『구약논단』 33 (2009. 9), 49-66.

의 문제로 해석하는 종교사적인 이해는 하나님의 정의의 문제와 깊은 관련을 가지고 있다. 재판장의 판결내용이 담겨 있는 2-4절은 구약성서에서 말하는 '정의'가 무엇인가를 분명하게 보여준다. 그것은 의로운 재판을 행하는 것인데, 그것은 힘없는 사람을 도와주는 것이다. 3절에서만 해도 가난하고 궁핍한 자들에 대한 단어가 네 번 반복된다. <달> דַּל, <야톰> יָתוֹם, <아니> עָנִי, <라쉬> רָשׁ 등이다. 4절에서도 동일한 의미의 단어가 두 번 반복된다. <달> דַּל과 <에브욘> אֶבְיוֹן이다. 이러한 낱말들의 조합을 통해서 이스라엘의 가난한 자를 총체적으로 표현하고 있다. 시편에서 "가난한 자"는 법의 보호 밖에 있는 자, 곧 "권리 없는 자"rechtlos로서 어떤 영향력이나 신분적 배경이 없어 무제한의 힘을 가지고 있는 대적들의 처분만을 기다리는 사람들이다.[47] 이들은 사회적 약자, 소외계층을 대표하고 타인의 도움이 절대적으로 필요한 사람들이다. 이렇게 보호받아야 할 대상들을 가운데 두고 3절과 4절에서 두 개의 동사가 각각 앞과 뒤에 배치되어 있다. 3절에서는 "공평하게 하라"שִׁפְטוּ와 "공의를 베풀라"הַצְדִּיקוּ는 동사가 사용되었고, 4절에서는 "구하라"פַּלְּטוּ와 "건져내라"הַצִּילוּ는 동사가 사용되었다. 시인은 이러한 동사의 배치를 통해 그들이 행해야 바가 무엇인가를 효과적으로 강조하고 있다. 그것은 물질과 권력이 없어 스스로 보호할 수 없는 자들을 보호하고 그들을 위한 판결을 제공하는 것이었다. 이것이야말로 '공동체적 신실함'이 동기가 되어 '구원하는' 정의를 실행하는 모습이다.[48]

따라서 시편 82편은 참 신의 자격이 무엇인지를 똑똑히 보여주는

---

47 H.-J. Kraus, 『시편의 신학』, 366. 더 나아가 시편의 "가난한 자들"의 전반적인 문제에 관하여 362-72쪽을 참조하라.

48 하나님의 정의에 담긴 구원의 의미에 대해서 다음을 참조하라. "하나님의 정의에는 처벌과 응보의 측면도 포함된다(시 129:4). 그러나 무엇보다도 불의와 핍박과 무고로 고통받는 사람들에게 도움과 구원을 베푸는 것이 정의의 본래의 임무(opus proprium)이다." 위의 책, 98-99.

시편이라고 말할 수 있다. 참된 신의 정체성은 가난하고 힘없는 자를 돌보는 '구원하는' 정의의 실현 여부에 달려 있다. 이렇게 본다면 시편 82편은 신神 개념을 정의의 개념으로 새롭게 규정하고 있는 것이다.[49] 이는 신관과 정의관의 발전사에서 결정적인 전환점으로 평가되는데, 학자들은 이 과정을 '법의 신학화'Theologisierung des Rechts라 명명한다.[50] 이 과정에서 이스라엘 법의 제정과 실행의 의미가 드러난다. 하나님의 통치 원리로서 정의의 실현을 위한 법규정들이 확장되며, 이러한 변화 과정은 특별히 언약책의 사회적 보호규정들에서 엿볼 수 있다출 22:20-26.[51] 언약책 안에는 법과 정신에토스이 하나의 체계로 결합하며, 이로써 과거 제사장, 장로, 재판장 등 상이한 집행자들에 의해 분리되어 있던 두 영역이 동일한 하나님의 의지 아래 통합된다.[52] 이집트나 메소포타 미아와는 다르게 이스라엘에서는 입법의 근거와 주체가 하나님이시 다. 이스라엘에서는 국가권력이 아니라 '신적인 계시가 법을 정당화한 다.'[53]

---

49 Bernd Janowski, *Die rettende Gerechtigkeit: Beiträge zur Theologie des Alten Testaments 2* (Neukirchen-Vluyn: Neukirchener Verlag, 1999), 234.

50 Bernd Janowski, *Konfliktgespräche mit Gott: Eine Anthropologie der Psalmen* (Neukirchen-Vluyn: Neukirchener Verlag, 2003), 137-39. 또한 다음을 참조하라. Eckart Otto, *Theologische Ethik des Alten Testaments* (Stuttgart/Berlin/Köln: W. Kohlhammer, 1994), 83; Rainer Albertz, "Die Theologisierung des Rechts im alten Israel," in *Religion und Gesellschaft: Studien zu ihrer Wechselbeziehung in den Kulturen des Antiken Vorderen Orients*, ed. Rainer Albertz (Münster: Ugarit-Verlag, 1997), 115ff; Jan Assmann, "Die Theologisierung der Gerechtigkeit," in *Moral und Weltreligionen*, ed. Christof Gestrich (Berlin: Berliner Theologische Zeitschrift, 2000), 129ff.

51 Otto Kaiser, "Einfache Sittlichkeit und theonome Ethik in der alttestamentlichen Weisheit," in *Gottes und der Menschen Weisheit: Gesammelte Aufsätze* (Berlin/New York: Walter de Gruyter, 1998), 29-30.

52 Otto Kaiser, "Einfache Sittlichkeit und theonome Ethik in der alttestamentlichen Weisheit," 30. 배희숙은 '법의 신학화'가 오늘날 공정한 사회 실현을 위해 성서학자가 기여할 수 있는 실천 과제 가운데 하나라고 말한다. 배희숙, "구약 성경적 공정한 사회," 74.

53 Eckart Otto, "Recht/Rechtstheologie/Rechtsphilosophie I. Recht/Rechtswesen im Alten Orient und im Alten Testament," *Theologische Realenzyklopädie* 28 (1997), 203, Bernd Janowski, *Konfliktgespräche mit Gott: Eine Anthropologie der Psalmen* (Neukirchen-Vluyn: Neukirchener Verlag, 2003), 140쪽에서 재인용.

시편 82편은 최고 재판장으로서 하나님이 '참 신의 기준'으로서 '정의'를 요구하고 있음을 분명하게 보여준다. 달리 표현하면 시편 82편에서 신神 개념 자체가 정의에 의해서 규정되고 있다. 시편 82편에서 말하는 정의는 '공동체적 신실함'을 기초로 하는 '구원하는' 정의이다.

4. '인간의 정의'에 관한 구약성서의 진술들

가. '인간의 정의'에 관하여

구약성서에서 인간의 정의에 관한 진술은 다양하게 나타난다. 먼저 구약의 법전에서 재판을 공의롭게 하라는 명령으로 나타난다출 23:7; 신 25:1; 16:18-19; 레 19:15.[54] 또한 정의는 공평한 추와 에바, 정직한 계량기구를 의미하기도 한다레 19:36; 신 25:15. 이 외에 내러티브와 역사서에서도 정의에 관한 진술이 빈번하게 확인된다.[55] 특히 성서는 아브라함의 선택 목적을 '야훼의 도를 지켜 공평과 정의를 행하게 하려는 것'이라고 명시한다창 18:19. 또한 다윗과 솔로몬은 '공평과 정의'를 실천한 왕으로 칭송받으며삼하 8:15; 왕상 10:9 등, 다윗은 자신의 유언에서 '사람을 공의로 다스리는 자'에게 임하는 축복을 언급한다삼하 23:3.

예언서에서도 사법적 행위와 관련된 정의에 대한 언급을 많이 찾아볼 수 있다.[56] 특별히 주전 8세기 예언자들은 재판장들에 대한 매수

---

54 Josef Scharbert, "Gerechtigkeit I. Altes Testament," 405.
55 위의 책, 405-406.
56 위의 책, 406-407.

와 약자들에 대한 불공정한 판결을 비판한다^{사 5:23; 29:21; 암 2:6; 5:7; 6:12}. 여기에서 <하츠디크>는 '재판에서 무죄를 선고하다'는 의미가 된다. 여기에서 <체덱>과 <체다카>는 별다른 차이 없이 재판장과 법률 조항의 정의를 표현한다^{사 1:21, 26; 암 5:24}. 이사야서는 최고의 재판장이자 법의 수호자로서, 사회적 약자들에게 '정의'를 베풀 이상적인 통치자를 고대한다^{사 11:4; 참조. 사 32:1}. 또한 본문은 그가 '공평과 정의'로 나라를 다스릴 것을 역설하며^{사 9:6[7]; 11:4-5; 16:5}, 바로 그 정의에 기초하여 비로소 진정한 '평화와 안전'이 도래할 것임을 선포한다^{사 32:17}. "이사야서는 최고의 재판장이자 법의 수호자로서, 사회적 약자들에게 '정의'를 베풀 이상적인 통치자를 고대한다^{사 11:4; 참조. 사 32:1}. 또한 본문은 그가 '공평과 정의'로 나라를 다스릴 것을 역설하며^{사 9:6[7]; 11:4-5; 16:5},[57] 바로 그 정의에 기초하여 비로소 진정한 '평화와 안전'이 도래할 것임을 선포한다^{사 32:17}." 호세아서에서 <차디크>는 '정직한 자' 혹은 '경건한 자'라는 일반적인 의미로 나타난다^{호 14:10[9]}. 반면 호세아 10장 12절의 <체덱>은 하나님께서 백성들에게 선물하시는 '구원'의 의미를 내포한다. 특히 호세아 2장 21[19]절에서 야훼께서는 "내가 공의와 정의와 은총과 긍휼히 여김으로 장가들리라"고 선포하신다. 예레미야서에서도 정의와 법적 소송의 관계가 밀접하게 연결되어 나타난다. 예레미야는 그러한 사실을 특별히 여호야김과 요시야, 두 왕의 비교를 통해 분명하게 보여준다^{렘 22:13-16}. 예레미야는 "의로운 싹"으로서 장차 오게 될 다윗과 같은 인물을 기대한다^{22:13-16; 23:5; 33:15}. 그는 "의의 처소"로서의 예루살렘의 회복을 기대한다^{31:23}.[58] 에스겔에게서 "공평과 정의"를 행하는 것은 단순히 재판장이나 왕의 의무사항만이 아니라, 모든 이스

---

57 이사야 16장 5절에서는 <공평과 정의>가 <헤세드>와 함께 쓰였다.
58 예레미야 50장 7절에서는 야훼를 "의로운 처소"로 지칭한다.

라엘에 대한 요구사항이다젤 18:5, 19, 21, 27; 33:4, 16, 19; 45:9.

지혜문학에서도 정의에 대한 이해는 크게 다르지 않다.[59] 다른 책들에서와 마찬가지로 재판장과 통치자를 통한 정의와 재판의 밀접한 연결을 엿볼 수 있다. 가난한 자와 무죄한 자를 위한 의로운 판결을 요구하고잠 17:26; 18:5, 무죄한 자를 죄 있다고 하고 죄인을 사면하는 것을 경고한다잠 17:15; 시락서 42:2; 또한 참조. 잠 18:5; 24:24. 의로운 재판장의 행동방식은 <체덱>이다잠 8:15 이하; 16:13; 31:9. 그러나 '공평과 의를 행하는 것'은 함께 사는 사람에 대한 모든 인간의 의무사항이기도 하다잠 1:3; 2:9; 8:20; 21:3. <체다카>는 잠언에서 다른 사람에 대한 호의와 호의적인 행동을 나타내는 일반적인 용어로 나타나 '경건'이라 불릴 수도 있다잠 10:2; 11:4-6, 19 등.

나. 제왕시에 나타난 인간의 정의

인간의 정의에 관한 진술에서 가장 두드러지는 대목은 재판장으로서 행하는 사법적 정의이다. 고대 이스라엘에서 이러한 재판장의 기능을 수행했던 대표적인 인물은 바로 왕이었다. 따라서 이스라엘 왕에 관한 시편인 제왕시의 내용을 살펴봄으로써 인간의 정의에 관한 내용을 확인할 수 있다. 시편 72편은 제왕시들2편; 20편; 21편; 45편; 89편; 101편; 110편; 132편 가운데 '정의'의 문제를 가장 직접적이고 분명하게 보여주고 있는 시편이며, 왕을 위한 기도이다.[60] 이것은 어느 특정한 왕을 대상으로 하기보다는 일반적인 왕의 직무와 사명에 관한 기대와 염원을 담고

---

59 Josef Scharbert, "Gerechtigkeit I. Altes Testament," 407.

60 시편 72편에 관한 자세한 논의는 다음 글(위의 '3장')을 참조하라. 하경택, "왕을 위한 기도: 시편 72편의 해석과 수용에 관한 소고,"『선교와 신학』 62 (2024), 463-94.

있다.[61] 시편 72편은 서론 1절에 이어 다섯 개의 단락으로 이루어진 청원 2-4절, 5-7절, 8-11절, 12-14절, 15-17절과 마지막 송영 10-20절으로 이루어져 있다. 이 가운데 정의와 관련하여 주목해야 할 부분은 서론 1절에 이어 첫 번째 2-4절와 네 번째 12-14절 청원 내용이다. 시편 72편은 다음과 같이 시작한다.

> 1절 솔로몬을 위한 시
> 하나님, 당신의 의로운 판결들 <미쉬파트>의 복수형을 왕에게 주시고,
> 당신의 정의 <체다카>를 왕의 아들에게 주소서.

<레쎌로모> לשלמה 라는 표제어는 전통적으로 저작자를 나타내는 것으로 이해되어 솔로몬의 기도로 이해되었지만, 20절의 후기와 함께 최종본문의 상황에서 '솔로몬을 위한' 다윗의 기도로 읽을 수 있다. 어떻게 이해하든 시편 72편은 왕을 위한 기도를 포함하고 있다는 사실이 중요하다. 그러한 시편 72편의 성격과 내용을 1절에서 명확히 보여주고 있다. 화자는 하나님께 왕에게 두 가지를 허락하시기를 간구한다. 그것은 '의로운 판결들'과 '정의'이다. 여기에서 두 낱말은 서로 상응하는 개념으로 사용되었다. <미쉬파팀>은 법규정들을 의미한다고 볼 수도 있고,[62] 다수의 번역본들과 같이 판단력이라 번역할 수도 있다. 필자는 <미쉬파트>의 기본 의미를 살리는 차원에서 '의로운 판결들'이라고 번역했다. 중요한 것은 이것이 후반절에 있는 <체다카>와 동의어로

---

61 J. L. Mays, 『현대성서주석 시편』, 318.
62 쳉어는 이것이 사회적 약자의 구조와 돌봄을 규정하고 있는 언약책(출 21-23장)이나 신명기 법전(신 15장; 23-24장)과 같은 규정들을 암시한다고 해석한다. Frank-Lothar Hossfeld and Erich Zenger, *Psalmen 51-100*, 320.

서 대구를 이루고 있다는 점이다. 여기서 분명하게 드러나는 것은 왕에게 요구되는 기본적인 직무와 사명이 '의로운 재판장'으로서의 역할이라는 점이다.

> 2절　　그가 당신의 백성을 정의<체덱>로 판단하며,
> 　　　　당신의 가난한 자들을 공평<미쉬파트>으로 판단하게 하소서.
> 3절　　산들이 정의<체다카>로 인해 백성에게 화평을 가져오고,
> 　　　　작은 산들도 그러하게 하소서.
> 4절　　그가 백성의 가난한 자들을 재판하고,
> 　　　　궁핍한 자의 자손들을 구원하며,
> 　　　　압제자들을 쳐부수게 하소서.

2-4절은 왕에 대한 첫 번째 청원의 내용이다. 여기에서 화자는 지상 왕의 통치 대상을 '당신의 백성'과 '당신의 가난한 자들'이라고 부른다2절. 이것은 이스라엘이 하나님의 백성이요, 이스라엘 왕은 하나님을 대신하여 하나님의 의로운 통치를 이루는 하나님의 도구라는 사실을 인지하게 한다. 왕은 하나님을 대신하여 정의와 공평, 즉 <체덱>과 <미쉬파트>로 판단해야 한다. 두 낱말은 동의어로 이해될 수 있지만, 굳이 구분하자면 <미쉬파트>가 공동체적인 삶을 위한 구체적인 규범으로서 정의를 말한다면 <체덱>은 좀 더 원칙적이고 포괄적인 의미로서의 정의를 말한다.63 3절은 왕의 의로운 통치가 지니는 지대한 파급력을 보여준다. 왕이 실행하는 정의는 사회적 차원을 넘어 자연 세계에까지 확장되며, 이로써 그의 통치 영역 전체에 진정한 샬롬이 깃들

63　각주 6번을 참조하라.

게 된다.[64] 이어지는 4절은 왕이 구현해야 할 정의의 구체적인 양상을 제시한다. 이는 가난한 백성을 신원하여 억울함을 풀고, 궁핍한 자의 자손을 구원하는 행위로 나타난다. 나아가 이러한 구원 행위는 필연적으로 압제자를 꺾는 심판을 동반한다. 외부의 적들을 쳐부수기 위해 자신의 왕권을 사용하는 이집트와 메소포타미아 왕들과는 달리 이스라엘 왕들은 우선적으로 내부의 권력자들과 압제자들을 쳐부수는 일에 자신의 왕권을 행사해야 한다. 여기에서 주전 8세기 예언자들이 주된 비판의 내용으로 삼았던 사회경제적인 불의와 불법이 암시되고 있다. 왕은 약자와 연대하고 '공동체적 신실성'을 보여줌으로써 정의를 구현해야 한다. 그러한 면에서 여기에서 언급되고 있는 정의는 '구원하는' 정의이다.[65]

12절	그는 부르짖는 궁핍한 자를 구하며,
	도울 이 없는 가난한 자도 구하게 하소서.
13절	그는 가난한 자와 궁핍한 자를 불쌍히 여기며,
	궁핍한 자들의 생명을 구원하게 하소서.
14절	그가 그들의 생명을 압박과 강포에서 구속하며,
	그들의 피가 그의 눈에 귀중하게 하소서.

하나님의 축복의 중재자로서 자연과 온 땅에 미치는 왕의 통치에 대한 두 번째[5-7절]와 세 번째[8-11절] 청원에 이어 12-14절에는 네 번째 청

---

64 여기에서 창조질서로서의 정의의 차원이 고찰된다. 슈미트(H. H. Schmid)는 시편 82편 5절에 대한 해석에서 약자들을 구원하는 '정의'가 제대로 이루지지 않을 때, "땅의 기초가 흔들리며… 우주적인 질서가 파괴된다"고 설명한다(Hans Heinrich Schmid, *Gerechtigkeit als Weltordnung*, 81-82).

65 Frank-Lothar Hossfeld and Erich Zenger, *Psalmen 51-100*, 320.

원이 나타난다. 네 번째 청원은 첫 번째 청원과 크게 다르지 않다. 궁핍한 자와 가난한 자가 좀 더 자세히 설명되어 있고, 구원하는 왕의 행동이 다양하게 묘사된다. 이러한 점에서 '구원하는 정의'가 더욱 강조되어 있다고 말할 수 있다. 왕은 부르짖는 궁핍한 자와 도울 이 없는 가난한 자를 곤경으로부터 구해야 한다<나찰>의 히필형 12절. 그들을 불쌍히 여기며<후스>의 히필형, 궁핍한 자들의 생명을 구원해야 한다<야솨>의 히필형 13절. 가난한 자들과 궁핍한 자들의 생명을 압박과 강포에서 구속해야 하며<가알>의 칼형, 그들의 피를 귀중하게 여겨야 한다14절. 의로운 재판장으로서 왕의 역할은 사회적 약자들의 생명을 구하는 일임이 분명하게 드러난다. 긍휼과 자비를 가지고 약자들을 돌보며 압박과 강포에서 그들의 생명을 구하는 정의를 베푸는 것이다. 다섯 번째 청원 마지막 절17절은 왕에 대한 염원이 종합된다.

> 17절　　그의 이름이 영원하며,
> 　　　　그의 이름이 해 앞에서 전파되게 하소서.
> 　　　　모든 민족들이 그 안에서 복을 받고,
> 　　　　그를 복 받은 자라 말하게 하소서.

왕이 행한 의로운 재판을 통해 그의 이름이 영원하며, 그를 통해그와 함께/그 안에서 모든 민족이 복을 받게 될 것을 바란다. 이것은 왕에게 아브라함의 복이 임하기를 바라는 것이다창 12:1-3; 22:18; 28:14. [66] 이스라엘 왕은 이스라엘의 역사의 시작점이 된 아브라함처럼 이스라엘만이 아니라 모든 민족에게 하나님의 복을 끼치는 복의 중재자요 모범자로서

---

66 축복의 '통로'와 '모범'으로서의 아브라함의 의미에 관하여 다음을 참조하라. 하경택, 『정경적 관점에서 본 창세기 1』(서울: 장로회신학대학교출판부, 2013), 198-200.

기원된다.[67]

이러한 시편 72편에서 기원되는 이스라엘 왕은 분명히 이스라엘의 하나님이 가지고 계시는 속성의 연장으로서 묘사된다.[68] 그의 통치는 공평과 정의를 토대로 하는 신적 통치에 동참하는 것이다.[69] 그것은 "야훼의 우주적 통치권을 지상에 확장하고 구현하는 대리자 부왕副王"의 모습이다.[70] 신적 통치에 동참하는 왕은 하나님이 그렇게 하신 것처럼 '공동체의 신실성'을 토대로 '구원하는' 정의를 실현해야 한다.

5. '하나님 닮아가기' Imitatio Dei 로서의 정의

구약성서나 신약성서에서 논란의 여지가 없는 답변은 '정의의 하나님'이 모든 현실을 도덕적으로 규정하는 근거이며 현실화 과정에 작용하는 긍정적인 힘이시라는 사실이다.[71] 이러한 정의의 하나님은 의로운 재판장과 왕의 모습으로 표현된다. 특별히 시편에서는 하늘 혹은

---

67 Magdalene L. Frettlöh, *Theologie des Segens: Biblische und dogmatische Wahrnehmungen* (Gütersloh: Chr. Kaiser/Gütersloher Verlagshaus, 1998), 187.

68 James L. Mays, 『현대성서주석 시편』, 319.

69 J. J. M. Roberts, "The Enthronement of Yhwh and David: The Abiding Theological Significance of the Kingship Language of the Psalms," 683.

70 김회권, "시편 89편에 나타난 다윗 왕조의 정치신학," 『구약논단』 28 (2008. 6), 120. 김회권은 제왕시 시편 89편에 대한 연구에서 다윗 언약이 하나님의 지상통치를 위한 영원한 대리자로 다윗왕조를 선택한 일종의 '왕적 하사 언약'이라는 점을 강조한다. 시온신학의 세 가지 중심요소는 다음과 같다(J. J. M. Roberts, "The Enthronement of Yhwh and David," 676). 1) 야훼는 위대한 왕이시며, 이스라엘 뿐 아니라 열방과 그들의 신들을 다스리신다. 2) 야훼는 하나님은 통치의 인간 대리자로서 다윗의 집을 선택했으며, 그 선택을 영원한 언약으로 보증하신다. 3) 야훼는 시온을 왕도(王都)로 정하시고 그곳을 우주적 통치의 단(壇, dais)으로 사용하신다. 이러한 시온신학 안에서도 야훼 통치와 인간-왕 통치의 연결점이 발견된다.

71 Klaus Koch and Jürgen Roloff, "Tat-Ergehen-Zusammenhang," in *Reclams Bibellexikon*, 4. Auflage, ed. Klaus Koch, Eckart Otto, Jürgen Roloff and Hans Schmoldt (Stuttgart: Reclam, 1987), 493-95. (특히 493쪽). 이러한 사실을 야노브시키는 '하나님과 정의 사이에 있는 상관성'(Korrelation von Gott und Gerechtigkeit)이라는 말로 표현다. Bernd Janowski, *Konfliktgespräche mit Gott*, 137.

성전에서 재판장과 구원자로 나타나시는 야훼께 갈채를 보낸다.[72] 위에서 보았듯이 "재판장 하나님은 구원하시기 위해 재판하시거나 재판하심으로써 구원하신다"Der Richter Gott richtet, um zu retten bzw. er rettet, indem er richtet.[73] 이것이 바로 '공동체적 신실성'에 기초하여 '구원하는' 정의를 이루시는 하나님의 모습이다.[74]

구약성서는 이러한 정의의 하나님에 상응하여 지상에서 정의의 재판장을 요구한다. 정의의 하나님이 의인을 곤경에 내버려두지 않으시고 불의한 자와 악인에 맞서 '사회적인 심급기관'sozial Instanz 으로서 개입하시며 핍박당하고 억눌린 자들을 돌보시듯이, 지상의 왕이나 재판장도 동일한 '정의'를 이루도록 요청된다. 이와 마찬가지로 구약성서는 재판장의 판결을 무엇보다도 압제받고 억눌리고 무죄한 고발자를 풀어주는 결정으로서 인식한다.[75] 이러한 점에서 구약성서에서는 지상의 통치자와 천상의 통치자의 기능이 분명하게 구별되지 않는다.[76] 왕

---

72 Bernd Janowski, *Konfliktgespräche mit Gott: Eine Anthropologie der Psalmen*, 140. 야노브스키는 인자하신 왕-하나님의 모티프에 자리하고 있는 하나님과 정의의 결합이 '성서신학사와 그 역사의 신관을 형성하는데 기여한 하나의 중심적인 사건'이었다고 평가한다. 또한 이러한 야훼에 관하여 사용된 <체덱>과 <체다카> 용례의 반수 이상이 시편에 등장한다는 점은 하나님의 정의에 관한 논의에서 시편을 주목하게 하는 이유가 된다. 이점에 관하여 다음을 참조하라. Frank Crüsemann, "Jahwes Gerechtigkeit (ṣedāqāh/ṣädäq) im Alten Testament," *Evangelische Theologie* 36 (1976), 427-50, 437ff; Hans Dieter Preuß, *Theologie des Alten Testaments. Band 1: JHWHs erwählendes und verpflichtendes Handeln* (Stuttgart: Kohlhammer, 1991), 200f.; Hermann Spieckermann, "Gerechtigkeit Gottes. II. Altes Testament," in *Religion in Geschichte und Gegenwart*, 4. Aufl., Bd. 3 (Tübingen: Mohr Siebeck, 2000), 718f; Bernd Janowski, "Der barmherzige Richter. Zur Einheit von Gerechtigkeit und Barmherzigkeit im Gottesbild des Alten Orients und des Alten Testaments," in *Der Gott des Lebens. Beiträge zur Theologie des Alten Testaments* 3 (Neukirchen-Vluyn: Neukirchener Verlag, 2003), 58ff.

73 Frank-Lothar Hossfeld and Erich Zenger, *Psalmen 51-100*, 680.

74 시편의 청원자들은 심판과 판결을 통해 하나님의 구원이 이루어지기를 청원한다(시 7:9f; 26:1; 35:1, 23f; 43:1; 74:22; 119:14; 143:2 등). 하지만 시편집에서 법과 심판의 언어는 주변적인 역할을 할 뿐이다. 이러한 점에서 시편집은 '구원의 책'이라고 말할 수 있다. Reinhard Feldmeier and Hermann Spieckermann, *Der Gott der Lebendigen: Eine biblische Gotteslehre*, 468.

75 Josef Scharbert, "Gerechtigkeit I. Altes Testament," 408.

76 Reinhard Feldmeier and Hermann Spieckermann, *Der Gott der Lebendigen: Eine bib-*

의 책무는 '하나님의 정의의 중재자'Mittler der göttlichen Gerechtigkeit로서 하나님의 통치를 지상에 이루는 것이다.[77]

그러나 정의를 이루는 삶은 재판장과 같은 고위 관리나 통치자에게만 요구되지 않는다. 모든 사람에게 요구되는 일반적인 생활윤리이다. 잠언에서 "보좌가 정의체다카/체덱 위에 굳게 선다"잠 25:5; 16:12 이하나 "너는 입을 열어 정의<체덱>로 재판하고, 가난한 자와 궁핍한 자를 위하여 판결하라."31:9는 진술도 있지만, "정의와 공평체다카 우미쉬파트를 행하는 것은 제사를 드리는 것보다 야훼께서 반기신다"잠 21:3라는 진술이나 "정의<체다카>와 인자를 구하는 자는 생명과 정의와 영광을 얻을 것이다"잠 21:21라는 진술도 있다. 구약성서에서 '공평과 정의'를 이루는 삶은 단지 통치 원칙으로서 뿐만 아니라 일반인의 생활윤리로서 계속해서 요구되는 덕목이다창 18:19; 삼하 8:15; 사 1:21; 5:7; 9:6; 렘 22:15; 암 5:24; 6:12; 시 72편. 이러한 의미에서 본다면 정의의 삶은 '하나님 닮아가기'Imitatio Dei다. 이러한 '하나님 닮아가기'로서의 윤리와 경건을 보여주는 사례가 '쌍둥이 시편'으로 불리는 시편 111-112편의 연속에서 잘 고찰된다.[78]

시편 111편을 '하나님 중심적인 시'라고 한다면 시편 112편은 '인간 중심적인 시'라고 할 수 있다. 시편 111편이 하나님의 행동과 속성을 중심적으로 묘사하고 있는 반면 시편 112편은 여호와를 경외하는 자의 삶을 중심적으로 다루고 있기 때문이다. 그런데 시편 111편과

---

lische Gotteslehre, 468.

77 Bernd Janowski, *Die rettende Gerechtigkeit: Beiträge zur Theologie des Alten Testaments 2*, 234.

78 하경택, 오방식, 임창복, 『시편 3』(말씀으로 기도하기 5) (구리: 한국기독교교육교역연구원, 2012), 99. 시편 112편은 시편 111편과 '쌍둥이 시편'으로 불려진다. 왜냐하면 두 시편 모두 알파벳 형식으로 구성되어 있고, 용어와 주제 면에서 상당 부분 일치하기 때문이다. 이뿐 아니라 시편 111편의 마지막 구절과 시편 112편의 첫 번째 구절이 서로 일치하면서 두 시편을 묶어준다.

112편의 어휘를 비교해 보면 많은 경우에 서로 일치하고 있다. 예컨대, 시편 111편에서 하나님을 묘사할 때 사용되었던 '은혜로우시고 자비로우시도다'[111:4]는 어구가 112편에서도 동일하게 사용되었다[시편 112편 4절을 개역개정에서는 '자비롭고 긍휼이 많다'고 번역하고 있지만 히브리말로는 똑같은 표현이다]. 또한 시편 111편 3절에서 야훼에 대하여 묘사하고 있는 '그의 정의 <체다카>가 영원히 서 있도다'라는 어구가 시편 112편 3절과 9절에서 '야훼를 경외하는 의인'의 삶에 두 번 반복되어 적용되고 있다. 야훼 경외를 실천하는 의인의 삶에 '정의'가 삶의 표징으로 부각된다. 그러한 정의의 삶은 '은혜롭고 자비로운' 행동으로 나타난다. 시편 111편에서 하나님이 하시는 행동과 성품으로 묘사된 것이 시편 112편에서 야훼를 경외하는 자의 삶에 그대로 적용되고 있다. 이것은 하나님의 형상으로 지음받은 자가 하나님을 닮아가야 함을 보여준다[Imago Dei et Imitatio Dei].[79] 이러한 '하나님 닮아가기'로서의 구약의 윤리는 정의에만 국한되지 않는다. '거룩함'과 '온전함'에 대한 요구에서도 확인된다.[80]

6. 나가는 말

구약성서의 '정의'의 문제는 구약성서 윤리와 신학을 이해하는데 많은 경우 걸림돌이 되기도 하였다. 그것은 구약성서의 '정의'의 성격

---

79 이점에 대한 자세한 논의는 다음 논문을 참조하라. 최한우, "구약의 경건과 '하나님 닮아가기' - 시편 111편과 112편의 주석적 연구," 장로회신학대학교 미간행석사학위논문 (2012), 51-70.

80 '너희는 거룩하라. 이는 나 야훼 너희 하나님이 거룩함이니라'(레 19:2); '그러므로 하늘에 계신 너희 아버지의 온전하심과 같이 너희도 온전하라'(마 5:48). 김진명은 두 본문간의 비교분석을 통해 마태복음의 예수께서 레위기 19장의 '거룩함'의 개념을 '완전함'의 개념으로 재해석했다고 평가한다. 김진명, "레 19장의 정경적 전개에 관한 주석적 연구," 『구약논단』 24 (2007.06), 86. 신약성경에 나타나는 '하나님 닮아가기'에 대한 직접적인 말씀은 에베소서 5장 1절이다("그러므로 사랑을 받는 자녀 같이 너희는 하나님을 본받는 자가 되고").

과 내용을 제대로 이해하지 못한 데서 기인한다. <체덱/체다카>를 비롯한 다양한 히브리말로 표현된 구약성서의 '정의'는 우선적으로 '공동체적 신실성'을 기초로 한 '구원하는' 정의라고 규정할 수 있다. 그것은 공동체의 약한 자들과 연대하고 돕는 인자함과 신실함을 보여주는 구원행동이다.[81] 이러한 이해는 하나님의 행동에 대한 묘사에서뿐 아니라 인간의 책무에 대한 규정과 기원에서도 동일하게 적용된다. 정의는 하나님과 인간이 공유하는 덕목이다. 그러한 점에서 '정의'는 '하나님 닮아가기'의 신학을 보여주는 구약성서의 대표적인 윤리라고 말할 수 있다. 이러한 정의의 윤리를 레위기 19장 2절의 어법을 따라 다음과 같이 말할 수 있을 것이다: "너희는 정의를 행하라. 이는 나 야훼 너희 하나님이 정의롭기 때문이다."

---

[81] 이러한 '정의'의 이해는 우리말의 용례에서도 찾아볼 수 있다. 우리말에서 '의로움'이 '옳음'만을 의미하는 것은 아니다. 예컨대, 의형제(義兄弟), 의족(義足), 의치(義齒)와 같은 낱말에서는 '의(義)'가 남을 돕는 일을 가리킨다.

II

·

탄원시

"이스라엘의 찬양 가운데 거하시는 하나님"

드라마 구성적 관점으로 본 시편 22편[1]

1. 들어가는 말

시편 22편만큼 신약성서에 자주 인용된 시편은 없다. 예수 수난기사에 인용된 8회의 시편 본문 가운데 5개가 22편에서 인용된 것들이다.[2] 특별히 예수께서 십자가 위에서 외친 "엘리 엘리 라마 사박다니"는 십자가 사건의 의미를 보여주는 대표적인 본문이다. 따라서 시편 22편은 오랫동안 많은 주목을 받아왔다. 하지만 절망적인 탄식과 구원에 대한 감사가 극명하게 대조되어 있어 하나의 시편으로 읽어 내는 것이 쉽지 않다. 다양한 시도들이 있었지만, 시편 22편의 다양한 면모

1　이 논문은 『장신논단』 53/2 (2021. 6), 31-62쪽에 실렸다.

2　James Luther Mays, *Psalms*, 신정균 역, 『시편』(서울: 한국장로교출판사, 2002), 154. 나머지 두 개는 69편, 하나가 31편이다. 한편 네스틀레-알란트는 시편 22편이 신약성서에서 23곳에서 인용 또는 암시되고 있는 것으로 파악한다(대한성서공회 편집부 편, 『네스틀레 알란트 그리스어 신약성서: 한국어 서문판 NA28판』[서울: 대한성서공회, 2014], 581).

를 아우르는 해석은 찾기 어렵다. 이러한 문제의식 속에서 필자는 본 논문에서 드라마 구성적 관점으로 시편 22편을 주석하고자 한다. 드라마 구성적 관점은 시편 22편이 보여주는 다양한 특징들을 파편적인 것이 아니라 통합적으로 이해하게 한다. 이러한 분석은 구약성서 안에서 드러나는 시편 22편 자체의 의미뿐 아니라 이 시편이 수용되고 현재화되는 신약성서 안에서의 의미도 함께 의미 있게 드러나게 할 것으로 기대한다.

2. 시편 22편의 양식과 생성에 관한 다양한 입장들

시편 22편은 양식적 관점에서 볼 때 탄원시의 요소는 물론 감사시와 찬양시까지, 다양한 요소를 포함하고 있다. 이러한 시편 장르의 각 요소들이 매우 특징적으로 잘 반영되어 있기 때문에, 김정우는 시편 22편을 "애가 중의 애가요 감사시 중의 감사시요 신뢰의 노래 중 으뜸가는 노래"[3]라고 평가한다. 이러한 시편 22편의 양식적 특성에 대한 분석은 다양하게 나타나는데 그 입장들을 다음 네 가지로 분류할 수 있다.

첫째, 시편 22편을 탄원시로 규정하는 입장이다. 이 견해는 후반부에 등장하는 찬양시적 특징을 독립된 양식이 아닌, 탄원시를 구성하는 하위 요소로 간주한다. 이러한 입장에서는 시편 22편을 전반부의 탄식 1-21절[4] 뒤에 구원에 대한 고백과 함께 나타나는 "전환된 탄원시"Gewen-

---

3　김정우, 『시편주석 I』(개정판)(서울: 총신대학교출판부, 2015), 504.
4　본 논문에서 절 수는 우리말 성경의 절 수를 따른다. 히브리어 본문을 따르면 표제어가 1절로 계산되기 때문에 우리말 성경의 절수보다 한 절씩 증가된다. 히브리어 절수를 따라 표기된 경우들도 본 논문에서는 우리말 성경의 절수를 따라 수정되어 표기되었다.

dete Klage라고 평가한다.[5] 이때 찬양과 신뢰의 고백은 탄원시의 한 요소로 평가된다.

둘째, 시편 22편을 감사시로 분류하는 입장이다.[6] 이러한 분류에는 22절 이후에 전제되어 있는 감사와 찬양을 위한 예배 공동체의 상황이 가장 중요한 근거로 작용한다. 이때 시편 22편의 주된 요소는 감사가 되고, 탄식은 감사시의 부수적인 요소로 평가된다.

셋째, 시편 22편을 탄원시와 감사시의 결합으로 보는 입장이다. 이러한 입장은 탄원시와 감사시의 성격이 모두 뚜렷하게 나타나는 것에 주목하고, 본래 독립적인 탄원시와 감사시의 두 개의 시편이 하나의 시편이 되었다고 판단한다.[7]

넷째, 시편 22편의 형성 과정을 다단계의 확장으로 평가하는 입장이다. 이 견해는 시편 22편이 하나의 탄원시인 기본시에서 출발하여, 수차례의 편집과 확장을 거쳐 현재의 형태를 갖추게 되었다고 본다. 예컨대, 호스펠트Frank-Lothar Hossfeld는 시편 22편이 기본시에서 두 차례의 확장을 거친 것으로 분석한다.[8] 호스펠트에 의하면, 1-2절과 6-22

---

5   Claus Westermann, *Ausgewählte Psalmen: übersetzt und erklärt* (Göttingen: Vanden-hoeck & Ruprecht, 1984), 64. 궁켈은 이것을 탄원시 종결부에 나타나는 '감사 노래'(Dank-lied)라고 분석한다. Hermann Gunkel, *Einleitung in die Psalmen: Die Gattungen der religiösen Lyrik Israels, 3. Auflage* (Göttingen: Vandenhoeck & Ruprecht, 1975), 265.

6   이러한 입장을 보여주는 사람으로 바이져(A. Weiser)나 게제(H. Gese)를 말할 수 있다. Fritz Stolz, "Psalm 22: Alttestamentliches Reden vom Menschen und neutestamentliches Reden von Jesus," *Zeitschrift für Theologie und Kirche* 77 (1980), 133.

7   Bernhard Duhm, *Die Psalmen: erklärt* (Kurzer Hand-Commentar zum Alten Testament 14; Freiburg i. B.: J. C. B. Mohr [Paul Siebeck], 1899), 74. 이 외에도 여러 학자들이 거론될 수 있다(Cheyne, Kautsch-Bertholet, H. Schmidt). 한편, 크라우스는 시편 22편이 하나님의 유기(遺棄)에 대한 개인 탄원시(1-21절)와 하나님의 도움에 대한 개인 감사시(22-31절)의 두 요소로 뚜렷히 구분된다고 말하지만, 독립적인 두 개의 시편이 결합되었다는 견해에 대해서는 반대한다(Hans-Joachim Kraus, *Psalmen. 1. Teilband: Psalmen 1-59* [Biblischer Kommentar zum Alten Testament 15/1; Neukirchen-Vluyn: Neukirchener Verlag, 1978], 176.).

8   Frank-Lothar Hossfeld and Erich Zenger, *Die Psalmen. Psalm 1-50* (Die Neue Echter Bibel 29; Würzburg: Echter Verlag, 1993), 145. 쉬피커만(H. Spieckermann)도 이와 유사하게 포로기 이전의 기본시가 시편신학이 무엇보다 성전신학으로 나타나는 시대에 확장된 것으로 이해한다. Hermann Spieckermann, *Heilsgegenwart: Eine Theologie der Psalmen* (For-

절로 이루어진 시편 22편의 기본시는 포로기 이전의 탄원시편들과 매우 유사하다예컨대, 3, 13, 35편 등. 이 시들은 고난 속의 절규가 급격한 분위기 전환을 통해 응답의 확신으로 이어지는 특징을 보인다시 3:8; 36:12이하. 여기에 3-5절과 23-26절이 더해지며 1차 확장이 이루어진다. 이를 통해 죽음의 위협에서 구원받은 개인의 사례는 가난한 자의 운명을 보여주는 전형이 되며, 세속적인 개인 탄원은 이스라엘 공적 제의의 영역으로 편입된다. 호스펠트는 이러한 편집의 신학이 포로기 이후 시편 25편, 34편, 37편, 68편과 같은 이른바 '가난한 자의 시편'Armenpsalmen에서 말하는 바와 일치한다고 평가한다. 이어 27-31절이 추가된 '2차 확장'을 통해, 이 시편의 의미는 한 차원 더 승화된다. 이제 구원 행동은 개인이나 집단으로서의 '가난한 이스라엘'을 넘어, 야훼의 왕적 통치를 인정하는 우주적 차원으로 확장된다. 즉, 개인의 구원 사건이 열방과 오고 오는 모든 세대가 바라보아야 할 '야훼의 왕권을 알리는 신호'로 발전하게 된 것이다.[9]

3. 시편 22편의 주석[10]

가. '드라마적 구성'으로서의 시편 22편

앞서 살펴본 바와 같이, 시편 22편의 양식과 생성사에 관해서는 다

schungen zur Religion und Literatur des Alten und Neuen Testaments 148; Göttingen: Vandenhoeck & Ruprecht, 1989), 252.

9 이와 유사하게 김상기도 현재의 시편 22편이 현실화하는 확장(aktualisierende Fortschreibung)의 결과라고 말한다. 그는 1-14, 15-16*, 17-22, 26절의 기본시가 두 차례의 확장을 통해 현재와 같은 모습을 띠게 되었다고 말한다. 김상기, "시편 22편. 탄식과 찬양의 변증법," 『신학연구』 49 (2006. 12), 36-38.

양한 학문적 견해들이 존재한다. 그러나 이러한 입장들은 시편 22편 전체의 의미와 기능을 온전히 규명하기에는 분명한 한계를 지닌다. 기존의 접근법들은 시편 22편에 내재된 탄원적 요소와 감사혹은 찬양적 요소 중 어느 한쪽을 과소평가하거나 배제하는 경향이 있다. 그 결과, 시편 22편의 최종 본문이 지닌 다면성과 복합성을 제대로 포착하지 못하는 오류를 범하게 된다. 따라서 본 논문에서 필자는 '드라마 구성적' 관점으로 시편 22편을 주석하고자 한다.[11] '드라마 구성적' 관점으로 시편 22편을 주석한다는 것은 다음과 같은 세 가지 사실을 전제한다. 첫째로 연구대상이 시편 22편의 최종본문이라는 점이고, 둘째로 시편 22편의 구성을 통해 드러나는 시편의 기능을 살피는 것이며, 셋째로 화자의 관점으로 시편을 이해한다는 것이다.

벌린A. Berlin에 따르면 시편 안에서 말하는 화자는 저자와 분리되어 이해되어야 한다.[12] 시편 안에서 말하는 화자speaking persona는 저자의 관점을 대변할 수 있지만, 문학적 구성물이며 역사적 저자와는 구별된다는 것이다. 이때 저자, 곧 시인은 시편 안에서 말하는 화자뿐 아니라 그가 처해있는 상황을 보여주는 '시나리오'도 창작할 수 있다.[13]

---

10 필자의 사역(私譯)은 본문 해설이 잘 이해될 수 있도록 각 단락의 본문 해설 앞부분에 배치하였다.

11 이러한 분석은 벌린의 관점을 적극적으로 수용한 것이다. 그의 입장에 관해서는 다음 글을 보라. Adele Berlin, "Speakers and Scenarios: Imagining the First Temple in Second Temple Psalms (Psalms 122 and 137)," in *Functions of Psalms and Prayers in the Late Second Temple Period (BZAW 486)*, ed. Mika S. Pajunen and Jeremy Penner (Berlin/Boston: De Gruyter, 2017), 341-55.

12 위의 책, 341.

13 위의 책, 343. 벌린은 이것을 양식비평에서 말하는 '삶의 정황'(Sitz im Leben)과 구별한다. 양식 비평에서 '삶의 정황'은 시편이 생성되고 후대의 사용을 가능하게 한 상황을 가리킨다고 한다면, 시나리오는 시편 안에 화자에게 전제되어 있는 '수사적 상황'(rhetorical situation)을 의미한다. '수사적 상황'은 수사비평에서 사용되는 용어이다. 예컨대, 빗처(Bitzer)는 수사적 상황을 "담화를 생성하는 상황"이라고 정의한다. 수사비평학자들은 수사비평의 과제를 다음 다섯 가지 단계로 설명한다(Rolf A. Jacobson, "'The Altar of Certitude': Reflections on 'Setting' and Rhetorical Interpretation of the Psalms," in *My Words Are Lovely: Studies in the Rhetoric of the Psalms* [Library of Hebrew Bible/Old Testament Studies 467], ed. Robert L. Foster

따라서 시편은 시인이 만들어 낸 일종의 '드라마'라고 말할 수 있다. 이러한 관점으로 보면 시편 22편에서도 '드라마적 구성'을 고찰할 수 있다. 시편 22편의 '삶의 정황', 특히 제의적 사용에 대한 다양한 추론이 가능하다.[14] 하지만 이러한 추론에는 시편 22편의 최종 본문의 상황과 의미에 대한 고찰이 거의 고려되지 않는다. 최종본문으로서 시편 22편이 보여주는 다양한 국면과 그것의 의미가 적절하게 평가되지 않고 있다. 이러한 문제점을 보완할 수 있는 것이 '드라마 구성적' 관점이다. 이러한 관점에서 보면 탄원 기도와 감사 찬양이 시편 22편의 이질적인 구성요소가 아니라 드라마적 구성에 필요한 다양한 국면으로 이해된다. 시편 22편을 드라마적 구성의 관점에서 볼 때 다음과 같은 세 가지 국면이 고찰된다. 그것은 '탄원 기도의 상황'1-21전반절, '감사 찬양의 상황'21후반절-26절, '종말론적인 구원과 찬양의 상황'27-31절이다. 이 세 가지 국면은 아래와 같이 네 개의 연으로 분석된다.

1연: 탄원 기도의 상황 (1)		2연: 탄원 기도의 상황 (2)	
탄식(1):	1-2절		
신뢰의 고백(1):	3-5절	탄식(1):	12-15절
탄식(2):	6-8절	탄식(2):	16-18절
신뢰의 고백(2):	9-10절	청원:	19-21전반절
청원:	11절		
3연: 감사 찬양의 상황		4연: 종말론적인 구원과 찬양의 상황	
찬양의 서약과 요청(1):	21후반절-23절		
찬양의 이유:	24절	찬양의 확대(1): 공간적 차원: 27-29절	
찬양의 서약과 요청(2):	25-26절	찬양의 확대(2): 시간적 차원: 30-31절	

and David M. Howard Jr. [New York/London: T & T Clark, 2008], 1.) 본문이나 수사적 단락 설정, 2) "발언이 이루어지는 수사적 상황" 기술, 3) 장르 탐구, 4) 수사적 전략 분석, 5) 발언의 효과 평가. 양식비평에서의 '삶의 정황'과 수사비평에서의 '시나리오'의 차이는 다음과 같은 말에서 극명하게 드러난다: "시편의 '삶의 정황'은 시편 밖에 있고, '시나리오'는 시편 안에 있다"(Adele Berlin, "Speakers and Scenarios: Imagining the First Temple in Second Temple Psalms (Psalms 122 and 137)," 343).

4. 본문 해설

가. 표제어

인도자를 위하여. <아옐렛 하샤하르>[15]를 따라. 다윗의 시

'인도자를 위하여'라고 번역된 <라메낫체아흐>לַמְנַצֵּחַ라는 표제어는 55개의 시편에 등장하는데, 이것은 <레낫체아흐>לְנַצֵּחַ의 용례들ㅅ 3:8; 대상 23:4; 대하 2:1을 근거로 '지휘자' 혹은 '악장'의 사용을 위한 기호로 이해할 수 있다. <아옐렛 핫샤하르>אַיֶּלֶת הַשַּׁחַר에 대해서는 연주방식이나 멜로디의 특성을 나타내는 음악 기호라는 것에는 동의하지만, 이것이 무엇을 의미하는지는 불확실하다.[16] 다음으로 <미즈모르 레다비드>מִזְמוֹר לְדָוִד는 시편집에서 35회 등장하는 표제어로서 '다윗의 시'로 번역된다. 하지만 이것은 단순히 시편의 저자를 나타내는 것이 아니라 '다윗'으로 명명되는 '범례적인 화자'를 의미한다.[17]

---

14 시편의 상황 분석에 관하여 야콥슨(R. Jacobson)은 지금까지의 입장들을 역사적 접근, 신학적 접근, 정경적 접근의 세 가지로 분류한다. 이 가운데 시편의 제의적 사용은 '역사적 접근'을 시도한 학자들에 의해서 주장된 내용으로서 "제의시의 모방"(H. Gunkel)에서부터 "다양한 국가적 제의에서의 실제적 사용"(신년축제: S. Mowinckel; 계약갱신축제: A. Weiser; 시온왕실축제: H.-J. Kraus)이나 "가족이나 소규모 집단의 제의적 사용"(E. Gerstenberger)에 이르기까지 다양하게 주장되었다. Rolf A. Jacobson, "'The Altar of Certitude': Reflections on 'Setting' and Rhetorical Interpretation of the Psalms," 6-8.

15 이것의 문자적 의미는 '새벽 아침의 암사슴'이다. 70인경은 마소라 본문의 <야옐렛>을 <애얄룻>(אֱיָלוּת)로 이해하여 번역하고 있다: εἰς τὸ τέλος ὑπὲρ τῆς ἀντιλήμψεως τῆς ἑωθινῆς ("아침의 도움에 관한 목적을 위해").

16 Hans-Joachim Kraus, *Psalmen. 1. Teilband: Psalmen 1-59*, XXVII 이것이 우가릿의 <샤하르> 신과 관련되어 있다는 견해(A. Jirku, 'Ajjelet haš-Šahar [Ps 22 1], ZAW 65 [1953], 85쪽 이하)에 대해서는 회의적이다.

17 이러한 화자에 대한 인식은 드라마 구성적 관점에서 매우 중요하다. 많은 학자들이 시편 22편의 화자는 특정 개인의 전기를 보여주는 것이 아니라 "범례적인 고난경험"(paradigmatische Leiderfahrung)을 보여준다고 평가한다(Bernd Janowski, *Konfliktgespräche mit Gott: Eine Anthropologie der Psalmen* [Neukirchen-Vluyn: Neukirchener Verlag, 2003], 347.; 또한 참조. Erhard S. Gerstenberger, *Der bittende Mensch: Bittritual und Klagelied des Einzelnen im*

1) 1연 1-11절 : 탄원 기도의 상황 (1)

시편 22편의 형성 과정을 다단계의 확장으로 평가하는 입장이다. 이 견해는 시편 22편이 하나의 탄원시인 기본시에서 출발하여, 수차례의 편집과 확장을 거쳐 현재의 형태를 갖추게 되었다고 본다. 두 개의 탄식 1-2절, 6-8절과 과거를 회상하는 신뢰의 고백 3-5절, 9-10절이 교차적으로 이어진다. 전자는 민족 전체의 삶에서, 후자는 시인 자신의 삶에서 있었던 경험을 이야기한다. 여기에 한 가지 청원 11절이 덧붙여짐으로써 단락이 마무리된다.

탄식(1) : 1-2절

1절　　　나의 하나님, 나의 하나님,[18] 어찌하여 당신은 나를 버리셨나이까?

Alten Testament [Wissenschaftliche Monographien zum Alten und Neuen Testament 51; Neukirchen-Vluyn: Neukirchener Verlag, 1980], 139.). 폰라트는 이것을 "개인적으로 경험되고 고통받은 것"이 "원형적이고 표본적인 것"(das Urbildlich-Exemplarische)으로 고양되고 있다고 평가한다(GGerhard von Rad, "'Gerechtigkeit' und 'Leben' in der Kultsprache der Psalmen," in *Gesammelte Studien zum Alten Testament* [Theologische Bücherei 8, 3. Aufl.; München: Chr. Kaiser, 1965], 225-47, 여기서는 236). 화자의 범례적 기능을 인식하는 시편 이해는 다음과 같은 설명에서도 확인된다: "이 시편에 등장하는 주인공은 특정한 시간과 장소의 인물이라기보다는 전형적인 개인이라고 할 수 있다. 이 시편에서는 이 개인이 시와 예배의 상황 속에서 설정되어 특정한 고난과 요구를 배경으로 하는 기도를 드리고 있다"(James Luther Mays, *Psalms*, 신정균 역, 『시편』(서울: 한국장로교출판사, 2002), 156). 한편 화자의 범례적 이해는 '시편의 다윗화'(Davidisierung)에 대한 근거가 될 수 있다. 시편의 화자가 범례적인 개인과 공동체의 일원으로서 다양한 사람들의 경험을 대변하기 때문에, 많은 시편들이 표제어를 통해서 '다윗'이라는 인물의 특별한 상황에 적용될 수 있었다. '시편의 다윗화'에 관하여 다음을 참조하라. Bernd Janowski, "Die 'Kleine Biblia'. Zur Bedeutung der Psalmen für eine Theologie des Alten Testaments," in *Die rettende Gerechtigkeit: Beiträge zur Theologie des Alten Testaments 2* (Beiträge zur Theologie des Alten Testaments 2; Neukirchen-Vluyn: Neukirchener Verlag, 1999), 153쪽 이하.; Martin Kleer, *"Der liebliche Sänger der Psalmen Israels": Untersuchungen zu David als Dichter und Beter der Psalmen* (Bonner Biblische Beiträge 108; Bodenheim: Philo, 1996), 9-127, 특히 126쪽 이하.

18　70인경에는 다음 어구가 추가되어 있다: "나에게 주의를 기울이소서"(πρόσχες μοι)

내 신음שַׁאֲגָתִי[19]의 말들이 나의 구원으로부터מִישׁוּעָתִי 멀리
있습니다.

2절   나의 하나님, 내가 낮 동안에 부르짖으나 당신께서 응답
하지 아니하시며,
밤 동안에도 내가 잠잠하지 않습니다.[20]

화자는 하나님을 부름으로 자신의 탄식을 시작한다. '부름'은 탄원시의 시작부에 나타나는 전형적인 요소이다. 그러나 여기에서는 '나의 하나님'이라는 특별한 형태의 호칭을 사용하여 두 번이나 부르고 있다. 이 호칭은 화자와 하나님과의 친밀성을 드러내기에 충분하다아래 10절을 보라. 또한 출 15:2; 시 63:1; 68:14; 89:26; 102:24; 118:28; 140:6; 사 44:17을 참조하라.[21] 그러나 이러한 호칭에 이어 나타나는 화자의 질문은 더욱 강렬하게 다가온다. "어찌하여 당신은 버리셨나이까?" '버리다'로 번역된 <아자브> עזב 동사는 '남겨두고 떠남'을 의미한다. 그토록 친밀한 관계 속에 있었던 하나님이 자신을 버리고 떠나 이제는 "멀리"רָחוֹק 계신다.[22] 하나님의 '멀리 계심'은 자신의 신음의 말들이 자신의 구원으로부터 '멀리 있음'으로 표현된다1후반절. 또한 이러한 멀리 계심은 2절에서 부르짖음에 대한 '응답 없음'으로 드러난다. 화자는 낮에 부르짖고 밤에도 잠잠하

---

19   70인경(과 페쉬타)은 "내 신음"을 "내 죄들"(τῶν παραπτωμάτων μου)로 이해한다. "내 죄의(죄악된) 말들이 내 구원으로부터 멀리 있습니다."

20   <두미야>(דוּמִיָּה)는 '침묵, 조용함, 안식' 등을 의미하여, '내게 안식이 없습니다'라고도 번역할 수 있다.

21   이 호칭은 화자와 하나님 사이의 친밀성에 기초한 하나님에 대한 신뢰를 보여준다. 마르크쉬스(Ch. Markschies)는 이러한 호칭에서 드러나는 신뢰관계가 기도의 토대가 된다고 평가한다. Christoph Markschies, "'Ich aber vertraue auf dich, Herr!' - Vertrauensäußerungen als Grundmotiv in den Klageliedern des Einzelnen," *Zeitschrift für die alttestamentliche Wissenschaft 103/3* (1991), 393.

22   "멀리"라는 표현은 하나님의 응답을 간청하는 두 번의 청원에서 다시 나타난다(11절, 19절).

지 않지만, 그에게 하나님의 '응답이 없다.'

신뢰의 고백(1) : 3-5절

3절 　　그러나 이스라엘의 찬양들에 거하시는

　　　　당신은 거룩하십니다.

4절 　　우리 조상들이 당신을 신뢰하였습니다.

　　　　그들이 신뢰하였고 당신은 그들을 건지셨습니다 וַתְּפַלְּטֵמוֹ.

5절 　　그들이 당신께 부르짖어 건짐을 받았습니다 וְנִמְלָטוּ.

　　　　그들이 당신을 신뢰하였고 수치를 당하지 않았습니다.

　　신뢰의 고백의 첫 번째 내용인 3절은 다양하게 번역될 수 있다.[23] 하지만 마소라 본문을 기초로 3절을 분석하면, 전반절의 "그러나 당신은 거룩하십니다" וְאַתָּה קָדוֹשׁ와 후반절의 "이스라엘의 찬양들에 거좌정하십니다" יוֹשֵׁב תְּהִלּוֹת יִשְׂרָאֵל로 나눌 수 있다. 이 신뢰의 고백은 우선 <베아타>וְאַתָּה로 시작한다. 이것은 탄식에서 신뢰의 고백으로 이동하는 하나의 '전환'을 보여주며,[24] 하나님이 거룩하신 분임을 강조한다. 후반절에서 중요한 표현은 <테힐롯>תְּהִלּוֹת이다. <테힐롯>은 <테힐라>의 복수형으로서 문자적으로 '찬양들'로 번역되나 '찬양을 가능하게 하는

---

23 이 구절에 대한 다양한 번역이 제시된다. σὺ δὲ ἐν ἁγίοις κατοικεῖς ὁ ἔπαινος Ισραηλ (BGT)(= But thou, the praise of Israel, dwellest in a sanctuary); Yet you are enthroned as the Holy One; you are the one Israel praises (NIV); But thou art holy, O thou that inhabitest the praises of Israel (KJV); Du aber bist heilig, der du thronst über den Lobgesängen Israels (LUT).

24 <베아타>와 같은 <바브> 역접구문(ו-adversativum)이 가장 많이 등장하는 곳은 '응답의 확신'을 말할 때이다. 그러나 여기에서와 같이 탄식이나 청원 사이에 있는 '신뢰의 고백'에서도 자주 나타난다. 그러나 아래 6절이나 19절에서와 같이 탄식이나 청원에서도 발견된다. 시편에 나타나는 <바브> 역접구문(w-adversativum)의 용례와 기능에 관하여 다음을 참조하라. Claus Westermann, *Das Loben Gottes in den Psalmen* (Berlin: Evangelische Verlagsanstalt, 1953), 48-52.

구원 행동들'을 의미할 수 있다.[25] 또한 <요셰브>יֹשֵׁב는 '거주' 혹은 '좌정'의 의미로 번역될 수 있는데, 그것은 모두 하나님 현존의 장소를 말한다.[26] [도상자료 2-1-1] [도상자료 2-1-2] 따라서 후반절은 하나님의 현존이 머무는 처소를 규명한다. 하나님께서는 '찬양들', 곧 찬양을 유발하는 당신의 구원 행동들 위에 좌정하신다. 이는 하나님을 향한 신뢰의 고백인 동시에, 단순한 신뢰 차원을 넘어서는 깊은 함의를 지닌다. 이 고백은 시편 22편에서 하나님의 행동에 의문을 제기하는 질문이자 탄식으로 기능한다. 왜냐하면 마땅히 이스라엘의 찬양에 거하셔야 할 하나님이 현재 화자에게 깊은 탄식을 낳게 하시고 '응답 없음'으로 계시기 때문이다. 그러므로 이 고백을 들은 하나님은 결국 자신이 이스라엘의 찬양 가운데 거하시는 분이신지, 아니면 그렇지 않은 분이신지를 보여주셔야만 한다.[27] 그러기 위해서는 우선적으로 하나님은 화자에게 구원을 경험케 하시어 그가 찬양하게 하셔야 했다.

이어지는 고백⁴⁻⁵절에서는 조상들의 행동에 대해 회고한다. 조상들은 하나님을 '신뢰'하였고 그들이 부르짖었을 때 구원을 받았다. 여기에서 "신뢰하다"는 동사가 세 번 등장할 만큼 신뢰의 모티프가 집중적으로 부각된다. 하나님은 이러한 조상들의 신뢰에 구원으로 응답하셨다. 이러한 과거 역사의 회고는 화자의 탄식을 극대화한다.[28] '그때'는

---

25 이러한 사실은 <테힐롯>의 형태가 4회 나타난다는 소마소라의 지시내용을 통해서 알 수 있다. 여기 이에 <테힐롯>은 모두 "찬양을 가능하게 하는 구원행동들"로 이해될 수 있다(출 15:11; 사 63:7; 시 78:4).

26 소마소라는 시편에서 완전서법으로 나타나는 용례가 두 번이라고 소개하는데, 다른 곳은 시편 2장 4절이다: "하늘에 거하시는 분이 웃으신다"(יֹשֵׁב בַּשָּׁמַיִם יִשְׂחָק). <요셰브>와 하나님의 거주 장소의 결합은 [하]케루빔>과의 용례를 통해 확인된다(시 99:1; 80:2[1]).

27 크라우스는 찬양과 관련하여 야훼의 의미를 다음과 같이 말한다: "야훼는 찬양의 원인이자 대상이며, 그리고 찬양의 총체(Inbegriff)다"(참조. 신 10:21; 시 71:6; 109:1; 렘 17:14). Hans-Joachim Kraus, Psalmen. *1. Teilband: Psalmen 1-59*, 178.

28 마르크쉬스(Christoph Markschies, "'Ich aber vertraue auf dich, Herr!' - Vertrauensäußerungen als Grundmotiv in den Klageliedern des Einzelnen," 386-98.)는 '신뢰의 고백'이 단순히 개인 탄원시의 한 요소가 아니라 개인 탄원시의 '중심 모티프'라고 그 중요성을 부각

[2-1-1] **그룹 보좌1.** 다양한 곳에서 그룹 위에 앉아 있는 야훼에 대해서 묘사한다(왕하 19:14; 시 80:2; 99:1). 고대 중동에는 그룹 모양의 보좌에 앉아 있는 신상과 왕의 모습을 확인할 수 있다. 적갈색 점토 조각상. 키프로스-아르카익 1기(700-600년) 유물. H. Th. Bossert, Altsyrien Nr. 130f. O. Keel, *Bildsymbolik*, Abb. 231과 232, 149쪽에서 재인용.

[2-1-2] **그룹 보좌2.** 석관. 비블로스의 아히람 왕이 왕좌에 앉아 있는 모습이다. ANEP Nr. 458. O. Keel, *Bildsymbolik*, Abb. 235, 150쪽에서 재인용.

하나님의 구원이 있었고, '지금'은 없다는 것이다.

탄식(2) : 6-8절

6절   그러나 나는וְאָנֹכִי 벌레요 사람이 아닙니다לֹא־אִישׁ.

사람의 조롱거리요, 백성들의 멸시거리입니다.

7절   나를 보는 자는 모두 나를 비웃습니다.

그들이 입을 삐죽이고[29] 머리를 흔듭니다.

8절   "야훼께 맡겨라.[30] 그가 그를 건지실 것이다.

그분이 그를 기뻐하시기 때문에 그가 그를 구하실 것이다."

6-8절에서 탄식이 다시 등장한다. '그러나 나는'וְאָנֹכִי이라는 표현으로 화자의 상태가 어떠한가가 강조된다. 화자는 자신이 벌레요 사람이 아니라고 말한다. 그가 경험하는 것은 완전한 비인간화이다[욥 25:6; 사 14:11; 41:14].[31] 하나님으로부터의 유기는 사람들의 조롱과 멸시로 이어진다[시 31:11; 69:7, 19-20].[32] 7절은 조롱하는 자들의 행동을 묘사한다. 그들은 비웃고[시 35:15이하; 44:14; 80:7; 109:25; 렘 20:7] 입을 삐죽이며 머리를 흔든다[애

시킨다. 그러면서 그는 '신뢰의 고백'이 청원을 가능하게 하는 요소로서 청원과의 긴밀한 연관 관계를 강조한다. 하지만 '신뢰의 고백'은 청원 이전에 탄식과의 긴밀한 관계를 통해 탄식의 의미를 강화하고 있음을 간과하지 말아야 할 것이다.

29 <파타르>(פטר) 동사의 히필형은 '비꼬는 입모양을 만들다'를 의미한다.

30 '맡기라'로 번역된 히브리 동사 <갈랄>(גלל)은 '구르다, 굴리다'의 기본 의미를 가지고 있다.

31 이러한 비인간화는 대적들이 다양한 동물들로 묘사되고 있다는 사실을 통해서도 확인된다(Ellen F. Davis, "Exploding the Limits: Form and Function in Psalm 22," *Journal for the Study of the Old Testament 53* [1992. 3], 98.). 그러나 감사 찬양과 종말론적인 소망의 국면에서는 화자가 다시금 '인간성'을 회복한다. 화자는 '회중,' '야곱의 씨,' '열방의 모든 족속들'과 함께 야훼를 찾고 경외하는 '가난한 자'의 일원으로 나타난다. William P. Brown, *Seeing the Psalms: A Theology of Metaphor* (Louisville, KY: Westminster John Knox Press, 2002), 148.

32 화자에 대한 하나님의 행동이 인간의 행동으로 이어지는 모습은 욥의 탄식에서 분명하게 고찰된다(욥 19:13-20; 30: 1-15). 이점에 관하여 다음을 참조하라. 하경택, 『욥기』(한국장로교총회창립 100주년기념 표준주석)(서울: 한국장로교출판사, 2020), 232-33, 334-36.

2:15; 욥 16:4. 그들의 행동이 더욱 아픈 것은 지혜의 잠언을 이용하여 화자를 조롱하기 때문이다.[33] 8절은 "너의 하는 일들을 야훼께 맡기라. 그리하면 네가 경영하는 것이 이루어지리라"잠 16:3; 또한 참조. 잠 3:5-6; 시 37:5 라는 말씀을 떠올리게 한다. 또한 8절의 '건지다'פלט로 번역된 동사는 4절에서 하나님의 구원을 나타내기 위해서 사용된 동사와 동일하다. 구원이 없는 화자의 상황이 사람들이 내뱉는 조롱의 말을 통해 과거의 구원 행동과 날카롭게 대조된다.[34] 이처럼 사람들은 행동과 말을 통해 화자에게 고통을 안겨준다.

신뢰의 고백(2) : 9-10절

9절 참으로 당신은כי־אתה 나를 태에서 터져 나오게 하신 분גחי

    이시며,

    내가 내 어머니의 가슴을 신뢰하게 하셨습니다.

10절 나는 당신께 태에서부터 던져졌습니다.

    당신은 모태에서부터 나의 하나님이십니다.

다시금 탄식 이후 신뢰의 고백이 이어진다9-10절. 첫 번째 신뢰의 고백이 민족의 역사에 대한 회고라면, 두 번째 신뢰의 고백은 화자 개인의 역사에 대한 회고이다. <키 아타>כי־אתה는 6절의 <베아노키>의 경우와 같이 '당신'에 대한 강조로 나타난다. 더 나아가 '당신'<아타>이라는 인칭대명사는 10절 마지막에 다시 등장하여 9절과 10절을 감싸고 있다. 여기에서 화자는 야훼를 '당신'이라고 부르며 하나님과의 직

---

33 Frank-Lothar Hossfeld and Erich Zenger, *Die Psalmen. Psalm 1-50*, 149.

34 이러한 조롱의 말은 욥을 향한 사람들의 반응(욥 17:6; 19:18; 30:1, 9)과 십자가 위의 예수를 놀리는 사람들의 말(눅 23:35)을 떠올리게 한다. 자세한 것은 아래 '신약성서 수용'을 참조하라.

접적이고 친밀한 관계를 부각시킨다. 화자는 야훼를 자신의 존재를 가능하게 하신 분으로 고백한다. 하나님은 출생 이후에도 화자와 함께 화자를 돌보셨다. 하나님은 화자로 하여금 어머니의 가슴을 신뢰하게 하셨으며, 그는 하나님께 던져진 존재로 살아왔다. 하나님은 모태에서 부터 지금까지 '나의 하나님'이셨다. 그러나 그러한 '나의 하나님'이 지금은 '멀리' 계신다.

청원 : 11절

11절   나를 멀리하지 마십시오.

참으로 고난이 가까이 있습니다.

참으로 도울 자가 없습니다.

그래서 화자는 멀리 계신 하나님께 청원한다. "나를 멀리하지 마십시오". 그에게는 고난이 가까이 있고 도울 자가 없다. 화자는 자신의 문제가 무엇인지 분명하게 인지하고 있다. 그것은 하나님이다. 하나님이 문제의 본질이며, 고통의 초점이시다.[35]

2) 제2연 12-21전반절 : 탄원 기도의 상황 (2)

제2연은 제1연과 유사한 구조를 가지고 있다. 두 번의 탄식 12-15절, 16-18절에 이어 하나의 청원이 뒤따라 나오는 형태이다 19-21절. 탄식은 각각의 경우에 두 가지 요소를 포함하고 있다. 하나는 동물 은유를 사

---

35 J. L. Mays, 『시편』, 160. 크레이기도 이와 유사한 분석을 제공한다. "6-10절은 죽음 그 자체에 근접한 상태를 암시한다. 이때 중요한 것은 병이나 죽음이 아니라 하나님의 침묵이었고(2절), 그 다음의 문제는 인간들의 혹독한 반응이었다." Peter C. Craigie, *Psalms 1-50*, 손석태 역, 『시편 1-50』(WBC 성경주석 19) (서울: 솔로몬, 2000), 268.

용하여 자신의 처지를 묘사한다는 점이고 12-13절; 16전중반절, 다른 하나는 자신의 처참함을 드러내기 위해 해부학적 용어를 사용한다는 점이다 14-15절; 16후반절-18절. 하지만 여기에는 제1연에 나타난 '신뢰의 고백'이 나타나지 않는다.

탄식(1) : 12-15절

12절	많은 황소들이 나를 에워쌌습니다. 바산의 힘센 것들이 나를 둘러쌌습니다.
13절	그들이 내게 입을 벌립니다. 그들은 찢고 울부짖는 사자입니다.
14절	내가 물같이 쏟아졌고, 나의 모든 뼈들은 어그러졌습니다. 내 심장은 밀랍처럼 되었습니다. 그것이 나의 내장 가운데서 녹았습니다.
15절	내 기력이 질그릇 조각처럼 말랐습니다. 내 혀가 내 잇몸에 붙었습니다. 그리고 당신께서 나를 사망의 진토에 두셨습니다.

화자는 자신을 둘러싸고 있는 대적들을 동물 은유를 사용하여 묘사한다. 그는 많은 황소, 바산의 힘센 동물들에 의해 둘러싸여 있다 12절. [도상자료 2-1-3] 그들은 입을 벌리며 찢고 울부짖는 사자와 같이 화자를 위협한다 13절. [도상자료 2-1-4] 여기에 사용된 동물 은유는 힘 있고 맹렬한 대적들의 속성과 위험성을 효과적으로 나타낸다 시 7:2; 10:9; 27:2;

[2-1-3] 바산의 황소. 화장용 팔레트. 이집트 고대 시대(2850년 이전). 뿔을 가진 황소에 의해 공격당하는 사람의 모습. 황소가 가지는 힘과 공격성 때문에 황소의 뿔은 힘의 상징이 된다. ANEP Nr. 291f. O. Keel, *Bildsymbolik*, Abb. 105, 76쪽에서 재인용.

[2-1-4] 찢고 울부짖는 사자. 기둥 위의 사암 부조. 시편에서 시인의 대적들은 자주 사자로 묘사된다. 사자의 거대한 발톱은 폭군들의 무자비하고 저항할 수 없는 공격성을(시 7:2; 10:10), 사자의 벌린 입은 그것들의 위험하고 끝없는 탐욕을(시 17:12; 58:7), 끔찍한 포효는 사자의 굴복하지 않는 자부심을 (35:16-17) 나타낸다. 무사와라트 에스-쇼프라(Muṣawarât eṣ-Ṣofra) 남동쪽 신전(사자 신전). 초기 프톨레마이오스 시대(주전 3세기). LD X Taf.74b. O. Keel, *Bildsymbolik*, Abb. 101, 75쪽에서 재인용.

68:30; 사 10:13; 렘 4:7; 5:6.[36] 이때 화자의 상태는 다양한 해부학적 용어들을 통해 묘사된다.[37] 그의 상태는 쏟아진 물과 같다. 그의 모든 뼈들이 어그러졌고, 심장이 밀랍처럼 되어 내장 가운데서 녹아내린다[14절]. 15절은 바짝 마르고 굳어진 화자의 모습을 묘사한다. 질그릇 조각처럼 말라 생기가 없고, 혀는 잇몸에 붙어 아무 말도 할 수 없다. 화자는 대적들의 공격을 통해 죽음을 '실제로'[real] 경험한다.[38] 그는 사망의 진토에 놓인 존재가 되었다.

탄식(2) : 16-18절

16절　　참으로 개들이 나를 에워쌌고,

　　　　악인의 무리가 나를 둘러쌌습니다.

　　　　그들이 내 손들과 내 발들을 찔렀습니다.[39]

17절　　내가 내 모든 뼈들을 셀 수 있습니다.

　　　　그들이 나를 응시하며 쳐다봅니다 הֵמָּה יַבִּיטוּ יִרְאוּ־בִי.

36　고대 중동 문헌에는 짐승들이 악마적 힘을 표현하기 위해 사용되기도 한다. 원수들의 행동을 묘사하는데 사용된 동물 비유에 관하여 다음을 참조하라. J. Kenneth Kuntz, "Growling Dogs and Thirsty Deer: Uses of Animal Imagery in Psalmic Rhetoric," in *My Words Are Lovely: Studies in the Rhetoric of the Psalms (Library of Hebrew Bible/Old Testament Studies 467)*, ed. Robert L. Foster and David M. Howard Jr. (New York/London: T&T Clark, 2008), 54-56; William P. Brown, *Seeing the Psalms: A Theology of Metaphor*, 136-44.

37　베스터는 시편 22편에 사용된 신체의 해부학적 용어들이 다양한 관계들의 "장소"(Ort)가 될 뿐만 아니라 다양한 관계들을 묘사하는 "표현 수단"(Ausdrucksmedium)이 되기도 한다고 평가한다. Dörte Bester, *Körperbilder in den Psalmen: Studien zu Psalm 22 und verwandten Texten* (Forschungen zum Alten Testament II/24; Tübingen: Mohr Siebeck, 2007), 264.

38　14-15절에 묘사된 화자의 모습은 죽음에 대한 묘사와 같다. 그것은 '살아 있는 자가 경험하는 죽음의 세계'(Unterwelt der Lebenden/Tod im Leben)이다. 이러한 죽음의 의미에 대해서 다음을 참조하라. Bernd Janowski, "JHWH und die Toten. Zur Geschichte des Todes im Alten Israel," in *Tod und Jenseits im alten Israel und in seiner Umwelt (Forschungen zum Alten Testament 64)*, ed. Angelika Berlejung and Bernd Janowski (Tübingen: Mohr Siebeck, 2009), 456. 또한 탄원시의 화자가 자신이 이미 죽음의 영역에 속해 있는 존재로 인식한다고 하는 탄원시의 특징에 관하여 다음을 참조하라. Fritz Stolz, "Psalm 22: Alttestamentliches Reden vom Menschen und neutestamentliches Reden von Jesus," 140.

39　이것은 <카아리>(כָּאֲרִי)를 <카루>(כָּרוּ/כָּאֲרוּ)로 수정하여 읽고 있는 70경의 번역(ὀρύσσω)을 따른 것이다. 마소라 본문을 직역하면 다음과 같다: '사자처럼 내 손들과 내 발들을'

18절　　　그들이 자신들을 위해 내 옷을 나누고,

　　　　　내 의복을 제비뽑습니다.

두 번째 탄식에서도 화자는 대적을 동물에 비유한다. 이번에는 개에 비유한다[16절]. 개들은 화자의 대적으로 나타나는 악인들의 집단성을 잘 보여준다.[40] [도상자료 2-1-5] 그리고 고통의 직접성을 표현하기 위해 다시금 다양한 해부학적 용어들이 등장한다. 개들로 비유되는 악인의 무리는 화자의 손과 발에 고통을 주는 행동을 한다. 신체 부위에 대한 언급은 뼈들에 대한 언급으로 마무리된다. 화자는 자신의 모든 뼈들을 셀 수 있다고 말한다[17절]. 이제 화자는 대적들혹은 뼈들의 응시와 관찰의 대상이 된다. 화자의 상태는 이미 죽은 자와 같다. 그래서 대적들은 화자를 죽은 자로 여기고 그의 소유물을 나누어 가지는 행동을 한다[18절].

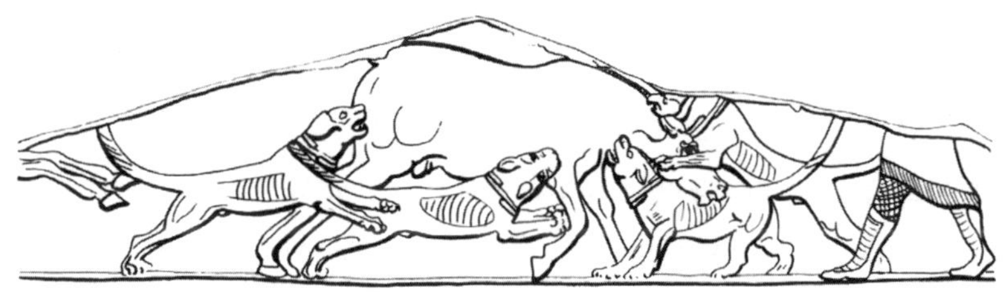

[2-1-5] **개들의 에워쌈.** 아슈르바니팔 궁전의 부조. 사냥개들이 목표물을 공격하는 모습. 개들의 폭력성은 그것들이 집단적으로 행동한다는 데에서 더욱 잘 드러난다. BM 124880. O. Keel, *Bildsymbolik*, Abb. 107, 77쪽에서 재인용.

40　William P. Brown, *Seeing the Psalms: A Theology of Metaphor*, 141. 동물 은유의 마지막에 등장하는 '악인'은 동물 은유가 지향하는 바가 무엇인지를 보여준다. 그것은 황소 → 바산의 힘센 것들 → 사자 → 개들로 이어지는 동물 은유는 결국 화자의 대적으로 나타나는 '악인들'의 정체를 드러내고자 함이다.

두 번의 탄식을 통해 화자와 대적의 대조적인 모습이 잘 드러난다. 대적들은 동물의 비유를 통해 그려지듯이 화자를 향한 집단적인 비인간적 폭력성과 공격성을 드러낸다. 이와는 달리 화자는 다양한 해부학적 용어들이 나타내는 바와 같이 자신의 전 존재를 통해 고통을 느끼고 있으며, 죽은 자의 상태를 경험한다. 마침내 화자는 대적자들에 의해서 죽은 자로 인식되고 처리된다.

청원 : 19-21전반절

19절　　　그러나 당신은 야훼이십니다וְאַתָּה יְהוָה. 멀리하지 마십시오.

　　　　　나의 힘이시여, 속히 나를 도우십시오.

20절　　　내 영혼을 칼에서 구하소서.

　　　　　내 유일한 것을 개의 손에서 구하소서.

21절　　　나를 사자의 입에서와 거친 황소들의 뿔들로부터 구원하

　　　　　소서.[41]

첫 번째에서처럼 두 번째 연에서도 탄식이 청원으로 종결된다[19-21절]. 우선 '멀리'와 '도움'이라는 핵심어가 반복됨으로써 첫 번째 청원과의 연속성을 보여준다[19절과 11절을 비교해 보라]. 그러나 두 번째 청원은 첫 번째 청원을 넘어, 앞에 나온 탄식의 내용을 종합한다.

우선, 11절에서는 '돕는 자'עוֹזֵר가 없다는 청원이 마무리되지만, 19절에서는 '당신은 야훼시다'라는 언급과 함께 야훼를 향해 '나의 힘'이라고 고백한다. 여기에서는 다시 <베아타>וְאַתָּה 구문을 통해 야훼이심

41　<아니타니>는 시 118:21의 용례에서 볼 수 있는 바와 같이 독립적으로 쓰일 수 있기 때문에, '거친 황소들로부터'를 전반절의 '구원하소서'에 연결되는 전치사구로 볼 수 있다(김상기, "시편 22편. 탄식과 찬양의 변증법." 34-35).

을 강조하고 있으며,[42] 야훼가 나의 '돕는 자'이며 '힘'이라는 사실을 분명하게 밝히고 있다. 그리고 나서 화자는 제2연의 두 번에 걸친 탄식에서 언급된 대적과 동물들을 열거하며 그것들로 당하는 죽음의 위협에서 자신을 구해달라고 요청한다[20-21절]. 처음으로 등장하는 '칼'은 대적이 사용하는 무기로서 대적의 무자비성과 위험성을 동시에 드러낸다. 그리고 동물들은 앞의 두 번의 탄식에서 언급된 순서의 반대순으로 열거된다[칼[악인] → 개 → 사자 → 황소].[43]

이뿐 아니라 제2연의 청원이 제1연의 탄식을 종합하기도 한다는 사실을 20-21절에 사용된 동사의 용례를 통해서도 확인할 수 있다. 여기에 사용된 "구하다"<나찰>, "구원하다"<야샤>, "응답하다"<아나> 세 개의 동사는 1-11절에서 각 동사를 통해 묘사되는 하나님의 행동이 부정되는 상황을 묘사하기 위해 사용된다. 화자는 자신의 '구원'이 멀리 있으며 하나님은 자신의 부르짖음에 '응답하지' 않으신다고 탄식한다[1-2절]. 또한 8절에서 대적들은 지혜의 잠언을 인용하면서 하나님이 '구하실' 것이라고 말하지만, 그것은 하나님께 구원받지 못하는 화자의 상황을 조롱하는 의미로 사용된다. 이제 화자는 두 번째 청원을 통해 이러한 부정적인 모든 상황을 종식시키는 구원을 베풀어달라고 청원하는 것이다. 이러한 청원을 통한 하나님의 행동의 변화는 세 번째 동사, 즉 <아나>עֲנִיתָ 동사의 활용을 통해 극적으로 나타난다. 그러나 이 동사의 실제적 사용은 다음에서 고찰되는 응답에 대한 반응에서 이루어진다.

---

42 이점에 관하여 각주 24번을 참조하라.

43 J. Kenneth Kuntz, "Growling Dogs and Thirsty Deer: Uses of Animal Imagery in Psalmic Rhetoric," 55. 크셀만은 이러한 흐름을 더욱 정교하게 교차대구적 구조로 분석한다. John S. Kselman, "'Why Have You Abandoned Me?' A Rhetorical Study of Psalm 22," in *Art and Meaning: Rhetoric in Biblical Literature (Journal for the Study of the Old Testament Supplement Series 19)*, ed. David J. A. Clines, David M. Gunn and Alan J. Hauser (Sheffield: JSOT Press, 1982), 188.

3) 제3연 22-27절 : 감사 찬양의 상황

21후반절부터 시편 22편의 두 번째 국면이 시작된다. 이것은 탄원시의 요소로 등장하는 찬양 서약의 의미를 넘어서는 명백한 감사 찬양의 상황이다. 처음과 마지막에 나타나는 찬양의 서약과 요청 22-23절; 25-26절 사이에 찬양의 이유 24절가 자리 잡고 있다.

찬양의 서약과 요청(1) : 21후반절-23절

21후반절	당신께서 나에게 응답하셨습니다 עֲנִיתָנִי.[44]
22절	내가 당신의 이름을 내 형제들에게 선포하며,
	내가 회중 가운데서 당신을 찬양할 것입니다.
23절	야훼를 경외하는 자들아, 그를 찬양하라.
	야곱의 모든 씨야, 그를 영화롭게 하라.
	이스라엘의 모든 씨야, 그를 두려워하라.

<아니타니> עֲנִיתָנִי! "당신께서 나에게 응답하셨습니다" 이 짧은 고백은 다이너마이트 dynamite와 같은 폭발력을 가지고 시편 22편 전체에 그 영향을 미친다. 이는 이전까지 전개된 모든 고난의 상황이 해소되었음을 알리는, 하나님의 구원에 대한 화자의 반응이다. 비록 구체적인 응답의 방식이 본문에 명시되지는 않았으나, 이는 단순한 심리적 확신을 넘어선 구체적인 경험에 근거한 반응이다[45] 바로 이 체험이 화자의 탄식을

---

44 70인경은 <아니타니>(עֲנִיתָנִי)의 어근을 달리 이해하여 "나의 수치"(τὴν ταπείνωσίν μου)라고 번역한다. 이러한 이해에 따르면 22후반절은 전반절에서 이어지는 청원의 연속이다.

45 Nancy L. deClaissé-Walford, Rolf A. Jacobson and Beth LaNeel Tanner, *The Book of Psalms*, New International Commentary on the Old Testament (Grand Rapids, MI: William B. Eerdmans Publishing Company, 2014), 236. 이와는 달리 이 표현을 화자의 확신으로 이해하는 해석들이 많이 있다. 예컨대, 레스코우는 <아니타니>가 이 청원의 절정에 나

기쁨의 찬양으로 전환시키며, 감사의 근거가 된다.[46]

이어서 화자는 '형제들'에게 하나님의 이름을 선포하며 '회중' 가운데서 하나님을 찬양할 것을 약속한다[22절]. 그러고 나서 화자는 회중도 찬양하는 일에 함께 하도록 초청한다[23절]. 이때 회중은 다양한 표현을 통해 지칭된다. 그들은 각각 '야훼를 경외하는 자들', '야곱의 모든 씨', '이스라엘의 모든 씨'라고 지칭된다.[47] 이들은 다음 세 가지 명령을 통해 찬양의 삶에 동참하도록 촉구된다: "그를 찬양하라, 영화롭게 하라. 두려워하라." 이러한 진술의 연속에서 찬양과 하나님 경외가 서로 연결되어 있음을 알 수 있다.

타나는 "경계진술"(Grenzaussage)로서 미래적인 의미로 번역해야 한다고 말한다(Theodor Lescow, "Psalm 22, 2-22 und Psalm 88: Komposition und Dramaturgie," *Zeitschrift für die alttestamentliche Wissenschaft 117/2* [2005], 225.). 플레셔(Flesher)도 이것을 시편 6편이나 28편에서와 마찬가지로 응답에 대한 예배자의 확신으로 이해한다. LeAnn Snow Flesher, "Rapid Change of Mood: Oracles of Salvation, Certainty of a Hearing, or Rhetorical Play?," in *My Words Are Lovely: Studies in the Rhetoric of the Psalms (Library of Hebrew Bible/Old Testament Studies 467)*, ed. Robert L. Foster and David M. Howard Jr. (New York/London: T&T Clark, 2008), 38-39. 하지만 22절이하의 내용이 기도응답 이후에 나타나는 찬양과 감사의 내용을 담고 있다는 점에서 구원경험에 대한 고백이라고 보는 것이 적절하다고 여겨진다(H. J. Kraus, 329). 이른바 탄원시의 '분위기 급전'에 관하여 다음을 참조하라. LeAnn Snow Flesher, "Rapid Change of Mood: Oracles of Salvation, Certainty of a Hearing, or Rhetorical Play?," 35-44; Theodor Lescow, "Psalm 22, 2-22 und Psalm 88: Komposition und Dramaturgie," 222-26; 차준희, "시편 22편에 대한 신학적 읽기," 『성령과신학』 23 (2007, 12), 27-29.

46 이러한 점에서 <아니타니>의 위치는 의미가 있다. 21전반절까지의 탄원과 22절이후의 감사찬양 사이에 끼어있다. 이것은 많은 주석가들의 경우처럼 앞부분에 포함시킬 수도 있고, 필자와 같이 뒷부분에 포함시킬 수도 있다. 따라서 <아니타니>는 내용적인 측면에서뿐 아니라 위치의 측면에서 보더라도 시편 22편의 '중심'이며 '돌쩌귀'로서 기능한다. <아니타니>에 대한 이러한 이해에 관하여 다음을 참조하라. Peter C. Craigie, 『시편 1-50』, 266-67; 차준희, "시편 22편에 대한 신학적 읽기," 19.

47 이러한 찬양으로의 초대는 찬양/감사시의 특징이다. 특별히 시편 118:2-4에서도 찬양/감사 초청의 대상이 다양하게 호칭되고 있다('이스라엘,' '아론의 집,' '야훼를 경외하는 자들'; 또한 참조. 135:19-21).

24절 참으로 그는 궁핍한 자의 고통עֱנוּת을 멸시하거나 혐오

하지 않으셨다.

그의 얼굴을 그에게서 숨기지도 않으셨으며,

그를 향해 부르짖을 때 그가 들으셨다.

24절은 찬양의 이유를 제공한다. 그것은 하나님이 궁핍한 자들의 고통을 외면하지 않고 그들의 부르짖음을 들으셨다고 말한다. 여기에서 화자는 자신의 곤경을 '궁핍한 자'עָנִי의 고통으로 묘사한다. 이것은 또한 3-5절에 묘사된 구원역사에 대한 반복과 연속으로 이해된다.[48] 하나님은 고통 받는 자들과 함께 하시며 그들의 부르짖음을 들으신다.[49]

찬양의 서약과 요청(2) : 25-26절

25절 큰 회중 가운데서 나의 찬양이 당신과 함께 있습니다.

나는 그를 경외하는 자들 앞에서 나의 서원을 갚을 것이다.

26절 가난한 자들עֲנָוִים은 먹고 만족할 것이요,

야훼를 찾는 자들은 그를 찬양할 것이다.

너희 마음은 영원히 살 것이다.

25-26절은 다시금 찬양의 서약과 요청이 나타난다. 화자는 '나의 찬양'이 큰 회중 가운데 있을 것이며, 하나님을 경외하는 자들 앞에서

---

48 태너(B. Tanner)는 이 부분을 "3-5절과 9-11절에 이어 하나님의 구원 역사에 대한 '새로운 장'(a new chapter)이 추가된 것과 같다. … 이것은 이 시편에서 가장 강력한 구절일 것이다."라고 평가한다. Nancy L. deClaissé-Walford, Rolf A. Jacobson and Beth LaNeel Tanner, *The Book of Psalms* (NICOT), 236.

49 참조. 시 9:12; 34:6; 35:10; 40:17; 69:33; 102:17; 140:12. 특별히 시편 9-10편과 34편은 이 주제를 집중적으로 다루고 있다. J. L. Mays, 『시편』, 162-63.

자신의 서원을 갚을 것이라고 말한다.[50] 화자의 찬양은 단순한 찬양이 아니다. 시편 22편의 주제어로 작용하는 '이스라엘의 찬양' 가운데 거하시는 하나님의 모습3절을 통해 다시금 확증한다. 26절은 찬양이나 서원 갚음과 함께 관련이 있는 음식 나눔에 관하여 말한다. 가난한 자들이 먹고 만족하며 야훼를 찾는 자들은 그를 찬양할 것이다. 26절의 마지막 부분은 회중을 '너희'라고 지칭한다: "너희 마음을 영원히 살 것이다." 이것은 명령과 기원의 의미를 모두 담고 있는 표현이다. 찬양함으로 영원히 살라는 요청이면서 그렇게 되기를 바라는 화자의 마음이 동시에 표현된다.

여기에서 두 가지 사실이 주목된다. 첫째는 '너희'라고 불린 회중이 다양한 표현들을 통해서 지칭된다는 사실이다. '야훼/그를 경외하는 자들', '야곱/이스라엘의 모든 씨들', '궁핍한 자/가난한 자들', '야훼를 찾는 자들' 등이 나타난다.[51] 이러한 다양한 명칭들이 호환互換적이며 교호交互적으로 사용되었다는 사실은 화자가 속한 공동체가 가지는 특징이 무엇인가를 분명하게 보여준다. 다시 말하면 화자의 공동체는 단순히 '야곱/이스라엘의 모든 씨들'이라는 혈통적 관점에서 결정되지 않는다. 이들은 '야훼 경외나 야훼를 찾는 자들'이라고 불리거나 '궁핍한 자/가난한 자들'이라고 불린다. 이것은 '궁핍한 자/가난한 자들'의 의미가 사회경제적 차원을 넘어서서 "하나님으로부터 해방과 기쁨을 기대할 수밖에 없는 하나님께 속한 자"라는 영적, 신학적인 차원을 지니고 있음을 보여준다시 9:13[12]; 10:12, 17; 25:9; 34:3[2]; 37:11; 69:33[32]; 76:10[9]; 147:6; 149:4.[52]

---

50 서원을 갚는다는 것은 도움을 위한 기도와 감사의 노래에 전형적으로 등장하는 요소이다(참조. 시 56:12; 61:8; 65:1; 66:13; 116:14, 18).
51 이와 관련하여 시편 34편과 37편에 나타나는 '의인'에 관한 다양한 용어들을 참조하라. 김성수, "시편 34-37편 문맥 속에서 시편 37편 읽기,"『장신논단』50/5 (2018. 12), 29.

둘째로 여기에서 '이스라엘의 찬양 가운데 거하시는' 하나님의 모습이 확인되고 강조된다. 두 번째 국면에서 "찬양"에 대한 히브리어 어근은 찬양의 이유를 밝히고 있는 24절을 제외하고 22-26절의 매 구절에 등장한다. 22-26절에서 4회 반복되는 <할랄>הלל 동사와 관련한 표현은 "이스라엘의 찬양 가운데 거하시는" 하나님의 모습을 확증한다.[53] 이스라엘 역사 속에서 고백되고 증언되었던 바가 화자의 삶을 통해 그대로 경험된다. 하나님은 자신을 찾고 경외하며 신뢰하는 야곱/이스라엘의 자손이자 가난하고 궁핍한 자들에게 구원을 베풀어주심으로 찬양할 이유를 주시고, 그들이 부르는 찬양 가운데 좌정하신다. 반대로 찬양하는 자들에게는 '영원한 생명'이 선언된다. 죽음이 생명을 잠식하는 것이 아니라 하나님의 구원과 찬양이 죽음을 잠식할 수 있음을 보여준다.

---

52 구약성경의 가난한 자들에 관해서 다음을 참조하라: R. Martin-Achard, "ענה II," in *Theologisches Handwörterbuch zum Alten Testament, Bd. 2*, ed. Ernst Jenni und Claus Westermann (München: Chr. Kaiser; Zürich: Theologischer Verlag, 1976), 341-50; Erhard S. Gerstenberger, "ענה II," in *Theologisches Wörterbuch zum Alten Testament, Bd. 6*, ed. G. Johannes Botterweck, Helmer Ringgren and Heinz-Josef Fabry (Stuttgart/Berlin/Köln: W. Kohlhammer, 1989), 252-53; Diethelm Michel, "Armut II. Altes Testament," in *Theologische Realenzyklopädie, Bd. 4* (Berlin/New York: Walter de Gruyter, 1979), 72-76; Hans-Joachim Kraus, *Theologie der Psalmen*, 신윤수 역, 『시편의 신학』(서울: 비블리카아카데미아, 2004), 362-72; 그러나 '가난한 자들'의 정체성에 대한 이해가 이 시편의 연대와 신학에 영향을 준다(Fritz Stolz, "Psalm 22: Alttestamentliches Reden vom Menschen und neutestamentliches Reden von Jesus," 142). 예컨대, 포로기 이후 유다 공동체에 대한 자의식으로 이해할 수도 있고, 유다 공동체에 안에 있는 소규모 종교적 집단의 자기이해로 해석될 수 있다. 결과적으로 이러한 '가난한 자'의 개념은 쿰란공동체에서 매우 중요한 역할을 하기도 한다. 쿰란공동체의 <호다욧>과 연결지어 가난한 자의 시편을 분석한 다음 연구를 참조하라. Johannes Unsok Ro, *Poverty, Law, and Divine Justice in Persian and Hellenistic Judah* (Atlanta: SBL Press, 2018), 125-88.

53 25절의 <테힐라티>는 3절의 <테힐로트 이스라엘>와 음성학적으로도 연결점을 갖는다.

4) 제4연 27-31절: 종말론인 구원과 찬양의 상황

마지막 4연은 찬양의 확대를 보여주는데, 찬양의 확대는 공간적인 차원 27-29절과 시간적인 차원 30-31절 모두에서 이루어진다.

찬양의 확대 (1) : 공간적 차원: 27-29절

27절	땅의 모든 끝이 기억하고 야훼께로 돌이킬 것입니다.
	열방의 모든 족속들이 당신 앞에서 경배할 것입니다.
28절	참으로 그 통치 מְלוּכָה 가 야훼의 것이요,
	그는 열방을 다스리는 자이십니다.
29절	땅의 모든 살찐 자가 먹고 경배할 것입니다.
	진토로 내려가는 모든 자와 자신의 영혼을 보존하지 못하는 자도 그 앞에서 절할 것입니다.

찬양의 확대는 먼저 공간적인 차원에서 이루어진다. 야훼를 경외하는 자들과 가난한 자들의 대표자인 화자를 통해서 제공된 증언과 찬양은 이제 우주적인 효과를 나타낸다. '땅의 모든 끝'과 '열방의 모든 족속들'이 야훼께 돌아오고 그분 앞에서 경배할 것이다 27절. 온 땅에 대한 야훼의 통치[54]가 인정되고 열방을 다스리심이 확인될 것이다 28절. 여기에서 인종적이고 국가적인 경계들이 극복되고, 하나님의 백성은 전 세계를 포괄한다 참조. 창 12:1-3.

---

54 여기에서 "통치"라고 번역된 <멜루카>(מְלוּכָה)는 시 103:19; 145:11-13에 등장한다. 또한 "통치권이 야훼께 있다"는 동일한 언급이 등장하는 오바댜 1장 21절에 관해서 렌토르프는 오바댜가 시편 22편 28절을 인용하고 있다고 평가한다(참조. 슥 14:9). Rolf Rendtorff, *Theologie des Alten Testaments: Ein kanonischer Entwurf. Band 1: Kanonische Grundlegung*, 하경택 역, 『구약정경개론』(서울: CLC, 2020), 504.

29절은 하나님을 경배하는 자들이 공간적으로 확대될 수 있는 최대치를 보여준다. '진토로 내려가는 모든 자'라는 표현은 죽음의 세계, 스올로 내려가는 죽은 자들을 떠올리게 한다. 이때 '땅의 모든 살찐 자'와 자신의 영원을 보존하는 못하는 '진토로 내려가는 모든 자'가 대조된다. 이것은 양극단을 통해 전체를 나타내는 일종의 상극법merism으로서 산 자와 죽은 자를 모두 포괄한다.[55] 이것은 하나님의 통치와 찬양이 산 자들에게만 국한되지 않고 죽음의 경계를 넘어선다는 것을 보여준다.[56] 이것은 동시에 찬양하는 자들의 마음이 영원히 산다는 26절의 언급과도 연결된다.

찬양의 확대 (2) : 시간적 차원: 30-31절

30절   한 씨가 그를 섬길 것입니다.

그것이 주님께 한 세대로 여겨질 것입니다.

31절   그들이 와서 그의 의를 알릴 것입니다.

장차 날 백성에게 그가 행하셨다는 사실을.[57]

찬양의 확대는 공간에서 뿐 아니라 시간적으로도 확장된다. 하나님을 섬기는 일은 한 세대로 끝나지 않을 것이다. 왜냐하면 하나님이 행하신 구원, 즉 그분의 '의'צְדָקָה는 장차 태어날 백성에게도 중단되지

55　Frank-Lothar Hossfeld and Erich Zenger, *Die Psalmen. Psalm 1-50*, 151.

56　이것은 죽은 자들은 찬양할 수 없다는 관념과 배치되는 것이며(시 6:6; 30:10; 88:11-13; 115:17; 사 38:18; 바룩서 2:17이하; 시락서 17:27이하), 하나님의 통치에는 한계가 없다는 관념과 연결된다(암 9:2이하; 시 139:8; 또한 겔 37장). 김상기는 이러한 찬양의 확대를 "전지구적인 확장과 생명과 죽음의 영역의 경계 철폐"라고 설명하고 있고(김상기, "시편 22편," 58), 데이비스는 이것을 "시인이 가지고 있는 한계들을 타파하는 비전의 충일"로서 전형적인 장르의 한계뿐 아니라 하나님과 세계와 삶과 죽음에 대한 이스라엘의 전통적인 이해를 타파하는 것이라고 평가한다(Ellen F. Davis, "Exploding the Limits: Form and Function in Psalm 22," 97, 103.).

57　70인경은 여기에서 목적절을 백성을 수식하는 관계절로 이해할 뿐만 아니라 행위의 주체가 누구인지를 명확하게 표현한다: '그 주님'(ὁ κύριος)이 만드신 백성에게'

않고 전해질 것이기 때문이다[31절]. 이러한 점에서 보면 시편 22편의 마지막 국면은 예언적이며 종말론적이다. 한 개인을 통해서 경험된 구원, 즉 하나님의 의가 찬양을 통해 공동체적으로 확대될 뿐만 아니라 우주적이며 종말론적인 차원에서 지속되며 확인될 것이 기대된다.[58]

2. 내용요약과 중심주제

시편 22편에 대한 드라마 구성적 고찰은 시편의 중심주제가 '이스라엘의 찬양에 거하시는 하나님'임을 보여준다. 이 주제는 시편 초반부[3절]에 신뢰의 고백으로서 등장하지만, 3연과 4연에서 하나님의 실제 모습으로 확인되고 기대됨으로써 시편 22편 전체를 관통한다.

제1연과 제2연에서는 이 고백이 탄식의 토대요, 청원의 출발점으로 기능한다. 왜냐하면 화자의 상황이 '이스라엘의 찬양'에는 어울리지 않는 하나님의 '멀리 계심'과 '응답 없음'으로 경험되기 때문이다[1-2절]. 이러한 하나님의 부재와 무응답은 화자에게 사람들의 조롱으로 경험되고[6-8절], 맹수들의 집단적인 공격과 같은 위협으로 나타난다[12-13절], [16절]. 이러한 사람들의 행동은 화자에게 두 가지 결과를 가져온다. 그것은 사람으로서의 가치 상실[6절]과 산 자의 땅에서 경험하는 죽음[14-15절], [17-18절]이다. 이러한 상황에서 화자는 하나님의 개입과 구원을 요청한다[11절], [19-21전반절].

58 이러한 찬양의 확대는 탄식의 상황으로부터의 완전한 회복을 의미한다. 하나님으로부터 멀리 있으며 밤낮으로 부르짖어도 응답을 얻지 못하는 공간과 시간의 측면에서 '하나님의 부재'를 경험했던 화자는 이제 자신의 탄식에 응답하신 '하나님에 대한 찬양'으로 가득한 공간과 시간을 경험한다. 이러한 시공간의 차원은 형제들뿐만 아니라 세대가 이어지는 찬양을 한다는 점에서 수평적 차원과 수직적 차원을 아우르는 찬양이라고 말할 수 있다. John S. Kselman, "Why Have You Abandoned Me? A Rhetorical Study of Psalm 22," 188-89.

제3연에서는 시편 22편의 중심주제가 하나님의 실제 모습으로 확인된다. 시편의 화자는 탄식과 청원에 응답하신 하나님을 경험한다[21] 후반절: <아니타니>עֲנִיתָנִי. 하나님의 응답을 경험한 화자는 찬양의 서약과 요청을 통해 하나님이 '이스라엘의 찬양에 거하시는 분'임을 입증한다. 이때 화자가 서약하고 요청하는 찬양은 '회중' 가운데 이루어지는 것이다. 회중은 '야훼/그를 경외하는 자들', '야곱/이스라엘의 모든 씨', '궁핍한 자/가난한 자들', '야훼를 찾는 자들' 등의 다양한 명칭을 통해서 명명된다[22-23절, 25-26절]. 이것은 이스라엘에 대한 다양한 이해를 반영한다. 이때 강조되는 사실은 하나님이 '궁핍한 자/가난한 자들'의 부르짖음에 응답하시는 '궁핍한 자/가난한 자의 하나님'이시라는 것이다[24절].

제4연에서는 '회중'의 범위를 벗어나는 찬양의 확대가 진술된다. 그것은 공간적인 차원과 시간적인 차원 모두를 망라하는 찬양의 확대이다. 제1연에서 화자가 보여준 '이스라엘의 찬양에 거하시는 하나님'에 대한 신뢰의 고백은 이제 공간과 시간의 경계를 넘어서는 우주적이며 종말론인 찬양을 지향한다. 그것은 민족의 경계[27-28절]를 넘어설 뿐만 아니라 죽음의 경계[29-31절]도 넘어선다.

3. 드라마적 구성으로서 시편 22편의 의미

쉬톨츠는 시편 22편 안에서 탄식과 감사가 동시적으로 존재하며 독특한 방식으로 결합되어 있다고 말한다. 그러면서 그는 "이 시편의 기도자는 탄식하며 동시에 찬양한다" simul clamans et laudans고 평가한다.[59] 하지만 시편 22편은 드라마적 구성 속에서 볼 때 다음과 같은 세 가지 국면을 순차적으로 보여준다. 첫째로 화자가 대적들로부터 조롱 당하고 고통 받고 있는 탄식의 국면이며1-21전반절, 둘째로 화자가 하나 님으로부터 구원의 응답을 경험한 후에 부르는 감사 찬양의 국면이며 21후반절-26절, 셋째로 공간과 시간을 초월한 찬양이 이루어지는 종말론 적인 구원과 찬양의 국면이다27-31절. 하지만 이 세 가지 국면은 서로 분리되어 있지 않고, 시편 22편의 드라마적 구성 속에서 일련의 과정 으로서 서로 연결되어 있다.

시편 22편의 드라마를 아는 화자그리고 독자는 탄식의 국면에서도 그것이 끝이 아니며 앞으로 감사 찬양의 국면이 전개될 것을 안다. 반 대로 감사 찬양의 상황에 있는 사람이라 할지라도 그는 자신이 이전에 탄식의 국면을 경험했음을 알고 기억한다. 따라서 시편 22편은 화자의 위치가 어디냐에 따라서 탄원시가 되기도 하고, 찬양/감사시가 되기도 하는 것이다. 하지만 시편 22편의 화자는 종말론적인 구원과 찬양에 대한 소망과 확신을 가지고 있는 사람이다. 자신의 찬양이 '회중'의 차 원을 넘어서 민족과 세대를 초월할 우주적인 찬양이 될 것을 확신하고 소망한다. 그러나 이러한 종말론적인 확신과 소망은 그냥 생겨나지 않 는다. 제1-3연에 나타난 탄식과 감사 찬양의 국면을 경험한 사람만이 품을 수 있는 확신과 소망이다.

시편 22편의 화자는 '이스라엘'의 일원이다. 그러나 이 이스라엘은 '야훼를 경외하는 자들'이며 '야훼를 찾는 자들'이다. 이 이스라엘은 오 직 하나님만을 의지의 대상이요 구원의 주체로 믿고 고백하는 '궁핍한 자/가난한 자들'이다. 따라서 시편 22편은 이스라엘의 하나님이 '가난 한 자들'의 하나님이심을 증언한다. 결과적으로 시편 22편은 '가난한

59 Fritz Stolz, "Psalm 22: Alttestamentliches Reden vom Menschen und neutestamentli-
ches Reden von Jesus," 144.

자들'이 이스라엘 하나님의 구원을 청원하는 '탄식의 기도'이며, 이스라엘 하나님이 가난한 자들의 부르짖음에 응답하심을 증언하는 '감사의 찬양'이고, 더 나아가 '이스라엘의 찬양에 거하시는 하나님'이 '우주적이며 종말론인 찬양'을 받으실 분임을 소망하고 확신하는 '믿음의 고백'이 된다.

4. 신약성서의 수용

신약성서에는 시편 22편의 세 가지 국면이 예수의 삶과 사역을 설명하기 위해 모두 수용된다.[60] 첫째로, 탄식의 상황이다. 탄식의 상황은 예수의 수난 이야기에서 두드러진다. 예수의 옷을 제비뽑고^{마 27:35; 막 15:24; 눅 23:34; 요 19:24 → 시 22:18}, 지나가는 사람들이 조롱하며^{막 15:29; 마 27:29, 39 → 시 22:6-7}, 십자가에 달린 예수님을 향해 '그가 하나님을 신뢰하니 하나님이 원하시면 이제 그를 구원하실 것이라'고 하는 사람들의

---

60 신약성서의 수용에 관한 글들을 참조하라. Hartmut Gese, "Psalm 22 und das Neue Testament: Der älteste Bericht vom Tode Jesu und die Entstehung des Herrenmahles," *Zeitschrift für Theologie und Kirche 65* (1968), 1-22; Harvey D. Lange, "The Relationship Between Psalm 22 and the Passion Narrative," *Concordia Theological Monthly 43* (1972), 610-21; John H. P. Reumann, "Psalm 22 at the Cross: Lament and Thanksgiving for Jesus Christ," *Interpretation 28* (1974), 39-58; Henry M. Shires, *Finding the Old Testament in the New* (Philadelphia: Westminster Press, 1974); Stephen L. Cook, "Relecture, Hermeneutics, and Christ's Passion in the Psalms," in *The Whirlwind: Essays on Job, Hermeneutics and Theology in Memory of Jane Morse*, ed. Stephen L. Cook, Corrine L. Patton and James W. Watts, *Journal for the Study of the Old Testament Supplement Series 336* (Sheffield: Sheffield Academic Press, 2001), 181-205; Steve Moyise and Maarten J. J. Menken, eds., *The Psalms in the New Testament* (London and New York: T&T Clark International, 2004); Dale A. Brueggemann, "The Evangelists and the Psalms," in *Interpreting the Psalms: Issues and Approaches*, ed. David Firth and Philip S. Johnston (Downers Grove: IVP Academic, 2005), 263-78; Craig A. Evans, "Praise and Prophecy in the Psalter and in the New Testament," in *The Book of Psalms: Composition and Reception*, ed. Peter W. Flint and Patrick D. Miller Jr., Supplements to Vetus Testamentum 99 (Leiden and Boston: Brill, 2005), 551-79.

말마 27:43; 막 15:29 → 시 22:8에서 시편 22편이 암시된다. 특별히 "엘리 엘리 라마 사박다니"막 15:34; 마 27:46라는 십자가 위에서의 외침은 시편 22편에서 보여주고 있는 탄식의 상황을 극적으로 보여준다.[61]

둘째로, 감사 찬양의 상황이다. 우선 22절이 히브리서 기자에 의해서 인용된다. 하나님의 아들이신 예수가 사람들에게 '형제'라 부르시기를 부끄러워하지 않는다는 사실을 보여주기 위해 인용한 것이다히 2:12. 혈과 육에 속한 사람들을 구원하시려고 인간의 옷을 입으신 모습을 강조하는 것이다. 요한복음 20장 17절에는 부활하신 예수께서 마리아에게 '내 형제들'에게 가서 "내가 내 아버지 곧 너희 아버지, 내 하나님 곧 너희 하나님께로 올라간다"고 전하라 말씀하신다. '형제'라는 표현을 통해 시편 22편 22절과 연결되나 더 중요한 것은 전하라고 말씀하시는 내용이다. 그것은 죽음에서 부활하신 예수께서 앞으로 하나님께로 올라갈 것을 예고하신 것이다. 이것은 수난이나 죽음으로 끝나지 않고 구원을 경험한 후 자신의 형제들에게 하나님의 이름을 선포하는 시편 22편의 감사 찬양의 상황에 잘 어울린다. 이렇게 예수 그리스도의 삶과 사역에 나타난 기도 응답과 하나님의 구원을 암시하는 시편 22편의 인용24절은 히브리서 5장 7절에서도 확인된다"그의 경건하심으로 말미암아 들으심을 얻었느니라".[62]

셋째로, 종말론적인 구원의 상황이다. 마태는 예수의 죽음을 종말론적인 사건으로 이해한다. 예수께서 큰 소리[63]를 지르고 돌아가실 때

---

[61] 여기에 덧붙여, 예수가 '목마르다'라고 말한 것이 시편 69편 3절이나 22절의 성취로 이해되기는 하지만, '혀가 입천장에 붙었나이다'고 말하는 시편 22장 15절의 진술과도 연결지어 생각할 수 있다.

[62] 시편 22편의 구원경험을 암시하는 신약성서의 인용은 바울에게서도 나타난다. "나를 사자의 입에서 건지웠느니라"(딤후 4:17)고 말하면서, 바울은 마침내 하나님께서 자신을 모든 악한 일에서 건져내시고 천국에 들어가도록 구원하실 것이라는 믿음과 소망을 피력한다(딤후 4:18).

[63] 왓츠(R. E. Watts)는 마태복음과 마가복음에 언급된 '큰 소리'(φωνῇ μεγάλῃ)는 피조세계에 대한 하나님의 주권적 권위를 나타낸다(계 1:10; 5:12; 7:2, 10; 8:13 등; 참조. 막 1:26; 5:7; 요 11:43)고

휘장이 갈라지고마 27:51; 참조. 막 15:38, 무덤들이 열리며 자던 성도의 몸이 많이 일어났다마 27:52 증언한다. 이것은 '진토로 내려가는 자들'이 경배하게 될 것시 22:29이라고 말하는 시편 22편의 종말론적인 차원을 반영한다고 말할 수 있다. 마커스J. Marcus는 마가복음의 기술이 시편 22편의 놀라운 역전과 구원을 전제하고 있다고 평가한다.[64] 즉, 마가복음에서 이방인들의 대표가 예수를 하나님의 아들로 고백하고15:39; 참조. 시 22:27, 하나님에 대한 통치가 언급되고 있으며15:43; 참조. 시 22:28, 천사를 통해 죽음의 경계를 넘어서는 부활이 증언되고16:6; 참조. 시 22:29, 그것이 다른 사람에게 전해지도록 명령된다16:7; 참조. 시 22:30-31.

시편 22편의 세 국면 모두 신약성서에서 예수 그리스도의 삶과 사역을 증언하는 예언으로서 인용되고 해석된다. 이러한 수용과 적용은 신약성서 기자들뿐만 아니라 예수 자신에 의해서도 수행된다. 이러한 신약성서의 수용을 따르면 예수 그리스도는 시편 22편의 화자인 '가난한 자'를 대변한다. 하나님은 부활과 승천을 통해 '가난한 자' 예수의 탄식에 응답하시고, 경계를 넘어서는 찬양을 가능하게 하신다. 결과적으로 시편 22편을 인용하고 실행하는 예수 그리스도는 자신의 삶과 사역을 통해서 '이스라엘의 찬양에 거하시는 하나님'을 증언한다.

5. 나가는 말

드라마 구성적 관점의 시편 연구는 시편 22편이 가지고 있는 복합

평가한다. Rikki E. Watts, "The Lord's House and David's Lord: The Psalms and Mark's Perspective on Jesus and the Temple," *Biblical Interpretation* 15/3 (2007), 322.

64 Joel Marcus, *The Way of the Lord: Christological Exegesis of the Old Testament in the Gospel of Mark* (Louisville, KY: Westminster John Knox Press, 1992), 182.

적 구성을 이해하게 할 뿐만 아니라 신약성서에서 다양한 상황에 인용되고 적용되는 시편 22편의 활용을 의미 있게 평가하게 한다. 시편 22편은 깊고 무거운 탄식에서 시작하여 우주적인 구원에 대한 소망으로 나아가는 시나리오를 보여준다. 여기에는 탄식과 감사와 소망의 목소리가 함께 어우러져 있다. 시편 22편의 세 가지 국면은 서로를 보완한다. 탄식의 순간에는 감사의 순간이 올 것을 기대할 수 있게 하고, 감사의 순간에는 탄식의 상황에 대한 회고와 우주적 통치에 대한 희망을 동시적으로 가능하게 한다. 시편 22편의 화자와 예수 그리스도는 '가난한 자'의 모범이다. 시편 22편의 독자들은 이 시편이 자신의 이야기가 되게 함으로써 '이스라엘의 찬양 가운데 거하시는 하나님'을 증언하는 '가난한 자'의 삶으로 초대된다.

<슈부>שׁוּבוּ vs <슈바>שׁוּבָה

시편 90편의 주석과 이해[1]

1. 들어가는 말

왕대일 교수가 남긴 연구 성과물은 수없이 많지만, 그 가운데서 한 권을 꼽으라면 『시편사색, 시편 한권으로 읽기 - 토라로 토다를』이라고 말하고 싶다.[2] 여기에는 그의 연구방법론에서부터 그의 구약신학에 이르기까지 왕대일 교수가 수행하는 성경연구의 총체가 드러나 있다. 이 책은 그의 학문 여정에 대한 '창'窓이 된다.[3] 왕대일 교수의 언어는 시다. 그는 우리말의 특징을 살려 맛을 내고 한껏 멋을 부린다. 그는 '신학'神學을 '시학'詩學으로 한다.[4] 몇 문장만 인용해도 이러한 사실을

---

1   이 논문은 『Canon&Culture』 25 (2019 Spring), 141-74쪽에 실렸다.
2   왕대일, 『시편사색, 시편 한권으로 읽기 - 토라로 토다를』(서울: 대한기독교서회, 2013).
3   그가 추구하는 성경해석학은 다음 책에 잘 드러나 있다. 왕대일, 『기독교 경학과 한국인을 위한 성경해석: 경학으로서의 성서해석』(서울: 대한기독교서회, 2012).
4   '시'(poem)란 헬라어 '포이에오'(ποιέω)에서 파생된 명사로서 문자 그대로 '예술적인 창조작

쉽게 확인할 수 있다. 그는 시편을 "문文에서 문門을 여는 책"이며, "'토라'라는 길에서 '토다'찬양, 감사의 문을 여는 책"이라고 말한다.[5] 우리말과 히브리말의 특징을 살려 짧은 표현으로 시편의 생김새와 쓰임새를 절묘하게 담아내고 있다. 또한 그는 시편을 "말꽃"이라고 평가하며, "말꽃"을 잘 이해하기 위해서는 시가 가지고 있는 향기와 빛깔을 잘 살펴야 하고 글의 소리에도 귀를 기울여야 한다고 권면한다.[6] 그리고 시의 "생김새"나 "짜임새"에 대한 관찰은 그 "쓰임새"에 대한 연구와 동떨어져 있지 않다고 말하며, 다섯 권으로 구성된 시편의 "매무새"를 살펴야 시편을 제대로 이해할 수 있다고 말한다.[7]

이러한 왕대일 교수의 통찰과 권면은 시편을 이해하는데 중요한 디딤돌이 된다. 여기에 한 가지 덧붙일 수 있는 것이 시편을 기도로 이해하는 것이다. 그는 시편을 통해서 기도하는 법을 배워야 한다고 말한다.[8] 왜냐하면 시편이 기도의 언어이기 때문이다. 이러한 왕대일 교수의 시편 읽기를 바탕으로 살펴보기에 적절한 시편이 '모세의 기도'로 소개되어 있는 시편 90편이다. 이제부터 왕대일 교수의 가르침을 따라 시편 90편을 읽어보도록 하자.

품'이라 말할 수 있다. William P. Brown, *Psalms*, 하경택 역, 『시편』(서울: 대한기독교서회, 2015), 20.

5 왕대일, 『시편사색, 시편 한권으로 읽기 - 토라로 토다를』, 15.

6 위의 책, 21.

7 위의 책, 49-66.

8 위의 책, 28-33. 김정우도 시편 90편을 주석하면서 "신학은 기도이다"라는 칼 바르트의 말을 인용하며 기도의 중요성을 일깨운다. 김정우, 『시편주석 III』(서울: 총신대학교출판부, 2010), 30쪽 각주 6번.

2. 시편 90편의 생성에 관한 견해들

시편 90편의 생성사와 관련하여 다음과 같은 세 가지 견해들을 언급할 수 있다. 먼저 시편 90편의 두 단계 저작설을 주장한 궁켈H. Gunkel의 입장이다.[9] 궁켈은 독립적으로 존재하던 1-12절의 내용이 후대의 확장을 통해서 지금과 같은 모습으로 완성되었을 것이라고 주장했다. 이러한 시편 90편의 생성과정을 두 부분의 주제에 대한 고찰을 통해서 입증하려고 했다. 즉, 1-12절은 "하나님과 인간"이라는 주제 아래 고찰될 수 있는 반면, 13-17절은 "야훼와 이스라엘"이라는 주제 아래 고찰될 수 있다는 것이다.

두 번째로 시편 90편의 지혜문학적인 특성을 강조한 폰라트G. von Rad의 입장이다.[10] 그는 시편 90편이 역사의 부재 현상과 함께 전도서와 동일한 지적-신학적 상황에 생겨난 시편이라고 평가했다. 인생을 '수고' 10절: עָמָל, <아말>로 요약하고 있는 것이 이러한 주장의 근거로 말할 수 있는 대표적인 사례이다. 이 외에도 선재하는 하나님에 대한 언급이나 쉽게 사라지는 인생을 풀에 비유한 것은 잠언잠 8:22-31이나 욥기 14:1-2에서 만날 수 있는 내용들이다.

세 번째로 고대의 자료를 활용하여 지금과 같은 모습의 시편 90편을 완성했다는 크라우스H. J. Kraus의 입장이다.[11] 크라우스는 궁켈의 입장을 반박하면서도 그가 분석한 내용을 자기 나름대로 해석을 가미하

---

9 Hermann Gunkel, *Die Psalmen* (Göttingen: Vandenhoeck & Ruprecht, 1968), 397-99.

10 Gerhard von Rad, *God at Work in Israel*, trans. John H. Marks (Nashville: Abingdon Press, 1980), 219-21. 이 외에도 지혜문학적 특징을 강조한 사람들이 여럿 있다. Klaus Seybold, *Die Psalmen*, HAT I/5 (Tübingen: Mohr Siebeck, 1996), 356-57; Christine Forster, *Begrenztes Leben als Herausforderung: Das Vergänglichkeitsmotiv in weisheitlichen Psalmen* (Zürich/Freiburg: Pano, 2000), 137-200.

11 Hans-Joachim Kraus, *Psalmen 64-150*, BK XV/2 (Neukirchen-Vluyn: Neukirchener Verlag, 1972), 629.

여 수용한다. 최종형태의 시편 90편을 하나의 통일성을 가지고 있는 시편으로 받아들이지만, 시편 90편의 저작과정에서 활용된 1-12절의 특별한 지위를 인정하는 것이다.

시편 90편의 생성에 관한 견해들은 시편 90편의 장르분석에도 영향을 미친다. 전반부1-12절에 두드러지게 나타나는 지혜문학적 요소들과 후반부13-17절에 중점적으로 나타나는 공동체 탄원시의 요소들을 어떻게 평가하느냐에 따라 '지혜시'나 '공동체 탄원시'로 분류할 수 있고, 두 요소를 동시에 가지고 있는 '혼합시'로 분류할 수도 있다.

3. 본문주석

가. 사역

1절　　하나님의 사람 모세의 기도

주님אֲדֹנָי, 당신은 대대로 우리에게 거처מָעוֹן12가 되셨습니다.

2절　　산들이 생기기 전과 당신이 땅과 세계를 조성하시기 전부터,

곧 영원부터 영원까지 당신은 하나님이십니다.

---

12 70인경은 이 낱말을 '피난처'(καταφυγή)로 번역한다. 그러나 '피난처'(Zuflucht)에 해당하는 히브리 낱말은 <마하세>(מַחְסֶה)이다. 시편에서는 자주 하나님이 '피난처'라는 사실이 고백된다(시 14:6; 46:2; 61:4; 62:9; 71:7; 73:28; 91:2, 9; 142:6 등). 따라서 여기에는 시편 전반에서 흔히 나타나는 '피난처'보다는 '거처'라고 번역하는 것이 좋겠다. 그 의미에 대해서는 아래 본문 해설을 보라.

3절   당신은 사람을 먼지로 돌아가게 하십니다.

그리고 당신이 말씀하셨습니다. "돌아가라שׁוּבוּ. 사람의 아들들아"

4절   참으로 당신의 눈에는 천 년이 지나가는 어제의 하루와 같고,

밤의 한 경점更點과 같습니다.

5절   당신은 그들을 홍수로 쓸어 가시니,[13]

그들은 잠자는 것שֵׁנָה 같고,

아침에 돋아나는 풀과 같습니다.

6절   그것은 아침에 꽃을 피우고 자라다가,

저녁에는 시들고 마릅니다.

7절   참으로 우리가 당신의 분노 안에서בְאַפֶּךָ 종말을 맞이하며,

우리가 당신의 진노 안에서בַחֲמָתְךָ 놀랍니다.

8절   당신은 우리의 죄악들을 당신 앞에 두셨으며,

우리의 숨겨진 것들을 당신의 얼굴빛에 두셨습니다.

9절   참으로 우리의 모든 날들이 당신의 노여움 가운데בְעֶבְרָתֶךָ 사라지며,

우리는 우리의 해들을 한숨כְמוֹ־הֶגֶה처럼 보냅니다.

10절   우리 해의 날들은 칠십이고,

강건하면 팔십입니다.

---

13 '홍수로 쓸어가다'로 번역한 <자람>(זרם) 동사는 용례가 많지 않고 구문상의 어려움으로 인해 다양한 번역과 이해가 시도되었다. 크라우스는 둠(B. Duhm)이나 키텔(R. Kittel)의 본문비평을 따라 '씨를 뿌리다'는 의미의 <자라>(זרע) 동사로 고쳐 읽는다(Hans-Joachim Kraus, *Psalmen 64-150*, 628). 하지만 <자람>(זרם) 동사가 '구름이 비를 쏟아 붓다'(시 77:18)의 의미를 가지고 있고, 아랍어와 비교하면 '끝나다, 중단되다'의 의미를 가지고 있기 때문에, '홍수로 쓸어가다'로 이해하는 것이 어원적인 면에서뿐만 아니라 이 시편의 분위기에도 잘 어울린다.

그러나 그것들의 자랑은 수고와 고통וָאָוֶן עָמָל입니다.

참으로 그것은 우리가 날아가듯이 빨리 지나갑니다.

11절   누가 당신의 분노אַפֶּךָ의 능력을 알며,

당신에 대한 경외처럼כְּיִרְאָתְךָ 당신의 노여움עֶבְרָתֶךָ을 알겠습니까?

12절   그러므로 우리에게 우리의 날들을 세는 것을 알게 하시고,

우리가 지혜의 마음을 얻게 하소서.

13절   돌이키소서שׁוּבָה. 야훼여, 언제까지입니까?

당신의 종들עֲבָדֶיךָ에 관하여 뜻을 돌이키소서הִנָּחֵם.

14절   아침에 당신의 인자하심חַסְדֶּךָ으로 우리를 만족케 하소서שַׂבְּעֵנוּ.

그러면 우리가 우리의 모든 날 동안 즐거워하고 기뻐할 것입니다.

15절   당신이 우리를 곤고하게 하신 날수대로 우리로 기뻐하게 하소서שַׂמְּחֵנוּ.

우리가 나쁜 것רָעָה을 보았던 연수대로.

16절   당신의 종들עֲבָדֶיךָ에게 당신의 일פָּעֳלֶךָ을 보이소서.

당신의 영광הֲדָרְךָ을 그들의 자손들בְּנֵיהֶם에게.

17절   주 우리 하나님אֲדֹנָי אֱלֹהֵינוּ의 아름다움נֹעַם이 우리에게 있게 하소서.

우리 손으로 한 일 מַעֲשֵׂה יָדֵינוּ[14]을 우리를 위해 굳게 세워 주소서 כּוֹנְנֵהוּ.

우리 손으로 한 일, 그것을 굳게 세워 주소서.

나. 구조와 양식

시편 90편을 크게 나누면 "탄식"1-10/11절과 "청원"12/13-17의 두 부분으로 나눌 수 있다.[15] 하지만 시편 90편을 좀 더 자세히 분석하면 다음과 같은 네 개의 단락으로 파악할 수 있다.[16] ① 1-2절: 부름과 고백, ② 3-10절: 곤경묘사가 있는 탄식, ③ 11-16절: 하나님의 개입 요청, ④ 17절: 구원에 대한 전망. 쳉어는 시편 90편이 부름에 이어서 곤경에 대한 탄식과 하나님의 개입 요청이 나타나고 구원 넘치는 미래에 대한 전망으로 끝나는 전형적인 탄원시적 구조와 요소들을 보여준다고 평가한다.[17] 또한 그는 이러한 구조분석을 토대로 시편 90편의 특징을 다음 세 가지 내용으로 설명한다.[18]

첫째는 시편 90편이 서두와 종결의 감싸기 구조를 가지고 있다고 말한다.[19] 시편 90편은 찬송시적-제의적 고백으로서 시편을 시작하는 부름1-2절과 2인칭에서 유일하게 3인칭으로 하나님을 부르는 '제의적인 축도형식구'17절로 둘러싸여 있다는 것이다. 이러한 구조와 상응하

---

14 직역하면, '우리 손들의 일'이다.

15 Thomas Krüger, "Psalm 90 und die 'Vergänglichkeit des Menschen'," *Biblica 75/2* (1994), 204.

16 Frank-Lothar Hossfeld and Erich Zenger, *Psalmen 51-100*, HThKAT (Freiburg: Herder, 2000), 605-607.

17 위의 책, 604.

18 위의 책, 605-607.

19 위의 책, 605-606.

게 1절의 <마온>מעון과 17절의 <노암>נעם이 음성학적으로 서로 대응되고 있음을 지적한다. 둘째는 중심부[11-12절]인데 이 단락은 이중적인 수사학적 질문과 그것에 대한 답변 혹은 그것에서 비롯된 결과로서 나타나는 청원으로 구성되어 있다고 말한다. 이 단락은 시편 90편의 전환을 보여주는데, 그것은 단순한 전환이 아니라 이 시편의 '돌쩌귀'로서 이 시편의 '정점'을 이룬다고 평가한다.[20] 11-12절에 사용된 '분노'와 '노여움'이란 표현이 7절과 9절에 나타나고, '우리의 날들'이라는 표현을 통해 한편으로는 9-10절과 다른 한편으로는 14-15절과 연결된다. 셋째는 시편 90편의 양 날개로서 3-10절과 13-16절의 내용을 분석한다.[21] 3-10절은 '당신-그들'Du-Sie의 구조를 가지고 있는 3-6절과 '우리-당신'Wir-Du 구조를 가지고 있는 7-10절로 나누어진다. 전자에는 '모든 인간의 일반적인 무상성에 대한 탄식'이 나타나고, 후자에는 '기도자를 멸망시키는 진노 때문에 드리는 하나님에 대한 탄식'이 나타난다고 분석한다. 13-16절도 두 부분으로 나누어지는데, 13-14절과 15-16절이 대칭적 구조로 구성되어 있다고 분석한다. 바깥 테두리를 구성하는 13절과 16절은 자신의 '종들'에 대한 야훼 하나님의 행동이 묘사되고 있고, 안쪽 테두리에 해당하는 14-15절은 '기뻐하다'는 동사와 '날들'이라는 명사로 연결되어 있다고 설명한다.

이러한 쳉어의 분석은 시편 90편을 이해하는데 많은 도움을 준다. 하지만 본문의 내용과 어법을 그대로 드러내지 못한 측면도 있음을 지적하지 않을 수 없다. 특별히 17절을 '구원에 대한 전망'으로 분석하였는데, 어법상으로는 여전히 기원문으로서 '청원'의 의미를 담고 있다. 따라서 13절이후에 나타나는 '청원'의 연속으로 보는 것이 더 적절할

---

20 위의 책, 606.
21 위의 책, 606-607.

것이다. 필자는 시편 90편의 구조를 다음과 같이 분석한다.

<table>
<tr><td>1절전반절</td><td>표제어</td></tr>
<tr><td>1절후반절-2절</td><td>부름과 고백</td></tr>
<tr><td>3-10절</td><td>탄식</td></tr>
<tr><td></td><td>탄식 1: '잠'이나 '풀'과 같이 사라지는 '인간'에 대한 탄식 (3-6절)</td></tr>
<tr><td></td><td>탄식 2: 하나님의 진노 때문에 사라지는 '우리'에 대한 탄식 (7-10절)</td></tr>
<tr><td>11-17절</td><td>청원</td></tr>
<tr><td></td><td>청원 1: 지혜의 마음 얻게 하소서 (11-12절)</td></tr>
<tr><td></td><td>청원 2: 돌이키소서 (13절)</td></tr>
<tr><td></td><td>청원 3: 기쁨의 날들을 주소서 (14-16절)</td></tr>
<tr><td></td><td>청원 4: 우리 손이 행한 일을 굳게 세우소서 (17절)</td></tr>
</table>

이러한 분석은 시편 90편을 탄원시로 볼 수 있게 한다. 탄원시의 네 가지 주요 요소들부름, 고백, 탄식, 청원이 모두 들어 있다. 탄원시 가운데서도 시편 90편 전반에 걸쳐 '우리'가 주어로 등장한다는 의미에서 '공동체 탄원시'로 분류된다. 하지만 시편 90편의 표제어에 등장하는 '기도'תְּפִלָּה, <테필라>의 의미를 살린다면 '공동체 기도시'라고 말할 수도 있다.

다. 본문해설

1) 표제어

시편 90편의 표제어 "하나님의 사람, 모세의 기도"는 여러 가지 면에서 흥미롭다. 우선 모세가 시편의 표제어에 등장하는 것은 시편 90편이 유일하다. 여기에서 모세는 '하나님의 사람'이라고 불리고 있다.

이 명칭은 구약성경에서 예언자직을 수행한 사람들에게 부여되었다.[22] 이는 '하나님께 속한 자'라는 뜻으로, 하나님께 구별되어 특별히 쓰임받는 사람을 지칭한다. 이러한 점에서 이 명칭은 '야훼의 종'이라는 명칭과 동일시될 수 있다. 실제로 시인은 자신을 포함한 사람들을 가리켜 '종들'이라고 부른다[13, 16절]. 아울러 '기도'라는 표제어의 사용 역시 시편 전체에서 매우 이례적이다. 시편에서 기도라는 표제어를 가지고 있는 시편은 세 편뿐이다[90편 외에 86편과 102편]. 이처럼 표제어의 의미를 파악하는 것은 시편 90편의 올바른 해석을 위해 필수적이다.

먼저 시편 90편은 '기도'라는 명칭과 '모세'라는 인명과 '하나님의 사람'이라는 호칭을 통해 오경의 다양한 본문들과 연결점을 갖는다. 모세는 오경에서 기도자[출 32장], 가수[신 32장] 또는 제의 인도자[신 33장] 등의 다양한 모습으로 나타난다. 이러한 표제어는 모세와 관련된 해당 본문들과의 연관성을 통해 시편 90편의 위치와 의미를 분명하게 보여주며,[23] 시편 90편이 모세의 '기도'이면서 동시에 그의 '축복'으로 인식되게 한다.[24] 더 나아가 이 표제어는 시편 제4권이 왜 '모세의 책'이라고 불리는지, 그 구조적 의도와 성격을 단적으로 보여준다.[25]

---

22 이 명칭의 용례를 살펴보면 다음과 같다. 모세(신 33:1; 수 14:6; 시 90:1)와 사무엘(삼상 9:6이하), 엘리야(왕상 17:18, 24; 왕하 1:9이하), 엘리사(왕하 4:7이하 등 여러 곳)에게와 이름이 알려지지 않은 무명의 예언자들(왕상 13:1이하; 왕상 20:28; 대하 25:7이하)에게 적용되었다. 하경택, "구약성서의 '예언자'를 통해서 본 '설교자'의 모습," 『장신논단』 23 (2005. 6), 12.

23 13절은 '노를 그치시고 뜻을 돌이키소서'라고 외치는 모세의 외침(출 32:12)과 동일하다(아래 본문해설을 보라). 1절, 13절, 16절의 내용은 신명기 32장의 모세의 노래를 연상시킨다(1c는 신 32:7; 13절은 신 32:26; 16절은 신 32:18). 이뿐 아니라 1-2절은 신명기 33장 모세의 축복과 많은 연관성을 갖는다(1b는 신 33:27; 2a는 신 33:15). 신명기 33장은 '하나님의 사람'이란 칭호를 통해서도 연결된다(신 33:1). Frank-Lothar Hossfeld and Erich Zenger, *Psalmen 51-100* (HThKAT), 609.

24 위의 책, 609. 따라서 시편 90편은 출애굽기 32장에서 모세의 기도가 응답된 것과 같이 하나님의 응답을 기대할 수 있으며, 17절의 하나님의 복주심에 대한 기원이 신명기 33장에서 이스라엘에게 복주심을 기원하는 모세의 축복으로 인식될 수 있다.

25 이러한 특징은 '모세'에 대한 언급을 통해서 확인할 수 있다. 모세에 대한 언급이 제4권에서만 7회 나타나고, 나머지 책들에서는 단 한 번 나타난다(시 77:21). Jerome F. D. Creach, "The Shape of Book Four of the Psalter and the Shape of Second Isaiah," *Journal for the*

II. 탄원시

시인은 <아도나이>אֲדֹנָי라는 칭호로 하나님을 부른다. 부름으로 시작하는 것은 탄원시의 전형적인 특징이다.[26] 하지만 <아도나이>라는 칭호가 탄원시의 시작으로 나타나는 경우는 찾기 어렵다.[27] 이것은 모든 것의 주인이신 하나님을 인정하는 것이다.[28] 또한 이 칭호는 화자와 하나님과의 긴밀한 관계를 보여주면서 하나님이 '종'인 화자에 대한 보호자이심을 드러낸다. 따라서 화자는 말 그대로 '주인'이신 하나님의 '종'인 것이다.[29] 시인은 이 부름을 통해서 자신의 고백과 탄식이 하나님께 상달되며 이러한 부르짖음에 응답되기를 바란다.

시인은 부름에 이어 두 가지 사실을 고백한다. 하나는 "당신은 대대로 우리에게 거처가 되셨다"는 것과 다른 하나는 "영원부터 영원까지 당신은 하나님이시다"는 사실이다. 그런데 이 두 가지 사실은 문장 구조상으로 보면 차이점이 있다. 첫 번째 고백은 완료형의 <하야>הָיִיתָ 동사가 사용된 동사문장이고, 두 번째 고백은 동사가 나타나지 않는

Study of the Old Testament 80 (1998), 66.

26 William P. Brown, 『시편』, 85.

27 시편 8편이 '야웨 우리 주여'로 시작한다(2[1]절). 하지만 시편 8편은 찬양시로 분류된다. 탄원시에서 부름은 주로 '야웨' 혹은 '하나님'으로 나타난다(예컨대, 시편 3편, 4편, 5편, 6편, 7편 등). 물론 시편 중간에서 야웨 하나님을 <아도나이>라고 부르는 경우는 많이 볼 수 있다(시 35:17, 22; 38:10[9]; 38:23[22]; 39:8[7]; 44:24[23]; 51:17[15]; 55:10[9]; 57:10[9]; 59:12[11]; 62:13[12]; 71:5; 73:20; 79:12; 86:3-5, 8-9, 12, 15; 89:51; 109:21; 130:2-3; 140:8[7]; 141:8).

28 Hans-Joachim Kraus, *Psalmen 64-150* (BK XV/2), 629.

29 이것은 13절과 16절에 나타나는 '당신의 종들'이라는 호칭과 대응을 이룬다. 이러한 호칭의 대응을 통해서 시인은 자신의 탄원이 응답될 것을 기대할 수 있다. <아도나이>, 즉 '주님'이신 하나님은 '종'의 기도를 듣고 응답하시어 종의 보호자로서 자신을 증명하셔야 하는 것이다. 이러한 사실이 시편 86편에서 잘 드러나는데, 자신을 '종'으로 인식하는 시인은(2절, 16절) 하나님을 줄곧 <아도나이>라고 부르며 기도한다(3-5, 8-9, 12, 15절에서 7회). 흥미롭게도 이 시편의 표제어는 시편 90편과 유사하게 <다윗의 기도>이다. 또한 시편 90편과 동일하게 '기도'(<테필라>)라는 표제어를 가지고 있는 시편 102편과의 연관성에 대해서는 다음을 참조하라. 정현진, "시편 제4집에서 본 102편 - 믿음으로 찾아 낸 허무한 인생과 충만한 인생의 균형," 김이곤교수정년퇴임기념논문집 편집위원회 편, 『시편 - 우리 영혼의 해부학』(서울: 한들출판사, 2006), 197-98.

명사문장이다. 따라서 첫 번째 고백은 하나님이 '대대에 거처가 되셨다'는 '역사회고'라고 말할 수 있다. 이것은 과거에 베푸신 은혜에 대한 역사회고를 통한 확신의 고백이다. 하나님은 대대로 '거처'<마온>, מָעוֹן가 되신 분이다.[30] 이것은 하나님의 돌보심과 보호가 하나님의 사람과 백성의 존재 근거가 되었음을 말한다. 여기에 대응되고 있는 것이 "영원부터 영원까지 당신은 하나님이십니다"는 두 번째 고백이다. 이것은 앞서 설명했듯이 동사가 나타나지 않는 명사 문장이다.

여기에는 시간의 한계를 넘어 역사하시는 하나님에 대한 고백이 담겨있다. 나아가 이는 하나님의 무한하신 능력과, 그분의 존재가 시간의 벽을 뛰어넘는 현재임을 보여준다.[31] 특별히 '산들이 생기기 전과 당신이 땅과 세계를 조성하시기 전부터'라는 부가적인 설명을 통해 이스라엘의 하나님은 세계의 창조자라는 사실을 드러낸다.[32]

이러한 시인의 고백은 시편 90편의 양식적 독특성을 드러내는 결정적인 특징이다. 일반적으로 탄원시의 말미에 위치하는 신뢰의 고백이, 본문에서는 이례적으로 부름과 함께 첫머리에 배치되어 있기 때문이다.[33] 이러한 배치는 탄식과 청원 이후에 등장하는 일반적인 신뢰의 고백과는 차원이 다른 신학적 의미를 함축한다. 즉, 서두에 위치한 이 신뢰의 고백이 시편 90편의 분위기를 결정짓고 있다는 점이다.[34] 더 구

---

30 루터는 시편 90편에 대한 해설에서 히브리어 <마온>을 주목하고 이것이 시편 90편 진술의 특별한 점이라는 사실을 지적한다. 성경의 다른 본문에서는 하나님의 백성인 그리스도인이 '하나님의 성전'(고전 3:17)이라거나 하나님이 '이곳(즉, 자신의 백성 안)에 살겠다'(시 132:14)고 말하고 있는 반면(또한 시 76:3[2] 참조), 시편 90편에서는 하나님이 '거처'(Wohnung)라고 말하고 있다. 루터는 이 진술을 토대로 "우리가 집 주인이요 거주자이다"(wir seien die Hausherrn und Bewohner)라고 말한다. 하경택, "루터의 성경과 번역 - 시편 성경 번역을 중심으로," 『Canon&Culture』 11/2 (2017. 10), 82.

31 Artur Weiser, *The Psalms: A Commentary*, OTL (London: SCM Press, 1962), 597.

32 Claus Westermann, "Ps 90," in *Ausgewählte Psalmen, übersetzt und erklärt von Claus Westermann* (Göttingen: Vandenhoeck & Ruprecht, 1984), 116.

33 탄원시의 기본구조에 관하여 다음을 참조하라. William P. Brown, 『시편』, 85.

체적으로 말하면 이 신뢰의 고백이 뒤이어 나오는 탄식의 근거가 되면서, 동시에 하나님의 응답을 요청하는 청원의 토대가 된다. 달리 말하면, 시인은 시편 90편을 통해 이러한 고백이 현실 속에서 계속 유지되고 있는가에 대한 질문을 제기하고 있는 것이다.[35]

3) 탄식 1: '잠'이나 '풀'과 같이 사라지는 '인간'에 대한 탄식 3-6절

3-10절은 탄식으로 분류된다. 그 가운데 첫 번째 부분인 3-6절은 '인간의 무상성'에 대한 탄식이다. 이 가운데 3절은 창세기 3장 19절과 밀접한 관계에 있다. 시인은 하나님이 "사람을 먼지로 돌아가게 하신다"고 말한다. 여기에서 '먼지'라고 번역된 히브리 낱말 <다카>דַּכָּא는 '분쇄된 것'이라는 의미를 가지고 있다. 인간은 고운 가루로 부수어진 먼지와 같이 쉽게 부수어지고 남는 것이 없는 연약한 존재임을 보여준다. 3절후반절은 전반절의 서술에 대한 부연설명이다. 하나님은 인간들에게 "돌아가라שׁוּבוּ. 사람의 아들들아"라고 말씀하신다.[36] 3절전반절과 후반절에서 모두 인간의 죽음을 가리키는 의미로 <슈브> 동사가 사용되고 있다.

이어서 시인은 인간의 무상성을 시간의 관점에서 말한다4절. 여기에서 하나님의 시간과 인간의 시간이 비교된다. 하나님의 눈에는 천년

34　Claus Westermann, "Ps 90," 115.

35　Frank-Lothar Hossfeld and Erich Zenger, *Psalmen 51-100* (HThKAT), 610. 이러한 시인의 고백은 시편 73편의 흐름과 유사하다. 시편 73편에서도 시인의 근본사상이 첫머리에 시인의 확신으로서 나타나고 그것이 유효한지 그렇지 않은지가 시편 전체를 통해서 검증되고 확인된다. Artur Weiser, *The Psalms: A Commentary* (OTL), 596.

36　루터는 3절후반절을 '하나님의 말씀의 권능을 통하여 새로운 세대가 일어난다'는 의미로 해석하였다. 베스터만도 그러한 루터의 해석 전통에 서 있다. 그러나 이것은 전반절과 같은 분위기로서 죽음에 대한 언급으로 이해하는 것이 더 나아 보인다. Erhard S. Gerstenberger, *Psalms, Part 2, and Lamentations* (Grand Rapids/Cambridge: William B. Eerdmans Publishing Company, 2001), 159-60.

의 시간이 하루만큼 짧다. 이러한 진술은 후반절에서 좀 더 첨예화된다. 천년이라는 인간의 삶은 하나님 앞에서 어제의 하루보다도 짧아 밤의 한 '경점'אַשְׁמוּרָה, 更點[37]에 지나지 않는다. 이러한 천년과 하루의 비교는 하나님의 영원성과 인간 삶의 유한성이 비교 불가할 만큼 차이가 크다는 사실을 보여준다시 84:11; 욥 9:1; 벤후 3:8 참조.

5-6절에서 인간의 삶은 '잠'과 '풀'에 비교된다. 이 두 가지 은유는 인간 삶의 무상성과 허무함을 동시에 드러낸다. 시인은 인생이 아침에 깨어보면 아무것도 남아 있지 않는 '잠'이라고 말하고,[38] 아침에 피었다가 저녁에 시드는 '풀'과 같이 쉽게 사라지는 것이 인생임을 강조한다. 이러한 인간 삶의 이면에서는 홍수로 쓸어 가시는 하나님의 행동이 있다. 이것은 7-9절에 나타나는 하나님의 진노에 상응하는 창조신학적 진술이다.

인간의 연약함과 삶의 유한함에 대한 시인의 탄식은 그것을 비관하거나 거부하려는 의도를 가진 것으로 볼 수 없다.[39] 이것은 구약성경이 도처에서 증언하는 지혜문학적인 통찰이다사 40:6이하; 욥 7:7-8; 14:1이하; 시 37:2; 58:8; 102:3-12; 103:15-16 등. 이러한 진술은 1-2절의 하나님의 영원성에 대한 고백과 극명하게 대조를 이룬다. 여기에서 우리는 인간의 무상성에 대한 지혜문학적 통찰이 하나님의 영원성과 창조주 하나님에 대한 고백과 함께 나타날 때 단순한 탄식 이상의 의미를 가질 수 있음을 볼 수 있다. 즉, 영원하신 하나님과 비교할 때 지극히 미미한 존재

---

37 '경점'이란 조선 시대에, 북이나 징을 쳐서 알려 주던 시간을 말한다. 하룻밤의 시간을 다섯 경(更)으로 나누고, 한 경은 다섯 점(點)으로 나누어서, 매 경을 알릴 때에는 북을, 점을 알릴 때에는 징을 쳤다. 이러한 밤의 시간은 사사기 7장 19절에서 확인할 수 있다.

38 여기에서 '잠'은 한 번 잠들면 깨어날 수 없는 '죽음의 잠'을 의미하는 것으로 해석되기도 한다. 김정우, 『시편주석 III』, 33.

39 바이저(A. Weiser)는 이러한 시인의 묘사가 침울한 비관주의의 산물이 아니라 단순하고 냉철한 현실주의의 결과라고 평가한다. Artur Weiser, *The Psalms: A Commentary* (OTL), 598.

을, 어찌하여 진노와 분노로 소멸시키시는가에 대한 근원적인 문제 제기이다.[40] 이러한 시인의 문제 제기는 이어지는 탄원7-10절과 첫 번째 청원11-12절에서 좀 더 분명하게 드러난다.

4) 탄식 2: 하나님의 진노 때문에 사라지는 '우리'에 대한 탄식 7-10절

탄식부의 두 번째 단락인 7-10절에는 '하나님의 진노'에 대한 탄식이 나타난다. 시인은 무상한 인간의 삶에 대한 다른 측면으로서 하나님의 진노를 말한다. 앞에 표명된 탄식3-6절과 다른 모습을 인칭변화를 통해 확인할 수 있다. 3-6절에서는 하나님을 '당신'이라 부르면서 '그들'에게 행동하시는 하나님에 대해 말하고 있는 반면, 7-10절에서는 '우리'에게 '진노'로 대응하시는 하나님에 대해서 말하고 있다. 유한한 삶을 사는 인간 가운데서도 특별히 '우리'가 주목되고 있으며, 하나님의 행동 가운데서도 '하나님의 진노'가 강조된다.

7절에서 시인은 하나님의 진노로 종말을 맞이하고 놀라는 '우리'의 모습을 묘사한다. 전반절과 후반절에서 하나님의 '진노'אַף와 '분노'חֵמָה가 반복되면서 강조된다. 8절에서는 인간의 어떤 죄악도 하나님 앞에서 숨겨질 수 없음을 말한다. 인간들에게 감춰진 것도 그 분 앞에서는 숨김없이 드러난다렘 16:17; 전 11:9; 12:14. 인생이 아무리 아름답고 단단해 보여도 숨 한 번 몰아쉬는 사이에 완전히 사라져 버린다. 그래서 인생은 '한숨'הֶגֶה과 같다9절.[41]

---

40 이러한 시인의 탄식은 시편 8편에 대한 트라베스티(Travesti)로서 보잘 것 없는 인생에 대한 과도한 관심과 간섭으로 자신을 괴롭게 한다는 욥의 탄식(욥 7:17-19)과 비교된다. 하경택, 『욥기』(한국장로교총회창립 100주년기념 표준주석)(서울: 한국장로교출판사, 2018), 121.

41 70인경은 이 '한숨'을 '거미'로 번역하고 '우리의 인생은 거미처럼 이야기를 뽑아내었다'라고 번역한다. 김정우, 『시편주석 III』, 35.

구약성경에서 하나님의 진노는 인간의 범죄에 대한 하나님의 응답이요 반응이다.[42] 따라서 '돌아가라'는 명령은 교만한 인간에 대한 진노 어린 하나님의 명령이라고 말할 수 있다창 3:5; 11:4.[43] 그러나 죄와 죽음의 관계는 하나님만이 결정하실 수 있고 판단하실 수 있다. 인간의 죄악은 인간의 시각이 아닌 하나님 앞에서 드러나는 잘못이다.[44] 사람에게는 '숨겨진 죄악'일지라도 하나님께는 숨겨진 것이 될 수 없다. 시편 51편에 있는 "내가 주께만 범죄하여 주의 목전에 악을 행하였사오니"4절라는 고백도 비슷한 맥락에서 이해된다. 사람에게는 죄가 아닐지라도 하나님께는 죄가 될 수 있는 자신의 행동을 고백하고 있는 것이다. 그러므로 인간의 역사와 삶은 오직 하나님의 손에 달려있다.

10절에는 유한한 인생의 길이가 구체적인 숫자로 제시된다. 사람의 연수가 칠십이요 강건하면 팔십이라 묘사되지만, 고대 사회의 환경을 생각하면 이는 누구나 누리는 현실적인 나이라기보다는 드문 예외에 가깝다.[45] 따라서 70세는 현실적인 나이가 아니라 다윗이 누린 수명에 견줄 수 있는 이상적인 나이라고 말할 수 있다.[46] 우리가 이상적인

---

42 Hans-Joachim Kraus, *Psalmen 64-150* (BK XV/2), 631.

43 위의 책, 631.

44 Claus Westermann, "Ps 90," 118.

45 구약시대의 나이에 대한 언급은 다음과 같다. 창세기의 족장들은 120세의 수명을 넘긴다. 아브라함 175세 (창 25:7), 이스마엘 137세 (창 25:17), 이삭 180세 (창 35:28), 야곱 147세 (창 47:28), 요셉만 110세(창 50:22). 이 세 족장 못지않게 아론(123세, 민 33:39)과 모세(120세, 신 34:7)와 여호수아 (110세, 수 24:29)는 긴 수명을 누린다. 사사 중에는 나이가 기록되어 있지 않고, 제사장이면서 사사로 불리던 엘리만 98세의 수명을 누린 것으로 나타난다(삼상 4:15). 왕정기에 사울(삼상 13:1에 히브리어 원문에 나이가 빠져 있으나 70역본 가운데 몇몇은 30세로 읽는다. 여기에 사울의 통치연수를 40년이라 계산하는 행 13:21의 진술을 따르면 70세의 나이가 추산될 수 있다)과 다윗이 70세의 수명을 누린다. 솔로몬은 통치기간이 40년으로 보도되지만(왕상 11:42), 즉위시 나이가 불확실하므로 사망시의 나이를 알 수 없다. 유다왕들의 평균수명은 약 45세였다. 임효명, "구약의 노년," 『102차 한국구약학회 추계학술대회 자료집』(2016. 9), 182.

46 그런데 70년의 의미는 구약성경에서 특별한 의미를 지닌다. 그것은 이스라엘의 바벨론 포로기 간을 의미한다(렘 25:11-12; 29:10; 슥 1:12; 7:5; 대하 36:21; 단 9:2; 또한 두로에 관하여 사 23:15, 17). Ulrich Berges, "Die Knechte im Psalter: Ein Beitrag zu seiner Kompositionsges-chichte," *Biblica 81/2* (2000), 164.

나이의 70년이나 80년의 긴 인생을 산다고 해도 그것은 수고와 고통 밖에 없다는 것이 시인의 고백이다. 그것도 '쏜살같이' 매우 빠르게 지나가는 인생이다. 그러한 인생이 하나님의 진노와 분노 가운데 사라지는 것이다.

이러한 시인의 탄식에서 3-6절에서와는 구별되는 새로운 의미를 발견한다. 즉, 3-6절이 보편적인 '인간의 실존'conditio humana을 진술했다면, 본문은 하나님의 분노와 진노 아래 소멸해가는 '우리'의 삶을 조명하고 있다는 것이다.[47] 여기에는 시인의 구체적인 경험과 특수한 상황이 전제되어 있다. 특히 주목할 점은, 시인이 하나님의 행동을 묘사함에 있어 오직 분노와 진노만을 강조한다는 사실이다. 이러한 시인의 모습에서 우리는 분노와 진노만이 아니라 인자와 성실의 성품을 가지신 하나님을 자극하려는 의도를 엿볼 수 있다. 이는 하나님께서 '우리'의 삶에 개입하실 때, 단지 심판과 징벌의 차원에만 머물지 않으시기를 바라는 시인의 간절한 열망이다. 이를 통해 시인은 진노를 통한 심판이 아니라 인자하심을 통한 구원으로 하나님이 '돌이키시기'를 강력히 촉구하고 있는 것이다.[48]

<hr>

47 Thomas Krüger, "Psalm 90 und die 'Vergänglichkeit des Menschen'," 202, 206. 이러한 인식과 상응하게 베스터만은 시편 90편에서 인간의 유한한 삶이 하나님의 창조(3-6절)와 역사(7-10절)라는 두 축 속에서 조망된다고 말한다. Claus Westermann, "Ps 90," 118.

48 Richard J. Clifford, "Psalm 90: Wisdom Meditation or Communal Lament?" in *The Book of Psalms: Composition and Reception*, ed. Peter W. Flint and Patrick D. Miller (Leiden/Boston: Brill, 2005), 199. 클리포드는 인간의 무상성과 하나님의 영원성의 대조가 하나님의 구원을 촉구하는 모티프로서 자주 나타나고 있음을 지적하면서(예, 시편 39편, 102편, 103편), 특별히 시편 39편과의 비교를 통해 시편 90편의 탄원시적 특징을 잘 분석하고 있다. 또한 다음을 참조하라. Nancy L. deClaissé-Walford, *Rolf A. Jacobson and Beth LaNeel Tanner, The Book of Psalms*, NICOT (Grand Rapids/Cambridge: Wm. B. Eerdmans, 2014), 694; Ulrich Berges, "Die Knechte im Psalter: Ein Beitrag zu seiner Kompositionsgeschichte," 166-67.

5) 청원 1: 지혜의 마음 얻게 하소서 11-12절

첫 번째 청원인 11-12절은 시편 90편의 전환점을 보여준다. 여기에서 부름과 고백 이후 탄식에서 청원으로 그 분위기가 바뀐다. 시인은 먼저 "누가 당신의 분노의 능력을 알겠습니까?"라고 묻는다. 11절 후반절에서는 이러한 하나님의 노여움에 대한 질문을 야훼 경외와 연결시킨다. 시인이 이렇게 질문하는 의도는 무엇인가? 이것은 수사적인 질문으로서 '누구도 모른다'의 답변을 염두에 두고 있는 것이다. 여기에는 시인을 비롯한 공동체가 경험하는 하나님의 분노와 노여움이 잘 이해되지 않고 있다는 점을 시사한다. 시인은 하나님의 진노가 야훼 경외의 문제처럼 잘 이해되지 않고 있음을 드러낸다.[49]

이어서 시인은 두 가지 사실을 청원한다12절. 하나는 '우리의 날들을 세는 것'을 알게 해달라는 것이고, 다른 하나는 '지혜의 마음' לְבַב חָכְמָה 을 얻게 해달라는 것이다. '우리 날들을 세는 것'에 대해서도 여러 가지 해석이 가능하다. '우리의 날들'을 인생의 길이를 의미하는 것으로 보아 우리의 인생의 길이가 얼마나 짧은지를 깨닫게 해달라는 의미의 내용으로 이해할 수도 있다. 하지만 90편 전체의 맥락 가운데 이 청원은 그렇게 일반적으로 의미로만 해석되지 않는다. 여기에서 '우리의 날들'은 시인을 비롯한 공동체에게 '특별하게 정해진 시간'을 의미한다고 볼 수 있다. 이를 구체적으로 환원하면, 하나님의 진노 아래에서 자신들이 겪고 있는 '고통의 시간', 그 기간과 의미에 대한 올바른 이해를 간구하는 것이다. 이러한 시인의 요청은 후반절에서 '지혜의 마음'을

---

49 게르스텐베르거는 이러한 수사적 질문들이 지혜를 겨루는 논쟁 상황에서 나타나는 도전적 연설에서 비롯되었다고 평가한다(예컨대, 욥 25:3-4; 28:12, 20; 38:18, 33, 37; 41:2b, 3 등). Erhard S. Gerstenberger, *Psalms, Part 2, and Lamentations*, 160.

얻게 해 달라는 기도로 재확인된다.[50] 구약성경에서 마음은 '인지'와 '인식', 더 나아가 '의지'의 기관으로서 나타난다.[51] 시인은 '지혜의 마음'이 자신들에게 들어와 자리 잡도록 해달라고 청원한다.[52] 여기에서 '지혜'는 일반적인 사실에 대한 지혜가 아니다. 자신들이 경험하는 특수한 상황과 삶에 대한 인식과 이해를 가져오는 지혜이다.[53]

여기에서 시인은 죽음의 위협으로부터 구원이나 불멸성을 위해 청원하지 않는다. 오히려 그는 자신의 날들을 계수할 수 있는 지혜를 구한다. 이는 단순히 인생의 짧음을 인지하지 못해서 터져 나온 탄식이 아니다. 이것은 하나님의 진노가 언제까지 지속될지를 헤아릴 수 있는 지혜에 대한 요구이며, 나아가 하나님의 창조와 역사 속에 깃든 당신의 뜻을 깨닫고자 하는 시인의 간절한 부르짖음이다. 따라서 여기에는 하나님의 행동에 대한 '탄식'과 '청원'의 의미가 동시에 들어있다.[54] 11-12절은 형식적으로는 '청원'으로 분류되나 내용적으로는 여전히 '탄식'으로 분류될 수 있다. 이러한 점에서 11-12절은 시편 90편의 '돌쩌귀'이며 '중심부'라고 말할 수 있다.

---

50 12절은 전반절과 후반절의 연결에 대하여 두 가지 해석이 가능하다. 하나는 독립적인 두 개의 절의 연속으로 보는 것이고, 다른 하나는 후반절을 전반절의 목적절로 보는 것이다. 하지만 어떻게 이해하든 결과적으로 드러나는 의미는 크게 다르지 않다. '우리의 날들을 세는 것을 알게 해 달라'는 것과 '지혜의 마음을 얻게 해 달라'는 청원은 결국 동일한 내용을 의미하는 것으로 보이기 때문이다.

51 Bernd Janowski, *Konfliktgespräche mit Gott. Eine Anthropologie der Psalmen* (Neukirchen-Vluyn: Neukirchener Verlag, 2009), 168-70.

52 여기에 사용된 동사는 <보>(נבט) 동사의 히필형이다.

53 Richard J. Clifford, "Psalm 90: Wisdom Meditation or Communal Lament?," 203; Thomas Krüger, "Psalm 90 und die 'Vergänglichkeit des Menschen,'" 207.

54 탄식의 종류를 세 가지로 구분하는 베스터만의 분석에 의하면 3-6절은 '하나님-탄식'(Gott-Klage)으로, 7-10절은 '우리-탄식'(Wir-Klage)로 분류된다. 시편 90편에서는 '원수-탄식'(Feind-Klage)이 나타나지 않는다. 그 대신 하나님이 시인의 원수와 동일시된다. 원수의 자리에 하나님이 대신 나타나고 있기 때문에 시인은 11-12절에서 곤경의 종식에 대해 요청하지 않고 묘사된 곤경에 대한 인식과 통찰을 요구한다. Frank-Lothar Hossfeld and Erich Zenger, *Psalmen 51-100*, 604.

6) 청원 2: 돌이키소서 13절

13절은 여러 면에서 새로운 시작을 보여준다. 여기에는 강조된 명령형이 사용되고 있으며, 야훼 신명이 처음 나타나고, "언제까지"라는 탄식의 의문사가 사용되고 있다.[55] 따라서 1-12절은 이곳의 청원을 위한 준비단계였다고 평가할 수 있다.[56] 시인은 13절에서 말하고 있는 청원을 위한 논리적인 토대로서 부름과 고백과 탄식을 보여주었고, 하나님이 자신들의 청원을 들으시도록 지금까지 그 근거를 마련한 것이다.

그렇다면 시인이 야훼께 청원하는 바는 무엇인가? 그것은 "돌이키소서"〈슈바〉, שׁוּבָה 이다.[57] 〈슈브〉의 의미는 다양하나,[58] 기본적인 의미는 '돌이킴'이다. 이러한 청원은 후반절의 간구를 통해 더욱 강조된다. "'당신의 종들'에 관하여 '뜻을 돌이키소서'〈힌나헴〉, הִנָּחֵם.[59]" 이러한 시인의 청원에 대한 구체적인 의미는 동일한 두 개의 동사를 통해 청원하고 있는 출애굽기 32장의 모세의 기도를 통해서 확인할 수 있다.[60]

---

55 위의 책, 606.

56 Nancy L. deClaissé-Walford, Rolf A. Jacobson and Beth LaNeel Tanner, *The Book of Psalms*, 695.

57 이것은 '강조형태'의 명령형으로서 분위기를 살펴 번역하면 '제발 돌이키소서'라고 옮길 수 있겠다.

58 그 의미는 '회개', '귀환', '운명의 전환', '하나님을 떠남' 등 다양하다. Rolf Rendtorff, *Theologie des Alten Testaments: Ein kanonischer Entwurf. Band 2: Thematische Entfaltung*, 하경택 역, 『구약정경신학』(서울: 새물결플러스, 2009), 414-17, 508-10; J. Alberto Soggin, "שׁוב," in *Theologisches Handwörterbuch zum Alten Testament, II* (München: Chr. Kaiser Verlag, 1984), 884-91; Heinz-Josef Fabry and Axel Graupner, "שׁוב," in *Theologisches Wörterbuch zum Alten Testament, 7* (Stuttgart: W. Kohlhammer, 1993), 1118-66.

59 여기에 사용된 〈나함〉동사의 니팔형도 여러 가지 의미로 해석된다. 개역개정역에서는 각각 '한탄하다'(창 6:6); '후회하다'(삼상 15:11); '회개하다'(욥 42:6); '뜻을 돌이키다'(욘 3:9-10) 등으로 번역되었다.

60 이러한 유사성은 시편 90편이 '모세의 기도'라는 표제어를 갖도록 하는 본문상호간의 관련성을 보여준다.

시편 90:13	출 32:12b
שׁוּבָה יְהוָה עַד־מָתָי וְהִנָּחֵם עַל־עֲבָדֶיךָ	שׁוּב מֵחֲרוֹן אַפֶּךָ וְהִנָּחֵם עַל־הָרָעָה לְעַמֶּךָ

첫째로, 전반절의 '돌이키소서'라는 청원은 무엇으로부터 돌이킴인가? 시편 90편에서는 '무엇으로부터'가 명시되어 있지 않다. 하지만 출애굽기 32장의 모세의 기도에는 그것이 분명하게 언급되어 있다. 그것은 '불타오르는 분노로부터' מֵחֲרוֹן אַפֶּךָ 의 돌이킴이다. 이것은 시편 90편의 시인이 7-10절에서 집중적으로 다루었던 하나님의 행동이었다. 그러므로 출애굽기 32장의 모세처럼 90편의 시인도 동일한 '모세의 기도'를 하고 있는 것으로 볼 수 있다. 야훼께서 하나님의 진노로부터 돌이키시기를 간구하고 있는 것이다.

둘째로, 후반절에서 '뜻을 돌이킨다'는 것은 무엇을 의미하는가? 이 문제도 출애굽기 32장의 모세의 기도를 통해서 좀 더 분명하게 알 수 있다. 시편 90편에서는 '당신의 종들'이라고만 말하고 있으나, 출애굽기 32장에서는 '당신의 백성에 대한 <라아>'라고 명시하고 있다. 여기에서 히브리 낱말은 <라아>הָרָעָה로서 '악', '재앙', '화'禍 '불행' 등 다양한 의미를 가지고 있다.[61] 따라서 '뜻을 돌이킴'도 당신의 종들에게 '나쁜 것'을 내리시려는 뜻을 거두시기를 간청하고 있다_{아래 15절을 보라}.

이러한 시인의 청원은 출애굽기 32장의 모세의 기도를 본받고 있다_{또한 애 5:19-22 참조}. 진노로부터 돌이키시고 재앙으로부터 회복시켜 달라는 청원인 것이다.[62] 특별히 13절에 언급된 '당신의 종들'이라는 명칭

---

61 Wilhelm Gesenius, *Hebräisches und Aramäisches Handwörterbuch über das Alte Testament*, 이정의 역, 『히브리어 아람어 사전』(서울: 생명의말씀사, 2007), 766.

62 이러한 '돌이킴'의 의미는 <나함> 동사와 <슈브> 동사의 결합이 유일하게 한 번 더 나타나는 출애굽기 13장 17절에서 확인할 수 있다.

은 시편 90편에 대한 해석을 위해 매우 중요한 의미를 지닌다. 시편에서 '종'이라는 표현은 다윗을 지칭할 때 주로 사용된 명칭이었다[시 18:1; 36:1; 78:70; 132:10; 144:10]. 하지만 이 명칭이 하나님의 백성들에게도 적용된다[시 34:23; 69:37; 79:2, 10; 89:51; 90:13, 16; 102:15, 29; 105:25; 113:1; 123:2; 134:1; 135:1, 14].[63] 시편 90편에서 시인이 말하는 '종들'은 다윗 왕조의 멸망을 경험한 포로기 또는 포로기 이후 초기의 exilisch-frühnachexilisch 공동체의 일원들로서 하나님의 회복과 구원을 열망하는 사람들이라고 말할 수 있다.[64] 시편 90편의 시인은 모세처럼 야훼의 종들의 대표자로서 청원한다. 그는 다윗 이전의 인물인 광야시대의 인도자 모세의 모범을 따라간다. 따라서 그의 기도는 다윗왕조의 재건에 초점이 있지 않고 '종들'에 대한 하나님의 위로와 회복을 지향한다.[65] 이러한 하나님의 위로와 회복에는 하나님의 돌이키심이 전제되어야 한다. 시인은 이러한 간구를 하나님이 사람에게 '티끌로 돌아가라'고 하실 때[3절]의 <슈브> 동사를 그대로 사용하여 하나님의 '돌이키심'을 위해 사용한다. <슈부> שׁובו 에 맞서 <슈바> שׁובה 라고 말하고 있다.

7) 청원 3: 기쁨의 날들을 주소서 14-16절

14-16절에서는 청원의 내용이 더욱 구체화된다. 14절에서 시인은 "아침에 당신의 인자하심으로 우리를 만족하게 하소서"라고 청원한

---

63 이러한 의미의 확대는 '다윗 언약'의 확장으로서 나타나는 '왕권의 민주화'(Demokratisierung des Königtums)처럼(사 55:3), '종됨의 민주화'(Demokratisierung des Knecht-Seins)라고 명명할 수 있겠다. Ulrich Berges, "Die Knechte im Psalter: Ein Beitrag zu seiner Kompositionsgeschichte," 164.

64 시편에서 이 용어는 특정 인물만이 아니라 공동체를 가리키는 집단적 의미로 사용되지만 전체 이스라엘을 가리키는 것은 아니다(사 54:17). 이와 같은 현상은 이사야서에서도 확인할 수 있다. 위의 책, 163-64.

65 위의 책, 176.

다. 진노와 분노만을 말했던 이전 단락과는 달리 하나님의 회복과 구원을 위해 시인은 '인자하심' ⟨헤세드⟩, חֶסֶד을 언급한다.[66] 그것도 아침에 그렇게 해달라는 것이다. '아침'이 무상함을 드러내기 위한 시간이 아니라 하나님의 은혜를 경험하는 시간으로 바뀐다6절과 14절.[67] 이것은 지금까지 진노와 분노로 서술되었던 하나님의 행동에 대한 다른 측면의 모습이다. 야훼의 인자하심이 임하면 종들이 모든 날 동안 즐거워하고 기뻐하게 될 것이라고 말한다.

15절에서 시인은 "기뻐하게 하소서"라고 말하면서 청원을 이어간다. 그는 '곤고하게 하신 날수'대로 그리고 '나쁜 것 ⟨라아⟩, רָעָה을 보았던 연수'대로 자신들을 즐겁게 해달라고 청원한다.[68] 이것은 매우 대담한 청원이다. 시인은 여기에서 회개를 언급하지 않는다. 자신들의 잘못을 인정하고 돌이키는 것을 전제로 말하는 것이 아니라 고통의 날수만큼 자신들을 기쁘게 해 달라고 요청하고 있는 것이다.[69] 이것은 하나님과 친밀한 관계에 있지 않으면 할 수 없는 청원이다. 하나님의 사람, 하나님의 종, 더 나아가 하나님의 자녀만 할 수 있는 청원이다.[70]

16절에서 시인은 하나님의 '일'과 '영광'을 보여 달라고 말한다. 그는 하나님의 일과 영광을 각각 '당신의 종들' עֲבָדֶיךָ과 '그들의 자손

---

66 바이저는 하나님의 인자하심을 하나님의 은혜로 풀이한다. "하나님의 은혜는 인간 삶의 지주요 본질이다. 하나님의 은혜는 사람이 그것에 따라 자신의 날들을 세어야 하는 표준을 제시한다." Artur Weiser, *The Psalms: A Commentary* (OTL), 602.

67 Frank-Lothar Hossfeld and Erich Zenger, *Psalmen 51-100* (HThKAT), 607.

68 이러한 언급에는 시인이 속한 공동체가 겪어야만 했던 길고 긴 고통의 시간이 있다. 이 고통의 시간에 대한 이해로 가장 대표적인 것은 바벨론 포로의 생활이다. 이러한 이해는 시편 90편의 저작시기를 바벨론 포로기 혹은 그 이후라고 추측하는 근거가 된다.

69 이사야서에는 하나님이 이스라엘 백성에게 바벨론 포로에서 당한 고난은 야훼께서 그들에게 죄 값을 두 배로 치르게 하신 것(사 40:1-2)이라는 인식이 나타난다. 여기에는 고통의 시간을 지나온 이스라엘 백성을 향한 하나님의 위로와 안타까움이 잘 드러난다.

70 베르게스(U. Berges)는 '종됨'이란 하나님의 도움을 요청할 수 있는 권리자로서의 지위를 갖는다고 말한다(시 143:12; 또한 116:16 참조). Ulrich Berges, "Die Knechte im Psalter: Ein Beitrag zu seiner Kompositionsgeschichte," 162.

들'<히브리>에 보여주기를 청원한다. 이는 3절에 언급된 '사람의 아들들'<히브리>과 좋은 대조를 이룬다. 앞에서는 영원하지 않는 인생이 강조되었다. 하지만 여기에는 인생이 영원하지 않을지라도 야훼의 일과 영광은 계속적으로 경험될 수 있다는 희망이 나타나 있다. 그것은 종들과 그들의 자손의 연속을 통해서 가능하다.[71] 시인은 종들의 세대 연속을 통해서 인생의 유한성이 극복되기를 소망한다.

7) 청원 4: 우리 손이 행한 일을 굳게 세우소서 17절

17절이 시편 90편의 마지막 절이라는 사실을 여러 가지로 확인할 수 있다. 먼저 세 개의 콜론Trikolon으로 구성된 절에서 그 의미를 확인할 수 있다.[72] 또한 17절은 시편 90편의 시작부1-2절와 연결성 속에서 시편 90편의 종결부로서의 의미를 확인할 수 있다서두와 종결의 감싸기 구조에 관하여 위의 구조분석을 참조하라. 특별히 하나님에 대한 칭호가 서두와 종결의 두 부분에 집중되어 나타난다.[73]

17절에서 하나님이 유일하게 3인칭으로 불린다. 시인은 하나님을 '주 우리 하나님'<아도나이 엘로헤누>, <히브리>이라고 부르며, 그의 '아름다움'이 자신들에게 있게 해달라고 기원한다. 이것은 형식과 내용 모두를 고려할 때 '축복문'이라고 불릴만하다.[74] 여기에서 '아름다움'이라고 번역한 <노암><히브리>은 '기쁨', '친절', '은총' 등의 의미를 가지고 있

---

71 Frank-Lothar Hossfeld and Erich Zenger, *Psalmen 51-100* (HThKAT), 612.
72 어떤 절이 세 개의 콜론으로 구성된다는 것은 어떤 단락이 종결된다는 사실을 강조하는 고대 히브리 시작 기법이다. 위의 책, 604.
73 하나님에 대한 칭호는 시편 90편에서 시작과 전환점과 끝에 등장하여 시편의 흐름을 주도한다: 엘로힘(1, 17절), 엘(2절), 아도나이(1, 17절), 야훼(13절). 김정우, 『시편주석 III』, 25.
74 여기에서 신명기 33장의 '축복의 중재자' 모세의 모습을 떠올릴 수 있다.

다.[75] 따라서 이것은 '기쁨을 가져오는 하나님의 친절한 은혜의 행동'을 가리킨다. 이러한 하나님의 행동에서 사람들은 '아름다움'을 경험한다.[76] 두 번째 콜론과 세 번째 콜론은 거의 같은 내용을 반복하며 2인칭 명령형 형태로 청원한다:[77] "우리 손으로 한 일을 굳게 세워 주소서".[78] 특별히 여기에서 두 번 반복되고 있는 <쿤>(כּוּן) 동사는 바로 앞 시편에 나오는 '창조'시 89:2와 '언약'시 89:4에 관련된 활동을 위해 사용된 것으로서 '이미 창조한 것과 시작한 것을 다지고 세울 때' 사용되며,[79] 자신들의 행동의 결과가 하나님의 창조와 같이 사라지지 않고 견고하게 세워져 열매를 맺도록 해 달라는 청원을 담고 있다.[80] 여기에는 자신들이 일상의 삶을 적극적으로 해 나가겠다는 다짐이 전제되어 있다.

이러한 시인의 청원에서 일상의 삶에 대한 긍정을 발견한다. 그는 인생의 유한함과 무상성 때문에 일상을 포기하지 않는다. 오히려 그러한 일상의 삶에 하나님이 함께 하시길 간구한다. 시인은 거처가 되시며 영원하신 창조주 하나님에 대한 고백에서 시작하여 일상적인 일에 대한 돌봄에 이르기까지 하나의 포물선을 그리며 하나님의 함께 하심을 소망한다. 그는 인간의 무상성을 말하면서도 인간이 삶 속에서 행하고 작용하는 일이 하나님의 창조세계 안에 통합되기를 희망한다.[81]

---

75 Wilhelm Gesenius, 『히브리어 아람어 사전』, 513.

76 클리포드는 <노암 아도나이>(נֹעַם אֲדֹנָי)가 1절의 <아도나이 마온>(אֲדֹנָי מָעוֹן)을 뒤집은 표현으로서 야훼의 거처되심을 희망하는 시인의 마음을 드러낸다고 평가한다. Richard J. Clifford, "Psalm 90: Wisdom Meditation or Communal Lament?," 198, 204.

77 두 번째 콜론에서는 '우리를 위해'라는 어구가 있고, 세 번째 콜론에서는 나타나지 않는다.

78 이와 유사하게 "네 손이 하는 모든 일에 복 주신다"는 표현이 신명기에 자주 나타난다(2:7; 14:29; 24:19; 28:12).

79 김정우, 『시편주석 III』, 39.

80 태너(B. L. Tanner)는 시편 90편의 시인이 이사야 65:17-25의 비전을 공유하고 있다고 평가한다. Nancy L. deClaissé-Walford, Rolf A. Jacobson and Beth LaNeel Tanner, *The Book of Psalms*, 696.

81 Frank-Lothar Hossfeld and Erich Zenger, *Psalmen 51-100* (HThKAT), 606.

이러한 시인의 고백과 청원을 통해 '장엄한 것' das Majestätische 과 '일상적인 것' das Alltägliche 이 하나가 된다.[82]

라. 내용요약과 중심주제

시편 90편은 '하나님에 대한 고백에 기초한 탄식과 청원으로 이루어진 기도시'라고 요약할 수 있다. 주님이신 하나님이 "대대로 우리에게 거처가 되셨다"는 고백과 "영원부터 영원까지 하나님이시다"는 고백이 시인의 탄식과 청원에 대한 출발점을 제공한다. 시인의 탄식은 두 가지 차원으로 나타난다. 그는 '잠'이나 '풀'과 같이 사라지는 '인간'에 대한 탄식3-6절과 하나님의 진노 때문에 사라지는 '우리'에 대한 탄식7-10절을 이어간다. 여기에는 하나님의 영원성과 극명하게 대비되는 유한한 인간의 실존이 묘사되고, 하나님의 분노와 진노로 사라지는 '우리'가 서술된다. 이 두 가지 탄식은 단순한 서술의 차원을 넘는 질문과 항변의 분위기가 녹아 있다. 이러한 분위기는 첫 번째 청원에서 좀 더 명시적으로 드러난다11-12절. 시인은 '우리의 날들을 세는 것'을 알게 하고 '지혜의 마음'을 얻게 해달라고 청원하지만, 이것은 하나님의 진노 안에 있는 자신의 날들이 얼마나 될지를 알 수 있는 지혜를 달라는 시인의 요구이며, 하나님의 창조와 역사에 담긴 하나님의 뜻을 알게 해달라는 시인의 요청이다. 이러한 시인의 요구와 요청은 13절의 청원을 통해서 극명하게 드러난다. 그것은 하나님의 '돌이키심'이다. 종들에 대한 '진노'와 그들에 대한 '나쁜 것'에서 돌이키시는 것이다. 이러한 돌이킴을 통해서 생겨날 일들이 이어지는 청원에서 묘사된다

---

82 Claus Westermann, "Ps 90," 120.

14-16절. 그것은 하나님의 인자하심을 통해서 얻게 될 기쁨의 날들을 사는 것이다. 여기에서 시인은 곤고한 날수대로와 나쁜 것을 보았던 연수대로 기쁨의 날들을 달라는 대담한 요청을 한다. 그리고 그것이 종들의 자손들에게까지 이어지기를 소망한다. 마지막 청원17절에서 시인은 자신들이 한 일이 굳게 세워지기를 간구한다. 일상의 삶을 긍정하고 일상 안에서 '주 우리 하나님'이 함께 해 주시기를 청원하는 것이다.

시편 90편은 '하나님은 누구신가' 또는 '인간은 무엇인가'에 대한 대답을 준다.[83] 그러나 이것을 통해 시편 90편이 지향하고 있는 바는 무엇인가? 그것은 '하나님의 돌이키심을 통한 기쁨의 날들의 회복'이다. 이러한 시인의 청원에는 회개가 명시적으로 나타나지 않는다. 그는 하나님의 영원성과 인간의 무상성의 대조를 바탕으로 온전히 하나님의 인자하심에 호소한다. 인간의 행동을 뛰어넘는 하나님의 용서하심과 자비는 행위화복관계의 일치성에 대한 기계적인 법칙에 묶여있지 않다. 시인은 거처가 되시며 영원히 하나님으로 함께 하시는 주님을 고백하며 호소한다. 이러한 시인의 탄식과 기도는 하나님의 사람이요 하나님의 종된 자만이 누릴 수 있는 특권이요, 하나님의 자녀가 가져야 할 하나님과의 관계성이다.

---

83 Hans-Joachim Kraus, *Psalmen 64-150* (BK XV/2), 632-33. 크라우스는 시편 90편에서 묘사된 하나님의 모습을 다음과 같이 요약한다: ① 하나님은 선재하시는 분이시다. ② 하나님은 영원부터 영원까지 계시는 분이시다. ③ 하나님은 인간의 시간과는 다른 차원의 시간 안에서 영원하신 분이시다. ④ 하나님은 삶과 죽음의 주관자이시다. ⑤ 하나님은 살아계셔서 인간의 죄악에 대해 진노의 힘으로 반응하시는 분이시다. 또한 시편 90편에서 묘사하고 있는 인간의 모습은 다음과 같이 요약한다: ① 먼지로 만들어진 인간은 먼지로 되돌아간다; 그는 영원하신 하나님 앞에서 먼지와 재가 되어 사라진다(창 18:27). ② 인간은 날아가는 존재와 같이 쉽게 사라진다; 그의 삶은 시드는 풀과 같다. ③ 인간의 모든 날들은 아무것도 아니며, 그것의 모든 호화로움은 기만이다. ④ 인간은 하나님 앞에서 자신의 죄를 숨기고자 하는 죄인이다. 5) 인간은 분별력이 없어 지혜의 가르침을 알기를 원하며, 하나님의 가르침을 위한 청원으로 인도되기를 원한다.

시편집 전체 구조 안에서 시편 90편이 갖는 의미와 위상은, 제4-5권이 제1-3권에 대한 '응답'으로 기능한다는 제럴드 윌슨G. H. Wilson의 평가에 일차적인 근거를 두고 있다.[84] 우선 시편 90편은 제4권을 여는 시편으로 자리하고 있다. 이것은 '다윗 왕권'의 몰락을 경험하고 그것에 대해 탄원하는 제3권의 마지막 시편인 89편에 대한 응답이라고 할 수 있다. 다윗 왕정의 사라짐의 위기 속에서 기대되는 회복은 단순히 다윗 왕정의 재건이 아니라 그것보다 더 근본적인 변화였다. 이러한 위기와 역경을 이겨낼 수 있는 사람은 다윗을 능가하는 사람이어야 했고, 그 역할에 적합한 사람이 모세였다.[85] 그는 출애굽을 통한 언약공동체의 출현을 이끌었던 사람이며, 신앙공동체의 위기를 극복할 수 있게 한 사람이었다출 32-34장; 민 13-14장. 제4-5권에 반영된 포로기의 상황은 모세의 영도 하에 있었던 광야시대와 비교된다.[86] 그래서 제4권에는 다윗 왕정이 아니라 야훼의 왕되심과 통치를 강조하는 '야훼-제왕시'가

---

84 제럴드 윌슨(G. H. Wilson)은 제1-3권의 중심주제가 되는 다윗왕정의 실패에 대한 문제제기에 제4권이 응답하고 있다고 말한다. 그는 제4권의 답변 내용을 다음과 같이 네 가지로 요약한다. 1)야훼의 왕이시다. 2) 그분은 왕정이 수립되기 오래전부터(즉, 모세시대에서부터) 우리의 "피난처"이시다. 3) 그분은 왕정이 사라진 지금도 계속해서 우리의 피난처가 되실 것이다. 4) 그를 신뢰하는 사람들은 복되다. 그러면서 그는 제4권이 시편집의 최종 형태 안에서 편집적 "중심"(editorial center)으로 기능한다 평가한다. Gerald H. Wilson, *The Editing of the Hebrew Psalter*, SBL Dissertation Series 76 (Chico, CA: Scholars Press, 1985), 215.

85 제4권은 모세로 시작하여 모세로 끝나는 짜임새를 가지고 있다고 말할 수 있다. 제4권은 '모세의 기도'라는 표제어를 가진 90편으로 시작하여 모세가 중심인물로 부각되는 105-106편의 역사시편으로 마무리되고 있다. 왕대일, 『시편사색, 시편 한권으로 읽기 - 토라로 토다를』, 193. 이러한 제4권은 '토라'가 그 중심에 있다고 말할 수도 있다. 박경철, "한 권으로 읽는 시편," 김이곤교수정년퇴임기념논문집 편집위원회 편, 『시편 - 우리 영혼의 해부학』(서울: 한들출판사, 2006), 43-44.

86 Ulrich Berges, "Die Knechte im Psalter: Ein Beitrag zu seiner Kompositionsgeschichte," 158. 제4권에는 모세 이외에도 많은 신앙의 선조들이 등장한다. 아브라함(105:6, 9, 42), 이삭(105:9), 야곱(94:7; 105:6, 10), 요셉(105:17), 아론(99:26; 105:26; 106:16), 비느하스(106:30), 사무엘(99:6) 등의 인물이다. 이런 인물들은 모두 광야와 같은 인생의 여정을 하나님과 함께 했던 주인공들이다. 왕대일, 『토라로 토다를. 시편사색, 시편 한권으로 읽기』, 198.

집중되어 나타난다.[87]

그러나 제4권 안에서 시편 90편의 위치는 이어지는 시편들과의 관계를 통해서 확인할 수 있다. 하나님의 보호와 구원이 약속되고 있는 시편 91편은 시편 90편의 탄식과 청원에 대한 답변이라고 말할 수 있다. 이어서 등장하는 시편 92편은 감사시편이다. 따라서 세 시편은 탄원-하나님의 응답-감사의 구도 속에서 연결된다.[88] 이뿐 아니라 제4권의 처음과 마지막의 구성도 질문과 응답의 관계로 파악될 수 있다. 시편 90편에서 하나님의 '돌이키심'을 바라는 시인의 청원[13절]은 시편 106편에서 응답된 형태로 나타난다. 시편 106편은 45절에서 90편 13절에 사용된 <나함>נחם 동사의 니팔형을 통해 하나님의 '돌이키심'을 증언한다.[89]

또한 시편 90편의 특징적인 요소인 '종들'이라는 표현은 4권과 5권에 집중되어 나타난다.[90] 구체적으로 말하면 제3권의 마지막 시편인 89편의 종결부[89:51[50]]에 나타나고, 시 90편과 연관 있는 시편[102:15, 29]과 역사시편[105:24]에, 그리고 유월절[이집트-할렐]의 시작부[113:1]와 마지막 순례시[134:3]에 나타난다. 이러한 '종들'은 시편집 제4권의 편집을 책임진 사람들의 그룹으로 인식된다. 그리고 이 '종들'의 대표자로서 모세

---

87 따라서 시편 90편은 야훼 제왕시(93-100편)의 출현을 위한 '전주곡'으로서 기능한다고 말할 수 있다. Frank-Lothar Hossfeld and Erich Zenger, *Psalmen 51-100* (HThKAT), 608.

88 위의 책, 613. 더 상세한 분석에서는 다음과 같은 세 시편의 연결점들이 고찰된다. 90:5-6의 마른 풀에 대한 은유는 92:13-16의 열매맺는 종려나무와 높이 번성하며 자라는 레바논의 백향목과 대조된다. 90:1의 신뢰의 고백은 91편과 92편에서 여러 차례 암시되고 변형된다. 90:13-17은 부분적으로 92편에서 문자 그대로 언명된다(90:14과 92:3, 5). 또한 90:16의 청원은 92:5에서 응답된다. 90:17b의 종결 청원은 92:5과 대조된다.

89 모네트는 시편 90편과 106편의 관계를 '간청'(plea)과 '응답'(response)의 관계로 파악한다. Krista J. Mournet, "Moses and the Psalms: the Significance of Psalms 90 and 106 within Book IV," *Conversations with the Biblical World 31* (2011), 70-73.

90 Ulrich Berges, "Die Knechte im Psalter: Ein Beitrag zu seiner Kompositionsgeschichte," 162. '종들'이라는 표현이 1-3권에도 등장하지만 이것은 후대의 편집이 가해진 본문들로 평가된다(시 34:23[22]; 69:37[36]; 79:2, 10).

가 등장하고 있는 것이다.[91] 이러한 '종들'에 대한 언급에 걸맞게 제1-3권의 맺음말에서는 찾아볼 수 없었던 '모든 백성'כָל־הָעָם에 대한 언급이 나타난다시 106:48.

5. 나가는 말

시편 90편은 표제어를 통해서 청중과 독자들이 모세의 역할을 대신하게 한다.[92] 하나님의 종들의 대표자인 시인이 기도의 모범자로서 하나님께 말을 건다. 개인이면서 집단적인 독자들은 시인의 모범을 따라 모세의 기도를 하도록 요청받는다. 왕대일 교수는 모세와 같은 삶을 살았다. 토라를 전달받아 백성들을 가르쳤던 모세처럼 교단과 강단에서 하나님의 말씀을 가르치며 선포했다.[93] 또한 그는 모세처럼 노래하고 기도했다. 오늘날 우리 시대는 여전히 모세를 필요로 한다. 다윗 왕정이 사라진 시대의 혼란함처럼 광야시대를 살아가는 우리들에게 모세와 같은 하나님의 사람이 필요하다. 교사와 설교자로서만이 아니라 시인이요, 기도자였던 모세의 모습이다. 하나님의 눈에는 하루도 되지 않는 짧은 생을 살다가 먼지로 돌아가는 인생이지만, 하나님의 사람이요 하나님의 종된 자들은 새로운 역사를 꿈꾸며 모세와 같이 담대

---

[91] 종들에 관한 마지막 언급(시 135:14)에서 모세의 말(신 32:36)이 인용된다는 것은 우연이라고 보기 어렵다.

[92] Nancy L. deClaissé-Walford, Rolf A. Jacobson and Beth LaNeel Tanner, *The Book of Psalms*, 696.

[93] 이 같은 사실은 그의 주된 연구영역이 '토라'였다는 사실을 통해 더욱 구체적으로 확인된다. 왕대일, 『민수기: 대한기독교서회 창립 100주년 기념 주석』(서울: 대한기독교서회, 2007); 『(왕대일 교수의) 신명기 강의: 신명기, 약속의 땅으로 가는 길』(서울: 대한기독교서회, 2011); 『엑소도스, 하나님의 성소를 이루기까지: 왕대일의 출애굽기 강해』(서울: KMC, 2015); 『창조신앙의 복음, 창조신앙의 영성: 창세기 1-11장의 물음·부름·푸름』(서울: 대한기독교서회, 2016).

한 기도를 드릴 수 있다: "<슈바>, 그리고 당신의 인자하심으로 우리를 만족케 하시며 우리 손이 행한 일을 굳게 세우소서."

하나님의 '편재'遍在 와 '부재' 不在

시편 139편과 욥기 23장의 비교연구[1]

1. 들어가는 말

우리는 모두 누군가에게 빚진 자로 살아간다. 특히 학자들에게 선구자들로부터 물려받은 유산의 의미는 남다르다. 그런 점에서 김정우 교수가 시편 연구에 남긴 유산은 유독 크다고 할 수 있다. 시편 전체에 대한 학문적 주석을 한 사람들이 많지 않은데, 그는 시편 150편을 성실하게 주석했다.[2] 다양한 연구결과들을 한 눈에 보게 하는 데는 이만한 주석이 없다. 또한 그는 『히브리 시학』을 통해 시편 연구의 다양한 방법론들을 집대성하였다. 특별히 평행법과 수사비평에 관한 글은 『히브리 시학』의 백미로 꼽힌다. 필자의 본 연구도 각주를 통해서 드러나

---

1 이 논문은 『Canon&Culture』 19 (2016 봄), 57-89쪽에 실렸다.

2 김정우 교수의 시편 주석의 의미에 대해서는 필자의 서평을 참조하라. 서평: 김정우, 『시편주석 III』(서울: 총신대학교출판부, 2010), 848; 하경택, "(서평) 김정우, 『시편주석 III』," 『Canon&Culture』 5/1 (2011), 289-98.

듯이 이 저작에 힘입은 바 크다.

본 연구는 시편 139편과 욥기 23장의 비교연구이다. 김정우 교수의 퇴임을 기념하면서 그의 학문적 유산이 가장 크게 자리하고 있는 시편과 필자의 주된 연구 분야인 욥기 본문을 비교하려는 시도이다. 본 연구의 대상이 된 두 본문에는 하나님의 '편재'와 하나님의 '부재'가 극명하게 대비된다. 하지만 동시에 두 본문은 탄원시의 성격을 띤 본문으로서 많은 유사성을 보여준다. 이렇게 유사성과 차별성이 동시에 두드러지게 나타나는 두 본문이 구약의 하나님 이해에 더 나아가 구약의 영성에 어떤 의미가 있는지를 탐구하고자 한다. 여기에서도 김정우 교수가 남긴 유산이 매우 중요하게 다루어질 것이다.

2. 시편 139편: 하나님의 '편재'遍在 속에서의 간구

가. 본문사역

1절	지휘자의 사용을 위한 다윗의 시
	야훼여, 당신은 나를 살펴보시고 아십니다.
2절	당신은 나의 앉음과 일어섬을 아십니다.
	당신은 멀리서도 내 심중을 꿰뚫어 보십니다.
3절	내 가는 것과 눕는 것을 감찰하셨고,
	나의 모든 길을 잘 아셨습니다.[3]

---

3 여기에서 '잘 아신다'고 번역된 <사칸>(סכן)동사의 히필형태는 욥 22:21와 민 22:30에만 나타난다. 이것은 많이 사용하고 경험하여 잘 알고 익숙한 상태를 말한다. Ludwig Köhler and Walter Baumgartner, *Hebräisches und Aramäisches Lexikon zum Alten Testament* (Leiden: E. J. Brill, 1983), 713.

4절   진실로 내 혀에 아무 말이 없을 때에도,

보소서, 야훼 당신은 모든 것을 아십니다.

5절   당신은 나의 앞과 뒤를 감싸셨고,

내 위에 당신의 손을 얹으셨습니다.

6절   이 지식이 저에게 너무 놀랍고,

높아 거기에 이를 수 없습니다.

7절   내가 당신의 영을 떠나 어디로 가겠으며,

당신의 얼굴을 피하여 어디로 도망하겠습니까?

8절   내가 하늘에 올라갈 때에도 당신은 거기에 계시며,

스올에 자리를 펼지라도 당신은 그곳에 계십니다.

9절   내가 새벽 날개를 달고,

바다 끝에 머문다 해도,

10절   거기서도 당신의 손이 나를 인도하고,

당신의 오른 손이 나를 붙드실 것입니다.

11절   내가 말하기를,

정말 어둠이 나를 덮치고,

어둠이 나를 두르는 빛이 되라 해도,

12절   어둠이 당신 앞에서 어둡게 하지 못하며,

밤은 낮처럼 빛날 것입니다. 어둠이 빛과 같습니다.

13절   정말 당신은 내 장기臟器를 지으셨고,

내 어미의 모태에서 나를 조직하셨습니다.

14절   나는 당신께 내가 그토록 경이롭다는 사실에 대해 감사

합니다.

당신의 일은 놀랍고, 내 영혼이 그것을 잘 알고 있습니다.

15절   내 뼈가 당신으로부터 숨기우지 못합니다.

내가 은밀한 가운데 만들어지고, 땅의 깊은 곳에서 조직

될 때에도.

16절   나의 형체가 나타나기 전에[4] 당신의 눈은 보았으며,

당신의 책에 모든 것이 기록되어 있습니다.

나의 정해진 날들이 아직 첫 날도 되기 전에.

17절   당신의 생각[5]이 내게 어찌나 귀중한지요? 하나님!

그 수가 얼마나 많은지요?

18절   내가 그것들을 세려해도, 그것들은 모래보다 더 많습니다.

내가 깼을 때, 나는 여전히 당신과 함께 있습니다.

19절   하나님! 당신은 악인을 죽이실 것입니다.

피 흘리는 자들아! 내게서 떠나라.

20절   그들이 당신에 대해서 악한 의도를 가지고 말하며,

당신의 성읍들[6]을 모욕합니다.

21절   야훼여! 내가 당신을 미워하는 자들을 미워하지 않으며,

당신에게 대적하는 자들을 내가 혐오하지 않습니까?

22절   내가 그들을 지극히 미워하나이다.

---

4   <골렘>(גֹּלֶם)은 임신 4주부터 4개월까지의 태아를 지칭하는 말(영어로 embryo)이다.

5   여기에서 '생각'으로 번역된 히브리 낱말은 <레아>(רֵעַ)이다. 이것은 2절에서처럼 '의도'나 '생각'으로 이해할 수 있으나 일반적인 의미로 '동료' 또는 '친구'라고 이해할 수도 있다. 그럴 경우 17절의 진술은 19절 이하의 '악인들'과 '대적자들'에 대한 진술과 연결된다. Frank-Lothar Hossfeld and Erich Zenger, *Psalmen 101-150*, HThKAT (Freiburg u. a.: Herder, 2008), 720.

6   이 부분은 매우 모호하다. <아레카>(עָרֶיךָ)를 <차레카>(צָרֶיךָ)로 고치거나 <아르>(ער II)의 아람어적 의미를 기초로 '당신의 원수들'이라고 번역하기도 하고, 십계명의 어법(출 20:7; 신 5:11)을 따라 <쉠카>(שְׁמֶךָ, '당신의 이름')로 고쳐서 읽기도 한다. 필자는 본문의 형태를 살리면서 문장구조가 그대로 유지될 수 있는 방식으로 본문을 이해하였다. 위의 책, 717. Leslie C. Allen, *Psalms 101-150* (Word Biblical Commentary 21), 손석태 역, 『시편 101-150』(서울: 솔로몬, 2001), 418.

그들은 나에게 원수들입니다.

23절   하나님! 나를 살펴보시고, 내 마음을 알아주소서.

나를 시험하시고, 내 속마음[7]을 아시옵소서.

24절   나에게 어떤 우상[8]의 길이 있나 보시고,

나를 영원한 길로 인도하소서.

나. 양식과 구조

시편 139편은 가장 난해한 시 가운데 하나이다. 시상詩想이나 양식
에 대한 견해들이 분분하다. 우선 1-24절까지의 내용 전체를 하나의
통일된 시로 볼 수 있는가의 문제가 대두된다. 예컨대, 슈미트 H.
Schmidt는 19-24절의 내용이 현저히 달라지는 것을 보고서 이 부분이
본래 독립적인 시로서 덧붙여져 있기 때문에 분리해서 이해해야 한다
는 입장을 취했다.[9] 궁켈 H. Gunkel은 시편 139편 안에 찬양, 감사, 탄식
등의 요소들이 다양하게 나타나는 혼합시로 이해하면서도 기본 분위
기는 찬양적이라고 평가하였다.[10] 하지만 그는 화자가 독특한 방식으로
하나님의 전지하심과 무소부재하심에 대해 숙고하고 있다는 사실을
강조한다. 키텔 R. Kittel도 같은 맥락에서 시편 139편이 가지고 있는 지

---

7   여기에 사용된 히브리 낱말은 <사르아핌>(שַׂרְעַפִּים)으로서 여기 외에 시편 94편 19절에 사용되
     었다. 이것은 여러 가지 이유로 '안정되지 않은 마음이나 생각'(beunruhigende Gedanke)을
     표현한다. Ludwig Köhler and Walter Baumgartner, *Hebräisches und Aramäisches Lex-
     ikon zum Alten Testament*, 1266.

8   <오체브>(עֹצֶב)는 '고통'이나 '징벌'로 이해되기도 하지만, '우상'을 의미하는 동음이의어의 쓰
     임새(사 48:5; 또한 호 10:6 참조)를 볼 때 우상으로 이해하는 것이 바람직하다. Leslie C. Allen,
     『시편 101-150』, 419.

9   Hans Schmidt, *Das Gebet der Angeklagten im Alten Testament* (Beihefte zur Zeitschrift
     für die alttestamentliche Wissenschaft 49; Gießen: Töpelmann, 1928); *Die Psalmen*,
     Handbuch zum Alten Testament I/15 (Tübingen: Mohr, 1934), 245.

10 Hermann Gunkel, *Die Psalmen* (Göttingen: Vandenhoeck & Ruprecht, 1968), 586-87. 반
     게메렌(VanGemeren)도 이와 유사하게 시편 139편의 혼합시로서의 성격을 강조한다.

혜적이며 교훈적인 요소를 지적하였다.[11] 게르스텐베르거E. S. Gerstenberger는 이 시편 안에 탄식, 감사, 찬송, 지혜 등의 다양한 요소가 있음을 인정하면서 어느 하나의 시각으로 분석하는 부적절하다고 평가하고 잠정적으로 하나의 '묵상'Meditation이라고 부를 것을 제안한다.[12] 이러한 다양한 요소들 때문에 불라드J. M. Bullard는 이 시편을 두고 '분류가 불가능한 시'라고 평하기도 했다.[13]

하지만 시편 139편은 하나의 통일된 시편으로 고찰할 수 있는 요소도 분명히 가지고 있으며, 현재의 최종 본문의 형태로 보여주는 주된 분위기에 따라 이 시편의 양식을 규정할 수도 있다.[14] 우선 1연1-6절과 4연19-24절의 연결점들을 통해서 시편 139편이 완결된 형태의 통일성을 가진 시로 고찰될 수 있다연[聯]의 구분에 관해서는 아래 구조분석을 보라.[15] <쿰>קום, '일어나다' 동사의 활용2절과 21절, 길דרך - 은유의 사용3절과 24절, 야훼와 하나님에 대한 빈번하고 다양한 호격 사용1절과 4절[야훼], 19절[엘로아], 21절[야훼], 23절[엘] 등이 이 시편의 통일성을 지지해 주고 있으며, 무엇보다도 1절과 23절에 나타난 야훼/하나님의 조사Untersuchung와 승인Erkennung 모티프가 수미상관inclusio의 양태로 나타나 시편 전체의 내용을 하나로 묶어주고 있다.[16]

---

11 그는 이 시편의 "절반은 찬양시고 절반은 가장 큰 신학적인 문제 중에 하나인 '공간과 시간을 뛰어넘는 하나님의 현존과 활동'(Allwirksamkeit)에 대한 교훈적인 고찰"이라고 말한다.

12 Erhard S. Gerstenberger, *Psalms, Part 2, and Lamentations*, Forms of the Old Testament Literature 15 (Grand Rapids, MI: Eerdmans, 2001), 406.

13 김정우, 『시편주석 III』(서울: 총신대학교출판부, 2010), 687.

14 크라우스(H. J. Kraus)는 시편 139편에 대한 장르분석에서 현재의 본문 순서를 시간적으로 재구성한다. 이 시편에서 고찰되는 감사나 신뢰의 요소에 주목하면서 이 시편을 '찬양시'로 분류하고, 마지막 연에 나타난 탄식을 시인이 "언젠가 곤경 중에 야훼 앞에서 외쳤던 말들"이라고 평가한다. 따라서 연대기적으로 정확히 하려면 19-24절의 내용이 다른 내용보다 앞에 나와야 한다고 주장한다. Hans-Joachim Kraus, *Psalmen 64-150*, Biblischer Kommentar XV/2 (Neukirchen-Vluyn: Neukirchener Verlag, 1972), 916.

15 Frank-Lothar Hossfeld and Erich Zenger, *Psalmen 101-150*, 720.

16 James Luther Mays, *Psalms*, 신정균 역, 『현대성서주석, 시편』(서울: 한국장로교출판사, 2002),

이러한 고찰을 전제로 할 때 시편 139편의 장르는 어떻게 규정될 수 있을까? 시편 139편의 장르분석을 위해서는 이 시편의 마지막 부분인 제4연의 의미가 크게 작용한다. 제4연의 내용이 시편 139편 전체의 분위기를 결정하는 것이다. 이를 통해 시편 139편은 탄원시의 유형에 분류되고, 더 정확하게는 화자의 원수들인 악인들의 심판을 기원하며 자신의 무죄를 주장하는 '무죄천명의 탄원시'라고 말할 수 있다. 이러한 시편의 장르분석에 동의하는 많은 학자들이 본 시편의 '삶의 자리' Sitz im Leben 를 재판과정에서 찾는다. 벤첸 A. Bentzen 은 본 시편을 '피고자의 기도문' 중 하나라고 보았으며 출 22:8-9; 신 17:8-13; 왕상 8:31-32 참조, 바이저 A. Weiser 도 이 시편이 예배의 틀 안에 있는 '하나님의 심판결정의 준비과정'으로서 자신의 본래적인 자리를 가지고 있다고 말했다. 뷔르트바인 E. Würthwein 은 이러한 모든 암시들을 하나의 포괄적인 제의적 설명으로 종합하여 설명하는데, 그것은 '기도자의 무죄를 규명하기 위한 조치'라는 말로 표현된다.[17] 이와 유사하게 자이볼트 K. Seybold 도 "신적 재판을 위한 공식적인 조사와 점검이 이루어지기 전에 이루어지는 어느 피고의 기도"라고 말했다.[18] 그러나 필자에게 이 시편은 모빙켈 S. Mowinckel 의 분석처럼 '결백을 표현하는 탄원시'로 정의할 수 있을 뿐 시편 5, 7, 17편 참조,[19] 이 시편의 '삶의 자리'를 반드시 재판절차나 어떤 제의상황에 귀속시킬 필요는 없을 것으로 보인다. 악인의 권력과 불의한 구조악이 주는 억울함 속에서 비롯된 일상의 개인적인 기도문으로도 충분히 이해 가능하다. 따라서 이 시편의 양식과 내용에 관하여 매우

545.

[17] Ernst Würthwein, "Erwägungen zu Ps 139," *Vetus Testamentum 7* (1957), 165-82.

[18] Klaus Seybold, *Die Psalmen*, Handbuch zum Alten Testament I/15 (Tübingen: Mohr Siebeck, 1996), 515.

[19] Sigmund Mowinckel, *Psalmenstudien*, vol. 5 (Kristiania: Dybwad, 1924), 91.

간명하게 '불의하고 억울한 상황을 당한 시인이 자신의 무죄를 확신하며 하나님의 판결과 인도를 간구하는 기도'라고 정의할 수 있겠다.

이 시편의 구조분석에서 델리취F. Delitzsch는 세 연으로 나누었다 1-12절, 13-18절, 19-24절. 하지만 크라우스를 비롯한 여러 학자들은 대부분 네 연으로 나눈다 1-6절, 7-12절, 13-18절, 19-22절.[20] 네 연으로 분석한 학자들 가운데 아래 두 사람의 분석이 흥미롭다. 먼저 클리포드R. J. Clifford는 '나'와 '당신' 사이에 있는 인칭의 변화에 주목하며 다음과 같이 시편 139편의 구조를 분석한다.[21]

　　1) 하나님을 처음 경험함: 하나님이 주어 1-6절

　　2) 하나님을 처음 경험함: 시인이 주어 7-12절

　　3) 하나님을 두 번째 경험함: 시인이 하나님을 새롭게 봄 13-18절

　　4) '주님, 악인을 죽이시고 내 마음에 악이 있는지 살피십시오' 19-24절

다음으로 김정우는 한시漢詩의 기본구조에 해당하는 기승전결起承轉結의 구조를 따라서 다음과 같이 분석한다.[22]

　　1) 하나님의 전지하심에 대한 고백 1-6절, 起

　　2) 하나님의 편재로부터 도망칠 수 없음 7-12절, 承

　　3) 모태에서 형성되어가는 자신을 봄 13-18절, 轉

　　4) 승리의 확신 19-24절, 結

필자는 본 시편을 네 개의 단락으로 구분하는 위의 두 학자의 견해

20　다양한 구조분석에 대해서는 Jan Holman, "Structure of Psalm 139," *Vetus Testamentum 21* (1971), 298-310쪽을 참조하라.

21　Richard J. Clifford, *Psalms 73-150* (Nashville: Abingdon Press, 2003); 김정우, 『시편주석 III』, 689쪽에서 재인용.

22　김정우, 『시편주석 III』, 689-90.

와 같이하면서 각 연의 주제를 다음과 같이 분석한다.

    1) 하나님의 전지하심과 함께하심에 대한 고백 1-6절

    2) 하나님의 편재하심과 능력에 대한 고백 7-12절

    3) 인간창조와 전지하심에 대한 고백 13-18절

    4) 무죄 확신과 하나님의 인도를 간구 19-24절

이와 같은 구조분석에서 각 연을 좀 더 자세히 살펴보면 각각 세 부분으로 구성되어 있음을 알 수 있다. 각 연의 첫 번째 부분은 주제를 제시하고 있으며1절, 7절, 13절, 19절, 두 번째 부분은 제시된 주제를 부연하거나 전개하고 있으며2-4절, 8-10절, 14-16절, 20-22절, 마지막으로 세 번째 부분은 앞의 내용을 종합하거나 주석하는 결론적 진술이 나타난다5-6절, 11-12절, 17-18절, 23-24절.

다. 본문해설

1) 하나님의 전지하심과 함께 하심에 대한 고백 1-6절

이 시편은 하나님의 아심에 대한 고백으로 시작된다1절: "야훼여, 당신은 나를 살펴보시고 아십니다."[23] 여기에서 '살펴보다'로 번역된 <하카르>חקר동사는 보석을 분별할 때욥 28:3, 법적인 분쟁에서 증거를 저울질할 때신 13:14, 군사적인 작전에서 적진을 정찰할 때삿 18:2 사용되

---

23 크라우스는 이러한 고백이 제의적이고 종교재판적인 상황들을 반영하고 있다고 말한다. 예컨대, 시 7:9f; 17:3ff; 26:1ff; 44:21ff; 렘 12:3 등에서와 같이 모함을 받고 박해를 당하는 사람이 야훼의 심사를 요청한다는 것이다. 그들은 야훼 한 분만이 모든 사람의 심장을 아신다(왕상 8:39)는 확신을 가지고 거룩한 장소에 등장하고 '심판송영'으로 '지식의 하나님'(삼상 2:3)을 찬양한다고 말한다. Hans-Joachim Kraus, *Psalmen 64-150*, 917. 하지만 제1연의 분위기는 '심사요청'이라기보다는 '하나님의 전지하심에 대한 고백'이라고 보는 것이 더 적절하다.

는 낱말로서 면밀히 분석하고 검토하는 행동을 표현한다. 하나님은 마치 검사나 감찰관과 같이 시인의 생각, 동기, 행동을 철저하게 조사해왔으며, 그에 대하여 모르는 것이 없다는 고백이다창 16:13; 시 44:21; 렘 17:10; 행 1:24; 15:3 등 참조.[24]

　　주제 제시부에 이어지는 내용2-3절은 앞의 내용에 대한 부연설명으로서 일상생활에 대한 언급으로 나타난다신 6:7; 11:19; 시127:2; 또한 시 1:1. 2절과 3절은 각각 평행법으로 구성되어 있으면서 서로 대응을 이룬다. 두 구절에 모두 전반절에는 화자의 구체적인 일상이 소개되고'앉음과 일어섬'[2절] 그리고 '가는 것과 눕는 것'[3절], 후반절에는 앞의 내용을 포괄하는 종합적이고 첨예화된 진술이 이어진다.[25] 2절에서는 '멀리서도 심중을 꿰뚫어 보시는' 하나님의 능력이 강조되며렘 23:23; 시 138:6; 특히 시 11:4이하 참조, 3절에서는 '나의 모든 길을 잘 아신다'는 고백으로 하나님의 전지하심을 표현한다. 1절의 일반적인 진술은 2절의 일상생활로 발전하였고, 3절에서 공사간의 모든 활동으로 확대되었는데, 이제 4절에는 가장 깊은 언어생활로 심화된다.[26] 야훼께서는 입으로 표현하지 않은 것도 아신다. 하나님이 인간을 꿰뚫어 보신다는 모티프는 자신의 무죄를 주장하는 시편들에서 자주 고찰된다예컨대, 시 5:7; 7:10; 11:4이하; 17:3; 26:2 등. 이것은 지혜전통의 요소이기도 하다. 하나님은 인간을 감찰하셔서 인간 내면의 모습, 즉 인간의 생각과 감정과 의지를 밝히 아신다욥 13:9; 렘

24　김정우, 『시편주석 III』, 694.
25　이것은 히브리시의 평행법 분석에서 쿠걸(J. Kugel)이나 알터(R. Alter)의 평행법 이해에 적절한 예가 된다. 그들은 용어를 달리하기는 하나 평행법에서 전반절의 내용이 후반절에서 단순한 '재진술'이 아니라 '강조 또는 확대'되거나 심지어 '드라마화'된다고까지 말한다. 김정우는 스가랴 9장 9절의 신약성서 인용의 예를 통해 '평행법을 잊은 시대,' '평행법을 발견한 시대,' 그리고 '평행법을 재발견한 시대'로 구분하여 히브리 시에 대한 분석에서 활용된 평행법의 역사를 탁월하게 조망하고, 평행법이 현재의 성경번역과 해석에 어떻게 활용될 수 있는지를 명쾌하게 보여준다. 김정우, "제2장 히브리 시의 평행법과 성경 번역: 이론적 기초," 『히브리 시학』 (서울: 기혼, 2013), 71-97.
26　김정우, 『시편주석 III』, 695.

5절은 이전의 개별 행동들을 종합적으로 진술한다. "당신은 나의 앞과 뒤를 감싸셨고, 내 위에 당신의 손을 얹으셨습니다." 하나님은 아심에서 그치지 않고 화자와 함께하셨다. 이 진술을 어떻게 해석하느냐에 따라 하나님 행동의 의미는 완전히 달라질 수 있다. 과연 이것이 인간을 숨 막히게 하는 압박과 감시인가, 아니면 세밀하게 살피시는 보호와 인도인가 하는 논란이 필연적으로 뒤따르기 때문이다.[28] 그만큼 그 의미를 결정하기 힘들다.[29] 여기에서 '감싸다'로 번역된 <추르>צוּר 동사는 적이 공격할 때 어떤 도시나 사람을 '포위하는' 적대적인 의미로 사용될 수도 있으나신 20:12; 삼상 23:8 등 보호의 의미로 사용될 수도 있다예컨대, 아 8:9. 또한 '누구 위에 손을 얹다'שׁית על כּף 는 표현도 그 대상에 대한 하나님의 돌보심을 의미할 수 있고 반대로 징벌을 의미할 수도 있다.[30] 이러한 5절의 진술은 이어지는 6절과 연결될 때 그 미묘함이 증폭된다. "이 지식이 저에게 너무 놀랍고, 높아 거기에 이를 수 없습니다." 이는 하나님의 지식에 대한 감탄인지, 아니면 하나님 행동의 불가해성에 대한 탄식인지에 대한 해석적 질문을 남긴다. 적어도 분명한

---

27   Frank-Lothar Hossfeld and Erich Zenger, *Psalmen 101-150*, 721.

28   하나님의 전지하심이나 함께 하심이 보호가 되느냐 감시가 되느냐의 문제는 욥기에서 두드러지게 나타난다. 특별히 시편 8편의 고백(시 8:4-사람이 무엇이기에 주께서 그를 생각하시며 인자가 무엇이기에 주께서 그를 돌보시나이까?)에 대한 패러디로 나타나는 욥의 탄식(7:12-21; 또한 욥 13:21; 19:6-12 참조)이 대표적이다. 하나님의 함께 하심이 시편 8편에서는 감사와 찬양의 내용이지만 욥의 발언에서는 탄식의 내용으로 나타난다. 또한 하나님의 '둘러싸심'이 사탄의 문제제기(욥 1:10)에서는 하나님의 '보호'로 나타나지만, 욥의 탄식(욥 3:23)에서는 하나님의 '압박'으로 나타난다. 이것은 감시 카메라 기능의 이중성에 비교될 수 있다. 이점에 관하여 다음을 참조하라. 하경택, 『질문과 응답으로서 욥기 연구(개정증보판)』(서울: 한국성서학연구소, 2016), 145.

29   Leslie C. Allen, 『시편 101-150』, 412-13.

30   Ludwig Köhler and Walter Baumgartner, *Hebräisches und Aramäisches Lexikon zum Alten Testament*, 952. 다후드는 이 표현이 어느 한 극단을 가리키기보다는 하나님의 절대적인 관할을 표현하는 중간적인 진술이라고 말한다. Mitchell Dahood, *Psalms III: 101-150*, 288; Leslie C. Allen, 『시편 101-150』, 413쪽에서 재인용.

것은 5절과 6절의 진술이 좁은 곳에서 넓은 곳으로 구원하셨다고 찬양하는 다른 시편들의 분위기와는 매우 다르다는 점이다 시 4:2; 18:20; 118:5.[31] 제1연은 하나님의 전지하심과 함께하심에 대한 고백이지만 그것이 찬양과 감사로 나아가기보다는 제4연에 나타나는 탄원에 대한 근거로 작용하기 때문에, 5절과 6절의 고백은 하나님의 행동에 대한 감격이나 감탄이 아니라 하나님의 아심과 함께하심에 대한 불가해성을 토로하는 시인의 탄식으로 이해되어야 할 것이다.[32]

2) 하나님의 편재하심과 능력에 대한 고백 7-12절

제1연에서 제2연으로의 변화는 '하나님의 전지하심'에서 '하나님의 편재하심'의 주제로의 변화로 파악된다.[33] 7-10절은 누구도 야훼의 현존으로부터 피하거나 숨을 수 없다는 사실을 고백한다. 시인은 먼저 7절에서 근본적인 질문을 하면서 야훼로부터 도피 불가능함을 선언한다. "내가 당신의 영 ＜루아흐＞, רוח 을 떠나 어디로 가겠으며, 당신의 얼굴 ＜파님＞, פנים 을 피하여 어디로 도망하겠습니까?" 여기에서 ＜루아흐＞는 짝을 이루는 ＜파님＞처럼 야훼의 능력 있는 현존을 나타낸다. 즉, 이것은 뇌쳐 F. Nötscher 가 말한 바와 같이 "모든 곳에 영향을 미치는 하나님의 능력과 힘"을 드러내는 표지라 할 수 있다.[34] 여기에서 ＜루아흐＞와 ＜파

---

31 Wolfgang Groß, "Bedrohliche Gottesnähe als Gebetsmotiv," in *Gottes Nähe im Alten Testament. Festschrift für Bernd Janowski* (Stuttgarter Bibelstudien 202), ed, Gönke Eberhardt und Kathrin Liess (Stuttgart: Verlag Katholisches Bibelwerk, 2004), 77.

32 Christoph Buysch, *Der letzte Davidpsalter: Interpretation, Komposition und Funktion der Psalmengruppe Ps 138-145* (Stuttgart: Katholisches Bibelwerk, 2009), 95.

33 김정우, 『시편주석 III』, 697.

34 Hans-Joachim Kraus, *Psalmen 64-150*, 918-19. 김정우는 '주의 신'과 '주의 얼굴'이 구약성경에서 가끔 평행을 이루어 나타난다(시 51:11; 사 63:9-10; 겔 39:29)는 사실을 언급하면서, '주의 신'은 '하나님의 실재의 핵심이며', '주의 얼굴'은 '주님께서 자신을 계시하고자 하는 개방성과

님>의 순서가 시편 51편 13절과 104편 29절이하와 마찬가지로 의미있게 고찰된다. 그것은 인간론에서 점차 증가되는 생명의 영의 독립성에 상응하게 나타나며 창조의 영에 대한 강조를 떠올리게 한다겔 37:5이하, 9절이하, 14절; 또한 사 34:16; 욥 32:8; 33:4; 느 9:20 참조.[35]

8-9절은 주제 제시부의 질문을 이어받아, 도망칠 수 있는 가장 극단적인 상황들을 가정해 본다. 그러나 이러한 설정은 도리어 하나님의 현존을 피하려는 시도가 얼마나 부질없는 것인지를 드러낼 뿐이다. 우선 8절에서 시인은 수직적 차원의 공간적 한계를 제시한다. 야훼는 하늘에 올라가도 거기 계시며 스올에 내려갈지라도 거기 계신다.[36] 9절에서는 관점을 달리하여 수평적 차원에서 생각할 수 있는 이동공간의 한계를 제시한다. '새벽 날개'는 동이 터오는 동쪽을 의미하고, '바다의 끝'은 해가 지는 서쪽을 의미한다. [도상자료 2-3-1] 동쪽과 서쪽의 가장

[2-3-1] 동과 서의 양극단. 이집트 18왕조 아니(Ani)의 파피루스와 신 왕조 '사자(死者)의 서' 파피루스. 이 도상은 사자로 표현된 가장자리의 산들이 하늘을 지탱하는 모습을 보여준다. 17번 그림에서 오른쪽은 '어제' 왼쪽은 '내일'이라고 표시되어 있다. 그리고 하늘은 '어제'에서 '내일'로 약간 기울어져 있다. 이것은 태양이 움직이는 경로를 암시한다. 양 끝에 묘사된 사자는 가장자리 산들의 위험성을 알리기에 충분하다. 땅끝의 가장자리에는 죽음의 위험이 도사리고 있음을 경고한다. O. Keel, *Bildsymbolik*, Abb. 17-18, 21쪽에서 재인용.

열망을 상징한다.'고 말한다. 김정우, 『시편주석 III』, 697.
35 Frank-Lothar Hossfeld and Erich Zenger, *Psalmen 101-150*, 722.
36 하나님의 임재의 장소로서 스올은 암 9:2이나 욥 11:8에서는 긍정되나 시 88:6에서는 부정된다.

먼 곳으로 도망하는 것도 의미 없다. 사면이 측량되고 야훼는 모든 곳에 계신다.[37] '도망할 곳이 없다'는 주제가 구약성서 본문 가운데 두 곳에서 두드러진다. 하나는 아모스의 예언에서 나타난다. '예언의 끝'das Ende der Prophetie이라고 평가되는 '문지방'에 대한 다섯 번째 환상암 9:1-4에서 이스라엘은 어디에 가도 숨을 곳이 없다.[38] 하늘이나 갈멜산 꼭대기에 올라가거나 스올이나 바다 깊은 곳에 내려가도 도피처가 되지 못한다. 다른 하나는 요나서에 나타난다. 요나는 야훼의 낯을 피하려고 다시스로 도망을 시도한다욘 1:3. 하지만 당시 땅끝으로 여겨진 다시스스페인의 남서부의 항구 타르텟수스로의 도망은 실패한다. 요나의 행동은 "히브리 사람"이요, "바다와 육지를 지으신 하늘의 하나님 야훼를 경외하는 자"라고 고백하는 그의 신앙과 불일치를 보여 독자들로 하여금 웃음을 자아내게 한다. 요나는 불가능의 가능성을 시도한 사람이요, 신앙과 삶의 모순을 극명하게 드러내는 사람으로 나타난다. [도상자료 2-3-2]

10절의 진술은 다시 그것이 구원의 행동인가 아니면 공격의 행동인가에 대한 의문을 불러일으킨다. 여기에서 손과 오른손이 평행법으로 등장한다. 여기에서 평행법은 시상詩想이 일반적 범주에서 특별한 범주로 진척되고 발전되는 점층법적 효과를 나타낸다.[39] 특별히 후반절에서 <아하즈>אחז라는 동사가 갖는 의미는 논란의 여지가 있다. 이것이 시편 138편 7절처럼 우리를 도우시는 구원의 손길인가, 아니면 우리를 움켜쥐고 놓아주지 않는 파괴적인 속박인가? 단어 그 자체만으

---

37 Hans-Joachim Kraus, *Psalmen 64-150*, 919.
38 아모스의 환상은 첫 번째 메뚜기, 두 번째 불, 세 번째 다림줄, 네 번째 익은 여름 과일 광주리 순으로 나타난다. 하지만 네 번째 환상에서는 "내가 다시는 그를 용서하지 않으리라"(8:2)는 언급을 통해 회개의 가능성이 사라지고 오직 심판만이 상황이 되었다는 점이 드러난다.
39 김정우는 이러한 평행법을 '포의어'(hyphonym) 평행법이라고 부른다. 김정우, "제2장 히브리 시의 평행법과 성경 번역: 이론적 기초," 121-24.

[2-3-2] **야훼 하나님의 활동 영역**. 원통인장. 이 도상은 메소포타미아 신화에 등장하는 세 신을 묘사한다. 왼편에서 제압된 괴물의 두 날개 사이에서 결정을 내리는 톱을 들고 있는 것은 태양신 샤마쉬(Schamasch)이다. 하늘 영역을 상징한다. 오른편에서 물줄기가 둘러싸고 있는 방 안의 보좌에 앉아 있는 것은 지하수의 신이자 지혜로운 심연의 군주인 에아(Ea)이다. 지하 세계를 상징한다. 중앙에서 꼭대기에 하늘문이 있는 산에 오르며 에아에게 경의를 표하는 자세를 취하고 있는 것은 천둥과 비옥한 들판의 신인 마르둑(Marduk)이다. 지상세계를 상징한다. 이 세 신은 각각의 지배 영역을 가지고서 자신의 역할을 감당한다. 하지만 야훼 하나님의 영향력은 이 모든 영역을 포괄한다. ANEP Nr. 684. O. Keel, *Bildsymbolik*, Abb. 43, 40쪽에서 재인용.

로는 의미가 불분명하다. 하지만 앞서 5절에서 보았듯이, 여기서도 화자의 상황과 의도가 중요하다. 시인은 지금 하나님을 피해 도망칠 수 없는 상황이다. 그렇기에 이 '붙잡음'은 구원이라기보다는 압박과 감시의 의미로 다가온다.

11-12절의 진술은 화자의 도피 시도들에 대한 일종의 주석과도 같다. 여기서 시인은 야훼 하나님으로부터의 도피가 불가능하며 결코 성공할 수 없음을 시인한다.[40] "정말 어둠이 나를 덮치고, 어둠이 나를 두르는 빛이 되라 해도, 어둠이 당신 앞에서 어둡게 하지 못하며, 밤은 낮처럼 빛날 것입니다. 어둠이 빛과 같습니다." 어둠을 불러 숨으려는 시

40 Frank-Lothar Hossfeld and Erich Zenger, *Psalmen 101-150*, 719.

인의 그 어떤 주문도 무력화된다. 야훼 앞에서는 어둠조차 밝히 드러나며, 밤도 낮과 같이 환하게 빛나기 때문이다. 여기에서 빛과 어둠의 주제는 욥기 22장 13-14절이나 34장 22절에서처럼 하나님의 심판 능력과 심판 영역의 주제와 연결된다. "악을 행한 자는 숨을 만한 흑암이나 어두운 그늘이 없다."[41] 사람이 어둠을 통해서 하나님을 피하려 하고 밤을 통해서 하나님과 멀어지려 해도 하나님께는 소용이 없다암 2:14f; 5:19f; 9:1ff; 사29:15 참조. 또한 여기에는 하나님의 창조행위에 대한 암시가 들어 있다. 그분은 창조주로서 어둠과 밤을 낮과 빛으로 만드실 수 있는 분이다.

3) 인간창조와 전지하심에 대한 고백 13-18절

13절에서는 새로운 연이 시작된다. <키>כִּי나 강조된 인칭대명사 <아타>אַתָּה는 새로운 시작에 대한 징후들이다.[42] "정말 당신은 내 장기臟器를 지으셨고, 내 어미의 모태에서 나를 조직하셨습니다." 시인은 자신이 하나님의 창조활동 결과임을 고백한다. <지으셨다>로 번역된 <카나>קָנָה 동사는 창세기 14장 19절과 잠언 8장 22절에서 하늘과 땅을 창조하신 하나님을 묘사한다.[43] 11-12절에서 암시된 창조주 하나님에 대한 주제가 이제 전면에 등장한다. 세상의 통치자요 심판자인 하나님은 창조자이시다. 모든 사람에 대한 그의 전지하심과 통찰력 있는 인식은 그가 사람을 창조하셨다는 사실에 기초한다참조. 시 33:14이하; 94:9

---

41 Leslie C. Allen, 『시편 101-150』, 430.

42 Frank-Lothar Hossfeld and Erich Zenger, *Psalmen 101-150*, 719.

43 본래 <카나>(קָנָה) 동사는 '매매해서 취득하다'(시 74:2; 78:54)는 뜻을 가지다가 포로기 이후에 '창조하다'라는 창조신학적 의미를 갖게 된다. 위의 책, 723.

이하들.[44] 여기에서 '장기'臟器로 번역된 <킬야>כִּלְיָה는 항상 복수형으로 쓰여 내장기관 중에 하나인 '콩팥'을 가리키지만, 감정과 정서가 자리하는 기관으로서 인간의 깊은 내면세계를 나타낸다참조. 시 7:10; 26:2; 렘 11:20; 17:10; 20:12. 13절 후반절은 인간창조의 새로운 면을 보여준다. 사람의 몸이 정교하게 조직된 직조물로 관찰된다참조. 욥 10:8이하; 시 119:73.

14절은 이러한 인간창조에 대한 반응이다. 시인은 하나님께 감사한다. 자신의 존재가 그토록 경이롭고 하나님이 하신 일이 놀랍다. 당신의 '일'로 번역된 <마아세>מַעֲשֶׂה는 본래 역사 속에서 일어난 사건에 대한 하나님의 행동을 묘사했다시 45:5; 65:6; 106:22. 그런데 여기서는 인간을 창조하신 활동을 가리킨다. 14절에 나타나는 '알다'와 '놀라운'의 두 가지 중심개념은 6절과 연결된다. 두 곳 모두 화자가 '알다'의 주어이다. 그러나 의도하는 바는 다르다. 6절은 시인의 이해불가능을 표현하는데 반해 14절은 하나님의 행동에 대한 긍정이요 공감적 감탄을 표현한다.[45] 15절과 16절은 다시금 하나님의 전지하심에 대한 진술을 담고 있다. 하나님은 자신을 지으신 분이기 때문에 그 어떤 것도 숨길 수 없다. 자신의 뼈마디 하나도 하나님의 시선을 피할 수 없다. 그것이 비록 '은밀한 가운데'בַסֵּתֶר 만들어지고 '땅의 깊은 곳'בְּתַחְתִּיּוֹת אָרֶץ에서 조직되었다 해도 그렇다. 여기에서 '은밀한 가운데'와 '땅의 깊은 곳'은 평행법으로서 인간창조를 묘사하고 있는 점이 특별하다. '땅의 깊은 곳'이라는 표현은 흔히 스올이나 음부를 가리킬 수 있다. 하지만 여기서는 모태를 의미하는 '은밀한 곳'과 평행법을 이루어 인간창조의 공간으로 묘사된다. 그것은 하나님께서 첫 사람 아담을 '땅 깊숙한 곳에 있던 흙을 채취하여' 온전한 인간으로 창조하신 사건을 암시한다창 2:7;

<hr>

44 Hans-Joachim Kraus, *Psalmen 64-150*, 919.
45 Frank-Lothar Hossfeld and Erich Zenger, *Psalmen 101-150*, 724.

욥 33:6.[46] 더 나아가 '땅의 깊은 곳'이라는 표현은 하나님 아니고서는 다 다를 수 없는 곳을 의미함으로써, 그곳까지 자신의 손길을 펴셔서 인간이 생겨나도록 하시는 하나님의 신비로운 능력을 묘사한다.[47] 16절은 계속해서 하나님의 전지하심을 고백한다. 하나님은 시인의 형체가 나타나기 전부터 시인을 보고 계셨다. 그리고 모든 것이 하나님의 책에 기록되어 있다. 여기에서의 '책'은 '하늘의 책'으로 인간의 운명과 삶이 기록되어 있어 하나님의 심판 근거가 되는 책이다사 65:6; 단 7:10; 또한 '야훼의 책'에 관하여 참조. 시 69:28; 출 32:32-33.[48] 그의 날들이 시작되기 전부터 야훼는 시인의 일생을 알고 계신다. 여기에서 말하고 있는 바는 이론적이고 사변적인 예정설이 아니다. 야훼께서 가지고 계시는 절대적인 지식을 말한다.[49]

이러한 사고에 기초하여 그는 아무것도 숨겨질 수 없는 세계의 심판자와 창조주 하나님께 엎드린다. 그는 하나님을 부르며 고백한다17-18절. "당신의 생각이 내게 어찌나 귀중한지요? 하나님! 그 수가 얼마나 많은지요? 내가 그것들을 세려 해도, 그것들은 모래보다 더 많습니다." 하나님의 생각과 뜻은 놀랍고 귀중하다. 그것은 시인이 헤아릴 수 없는 것이다. 자신의 이해와 사고를 초월하여 역사하시는 하나님에 대한 고백이다참조. 시 36:8; 40:6; 104:24. 여기에 이어지는 마지막 언급은 주목할 만하다. "내가 깼을 때, 나는 여전히 당신과 함께 있습니다." 여기에서

---

46 김정우, 『시편주석 III』, 702.

47 Christian Frevel and Oda Wischmeyer, *Menschensein. Perspektiven des Alten und Neuen Testaments*, NEB-Themen 11 (Würzburg: Echter, 2003), 17.

48 고대 중동 세계 문헌에 나타난 '하늘의 책'에 관하여 다음을 참조하라. Frank-Lothar Hossfeld and E. Reuter, "ספר," in *Theologisches Wörterbuch zum Alten Testament*, vol. 5, 942-43; Günter Lanczkowski, "Buch/Buchwesen," in *Theologische Realenzyklopädie*, vol. 7, 270.

49 Hans-Joachim Kraus, *Psalmen 64-150*, 920.

'깼다'는 것은 무엇을 의미하는가? 다니엘 12장 1-2절에서처럼 죽은 자의 부활을 의미하는가?[50] 아니면 시편의 여러 진술들^{시 3:6; 4:9; 17:3}에서와 같이 혼란스럽고 죽음의 위협이 있는 밤을 보내고 난 후의 상황을 가리키는 것인가? 여기에서는 후자의 상황으로 여겨진다.[51] 시인은 어려움 중에도 여전히 하나님과 함께 있는 자신을 발견한다. 이것은 단순히 하나님의 임재와 동행을 의미하지 않는다. 하나님과 함께 있음을 지향하는 시인의 태도와 의지가 반영되어 있다^{시 73:23 참조}.

4) 무죄 확신과 하나님의 인도를 간구 ^{19-24절}

19절에서 시인은 다시 하나님을 부른다.[52] 이를 통해 그는 하나님의 개입을 간구한다.[53] "하나님, 당신은 악인을 죽이실 것입니다." 여기에서 이전에 없던 새로운 요소가 고찰된다. 그것은 '악인'에 대한 언급이다. 이것은 탄원시에 등장하는 전형적인 세 주체^{하나님, 시인, 원수} 중 하나이다.[54] 19절 후반절에서 이렇게 외친다: "피 흘리는 자들아! 내게서

---

50 Andreas Wagner, "Permutatio religionis. Ps. CXXXIX und der Wandel der israelitischen Religion zur Bekenntnisreligion," *Vetus Testamentum 57* (2007), 100.

51 Frank-Lothar Hossfeld and Erich Zenger, *Psalmen 101-150*, 726.

52 마지막 연에서 하나님에 대한 호칭이 3회나 등장한다(19절, 21절, 23절, 그리고 17절에). 여기에 사용된 <엘로아>(אֱלוֹהַּ)는 특별히 욥기에 자주 사용되는 신명(神名)이며, <카탈>(קָטַל) 동사의 용례는 이밖에 욥기 본문 두 곳(13:15; 24:14)에서 뿐이다. 오바댜 1장 9절에 사용된 용례는 <카탈> 동사의 명사형태인 <케텔>(קֶטֶל)이 사용되었다. 이러한 현상은 시편 139편이 갖고 있는 욥기와의 연관성을 엿볼 수 있고, 두 본문 모두 아람화의 영향으로 받은 것으로 이해할 수 있다. 위의 책, 726.

53 일반적으로 탄원시는 '하나님의 이름'을 부름으로 시작한다. 하나님의 이름은 '하나님의 구원 능력'이라는 종교적 관념을 담고 있으며, '전쟁에 있어서 야훼의 능력'을 보여준다. 따라서 탄원시에서 하나님의 이름이 어디에서 나오던 그것은 "하나의 목표, 즉 하나님의 개입을 요청하는 것"으로 움직인다. Ee Kon Kim, *The Rapid Change of Mood in the Lament Psalms: A Matrix for the Establishment of a Psalm Theology* (Seoul: Korea Theological Study Institute, 1985), 51; 김정우, 『히브리 시학』, 209쪽에서 재인용. 또한 탄원시에 나타나는 '하나님 부름'에 관하여 다음을 참조하라: 김이곤, 『구약성서의 고난신학』, 128-52.

54 탄원시에 등장하는 하나님, 시인, 원수의 삼각관계에 관하여 다음을 참조하라. 김이곤, 『구약성서의 고난신학』, 128-52.

떠나라." 시인은 악인과의 연대를 거부하고, 악인과 한편이 되는 것을 막기 위해 악인들에게 떠나라고 외친다시 6:9; 101:4; 119:115.

20절에서 계속해서 악인에 대한 묘사가 이어진다. "그들이 당신에 대해서 악한 의도를 가지고 말하며, 당신의 성읍들을 모욕합니다." 후반절의 <아레카>עָרֶיךָ는 필자의 사역에서와 같이 '당신의 성읍들'로 이해할 때 시온에 대한 강조가 잘 드러나 있는 시편 120-134편의 분위기와 잘 어울리며 악인들의 행동이 분명하게 드러난다. 원수들은 다양한 방식으로 하나님의 거주지를 모욕한다.[55] 시인은 다시 하나님을 부른다 21절. 이제는 신명神名이 야훼로 바뀌어 있다. "야훼여! 내가 당신을 미워하는 자들을 미워하지 않으며, 당신에게 대적하는 자들을 내가 혐오하지 않습니까? 내가 그들을 지극히 미워하나이다. 그들은 나에게 원수들입니다." 여기에서 언급되는 악인은 복수로 나타난다. 그들은 우선적으로는 하나님을 대적하며 다음으로 화자에게 적으로서 나타난다.[56] 이러한 상황은 예레미야12:1-3의 상황과 유사하다. 예언자는 자신이 하나님 편에 있는 것으로 간주하고 악인의 멸망을 간구한다. 시편 139편 화자도 동일한 맥락에서 악인의 죽임을 간구한다.[57] 22절에서 '지극히'라고 번역된 히브리 낱말 <타클리트>תַּכְלִית는 소수의 본문들느 3:21; 욥 11:7; 26:10; 28:3에만 등장하는 낱말로서 급진적이고 완전한 거부를 의미한다.[58] 여기에서 소위 '원수시편'에 대한 이해가 필요하다. 시편에 나타난 원수의 멸망에 대한 간구나 악인을 향한 적개심을, 단순히 이기적인 발상이나 저열한 영성으로 이해되어서는 안 된다.[59] 그것은 하

---

55 Frank-Lothar Hossfeld and Erich Zenger, *Psalmen 101-150*, 727.
56 위의 책, 726.
57 위의 책, 727.
58 위의 책, 728.
59 '원수시편'이 주는 부담감 때문에 교회의 성무일과에서 시편 139편 19-22절 단락을 누락시키

나님의 정의에 대한 갈구이며 하나님의 진리에 대한 열정의 표현이다.[60] 하나님의 영광을 위한 시인의 몸부림이다. 여기에는 악인들의 권력과 성공 때문에 하나님의 정의가 의문시되고 하나님의 진리가 위험에 처하게 되었다는 근본적인 인식이 깔려있다.[61] 그래서 시인은 악인과 원수가 저지른 악과 폭력에 저항하며 투쟁한다.

23-24절에는 시인의 마지막 간구가 나타나는데, 이는 이 시편의 분위기와 장르에 영향을 미치는 결정적인 요소이다. 시인은 먼저 자신의 마음을 살펴달라고 말한다[23절]. "하나님! 나를 살펴보시고, 내 마음을 알아주소서. 나를 시험하시고, 내 속마음을 아시옵소서." 이것은 1절에 나타난 "야훼여, 당신은 나를 살펴보시고 아십니다"와 연결되어 이 시편을 둘러싼다.[62] [도상자료 2-3-3] 동일한 주제의 내용이 서두의 고백과 말미의 간구로서 짝을 이룬다. 이것은 시인에게 무죄의 확신이 없다면 내뱉을 수 없는 말이다. 동시에 그것은 악인의 위협 가운데서 시인이 취할 수 있는 최상의 방책이다. 이제 시인은 하나님의 시험과 점검만이 아니라 하나님의 인도를 간구한다[24절]. "나에게 어떤 우상의 길이 있나 보시고, 나를 영원한 길로 인도하소서." 시인은 이 진술을 통해서 두 가지 상반된 길을 제시한다. '우상의 길'과 '영원한 길'이다. 이 두 가지 상이한 길에 관한 내용은 시편 1편의 주제를 떠올리게 한다. 악인의 길은 하나님을 의지하지 않기 때문에 우상의 길을 가는 것

거나 독립적인 부분으로 간주하여 시편 139편에서 제외시키려는 시도들이 많았다. 이점에 관하여 다음을 참조하라. Erich Zenger, *Ein Gott der Rache? Feindpsalmen verstehen*, 이일례 역, 『원수시편의 이해: 복수의 하나님?』(서울: 대한기독교서회, 2014), 120-22.

60 이 점에 관하여 다음을 참조하라. Georg Sauer, "Die strafende Vergeltung Gottes in den Psalmen. Eine frömmigkeitsgeschichtliche Untersuchung" (Basel Univ. Diss., 1957); Erich Zenger, 『원수시편의 이해: 복수의 하나님?』, 118-29.

61 Erich Zenger, 『원수시편의 이해: 복수의 하나님?』, 126-27.

62 James Luther Mays, 『시편』, 545.

[2-3-3] 하나님의 검증. 무덤 벽화. 구약성경에서는 '시험하다'(bḥn)와 '정련하기 위해 녹이다'(ṣrp)는 동사가 종종 병행하여 사용된다(참조, 시 17:3; 26:2; 66:10; 또한 참조, 욥 23:10). 이러한 용례는 검증절차가 용해과정을 통해서 이루어짐을 보여준다. 이 도상은 금속 제련공들의 작업 과정을 묘사한 것이다. 윗줄에는 작업자들이 풀무를 이용해서 불을 지피고 있는 모습을 보여주며, 아랫줄에는 작업자들이 불에서 도가니를 들어다가 문을 주조하고 있다. 투트모세 3세 시대(1502-1448년) 레크미레(Rechmire)의 무덤 벽화. N. de Garis Davies, *The Tomb of Rekh-mi-rēʿ II* Taf. 52. O. Keel, *Bildsymbolik*, Abb. 250, 162쪽에서 재인용.

과 같다.[63] 이에 반해서 영원한 길은 하나님의 변함없는 '의와 생명의 길'이다. 이것은 10절의 묘사에 대한 확언이라고 말할 수 있다. 시인은 그 어떤 어려움 속에서도 하나님이 인도하시는 생명과 구원의 삶이 이어지기를 희망한다참조. 시 5:8; 27:11. 결국 시인은 하나님께서 자신을 판단하시어 자신의 목자가 되시기를 간구하는 것이다.[64]

라. 내용요약과 중심주제

이 시편의 중심주제는 '성찰하고 고백하고 행동하고 간구하는 신앙인'이라고 말할 수 있다. 시인은 '불의하고 억울한 상황을 당한 상황에서 자신의 무죄를 확신하며 하나님의 판결과 인도를 간구'한다. 시

---

63 시편에 나타난 우상 숭배에 관한 언급들을 참조하라(시 97:7; 106:36, 38; 135:15).
64 James Luther Mays, 『시편』, 549.

인은 제1연에서 '하나님의 전지하심과 함께하심'에 대해 고백하며[1-6절], 제2연에서는 '하나님의 편재하심과 능력'에 대해서[7-12절], 제3연에서는 '인간창조와 전지하심'에 대해서 고백한다[13-18절]. 그러나 이 고백들은 의미 없이 반복하는 주문呪文이 아니다. 질문과 열망이 내포된 고백들이다. 제1연과 2연에서 하나님의 전지全知와 편재遍在에 대해 고백하지만 거기에는 탄식의 분위기가 풍겨난다. 하나님으로부터 숨겨지거나 도망할 수 없고 온전히 감찰당하고 붙들려 있는 인간존재의 모습이 부각된다. 제3연에서는 분위기의 변화가 감지된다. 앞 연들과 비슷하게 하나님의 창조능력과 전지하심에 대해서 고백하지만, 제3연의 분위기는 탄식보다는 감사와 감격의 분위기가 더 강하게 드러난다. 제4연에서 시인은 이러한 하나님에 대한 신앙과 고백에 근거하여 자신의 상황에 대한 변화와 구원을 간구한다. 그것은 악인에 대한 심판을 열망하며 악인들과 벌이는 선한 싸움이 끝나고 하나님의 성품에 걸맞는 영원한 길로 인도해 달라는 간구이다. 시편 139편의 시인은 자신의 상황을 성찰하고 고백하는 것으로 끝나지 않는다. 상황의 변화와 하나님의 구원을 위해 행동하고 간구한다. 시인의 청원과 간구에는 시인의 강력한 신앙과 고백이 근거로 작용한다. 시편 139편은 올바른 고백 위에 올바른 간구가 가능하고, 올바른 신앙 위에 올바른 삶이 가능함을 깨닫게 한다.

3. 욥기 23장: 하나님의 '부재'不在 속에서의 탄식[65]

가. 본문의 개요

욥의 이 발언을 이해하기 위해서는 이 본문이 욥기 전체의 구조 속에서 어떤 위치에 자리하고 있는가를 살피는 것이 중요하다. 욥기 23장은 이른바 '욥-시문'Hiobdichtung의 내용 중 욥이 세 친구와 벌인 논쟁 안에 들어 있다. 욥과 세 친구의 논쟁을 구분하면, 이 논쟁은 욥의 첫 번째 발언3장에 이어서 세 친구와 욥이 서로 번갈아 가면서 세 바퀴를 도는 논쟁이다. 첫째 바퀴와 둘째 바퀴에서는 엘리바스4-5장; 15장, 빌닷 8장; 18장, 소발11장; 20장에 맞서 욥이 각각 한 번씩 대응하여 발언한다6-7장; 9-10장; 12-14장; 16-17장; 19장; 21장. 셋째 바퀴에서는 엘리바스22장와 빌닷 25장의 발언만 나타나고 그들에 대한 욥의 대응이 이어진 후23-24장; 26-28장, 욥의 마지막 발언이 등장한다29-31장.

그러므로 욥기 23장은 세 친구와의 논쟁 중 세 번째 바퀴에서 엘리바스에 대응하여 말한 내용이다. 친구들과의 논쟁은 시간이 지날수록 첨예화되고 격렬해진다. 이러한 논쟁이 세 번째 바퀴로 가면 더욱 날카로워지면서 더 이상 접점을 찾지 못하고 '좌초된'gescheitert 대화로 끝이 난다. 엘리바스는 바로 앞 22장에서 욥의 잘못을 숨김없이 비난한다5-9절. 그러면서 욥의 생각이 예로부터 하나님을 경멸했던 자들이 생각했던 바와 같다고 비방하지만12-20절, 만약 그가 자신의 잘못된 행동으로부터 돌이킨다면21장 이하, 특히 23절 경험하게 될 '악인 욥'의 긍정

---

65 이하의 내용은 다음 필자의 책에서 본 논문의 목적을 위해 수정을 거쳐 가져온 것이다. 하경택, "엘리바스에 대한 욥의 세 번째 대답(23장 1-17절) - 이해할 수 없는 고난 속에서의 외침," 『질문과 응답으로서 욥기 연구(개정증보판)』, 205-13.

적인 미래를 제시한다²¹⁻³⁰절. 엘리바스는 자신의 마지막 발언을 통해
욥에게 돌이켜 '하나님과 화목하고 불의를 버리라'고 강하게 권고한
다. 엘리바스에 의하면 욥은 분명 악인이다. 그러나 그가 돌이킨다면
그에게는 반드시 좋은 미래가 열릴 것이다. 욥의 발언은 이러한 엘리
바스의 발언에 대한 대응이다.

나. 본문사역

1절	욥이 대응하여 말했다:
2절	오늘도 나의 탄식이 반항적이며,
	나의 손이 나의 신음 위에서 무겁다.
3절	내가 어떻게 그분을 찾을 수 있는가를 알고,
	내가 그분의 자리까지 나아갈 수 있다면!
4절	나는 그분 앞에서 소송을 벌이고,
	내 입을 변론들로 가득 채울 것이다.
5절	나는 그분이 나에게 대응하시는 말을 알며,
	나에게 무엇을 말씀하시는지를 분별할 것이다.
6절	그분이 큰 권능으로 나와 싸우실까?
	아니다. 그분은 나를 주목하실 것이다.
7절	거기서는 정직한 자가 그와 변론할 수 있고,
	나는 나의 재판장으로부터 영원히 벗어나게 될 것이다.
8절	보라, 내가 앞으로 가도 그분이 계시지 않고,
	뒤로 가도 그분을 분별할 수 없다.
9절	그분이 활동하실 때 내가 왼편에서 목격할 수 없고,

그분이 오른편에서 돌 때 내가 볼 수 없다.

10절   정말 그분은 나에게 있는 길을 아시며,

그분이 나를 시험하실지라도 나는 정금처럼 나올 것이다.

11절   나의 발이 그분의 발걸음을 따랐으며,

내가 그분의 길을 지켜 벗어나지 않았다.

12절   내가 그분의 입술-명령을 저버리지 않았고,

내 규정보다도 그분의 입-말을 내가 더 간직했다.

13절   그러나 그분은 한 분으로 계신다. 누가 그분을 되돌릴 수 있겠는가?

그분이 원하시면 그분은 하신다.

14절   정말, 그분은 나에 대한 결정을 완성하실 것이다.

그리고 이와 같은 일들이 그분에게는 많다.

15절   그러므로 내가 그분의 면전에서 놀라며,

내가 인지하고 그분 앞에서 두려워한다.

16절   하나님이 내 마음에서 용기를 잃게 했고,

전능자가 나를 놀라게 했다.

17절   정말, 내가 어둠으로부터 끊어지지 않았고,

흑암이 내 얼굴을 덮었다.

다. 본문 해설

위의 욥 발언은 다음과 같이 세 단락으로 구분된다. 첫 번째 단락 1-7절에서는 하나님과 대면하기를 바라는 욥의 모습이 강조되고, 두 번째 단락 8-12절에서는 보이지 않는 하나님과 무죄한 자신에 대한 확신이

나타나며, 세 번째 단락13-17절에서는 하나님의 주권 속에 있는 자신의 현실에 대한 탄식이 이어진다.

1) 하나님과 대면하기를 바라는 욥 1-7절

2절에서 욥은 우선 현재 자신의 상황에 대해서 말한다. 그의 탄식은 여전히 '반항적'מְרִי이다6:3; 10:1 참조. 그리고 그의 처지는 자신의 신음소리를 자신의 손으로 힘껏 막아야 할 만큼 괴롭고 힘들다. 바로 앞에서 엘리바스는 돌이켜 하나님께 돌아오라고 권면했지만, 욥은 그의 말을 따를 수 없다. 왜냐하면 그가 마주하고 있는 현실은 자신에게 이해할 수 없는 고난이기 때문이다. 그래서 3절에서 그는 하나님과의 만남을 희망한다. 여기에서 그의 '자리'תְּכוּנָה는 하나님의 보좌를 가리킨다. 그리고 정의의 심판이 이뤄지는 곳이다시89:15; 97:2 참조. 욥은 바로 그곳에 가서 하나님을 만나 법률적인 심판을 받고자 한다. 하나님을 만난다면 욥은 자신의 사례에 대해 소송을 제기하고, 자신의 입장을 변론할 것이다4절. 하나님이 자신에 대해서 하시는 말씀도 다 듣고 이해할 것이다5절. 그분은 힘으로 자신과 다투지 않으시고 자신을 주목할 것이다6절. 그리고 '정직한 자'יָשָׁר, 1:1, 8; 2:3; 또한 참조. 4:7; 17:8인 자신은 변론을 벌여 결국 재판장으로부터 무죄선고를 받을 것이다7절.

2) 보이지 않는 하나님과 무죄한 자신에 대한 확신 8-12절

그런데 욥이 그토록 하나님 만나기를 원하지만, 그는 하나님을 만날 수 없다9:11 참조. 동서남북 사면에서 찾아보아도 그를 만날 수 없고 볼 수 없다8-9절에서 히브리말의 네 방위가 다 등장한다. 성전의 방향과 같이 동쪽을 바라보고 있는 것을 전제하기 때문에, 앞뒤좌우는 각각 동서북남의 방향을 가리키는 말이 된다. 하나님은 욥에게 붙잡을 수 없고 파악불가능한 분으로 여겨진다. 이것은 시편 139편에서 묘사되고 있는 하나님 경험과 정반대의 상황이다. 시편 139편 시인은 수직적 차원의 극단^{하늘과 스올}과 수평적 차원의 극단^{동쪽과 서쪽 끝} 어디에 가도 그곳에 계시는 하나님을 말했다^{시 139:7-12}. 하지만 욥은 하나님의 철저한 부재^{不在}상황이다. 동서남북 어디에서도 보이지 않는 하나님이다.

이때 욥은 10-12절에서 자신의 무죄에 대한 확고한 입장을 밝힌다.[66] 우선 10절 전반절에서 욥과 하나님이 얼마나 다른지를 서로 반대되는 그림을 통해 보여준다. 8-9절에서 말했듯이 욥에게는 하나님을 인식하는 것이 불가능하다. 그러나 하나님은 욥의 길을 정확히 아신다^{시 139:9-10}. 그렇지만 후반절에서 다음과 같은 결론을 이끌어낸다. 그토록 자신을 잘 아는 하나님이 자신을 '점검/시험'하시더라도 자신의 깨끗함이 증명될 것이다.[67] 금은 어느 문화권이나 순수함을 상징한다. 욥은 자신이 그러한 제련과정에서 정금처럼 나올 것이라고 말함으로써, 순수성을 검사받는 하나님의 시험에서 자신이 반드시 합격할 것이라는 확신을 표명하고 있는 것이다.[68] 이러한 욥의 확신은 11-12절에서 그 근거를 밝히고 있다. 왜냐하면 그는 하나님의 길을 벗어나지 않았

---

66 특별히 10절은 욥기 본문 가운데 한국교회에서 가장 크게 오해되고 오용되고 있는 구절중 하나이다. 욥은 이 구절에서 하나님이 고난을 통해 자신을 연단하시어 '정금 같은' 믿음의 사람으로 세우실 것이라는 확신을 말하고 있다고 이해한다. 그러나 이러한 이해는 히브리어 본문뿐 아니라 이 발언의 맥락을 제대로 파악하지 못한 결과다.

67 여기에서 사용된 <바한>(בחן) 동사는 불순물을 제거하고 금을 추출해내는 제련과정을 묘사할 때 사용된다(사 48:10; 시 66:10 참조). 이 동사는 시편 139편 2절과 23절에서도 사용되고 있다 (위의 도상자료를 참조하라).

68 이러한 제련과정이 적용된 사례들이 많다. 귀금속의 제련 및 정련은 신앙생활의 진실성이 시험받는 것을 의미하며 하나님 백성과 그 구성원 개개인이 형벌과 고난을 통해 정화되는 것을 상징한다. 이 때 중요한 것이 '도가니'에서 금은을 달구어서 불순물을 분리해 내는 과정이다(잠 17:3; 27:21; 슥 13:9; 말 3:3; 벧전 1:7; 계 3:18 참조).

고, 하나님의 명령을 저버리지 않았기 때문이다참조. 6:10; 10:7; 17:9; 또한 자신의 결백을 주장하는 다른 본문들을 참조하라. 예컨대, 시 139:23-24; 시 11:4-7. 이러한 욥의 발언은 불의를 버리고 하나님께 돌아오라는 엘리바스의 권면에 대한 거부이기도 하다.

3) 하나님의 주권 속에 있는 자신의 현실에 대한 탄식 13-17절

욥은 이제 다시 자신의 모든 문제의 열쇠를 쥐고 있는 하나님에 관한 진술로 나아간다. 그분은 '한 분으로'בְּאֶחָד 계신다. 이 표현은 '쉐마 이스라엘'신 6:4이하의 한 분 하나님에 대한 고백과 유사하다. 이것은 오직 그분만이 하나님이시라는 유일신론적인 고백일 뿐만 아니라, 그분의 존재양태가 하나로서 변함없는 통일성을 보여준다는 것이다. 따라서 그분에 대항하여 그분의 뜻을 되돌릴 수 있는 존재가 아무도 없다9:12; 11:10 참조. 그분이 결정하시면 그대로 행하신다13절. 그러므로 하나님은 자신을 향해 품으셨던 뜻을 그대로 이루실 것이다14절; 또한 10:13 참조.

그런데 욥이 이렇게 하나님의 유일성과 주권을 인정하고 고백하지만, 그는 이 발언을 통해 감사나 구원의 확신을 표현하고 있지 않다. 왜냐하면 욥에게 그분은 8-9절에서 말하고 있듯이, 잡히지 않고 온전히 파악할 수도 없는 '숨어계시는 하나님'Deus absconditus이시기 때문이다.참조. 사 45:15; 시 10:1; 13:1 욥이 경험하는 주권을 가지신 하나님은 놀라움과 두려움을 주는 분이다15절; 또한 참조. 시 33:8; 115:3; 119:120. 자신에게 용기를 잃게 하고 놀람으로 다가오시는 분은 다름 아닌 전능자 하나님이시다16절. 이러한 하나님의 개입을 통해 전개된 욥의 상황은 온통 어둠과 흑암으로 뒤덮여 있을 뿐이다.

4. 하나님의 편재遍在와 부재不在 사이에서

시편 139편은 여러 면에서 욥기 본문과의 연관성이 고찰된다. 아 람어적인 표현들이나 흔하지 않는 동사형태, 지혜문학적인 기원을 가 진 표현들이 많이 나타난다는 점에서 그렇다. 이러한 언어적-양식적 측면만이 아니라 내용적으로도 유사한 주제를 담고 있다. 특별히 하나 님과 인간과의 관계를 다룬다는 점에서 공통분모가 많다.[69] 시편 139편 과 욥기 23장에서는 그것이 특별히 하나님의 가까이 계심과 멀리 계심 사이의 상호관계 속에서 두드러진다.

시편 139편과 욥기 23장에는 화자와 하나님과의 관계가 줄곧 그 중심에 있다. 그리고 두 화자 모두 모든 것을 하나님의 성품과 행동의 관점에서 묘사한다. 이 가운데서 화자는 하나님의 '편재'遍在를, 때로는 '부재'不在를 경험한다. 시편 139편과 욥기 23장 두 본문의 비교는 매 우 흥미롭다. 두 본문에 등장하는 화자는 모두 하나님의 '아심'시 139:1-4; 욥 23:10과 '무죄 확신'시 139:23; 욥 23:7, 10-12이라는 공통분모를 가지고 있다. 하지만 그들이 경험하는 하나님의 모습은 정반대다. 한편에서는 하나님의 '편재'시 139:7-10를 다른 한편에서는 '부재'욥 23:8-9를 경험한 다. 그러나 좀 더 깊이 생각해보면 두 화자 모두 '편재'와 '부재'를 동시 에 경험하고 있다. 시편 139편의 시인은 고백하기를 하나님이 어디에 가도 계시며 자신은 그분으로부터 피할 수 없는 존재라고 말하나, 현 재 그가 경험하는 것은 원수들로부터 고통당하는 하나님의 '부재'이다 시 139:20-22. 욥은 앞으로 가도 뒤로 가도 왼쪽으로 가도 오른쪽으로 가 도 하나님을 볼 수 없다고 말하나, 현재 그가 경험하고 있는 바는 자신

---

69 Christoph Buysch, "Davidpsalter 2006," 150.

에게 놀라움과 두려움을 주는 하나님의 '편재'다욥 23:15-16.[70] 이렇게 하
나님의 '편재'와 '부재'가 공존하고, 하나님의 '멀리 계심'과 '가까이 계
심'이 함께 경험된다. 이러한 현상을 하나의 용어로 표현할 수 있는 말
이 '포월抱越'이다.[71] 이러한 상황에서 두 화자가 모두 하나님으로부터
바라는 바는 동일하다. 두 화자 모두 자신의 무죄를 인정받아 현재 경
험하는 고통의 상황을 벗어나는 것이다. 시편 139편 시인은 하나님이
함께하시는 '영원한 길'로 인도되길 바라고 있으며시 139:24, 욥은 하나
님께 무죄선고를 받고 풀려나 회복된 삶을 살게 될 것을 희망하고 있
다욥 23:7. 이것이 시편 139편의 시인과 욥기 23장의 욥이 지향하고 갈
구하는 '포월적' 임재요 현존이다.

두 본문에 대한 비교 연구를 통해 깨닫게 되는 것이 있다. 그것은
하나님의 '주권'과 '함께 하심'에 대한 '진정성 있는' 신앙이다. 두 본문
에 등장하는 화자들은 하나님의 대한 고백을 입으로만 하지 않는다.
그들은 모두 자신들의 고백을 온몸으로 하고 있으며 그것을 삶에서 일
구어내고 있다는 것이다. 그들이 지금 현재 편재를 경험 하는가 부재
를 경험하는가는 중요하지 않다. 두 화자는 하나님의 부재 속에서도

---

70 이러한 편재는 하나님의 '현존'으로 표현할 수 있을 것이다. 이러한 부재 속의 현존의 의미는
'시편은 야훼의 계시와 현존의 확실성과 관련해서만 그의 숨어계심을 말한다.'는 시편 신학의
이해에서도 분명하게 드러난다. "오직 자신을 나타내고 자신의 백성 가운데 임재하시는 하나
님만이 자신을 숨길 수도 있다. 숨어계심은 그의 나타나심의 한 양상이다(Verborgenheit ist
ein Attribut seiner Offenbarung)". Hans-Joachim Kraus, *Theologie der Psalmen*, 신윤수
역, 『시편의 신학』(서울: 비블리카아카데미아, 2004), 90.

71 '포월(抱越)' 개념은 필자가 아는 바에 따르면 김정우 교수의 독특한 용어이다. 이것을 굳이 우
리말로 풀어보자면 '껴안아 넘어선다' 정도가 될 것이다. 이것은 전통적으로 하나님의 존재와
활동을 설명하면서 사용했던 하나님의 '초월'과 '내재'를 하나로 묶어내는 말이요, 하나님의 '편
재'와 '부재'의 이중성을 하나의 용어로 드러내는 말이다. 그는 이 개념을 시편 139편을 평가하
면서 처음 사용했고("영성의 관점에서 본다면 시인은 하나님의 소원한 초월성에 대한 부담을 포
월성[con-transcendency, 抱越性]으로 전환함으로써 그를 향한 주님의 영원하신 뜻과 목적을 깨
닫는다."[김정우, 『시편주석 III』, 687]), 구약의 영성을 이 포월성 개념으로 푸는 시도를 하였다
(김정우, "구약의 영성: 멀리 계신 하나님[Deus Absconditus]과 가까이 계신 하나님[Deus Reve-
latus]의 변증법적 포월성 - 렘 23:23-25와 시 139:13-18을 중심으로," 『구약논단』 35 [2010. 3], 10-
34).

편재를 경험하며^{시 139편}, 하나님의 편재 속에서도 부재를 경험하고 있다^{욥 23장}. 중요한 것은 하나님의 '주권'과 '함께 하심'에 대한 '신앙의 진정성'이다. 그들은 자신이 하나님을 어떻게 경험하고 있든 자신의 고백과 믿음이 삶 속에서 녹아지고 행동으로 나타나게 하는 것이다. 하나님의 주권과 함께 하심에 대한 진정성 있는 신앙은 편재를 경험하든 부재를 경험하든 외침을 만들어낸다. 그들의 부르짖음은 하나님의 응답으로 나타난다. 그리고 바로 그 외침을 통해, 그들은 자신의 삶에서 하나님의 '포월적' 임재와 현존을 경험하게 된다.[72]

---

72 김정우 교수는 이번 학기(2016년 1학기)를 끝으로 총신대 교수직에서 퇴임한다. 하지만 그의 퇴임은 김정우의 부재를 의미하지 않는다. 그는 그의 깊은 영성과 학문적 통찰이 배어있는 저작들로, 그의 가르침을 이어가는 동료들과 후학들을 통해서 우리 곁에 계속해서 남아 있을 것이다. 앞으로도 그의 '포월적' 임재가 더욱 빛나기를 바란다.

Ⅲ

·

시온

'세계의 어머니'로서의 시온

시편 87편에 대한 주석적 연구[1]

1. 서론

구약성서에서 '시온'만큼 풍부한 상징성을 가지고 다양한 의미를 보여주는 개념을 찾기는 어렵다. 시온은 시내산과 함께 구약성서에 나타난 두 가지 전승군 가운데 하나의 축으로 평가된다.[2] 두 전승군은 구약성서 전반에 걸쳐 폭넓게 나타나지만, 후대에 이르러 시내산 전승은 대체로 시온 전승에 흡수되고 수렴된다.[3] 이러한 시온전승의 신학을

---

1 이 논문은 『장신논단』 47-2 (2015. 6), 13-40쪽에 실렸다.

2 두 가지 전승군은 다양한 용어로 표현된다. 두 전승군은 시내산(이스라엘) 언약과 시온(다윗) 언약, 출애굽과 다윗선택, 예언자 신학과 왕정신학 등으로 대비되기도 하며, 모세와 다윗이라는 두 인물로 상징화되기도 한다.

3 예컨대, 폰 라트는 두 가지 전승군의 상관관계를 다음과 같이 설명한다. 바빌론 시대와 그 말기 및 페르시아 초기의 예언은 옛 구원질서(조상들과 맺은 계약/출애굽 구원 등)의 붕괴와 거부를 말하고 그 대신 야훼께서 장차 "새롭게 세울 구원"으로부터 이스라엘의 구원을 기대하고 있으며(사 41:22; 42:9; 43:16-20; 44:6-8; 45:21; 46:9-11; 48:3-6; 렘 31:31 이하들 등), 후기 페르시아 시대에로 들어서면, 구약 예언은 "새 예루살렘"에 대한 희망에 집중되는데(욜 4[3]:9-17; 겔 38-39장), 이러한 종말론적 시온산 순례에의 희망은 묵시문학적 신의 도성에 대한 대망

잘 보여주고 있는 것이 시편집의 시온시편들이다. 시온시편 가운데서도 시편 87편은 시온시편의 '요약'이요 '정점'으로 여겨진다. 본 논문은 시편 87편에 대한 주석적 연구를 통해 '시온 시편'의 신학뿐만 아니라 시온의 영광과 시온의 다양한 역할을 통해 드러나는 교회의 의미와 사명에 대해서 탐구해보고자 한다. 특별히 '세계의 어머니'라는 은유를 통해 강조되는 시온의 특별성은 열방을 향한 그리고 열방을 위한 교회의 소명과 사명을 일깨워 주기도 하다. 시편 87편에 대한 고찰을 통해 구약성서에 깊이 스며있는 시온에 관한 우주적이며 종말론적 전망과 비전이 드러나고, 더 나아가 교회와 세상을 위한 신학을 지향하는 '온 신학'에도 많은 시사점을 제공하는 시온신학의 의미가 분명해지기를 바란다.

2. 시온시편에 대한 개관

구약성서에서 시온은 다양한 상징성을 가지고 나타난다. 첫째로, 시온은 예루살렘과 동의어로 사용된다. 시온은 본래 예루살렘 가운데 가장 오래된 부분인 동남쪽 언덕을 의미했으나 점차 예루살렘을 대체하는 표현으로 확장되었다. 일반적으로 예루살렘은 산문과 운문에 모두 등장하지만, 시온은 거의 운문에만 우세하게 나타난다.[4] 그럼에도

(待望)으로 연결된다(사 25:6-8; 슥 14:10, 11, 16, 20; 겔 40-48장)고 말한다. Gerhard von Rad, *Theologie des Alten Testaments. Band II: Die Theologie der prophetischen Überlieferungen Israels* (München: Chr. Kaiser Verlag, 1968), 271-88, 303-308. 하지만 유대인 성서학자 레벤슨(J. D. Levenson)은 시온 전승이 시내산 전승의 주제들을 철저히 흡수한 것은 부정할 수 없지만, 히브리 성서에서 다윗 언약이 시내산 계약을 대체한 적은 없고 신약성서에 와서야 결국 예수로 대체되었다고 말한다. Jon D. Levenson, *Sinai and Zion: An Entry into the Jewish Bible*, 홍국평 역, 『시내산과 시온: 하버드대학 유대인 성서학자가 본 성서신학의 두 기둥』(서울: 대한기독교서회, 2012), 209-40, 특히 238쪽.

불구하고 시온과 예루살렘이라는 두 명칭에서 차이점을 발견할 수 있다. 기본적으로 예루살렘에는 민족적인 특징이 우세하게 나타나고 시온에는 우주적인 특징이 우세하게 나타난다.[5] 두 명칭이 동시에 나타날 경우에는 두 명칭이 가지고 있는 특징들이 서로 전이되고 공유된다. 둘째로, 시온은 이스라엘이나 이스라엘 주민을 의미할 수 있다. 구약성서에서 중심도시는 그 도시의 나라나 백성을 의미하는 말로 쓰일 수 있다예컨대, 다메섹, 바벨론, 멤피스 등.[6] 포로기 이전에는 '딸 시온'<바트 치온>, בַּת־צִיּוֹן이라는 표현이 예루살렘과 그곳의 주민을 의인화한 표현으로 등장한다사 1:8; 10:32; 렘 4:31; 6:2, 23 등.[7] 또한 포로기와 포로기 이후 본문이라고 여겨지는 곳에서도 이러한 용례가 폭넓게 나타난다왕하 19:21; 사 16:1; 37:22; 62:11; 미 1:13; 4:8, 10, 13; 슥 2:14; 시 9:15; 애 1:6; 2:1, 4, 8, 10, 13, 18; 4:22. 하지만 시온은 개인적인 운명에 대한 범례로 작용하기도 한다.[8] 시온의 운명이 개인적인 구원경험의 모범이 되기도 하며 반대로 개인의 경험이 시온의 운명을 위해 투시되기도 한다. 셋째로, 시온은 하나님이 계시는 성소와 동일시 될 수 있다. 이것은 '시온 산성'<메추다트 치온>, מְצֻדַת צִיּוֹן의

---

4   Matitiahu Tsevat, "יְרוּשָׁלַם," in *Theologisches Wörterbuch zum Alten Testament III*, 931. 하지만 예언서에는 책마다 다른 분포를 보여준다. 예컨대, 이사야(예루살렘 49회, 시온 47회), 예레미야(예루살렘 102회, 시온 17회), 요엘(예루살렘 6회, 시온 7회), 미가(예루살렘 8회, 시온 9회). 이 외 예언서들에 나타난 등장횟수를 보면 아모스에 2회, 오바댜에 2회, 스바냐에 2회, 스가랴에 8회 사용된다. 창세기에서 신명기, 여호수아, 사사기, 사무엘상, 에스겔, 호세아, 요나, 나훔, 하박국, 학개, 말라기, 다니엘, 욥기, 잠언, 룻기, 에스라, 느헤미야 등의 책에는 '시온'이 등장하지 않는다. Eckart Otto, "צִיּוֹן," in *Theologisches Wörterbuch zum Alten Testament VI*, 1007.

5   Corinna Körting, *Zion in den Psalmen*, Forschungen zum Alten Testament 48 (Tübingen: Mohr Siebeck, 2006), 227.

6   Matitiahu Tsevat, "יְרוּשָׁלַם," 932. 시온은 땅과 경작지로서만 언급되지 않고 여성으로서 인식된다. 그 여성은 야훼와 사람의 두 가지 차원에서 관계를 가진다. Odil Hannes Steck, "Zion als Gelände und Gestalt. Überlegungen zur einer zweifachen personalen Relation: Gelände und Gestalt," in *Odil Hannes Steck, Gottes Knecht und Zion: Gesammelte Aufsätze zu Deuterojesaja*, Forschungen zum Alten Testament 4 (Tübingen: Mohr Siebeck, 1992), 127.

7   Eckart Otto, "צִיּוֹן," 1010-11; Jon D. Levenson, 『시내산과 시온: 하버드대학 유대인 성서학자가 본 성서신학의 두 기둥』, 159.

8   Eckart Otto, "צִיּוֹן," 1014.

기능이 성전과 결합되어 있는 솔로몬 궁전으로 대치되고, 시온이 성전 산을 의미하는 명칭으로서 자리를 잡게 됨으로서 가능해졌다.[9] 이러한 동일시는 포로기에 특별히 강조된 형태로 나타난다. 포로기 이전 명칭 인 '성소'קָדְשׁוֹ, 시 134:2 이하나 '성산'קָדְשִׁי הַר, 욜 2:1; 4:17; 또한 슥 8:2 이하 참조과 연결되어 나타나던 시온이 성전산과 관련된 다양한 표현들과 결합되 어 나타난다.[10] 예컨대, 이사야 18장 7절의 '만군의 야훼의 이름을 두신 곳'מְקוֹם שֵׁם־יְהוָה צְבָאוֹת, 미가 4장 2절의 '야훼의 산'הַר־יְהוָה 시편 132편 12 절의 '거처'מוֹשָׁב, 예레미야애가 2장 1절의 '그의 발판'הֲדֹם־רַגְלָיו이나 2장 6절의 '그의 모임을 위한 장소'מוֹעֲדוֹ가 그러한 용례들이다. 시온과 성소 의 동일시는 성전이 '천상과 지상 영역의 중재 장소'라는 개념을 시온 에 전이시킨다. 이로써 시온은 천상과 지상이 만나는 장소로서의 신학 적 의미를 획득하게 된다. 이러한 시온의 상징성은 예루살렘과 시온의 지역이 갖고 있는 지형학상의 특징과 도시지역과 산을 포괄하는 지리 학상의 중첩성에 긴밀하게 연결되어 있다.[11]

시편집 안에는 시온을 찬양하며 시온의 의미를 널리 알리는 시온 시편이 많이 있다. 일반적으로 시온시편으로 분류되는 시편들은 46편, 48편, 76편, 84편, 87편, 122편, 132편 등이다.[12] 하지만 65편, 67편, 68

---

9 위의 책, 1010. 이러한 전이는 하나님의 현존에 대한 이해의 변화와 확대에서 기인한다. 포로 기 이전 시온신학은 무엇보다도 앗시리아 시대에 완성된 예루살렘 성전신학에 대한 하나의 특 별한 관점이다. 이 관점은 이 도성이 위협받는 시기에 이 도성의 안전에 대해 신학적으로 그 근거를 제시한다. 성전신학에서 이루어지는 진술의 핵심은 시온에 계시는 야훼의 현존이다(왕 상 8:12절 이하; 시 24:3; 47:9; 93:5 등). 이것은 야훼께서 그 위에 자신의 보좌의 처소를 가지고 계시는 거룩한 산(시 2:6)과 야훼의 산(시 24:3)으로서 시온에 거주하시고(사 8:18; 욜 4:17, 21; 또한 시 135:21 참조) 좌정하신다(시 9:12; 또한 시 132:13 참조)는 심상과 관련된다. 이것은 법궤 와 결합된 보좌 모티프(시 9:12; 68:17 등)와 성전에서의 거주 모티프(시 46:5절 이하 등)가 시온 으로 옮겨진 것이다. 위의 책, 1015.

10 위의 책, 1010.

11 쾨르팅(C. Körting, *Zion in den Psalmen*, 227)은 시온의 의미에 관하여 어떤 하나의 심상으로 체계화될 수 있는 '심상증후군'(Vorstellungssyndrom)이라기보다 진보하는 신학의 형성 과정 에 나타나는 하나의 '진동하는 중심추'(oszillierendes Zentrum)라고 평가한다.

12 Hermann Gunkel, *Einleitung in die Psalmen* (Göttingen: Vandenhoeck & Ruprecht, 1985),

편, 86편, 99편 등도 시온시편으로 거론된다.[13] 이렇게 시온시편에 대한 장르분류가 유동적인 것은 시온시편의 구성요소에 대한 이해가 동일하지 않기 때문이다. 시편 연구가들은 시온시편을 구성하는 중심내용으로서 다섯 가지 요소들을 제안한다.[14] 첫째, 시온산을 북쪽 끝에 있는 산으로서 가나안 신화에 나오는 가장 높은 산인 차폰산Mt. Zaphon과 동일시하는 것이며시편 48편 2절에 가장 나타나 있다, 둘째, 이 산으로부터 강줄기가 흘러나온다는 것이고시편 46편 4절이나 87편 7절에서 볼 수 있다, 셋째, 이 산은 야훼가 원시 혼돈의 바다에 대한 승리의 장소가 된다이러한 모티프는 시편 46편 3-7절과 65편 6-7절, 그리고 시편 67편 3절에서 확인할 수 있다.[15] 넷째, 하나님은 시온산에서 지상의 민족들을 이기셨다는 것이고'바다들'에 대한 승리와 평행하게 '백성들'에 대한 승리가 나타나는 시편 46편 5-7절, 48편 5-8절, 68편 13-15절, 65편 8절 등을 참조하라,[16] 다섯째, 민족들이 야훼께 경배하기 위해 시온으로 순례를 떠난다는 '열방들의 순례'Völkerwallfahrt 모티프가 나타난다시 68:28-39; 86:9; 87편. 이것은 가나안 신화에서 나오지 않은 유일한 요소로서 포로기 후에 추가된 것으로 여겨지며, 이사야 2장, 18장, 미가 4장, 스가랴 14장에 나타난 신학을 반영하고 있다.[17]

42-43, 80-81.

13 Robert D. Miller II, "The Origin of the Zion Hymns," in *The Composition of the Book of Psalms* ed., Erich Zenger (Leuven u. a.: Peeters, 2010), 667-68.

14 위의 책, 667-68.

15 이와 관련하여 시편 46편은 낙원의 강줄기와 혼돈의 바다라는 이중적 이미지를 가지고 있는 것으로 평가된다.

16 시편 46편에서는 혼돈의 물이 '뛰노는 것'(4절)이 나라들의 '떠드는 것'(7절)과 평행을 이룬다. 특별히 76편과 122편은 '샬롬'(평화)을 강조한다(또한 46:9; 76:2 참조). 이 '샬롬'은 민간에서 예루살렘('샬롬의 도시')의 어원으로 여겨지기도 한다. Robert D. Miller II, "The Origin of the Zion Hymns," 668.

17 '시온으로의 열방 순례' 모티프의 등장은 다음과 같은 과정을 거쳐 나타난 것으로 이해된다 (Eckart Otto, "צִיּוֹן," 1023. 포로기 이전 시온에 관한 주도모티프였던 야훼의 현존의 결과로서 주어지는 야훼를 통한 '시온의 안전'에 대한 모티프는 포로기 이후 '열방과의 투쟁' 모티프 복합체로 발전한다(Wanke, 70-99). 요엘 4장과 스가랴 12장에서 '열방과의 투쟁'은 열방에 대한 '종말론적인 심판' 모티프와 결합되어 종말론적인 드라마를 구성하는 하나의 국면이 된다. 시편 76편에

3. 시편 87편의 해석사

시편 87편의 해석사는 시편 87편에 대한 해석이 매우 다양한 관점에서 이루어졌음을 보여준다. 시편 87편에 대한 해석의 대표적인 예들은 다음과 같다. 유대교에 대한 비판적인 관점을 지니고 있는 둠B. Duhm은 시편 87편이 디아스포라 유대인들을 겨냥한 것이라고 말한다.[18] 야훼께서 시편 87편에 열거된 열방들을 칭찬하신 것은 그 나라들이 시온의 시민권을 가진 유대인들을 보호했기 때문이라고 말한다. 이러한 해석에 대한 확대가 궁켈H. Gunkel에게서 나타난다. 궁켈은 시편 87편이 디아스포라 유대인뿐만 아니라 개종자들을 향한 것이라고 설명하며,[19] 시인은 모든 나라에 유대인과 개종자들이 충만하게 있는 상황을 염두하고 있다고 말한다. 이와 유사하게 키텔R. Kittel도 열거된 열방의 이름들이 온 세계로부터 온 개종자들을 가리키는 것이라고 본다.[20] 그는 시편 87편이 개종자들이 시온으로 순례하며 불렀을 노래일 수 있다고까지 말한다.

이러한 흐름과는 달리 시편 87편에 대한 우주적이며 종말론적인

서 '열방에 대한 심판'(9절 이하)과 결합된 '열방과의 투쟁' 모티프(5-8절)는 우주적인 평화의 전제조건으로서 나타나는 '무기 철폐' 모티프(4절)로 계승된다. 이러한 '무기 철폐' 모티프는 포로기 혹은 포로 후 초기의 '열방의 회집'과 '충성맹세' 모티프(사 18:7; 19:21; 45:14 이하; 49:17; 55:3-5; 렘 3:17; 겔 17:22 이하; 습 3:8-10; 학 2:6-9; 슥 2:15; 6:15; 8:2-23; 시 68:29-32; 72:1 이하; 76:12; 87:2-7; 96:7-9 등)와 열방을 위한 '시온에서의 법제정' 모티프(시 99:4-5)와 더불어 '열방과의 투쟁' 모티프에 대한 대립으로서 나타나는 '열방의 순례' 모티프로 응축된다.

18 Bernhard Duhm, *Die Psalmen erklärt*, Kurzer Hand-Commentar zum Alten Testament 14 (Tübingen: J. C. B. Mohr, 1899), 218쪽 이하. 다음 두 사람도 이와 유사한 견해를 보인다. Hans-Joachim Kraus, *Psalmen 64-150*, Biblischer Kommentar XV/2 (Neukirchen-Vluyn: Neukirchener Verlag, 1972), 604; 김성수, "이 사람이 시온에서 났다: 시편 87편 주해와 적용," 『그말씀』 225 (2008. 3), 102-103.

19 Hermann Gunkel, *Die Psalmen übersetzt und erklärt*, Handkommentar zum Alten Testament II/2 (Göttingen: Vandenhoeck & Ruprecht, 1926), 379-80.

20 Rudolf Kittel, *Die Psalmen*, Kommentar zum Alten Testament XIII (Leipzig: Deichert, 1922), 289.

해석을 시도한 학자들이 있다. 대표적인 학자가 다이슬러A. Deissler이다.[21] 이 시편은 모든 디아스포라 유대인과 포로기 이후 많이 생겨난 개종자들을 대상으로 할 수 있지만, 이 시편의 의미는 미래적인 차원으로 확대된다고 말한다. 그래서 이 시편은 스가랴 2장 15[11]절이나 이사야 19장 23절 이하의 반향이 된다고 말한다. 하지만 보깡Beaucamp은 이런 식의 우주적인 해석에 대해 이의를 제기한다.[22] 그는 진정한 의미의 우주적 구원은 오직 예수 그리스도의 죽음을 통해서만 비로소 성취된다고 보았다. 따라서 시편 87편을 근거로 모든 열방을 포괄하는 시온의 중심성을 주장하는 것은 타당하지 않다는 입장이다. 민족들의 경배는 열방의 하나님으로서 야훼의 인정이 아니라 시온백성에게 임하는 구원과 평화를 돋보이게 하는 이면에 불과하다는 것이다. 한편 쉬타델만A. Stadelmann은 시편 87편을 매우 '좁은' 의미로 해석한다.[23] 그는 시편 87편 2절에 등장하는 '야곱의 거처들'에 주목하면서 보편적주의적인 해석이 아니라 특수주의적인 해석을 시도한다. 이 시편은 고라시편 기자들이 경험했던 바를 바탕으로 한 민족적이며 종교적인 위상을 가진 야곱과 하나님의 도성인 예루살렘 또는 시온과의 관계를 다루고 있다고 말한다.

시편 87편의 해석사를 종합하면 결국 시편 87편의 적용범위의 문제로 귀착된다. 이것은 시편 87편에 나타난 시온의 의미와도 연결된다. 필자는 시편 87편에 대한 더 나은 접근을 위해서 두 가지 사실을

---

21 Alfons Deissler, *Die Psalmen*, Die Welt der Bibel/Kleinkommentar 1 (Düsseldorf: Patmos-Verlag, 1964), 338쪽 이하.

22 Évode Beaucamp, *Le Psautier II* (Paris: Gabalda, 1979), 76; Frank-Lothar Hossfeld and Erich Zenger, *Psalmen 51-100*, Herders Theologischer Kommentar zum Alten Testament (Freiburg u. a.: Herder, 2000), 554에서 재인용.

23 Alois Stadelmann, "Psalm 87 (86) - Theologischer Gehalt und gesellschaftliche Wirkung," in *Ein Gott, eine Offenbarung. Festschrift für N. Füglister*, ed. Franz V. Reiterer (Würzburg: Echter, 1991), 354, 356.

지적하고자 한다. 첫째는 시편 87편이 독립적으로만 존재하지 않고 시편집의 맥락 가운데 있다는 사실이다.[24] 시편 87편은 좁게 말하면 고라 시편 모음집 안에 있고, 넓게 말하면 시편집 전체의 맥락 가운데 있다.[25] 어떤 시편의 의미는 그 시편 자체 내에서 만의 고찰로 끝나지 않고 시편 모음집의 상황 안에서 고찰될 때 분명해진다. 둘째는 시편 87편의 의미가 이 시편의 수용사를 통해서도 분명해질 수 있다는 사실이다. 특별히 시편 87편에 대한 신약성서의 수용은 시편 87편에서 다루어진 시온의 의미가 어떻게 조명되고 얼마나 진전될 수 있는가를 보여줄 것이다.

---

24 제럴드 윌슨(Gerald Wilson)은 자신의 박사논문을 통해 개별시편 연구에서 더 나아가 시편집의 구성과 구조에 대한 관심을 불러일으키며 시편집 안에서의 시편 연구에 대한 새로운 장을 열었다. 그는 박사논문에서 시편집 처음 세 권의 책 '이음매'에 '제왕시들'이 전략적으로 배치되어 있다(2, 72, 89편)는 사실에 주목하였고, 제4권에서 제5권으로 이동할 때는 놀랍게도 그러한 제왕시가 나타나지 않는다는 사실과 제4권에 야훼 제왕시가 집중적으로 나타난다(93편; 96-99편)는 사실을 통해 지상적 왕권에서 신적인 왕권으로 시편집의 주제가 이동하고 있다고 주장했다. Gerald H. Wilson, *The Editing of the Hebrew Psalter*, Society of Biblical Literature Dissertation Series 76 (Chico, CA: Scholars Press, 1985), 207. 시편집으로서의 시편의 의미에 대하여 다음을 보라. William P. Brown, *Psalms*, Interpreting Biblical Texts (Nashville: Abingdon Press, 2010), 109-33.

25 그러한 의미에서 시편 87편을 시편 46편이나 시편 48편과 같은 포로기 이전 시편들에 대한 대응으로 보면서 시편 87편의 의미를 이해하려고 한 쳉어(E. Zenger)의 시도는 매우 고무적이다. Frank-Lothar Hossfeld and Erich Zenger, *Psalmen 51-100*, 555, 561-63; Erich Zenger, "Zur redaktionsgeschichtlichen Bedeutung der Korachpsalmen," in *Neue Wege der Psalmenforschung. Festschrift für Walter Beyerlin*, eds. Klaus Seybold and Erich Zenger, Herders Biblische Studien 1 (Freiburg u. a.: Herder, 1994), 175-98.

4. 시편 87편의 주석

가. 사역

고라 자손을 위한 시, 곧 노래

1절 　그의[26] 기초가 거룩한 산들[27]에 있다.

2절 　야훼는 시온의 문들을 사랑하신다,

　　　 야곱의 모든 거처들보다도.

3절 　너에 관하여 영광스러운 것들이 말해진다.

　　　 하나님의 성이여! 셀라

4절 　내가 라합과 바벨론을 나를 아는 자로 선언할 것이다.[28]

　　　 보라 구스와 함께[29] 블레셋과 두로도,

　　　 "이 사람이 *거기서* 태어났다."

5절 　시온에 대하여 일컬어진다.[30]

---

26 크라우스는 <예수다토>(יְסוּדָתוֹ)의 대명접미어가 시온을 가리키는 것으로 보고, <예수다타흐>(יְסוּדָתָהּ)로 고쳐서 읽을 것을 제안한다. 하지만 시편의 주제와 내용을 고려한다면 굳이 그렇게 고쳐 읽을 이유가 없다. 자세한 내용은 본문해설을 참조하라.

27 시리아 역본은 '거룩한 산들'(בְּהַרְרֵי־קֹדֶשׁ)을 단수로 이해하여 '그의 거룩한 산'(bṭwrh qdjš' = בְּהַר קָדְשׁוֹ)으로 번역한다. 시리아 역본은 이 표현을 시온산을 암시하는 단수로 이해하지만, 현재 마소라 본문에서처럼 복수형태가 유지된다 해도 본문이해에는 무리가 없다.

28 <자카르>(זכר)의 히필형은 전치사 <레>(לְ)와 함께 쓰여 '라고 부르다'의 의미를 가진다(창 41:9; 삼상 4:18; 사 63:7 등). Ludwig Köhler and Walter Baumgartner, *Hebräisches und aramäisches Lexikon zum Alten Testament*, 3. Aufl. (Leiden: E. J. Brill, 1967-1996), 259.

29 70인경은 '함께'에 해당하는 히브리어 표현 <임>(עִם)을 '백성'을 의미하는 <암>(עַם)으로 고쳐 읽어 <라오스>(λαος)로 번역한다. 그러나 라합, 바벨론, 블레셋, 두로 등이 나라명으로만 나타나는 상황에서 굳이 구스에만 '백성'이라는 추가할 필요가 없다.

30 70인경은 <메테르 세이온 에레이 안드로포스>(Μήτηρ Σιών, ἐρεῖ ἄνθρωπος)라고 번역하고 있다. 이것은 뒤이어 나오는 <이쉬 베이쉬>(וְאִישׁ אִישׁ) 중 앞의 <이쉬>를 앞부분에 연결된 것으로 보아 <울라치욘 예아마르 이쉬>(וּלְצִיּוֹן יֵאָמַר אִישׁ)를 <울레치온 엠 요마르 이쉬>(וּלְצִיּוֹן אֵם יֹאמַר אִישׁ)로 고쳐서 읽는 독법이다. 이와 같은 읽기는 마소라 본문에는 없는 <엠>(אֵם)을 삽입하는 것으로, 70인경의 '해석적 번역'이라고 할 수 있다.

"이 사람도 저 사람[31]도 그녀에게서 태어났다.

지존자가 그것을 굳게 세우신다."

6절   야훼께서 민족들을 기록하실 때 말하신다.

"이 사람이 *거기서* 태어났다."

7절   그들이 춤추며[32] 노래한다.

"나의 모든 샘[33]이 네게 있다."

나. 본문의 구조와 양식/배경

본문의 구조는 비교적 명확하게 드러난다. 시편 87편은 도입부1-3절, 중심부4-6절, 종결부7절로 나눌 수 있다. 이러한 시편의 구조를 중심부를 중심으로 살펴보면 다음과 같다. 중심부에서 "이 사람이 거기서/그녀에게서 태어났다"는 어구가 다음과 같이 후렴구처럼 반복된다4절 후반절, 5절전반절, 6절후반절.[34]

---

31 <이쉬 베이쉬>(אִישׁ וְאִישׁ)는 문자적으로 보면 '한 사람과 한 사람'이지만, 이것은 '각각의 모든 사람'을 의미한다.

32 어떤 사본에는 <베홀를림>(בְּחֹלְלִים)으로 되어 있으나, <케홀를림>(כְּחֹלְלִים)의 전치사 <케>(כְּ)는 시간적인 의미를 가질 수 있다.

33 '모든 샘'에 해당하는 히브리어 표현은 <콜-마으야나이>(כָּל־מַעְיָנַי)이다. 70인경은 이 부분을 <판폰 헤 카토이키아>(πάντων ἡ κατοικία)라고 번역하여 '모든 거주지'로 이해한다. 벨하우젠(J. Wellhausen)은 이러한 70인경의 번역에 기초하여 7절후반절의 히브리어 본문을 <쿨람 메오남 바흐>(כֻּלָּם מְעוֹנָם בָּךְ)이라고 이해했고, 불(F. Buhl)은 <쿨람 아네 바흐>(כֻּלָּם עֲנֵי בָּךְ)라고 이해했다(Hans-Joachim Kraus, *Psalmen 64-150*, 600.). 하지만 '거주지'보다는 '샘'의 의미를 갖고 있는 <마으얀>(מַעְיָן)으로 이해하는 것이 본 시편의 맥락에 더 적절하게 여겨진다. 이점에 관하여 아래 본문해설을 참조하라.

34 Klaus Seybold, *Die Psalmen*, Handbuch zum Alten Testament I/15 (Tübingen: Mohr Siebeck, 1996), 341.

제1연: 도입부	נִכְבָּדוֹת מְדֻבָּר בָּךְ	3a절	*너에 관하여* 영광스러운 것들이 말해진다.
제2연: 중심부	זֶה יֻלַּד־שָׁם	4b절	이 사람이 *거기서* 태어났다
	אִישׁ וְאִישׁ יֻלַּד־בָּהּ	5a절	이 사람도 저 사람도 *그녀에게서* 태어났다
	זֶה יֻלַּד־שָׁם	6b절	이 사람이 *거기서* 태어났다
제3연: 종결부	כָּל־מַעְיָנַי בָּךְ	7b절	나의 모든 샘이 *네게* 있다.

이렇게 중심부에 놓인 세 구절이 도입부1-3절와 종결부7절에 의해서 둘러싸여 있다.[35] 이러한 경계설정과 구조분석은 각 단락의 마지막 구절3절과 6절 등장하는 <셀라>에 의해서 확증된다. 이러한 시편의 구조는 중심표현과 내용을 통해서도 확인된다. 중심부4-6절를 둘러싸고 있는 도입부1-3절와 종결부7절는 모두 시온을 지칭하는 <바크>בָּךְ, '너에 대하여/너에게'를 통해서 서로 연결된다. 이 세 단락들은 '하나님의 산'이라는 주제를 통해서도 연결점을 갖는다.[36] 여기에서 <바크>בָּךְ라는 전치사구는 중심부의 <얄라드-바흐>יֻלַּד־בָּהּ, '그녀에게서 태어났다'라는 표현과도 연결되어 시편 전체를 관통하며 하나로 연결되게 한다.

이러한 구조와 상응하게 시온에 대한 관점이 변화된다. 도입부3절와 종결부7절에서는 시온을 2인칭으로 지칭하고 있지만, 중심부4-6절에서는 시온을 3인칭으로 지칭한다. 이러한 구조는 동사의 용례 분석을 통해서도 확인된다.[37] 외부를 둘러싸고 있는 도입부2절과 3절와 종결부7

---

35 Erich Zenger, "Zur redaktionsgeschichtlichen Bedeutung der Korachpsalmen," 180.

36 하지만 도입부에서 '하나님의 산'은 하나님이 도성이 위치해 있는 곳으로 나타나고, 종결부에는 생명의 물줄기가 흘러나오는 곳으로 나타난다.

37 Corinna Körting, *Zion in den Psalmen*, 13.

절에는 동사의 형태가 분사구문으로 나타나지만, 중심부4-6절에는 정동
사가 사용되었다. 다시 중심부에 나타난 정동사의 용례를 분석해 보면,
정동사의 용례 가운데 세 번이 야훼의 행동을 묘사하는데 사용된다.
그것들은 모두 능동형으로 사용되지만, 한 번은 1인칭으로4절: "내가 선언
할 것이다" 두 번은 3인칭5절: "그가 굳게 세우신다"; 6절: "그가 말하신다" 으로 사용된
다. 이에 반해서 열방들이나 시온이 주어가 될 때에는 수동형으로 표
현된다3절: "말해진다"; 5절: "일컬어진다"; 4절, 5절, 6절: "태어났다". 이러한 시편 87
편의 구조를 도식화하면 다음과 같다.

    제1연: 도입부1-3절 - 거룩한 산 위의 '하나님의 성'으로서의 시온
    제2연: 중심부4-6절 - '세계의 어머니'로서의 시온
    제3연: 종결부7절 - '생명의 샘'으로서의 시온

    시편의 연대에 대해서는 여러 가지 의견이 있다. 이 시편은 예루살
렘 왕정기에 생겨난 시온시편혹은 일부만일 수 있다. 열방들 가운데 아시
리아가 언급되지 않은 것사 19:25 참조은 독특하며, 아마도 아시리아가 더
이상 중요한 강대국이 아니었던 주전 610년 이후의 시기를 나타내는
특징이 될 수 있다.[38] 하지만 시편 87편에 대한 연대 측정의 더욱 중요
한 기준은 이 시편의 주제이다. 이 시편은 열방의 심판이나 멸망에 대
해서 말하지 않고 시온에 대한 야훼의 사랑 속에서 열방에 대한 구원
을 말하고 있다.[39] 그러한 점에서 이 시편은 페르시아 시대와 헬라 시대

---

38 Marvin E. Tate, *Psalms 51-100*, Word Biblical Commentary 20 (Dallas, TX: Word Books, 1990), 388. 굴더(M. Goulder)는 고라 시편 중에 하나인 이 시편이 다른 고라 시편들과 마찬가지로 북이스라엘에서 기원하였고 북이스라엘 멸망 이후 그 내용이 예루살렘에 전이된 것으로 본다(Michael D. Goulder, *The Psalms of the Sons of Korah* (Sheffield: JSOT Press, 1982), 18쪽 이하).

39 Corinna Körting, *Zion in den Psalmen*, 22.

를 아우르는 주전 5세기부터 4세기까지의 기간 중 생성된 것으로 추정된다.[40]

이 시편의 장르는 우선 시편 137편 3절에 나오는 '시온의 노래'שִׁיר צִיּוֹן 에 해당한다.[41] 현대적인 시편 장르 분석에서는 이것이 '시온시편'으로 분류된다. 세 부분으로 구성된 표제어에서 시편 87편의 다중적 성격을 엿볼 수 있다. 이 시편은 '고라 자손'בְּנֵי־קֹרַח 과 관련된 것으로 '고라시편'이라고 분류된다. 또한 이 시편은 '시'מִזְמוֹר 이면서 '노래'שִׁיר 이다. 이것은 예술적 시와 제의적 시편으로서의 이중적 사용을 암시한다.[42] 결론적으로 시편 87편 시온의 영광과 그것의 탁월한 의미에 관하여 노래하는 '시온시편' 혹은 '시온 찬송시'라고 정의할 수 있다.[43] 시편 87편이 야훼 대관식에서 불린 시편이라고 본 학자들이 있다.[44] 특별히 모빙켈S. Mowinckel은 4절과 5절 후반절이 야훼가 왕으로 등극하는 '신년축제'에서 말해진 신탁이라고 보았고, 슈미트H. Schmidt는 모든 민족들에 대한 야훼의 왕권을 선포하는 '행렬노래'로 보았다. 하지만 이 시편은 위의 저작연대에 대한 설명에서도 보았듯이 포로기 이후 성전예배에서 사용된 시편이라고 보는 것이 더 타당할 것이다. 여기에는 시온신학에 대한 포로기 이후의 새로운 해석이 담겨있다.[45] 시편 87편은 시온의 영

---

40 방케(G. Wanke)는 고라 성전가수들의 활동 시기를 근거로 이 시편의 연대를 주전 4세기로 추정한다(Günther Wanke, *Die Zionstheologie der Korachiten in ihrem traditionsgeschichtlichen Zusammenhang*, Beihefte zur Zeitschrift für die alttestamentliche Wissenschaft 97 [Berlin: Töpelmann, 1966], 38). 궁켈은 이 본문이 다루고 있는 내용이 미래적인 것이 아니라 현재적인 것이라는 사실에 주목한다. 그리고 유대인들이 여러 나라에 흩어져 있는 상황을 반영하고 있다고 보아서 이 시편의 생성연대를 페르시아 시대라고 추정한다(Hermann Gunkel, *Die Psalmen übersetzt und erklärt*, 380.).

41 Hans-Joachim Kraus, *Psalmen 64-150*, 601.

42 Klaus Seybold, *Die Psalmen*, 341.

43 Hans-Joachim Kraus, *Psalmen 64-150*, 601.

44 위의 책, 601.

45 Frank-Lothar Hossfeld and Erich Zenger, *Psalmen 51-100*, 555.

광과 세계의 어머니로서의 시온의 의미를 선포하는 시편이다.

다. 본문해설

1) 제1연: 도입부^{1-3절} - 거룩한 산 위의 '하나님의 성'으로서의 시온

1연에서는 '하나님의 성'으로서 시온에 대한 여러 가지 특징이 묘사된다. 첫째로, 시온의 위치이다[1절]. 시온은 '거룩한 산'들 위에 세워진 도성이다. 우리는 '거룩한 산들'이라는 표현에서 '원시의 산들'Urberge을 떠올릴 수 있다[시 48:2이하; 또한 사 2:2; 11:9 참조].[46] 그것은 혼돈의 바다 깊은 곳으로부터 솟아 오른 신들의 거주지이다.[47] 또한 그것은 우주적 혹은 세상의 산에 대한 함축의 의미를 가질 수도 있다.[48] 이러한 거룩한 산의 의미는 '차폰산'에 대한 심상과 결합되어 '세계의 배꼽'으로서 시온의 의미를 보여준다[겔 38:12].[49] [도상자료 3-1-1] 이러한 세계의 산으로

---

46 <하르>는 단수나 복수로 산들이나 산맥을 나타낼 수 있다(Shemaryahu Talmon, "הר," in *Theologisches Wörterbuch zum Alten Testament II*, 462). 구약성서 많은 곳에서 신화적인 의미와 하나님의 거주지로서 산의 용례가 관찰된다. Shemaryahu Talmon, "הר," in *Theologisches Wörterbuch zum Alten Testament II*, 475-76.

47 김정우는 '시온산'이 태고의 산으로서 야훼께서 거하시며(시 102:26; 104:5), 모든 산맥의 중심을 이루고(시 125:1-2), 그 줄기는 땅 끝까지 미치게 된다(겔 5:5; 시 46:9-10; 사 42:10-13)고 노래하는 시온의 노래들이 이후 예언자들의 종말론의 중요한 소재가 된다(사 2:4이하; 60:11; 슥 2:11, 14; 계 22:14)고 평가한다. 김정우, 『시편주석 II』(서울: 총신대학교출판부, 2007), 718.

48 Marvin E. Tate, *Psalms 51-100*, 391. 포로기 이후 시온신학은 변화를 겪는다. 우선, 포로기 시온의 정치적 운명에 대한 신학적 대응으로서 '하나님의 산'(겔 38:12; 40:2; 또한 사 2:2; 미 4:1; 슥 14:10 참조)과 '하나님의 정원'(사 51:3; 또한 겔 47:1-12; 욜 4:18; 슥 14:8 참조)과 같은 신화적인 모티프가 강조된다(Eckart Otto, "ציון," 1022). 또한 예루살렘의 멸망 이후 열방 앞에서의 도성 보호에 대한 근거가 더 이상 그 도성 안에 계시는 야훼의 현존과 그로 인해 나타나는 새벽녘의 도움에 있지 않고, 그 근거가 우주적인 무기의 철폐에서 마련된다(Eckart Otto, "ציון," 1014).

49 세계의 배꼽으로서 시온산의 의미에 대해서 다음을 참조하라. Hans-Joachim Kraus, *Theologisches der Psalmen*, 신윤수 역, 『시편의 신학』(서울: 비블리카아카데미아, 2004), 187-88; Jon D. Levenson, 『시내산과 시온: 하버드대학 유대인 성서학자가 본 성서신학의 두 기둥』, 137-43; Richard J. Clifford, *The Cosmic Mountain in Canaan and the Old Testament*, Harvard Semitic Monographs 4 (Cambridge, MA: Harvard University Press, 1972), 3. 이러한

[3-1-1] **차폰산**. 머리 흐릿한 모습으로 보이는 산이 차폰 산이다. 시리아와 튀르키예 국경 지중해 해안에 있는 산으로서 지금은 알 아크라 산(Jebel Al 'Aqra)이라 불린다. 고대에는 이 산이 카시우스 산(Mons Casius)이라고 불렸다. 약 1700m 높이의 산이나 주변 지역에서 볼 수 없는 높은 산이어서, 고대 시리아-가나안 문화권에서는 바알과 아낫을 비롯한 신들이 거주하는 곳으로 알려져 있었다. 말하자면, 그리스의 '올림포스 산'과 같은 의미를 가지고 있는 산이다. 장신대 성지연구원 주관으로 2025.1.20.-2.1까지 진행된 제42차 일반성지답사 중 필자가 옛 실루기아 항구에서 남쪽을 바라보며 촬영한 것임.

서 시온의 의미는 아래에서 열방들이 시온을 자신의 고향이라고 말하는 사실에서 확인할 수 있다.[50] 그런데 이 시온은 하나님이 직접 세우신 도성이다. 여기에서 '그의 기초'라고 번역된 <예수다토> יְסֻדָתוֹ 는 <야사드> 동사에서 유래한 낱말이다. 이 동사는 바다에 터를 정하시는 하나님의 행동을 묘사할 때 자주 사용된다시 24:2; 78:69; 89:12; 102:26; 104:5 등.[51] 이것은 시온 설립의 주체가 누구인지를 보여주며, 하나님의 직접적인

시온에서는 천상과 지상의 차이가 초월되고 천상과 지상의 만남이 이루어지는 장소가 된다. Corinna Körting, *Zion in den Psalmen*, 224; Jon D. Levenson, 『시내산과 시온: 하버드대학 유대인 성서학자가 본 성서신학의 두 기둥』, 144.

50　Corinna Körting, *Zion in den Psalmen*, 178. 또한 Frank-Lothar Hossfeld and Erich Zenger, *Psalmen 51-100*, 556쪽을 참조하라.

51　Hans-Joachim Kraus, *Psalmen 64-150*, 602.

세우심을 받은 시온은 그 기초가 그만큼 견고하다는 사실을 나타낸다.

두 번째로 진술되는 시온의 특징은 야훼의 사랑이다2절. 여기에서 '시온의 문들'은 예루살렘 도성을 의미한다. 이것은 부분을 통해 전체 pars pro toto를 나타내는 제유법에 해당한다.[52] '시온의 문들'과 '야곱의 거처들'[53]이 비교대상이 된다. '시온'과 '야곱'이 대응을 이루고, '문들'과 '거처들'이 대응을 이루는 평행법을 통해 두 대상이 비교된다. 야훼는 시온을 사랑하신다. 이 야훼의 사랑은 '야곱의 모든 거처들'에 대한 사랑을 능가한다. 이것은 시온에 대한 비교우위의 사랑으로서 시온에 대한 야훼의 '선택'을 의미한다시 132:13 참조. 야훼께서 특별히 시온을 사랑하셔서 그곳을 자신의 거주지로 삼으셨다.[54] 시온에 대한 하나님의 사랑 모티프는 시편 47편 5[4]절과 78편 68절에서도 발견된다.[55] 이러한 점에서 보면 시온이 으뜸의 자리에 오르는 것은 다른 이유가 없다.[56] 그것은 오직 하나님의 특별한 사랑에서 기인한다.[57]

---

52 '시온의 문들'이라는 표현을 통해 예루살렘은 하나의 도시이며 성벽을 통해서 보호와 안전을 제공한다는 사실을 상기시킨다. 성문에서 재판이 이루어지고, 성문 안에 살고 머무는 사람은 시민권을 가지고 있거나 손님으로서의 보호받을 권리를 갖고 있는 사람들을 의미한다. 이러한 '시온의 문들'의 의미에 관하여 다음을 참조하라. Frank-Lothar Hossfeld and Erich Zenger, *Psalmen 51-100*, 556.

53 '야곱의 모든 거처들'(<콜 미쉬케노트 야아콥>, כל משכנות יעקב)이라는 표현은 구약성경에서 오직 이곳에만 나타난다. 이것에 대한 해석은 여러 가지다. 일반적으로 야곱이 이스라엘과 동의어로 사용된다는 점을 고려할 때, 이것은 우선 예루살렘 밖에 있는 이스라엘 백성의 '거주지들'을 의미한다고 말할 수 있다. 또한 이것은 '거처들'을 하나님이 거주하시는 장소로 이해하여 예루살렘 성전 이외에 이스라엘 영토 안에 있는 다양한 성소들을 의미한다고 말할 수 있다. 어떻게 이해하든 '야곱의 모든 거처들'이 시온과 대비되는 관점에서 진술되고 있다는 점은 분명하다. 이 점에 관하여 다음을 참조하라. Corinna Körting, *Zion in den Psalmen*, 16.

54 Hans-Joachim Kraus, *Psalmen 64-150*, 602.

55 다른 곳에서 하나님 사랑의 대상으로 나타나는 것은 의와 의인이다(시 11:7; 33:5; 37:28; 의인 146:8). Corinna Körting, *Zion in den Psalmen*, 18.

56 시온은 이스라엘의 정체성을 위해 결정적인 역할을 한다. 야훼 자신이 당신의 백성을 이 하나님의 도성으로 인도하셨다. 거기에서 당신의 백성이 "그의 기업의 산에서"(출 15:17이하) "특별한 소유가 된 백성"으로서 경험하게 했다. Frank-Lothar Hossfeld and Erich Zenger, *Psalmen 51-100*, 556.

57 James Luther Mays, *Psalms*, 신정균 역, 『시편』(현대성서주석; 서울: 한국장로교출판사, 2002), 371.

세 번째 진술은 시온의 영광에 관한 내용이다3절. 시인은 시온을 '하나님의 성'이라 부르며 시온에 관하여 '영광스러운 것들'이 말해질 것이라고 말한다. '말해진다'라고 번역된 <다바르> 동사는 노래하는 것과 말하는 것을 모두 포함할 수 있다삿 5:12; 시 18:1 참조.58 시온의 영광 이 노래될 뿐만 아니라 사람의 입에 회자될 것이라는 사실을 말한다.

2) 제2연: 중심부4-6절 - '세계의 어머니'로서의 시온

중심부의 내용은 세 가지 종류의 진술에 대한 조합으로 이루어져 있다. 위의 구조분석에서 보았듯이 "이 사람이 거기서/그녀에게서 태 어났다"는 말의 반복을 통해서 세 개의 구절이 하나의 단락으로 묶일 수 있지만, 각 절의 화자가 다르게 나타난다. 4절은 야훼 자신에 의해 서 선언되는 내용이고, 5절은 사람들의 말을 인용하는 것이며, 6절은 시인이 예언적 환상을 통해 본 바를 전하고 있다. 5절과 6절에서 하나 님은 각각 '지존자' <엘룐>, עֶלְיוֹן 와 '야훼'로 지칭된다.

첫 번째 진술은 야훼께서 라합과 바벨론을 자신을 '아는 자'로 선 언할 것이라는 내용이다4절. 여기에는 구스와 함께 블레셋과 두로도 포함된다. 여기에서 문제가 되는 것이 민족들의 의미가 무엇인가 하는 점이다. 위의 해석사에서도 이것에 대한 다양한 해석들이 있다. 이스라 엘의 고전적인 대적들로 이해할 수도 있고 유대교 개종자들을 의미하 는 표현으로 이해할 수도 있으며 세계 전체를 대표하는 네 방위의 큰 나라들로 이해할 수도 있다.59 필자는 첫 번째 해석과 세 번째 해석의 조합이 시편 87편의 신학과 상황을 가장 잘 드러내는 해석이라고 본

---

58 Hans-Joachim Kraus, *Psalmen 64-150*, 603.
59 Corinna Körting, *Zion in den Psalmen*, 19.

다. 열거된 나라는 네 방위를 의미할 수 있다^{서쪽: 라합[이집트]; 동: 바벨론; 북: 블레셋과 두로; 남: 구스.}⁶⁰ 이 나라들은 과거 이스라엘과 숙적관계에 있던 나라들이다. 하지만 이 나라들에게 야훼와 시온에 대한 특별한 관계가 인정된다. 여기에서 야훼를 '안다'는 것은 하나님과 특별한 관계를 갖게 된 자들을 가리키는 말이다.[61] 야훼께서는 이러한 열방들을 자신을 아는 자로 선언하실 뿐만 아니라 그들이 시온에서 태어났다고 말하신다. 여기에서 '나를 아는 자'와 '거기서 태어났다'는 평행어구로서 동의적 표현의 반복이다.[62] 시온이 세계의 중심이자 열방의 출생지로 인정되는 것이다.

두 번째 진술은 사람들에 의해서 시온에 대해서 일컬어지는 바를 말한다. 5절은 형식적인 차원에서뿐만 아니라 내용적인 차원에서도 시편 87편의 중심이라고 말할 수 있다.[63] 4절과 6절의 "이 사람이 *거기서 태어났다*"는 진술은 5절의 "이 사람도 저 사람도 *그녀에게서 태어났다*"는 진술과 대비된다. 야훼를 아는 자로 나타나는 각 사람들은 이집트인 혹은 바벨론인이다. 그들의 정체성 변화에도 불구하고 그들의 본래 출신은 사라지지 않는다. 그러나 그들의 출신지는 다른 차원에서 표명된다. 야훼를 아는 자는 자신들의 본래 출신지에 관계없이 시온에

---

60 여기에 언급된 나라들은 다음과 같은 의미를 내포한다(Marvin E. Tate, *Psalms 51-100*, 391). '라합'은 이집트의 별칭이다(사 30:7). 그것은 열방의 대표로서 명명된다고 말할 수 있다. 바벨론은 메소포타미아 열강들을 대표한다. 이집트와 메소포타미아는 고대 중동 강대국의 중심지였다. 블레셋과 두로는 이스라엘의 근처에 위치한 소강대국을 대표한다. 구스는 먼 거리의 이방 민족들을 대표한다.

61 위의 책, 392. 아모스 3장 2절에서 "내가 땅의 모든 족속들 중에서 너희만 알았다"(신 10:15; 렘 1:5; 창 18:19; 출 33:12, 17; 또한 참조. 시 9:11; 36:11; 79:6; 91:14)고 말하거나 스가랴 2장 15[11]절에서 '많은 열방들이 야훼께 속하게 될 것이다'라고 말할 때의 의미와 유사하다.

62 김정우는 '나를 아는 자'와 '그곳에서 태어나다'가 위의 다섯 나라에 모두 적용되는 것으로 본다. 또한 그는 '나를 안다'는 것은 '나의 백성이 되었다'는 것을 의미하기 때문에(신 10:15; 렘 1:5; 창 18:19; 암 3:2 등), 이 모든 나라들이 야훼를 자신의 하나님으로 인정하게 된 것이라고 설명한다. 김정우, 『시편주석 II』, 720.

63 Corinna Körting, *Zion in den Psalmen*, 19.

자신의 고향을 두고 있는 사람들이다.[64] 시온에 관한 진술은 열방에 대한 진술과 확연히 구분된다. 본문은 오직 시온만이 야훼에 의해 설립되었음을 명시한다. 여기서 시온의 설립을 묘사하는 동사 <쿤>יכֵן은 폴렐Polel형으로 쓰여 '견고히 하다'라는 기본 의미를 지닌다. 이는 태초의 시원적 창조 행위와 지금도 지속되는 현재적 창조 행위 모두를 포괄하는 표현이다.[65] 야훼께서 시온을 세우셨고 그것의 존속을 허락하신다. 여기에서 야훼는 '엘룐'עֶלְיוֹן, 즉 지존자로 지칭된다. 그는 최고의 하나님으로서 창조주이시며 하나님의 거처를 창건하신 분이다시 46:5 참조.[66] 시온의 지위와 역할에 대한 모든 근거가 야훼의 행동에 있다. 이러한 시온의 기원이 열방들에 대한 시온의 특별성을 지니게 한다.[67] 열방에 대한 시온의 특별성은 "이 사람 저 사람이 *그녀에게서 태어났다*"고 말하는 열방의 귀속적 관계에서 확인된다.

세 번째 진술은 야훼의 행동에 대한 화자의 보도이다6절. 6절 전반절에서 시편의 청취자들은 천상의 세계로 옮겨진다. 예언자적 화자는 야훼께서 말하시는 바를 듣고 전한다. 야훼께서는 민족들을 책에 기록하시며 그들의 출생지에 대해서 말씀하신다.[68] 그들은 모두 시온에서 태어났다. 야훼께서는 그들을 "시민명부"에 등록하신다. 이것은 야훼 공동체의 의인들이 기록된 '생명책'을 의미한다출 32:33; 시 69:29; 단 12:1; 또한 참조. 눅 10:20; 빌 4:3; 히 12:23; 계 3:5; 13:8; 17:8; 20:12.[69] 야훼께서는 이방 민족들

64　위의 책, 20-21.

65　Klaus Koch, "כון," in *Theologisches Handwörterbuch zum Alten Testament IV* (ThWAT IV), 104. 이러한 하나님의 창조적 행동은 '혼돈과의 투쟁 모티프'에 대한 대립으로서 나타나는데, 야훼께서 혼돈의 괴물을 무찌르고 나서 질서유지의 세력으로서 빛과 해를 만드시거나 우주의 지탱을 위해 산들을 준비하시는 모습으로 기술된다.

66　Hans-Joachim Kraus, *Psalmen 64-150*, 603.

67　Corinna Körting, *Zion in den Psalmen*, 15. 이러한 시온의 특별성이 위의 2절에서는 시온에 대한 야훼의 사랑으로 표명되었다.

68　Hans-Joachim Kraus, *Psalmen 64-150*, 603.

에게 하나님 도성의 시민권을 인정하신다. 여기에서 강조되는 바는 세계의 어머니로서 시온의 모습이다. 이사야 54장 1-10절과 66장 7-14절에서도 시온이 어머니의 모습으로 나타나지만, 그곳에서는 시온이 이스라엘의 어머니로서 명확히 지칭된다.[70] 하지만 시편 87편에서 시온에 대한 어머니 은유는 열방의 어머니로 확장된다.

시편 87편 중심부[4-6절]의 내용을 요약하면, 시온이 한 나라의 중심지일뿐만 아니라 열방의 영적 고향임을 선포한다.[71] 시온은 우주의 산으로서 세계의 배꼽일 뿐만 아니라 세계의 어머니이다. [도상자료 3-1-2] 그것이 가능한 이유는 하나님이 직접 시온을 세우셨기 때문이다.[72] 하지만 여기에서 다루어지고 있는 문제는 혈통적인 출생이 아니라 하나님의 선택이다.[73] 열방이 시온의 자녀가 되는 것은 오로지 하나님의 수행적인 선포의 결과이다. 그것은 이방인들에 대한 어떤 요구도 하지 않는다는 점에서 하나님의 은혜 행동이다.[74] 여기에서 야훼께서 열방들에게는 자신을 '아는 자'라고 선언하시고, 시온에게는 '세계의 어머니'라고 선언하는 셈이다.[75]

---

69 위의 책, 605.

70 이외에도 이사야 49장 19-26절과 62장 4-5절 등에서 시온의 모성적 역할에 대해 말한다. Marvin E. Tate, *Psalms 51-100*, 389.

71 Corinna Körting, *Zion in den Psalmen*, 17.

72 위의 책, 21.

73 Erich Zenger, "Zion als Mutter der Völker in Psalm 87," in *Der Gott Israels und die Völker: Untersuchungen zum Jesajabuch und zu den Psalmen*, ed. Norbert Lohfink and Erich Zenger (Stuttgart: Katholisches Bibelwerk, 1994), 117-50, 특히 127쪽.

74 Marvin E. Tate, *Psalms 51-100*, 390.

75 Klaus Seybold, *Die Psalmen*, 342. 시편 87편에서 시온은 줄곧 여성으로 표현된다. 하지만 시편집 안에서 시온은 어떤 때에는 남성(예컨대, 시 2:6; 48:3, 12; 50:2; 74:2; 78:68; 125:1; 133:3)으로 어떤 때에는 여성(예컨대, 시 9:15; 48:13; 97:8; 102:14, 22; 132:13: 147:12)으로 표현된다. 시온에 대한 성별구분은 기본적으로 시온이 산으로서 이해되느냐 도시로서 이해되느냐에 달려있다. 전자는 주로 남성으로 나타나고 후자는 주로 여성으로 나타난다. 하지만 이것도 항상 그런 것은 아니다(Corinna Körting, *Zion in den Psalmen*, 222). 시편 87편에 나타난 시온에 대한 여성적 이해는 어머니로서의 시온의 모습을 강조하고자 하는 의도에서 기인한 것으로 풀이된다.

[3-1-2] **우주의 중심, 시온.** 이 도상은 시편 87편에 나타난 시온의 의미를 잘 보여준다. 여기에서 지상의 예루살렘 성전에 있는 야훼의 현존은 천상의 야훼 현존에 상응한다. 야훼께서는 세계를 위협하는 혼돈의 물을 제어하시고, 그것을 생명을 공급하는 물줄기로 바꾸신다. 야훼의 권능과 지혜가 양쪽으로 펼쳐진 팔과 잠언 3장 19절 말씀("야훼께서 지혜로 땅에 터를 놓으셨고 명철로 하늘을 견고히 세우셨다")을 인용하는 두루마리를 통해서 묘사되고 있다. O. Keel/Ch. Uehlinger, *Altorientalische Miniaturkunst* (Mainz: von Zabern, 1990), 15. F.-L. Hossfeld and E. Zenger, *Psalmen 51-100*, 560쪽에서 재인용.

3) 제3연: 종결부7절 - '생명의 샘'으로서의 시온

이 시편의 종결부는 축제의 한 장면으로 구성되어 있는 '종말론적인 환상'을 보여준다. 열방들이 춤추며 노래하는 가운데 말한다. "나의 모든 샘이 네게 있다." 여기에서 '샘'이라고 번역된 <마으얀>מַעְיָן은 시편 46편 5절에서와 같이 '거주지'를 의미하는 표현으로 이해할 수도 있고, 시편 84편 7절에서와 같이 '샘'을 의미하는 것으로 이해할 수도 있다위의 본문비평을 보라. 하지만 시편 87편 전체의 맥락에서 '샘'의 이미지가 더 잘 어울린다. 이것은 시온을 우주산과 에덴동산이라 불리는 태고의 낙원으로 이해하는 것과 관련이 있다.[76] [도상자료 3-1-3] 이 샘은 생명과 복의 근원에 대한 은유이다시 36:10; 사 12:3; 욜 3:18; 히 4:18; 또한 참조. 사 41:18; 호 13:15; 시 46:5[77] 생명의 샘에 대한 모티프는 시편집의 초두까지 소급된다시 1:3. 생명의 실제적인 상징으로서 생명력을 제공하면서도 끊어지지 않는 물의 근원은 세계의 산과 낙원의 산에 대한 은유의 전체적인 그림에 등장할 뿐만 아니라 세계의 산 위에 위치한 하나님의 성읍과 성전에 대한 사상계思想界의 일부로서 나타난다특히 창 2:10-14; 시 46:5; 겔 47:1-12; 계 22:1 이하.[78] 이 물은 하나님의 법도와 지혜가 담겨있는 하나님의 말씀을 의미하기도 한다사 2:2-4; 미 4:1-5.

열방이 이스라엘과 함께 야훼께서 원하시는 법도와 지혜를 배우고 그것대로 살 때 그리고 그러한 일들이 이루어지는 곳에 실제로 낙원의 시간이 시작된다.[79] 바로 그때 세계창조의 목적이 이루어진다. 시편 87편은 이러한 이상적인 세계를 꿈꾸고 선포한다.

---

[76] Jon D. Levenson, 『시내산과 시온: 하버드대학 유대인 성서학자가 본 성서신학의 두 기둥』, 149-55. 에덴 동산에서 흘러내리던 네 개의 강줄기 가운데 하나인 기혼강이 어디에 위치한 것에 대한 논란이 여전하다. 기혼 강의 이름을 '터져나오다' 혹은 '끌어내다'의 의미를 가진 히브리 동사 <고흐>(גיח)혹은 <기흐>(גיח)에서 파생되었다고 보는데, 이것은 예루살렘 젖줄 역할을 하던 기혼샘의 이름과 동일하다. 이러한 이름의 일치는 예루살렘에 있는 기혼샘을 우주산에서 흘러나와 온 세상을 적시는 생명수로 여기는 고대 이스라엘인들의 사고를 엿볼 수 있게 한다.

[77] Marvin E. Tate, *Psalms 51-100*, 392.

[78] Frank-Lothar Hossfeld and Erich Zenger, *Psalmen 51-100*, 558.

[79] 위의 책, 558.

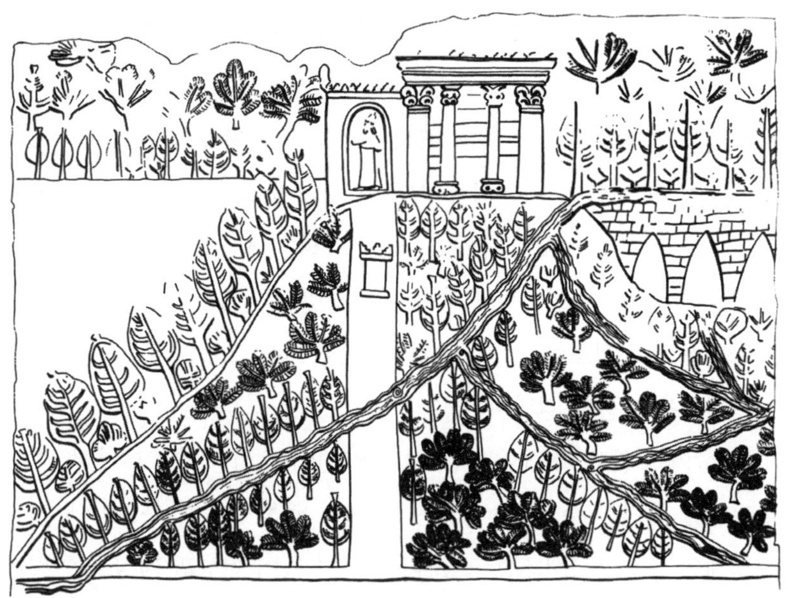

[3-1-3] 물줄기가 흐르는 성전산. 니느웨 앗수르바니팔 궁전의 부조. 이 도상은 신전의 전체시설이 높은 언덕 위에 세워져 있음을 보여준다. 신전이 있는 산은 나무와 물로 묘사된다. 물은 수로를 통해 공급되며 여러 갈래로 나뉜다. 신전에서 언덕에서 흘러나오는 물이 온 세계를 적시는 젖줄이 될 것이다. 이것은 예루살렘의 기혼 샘을 떠올리게 하기도 하고(시 46:4), 에덴 동산의 네 개의 강물을 떠올리게 하기도 한다(창 2:10-14). 더 나아가 에스겔서 47장의 성전 동편에서 흘러나오는 물에 대한 심상을 제공하기도 한다. Barnett/Forman, *Assyrische Palastreliefs* Abb. 134. O. Keel, *Bildsymbolik*, Abb. 202, 132쪽에서 재인용.

5. 내용요약과 중심주제

시편 87편은 포로기 이전 "시온신학에 대한 포로기 이후의 새로운 이해"이다.[80] 이 시편은 하나님의 기초 놓으심과 세계의 중심으로 기능하는 시온에 대한 환상을 보여준다. 여기에서 강조되는 바는 열방에

---

80 위의 책, 535.

대한 심판이나 파괴가 아니라 시온에 대한 야훼의 개입 속에서 이루어지는 열방을 위한 구원이다. 시편 87편은 시온의 영광과 의미에 관하여 노래한다. 시온은 이스라엘 백성만이 아니라 열방의 영적인 고향이된다. 열방이 시온의 시민이요 시온의 자녀가 되지만, 그들은 여전히자신의 고유한 이름으로 불린다. 시편 87편은 시온의 백성이 되기 위해 열방이 이루어야 하는 조건들에 대해 말하지 않는다. 이 모든 것이야훼의 선택과 선포에 의해 주도된다는 점에서 그들의 구원은 하나님의 은혜로운 행동의 결과이다.

이상의 고찰을 통해 우리는 시편 87편에서 시온에게 부여된 세 가지 기능을 확인할 수 있다. 첫째는 '세계의 배꼽'으로서 시온이다. 시온은 세계의 중심으로서 모든 산보다 뛰어나 있어 천상과 지상을 연결한다. 그곳에서 하나님을 만나고 하늘의 세계를 경험한다. 둘째는 '세계의 어머니'로서 시온이다. 모든 열방은 자신의 출생지를 시온이라고고백할 것이다. 이스라엘과 적대관계에 있던 모든 나라들도 시온의 아들이요, 예루살렘 시민으로서 생명책에 등록될 것이다. 셋째는 '세계의젖줄'로서 시온이다. 모든 사람이 시온에 자신의 '모든 샘'이 있다고 고백한다. 시온은 모든 이에게 생명의 원천이다. 모든 사람은 시온에서영적 생명력을 공급받는다.

6. 고라시편 안에서의 의미

시편집 안에서 고라시편은 두 블록에 집중되어 있다 42-49편, 84편-85편; 87-88편. 이러한 고라시편은 시편 2-3권 42-89편 안에서 다윗시편 51-72편과 아삽시편 50편, 73-83편에 의해서 두 부분으로 분리되어 있다. 여기에

다윗시편인 시편 86편과 에단시편인 89편이 삽입되어 있는 형태다. 이
것을 도표로 나타내면 다음과 같다.[81]

고라시편	아삽시편	다윗시편	아삽시편	고라시편
42-49편	50편	51-72편	73-83편	84-85편, 87-88편
제2권			제3권	

위의 고라시편들에는 다음과 같은 주제가 중점적으로 등장한다는
점에서 특징적이다. 이 시편들에는 성전으로의 순례42-43편, 48편, 84편, 하
나님의 거주지와 성전42-43편, 46편, 84편, 87편, 하나님의 도성 이미지성, 탑,
방패의 이미지와 결합된, 다양한 하나님에 관한 명칭들야곱의 하나님, 살아계신 하나
님, 큰 왕이신 하나님 등이 나타난다. 이 가운데서도 특별히 주목할 만한 것
은 이러한 하나님의 도성 이미지에 대한 묘사에서 42-43편, 46편에서
는 언급되지 않는 시온이 등장한다는 점이다48:3[2]; 84:6[5], 8[7]; 87:2.[82] 이
모든 것을 종합해 볼 때 고라시편의 모음은 시온이라는 주제를 중심으
로 이루어져 있음을 알 수 있다.[83]

또한 고라시편들은 다윗시편51-72편을 중심으로 이전과 이후가 서
로 상응하고 있음을 알 수 있다. 예컨대, 시편 84편은 시편 42-43편을
전제로 하고 있다. 성전에 올라가 하나님의 얼굴을 뵙고42:3[2], 거룩한
산과 하나님이 계시는 곳에 이르고자 하는43:3-4 시인의 갈망이 시편
84편에서는 확신 속에서 하나의 현실로 묘사된다84:8[7]. 시편 85편은

---

81 Klaus Seybold, *Die Psalmen*, 6.

82 위의 책, 6.

83 Eckart Otto, "ציון," in *Theologisches Handwörterbuch zum Alten Testament VI* (ThWAT VI), 1013.

44편의 공동체 탄원시와 긴밀한 관계에 있고, 시편 88편에는 시편 49편과 동일하게 죽음의 모티프가 중심 모티프로 작용한다.[84]

특별히 시편 87편은 시편 46편이나 48편에 상응하게 포로기 이후의 시온시편으로 나타날 뿐만 아니라 45-48편의 이전 고라시편들과 많은 연결점들을 보여준다. 먼저 시편 87편이 특별히 시편 46편과 48편과 관련성을 보여주는 내용들을 살펴보면 아래와 같다.[85]

내용	의미	87편	관련구절
בהררי־קדש	거룩한 산들	1절 후반절	48:2
משכנות יעקב	야곱의 거주지들	2절 후반절	46:5
עיר האלהים	하나님의 성	3절 후반절	46:5; 48:2, 9
והוא יכוננה	그가 세우신다	5절 후반절	48:9
עליון	엘룐	5절 후반절	46:5; 47:3
מעיני בך	나의 샘이 너에게 있다	7절 후반절	46:5

하지만 이러한 연결점들이 있음에도 불구하고 시편 87편의 주제는 시편 45-48편에서 다루고 있는 주제와 다르다는 사실을 알 수 있다. 쳉어는 시편 87편이 '열방이 두려움에 떠는 시온의 구원'이 아니라 '시온을 통해 모든 열방을 구원하시는 하나님의 모습'을 보여준다고 평가한다.[86] 이와 관련한 결정적 진술은 시편 87편 7절이다. "나의 모든 샘이 네게 있다." 이를 통해 시편 87편은 시온이 이제 '야곱'뿐만 아니라

---

84 Eckart Otto, "צִיּוֹן," in *Theologisches Handwörterbuch zum Alten Testament VI* (ThWAT VI), 1015; Matthias Millard, *Die Komposition des Psalters: Ein formgeschichtlicher Ansatz*, Forschungen zum Alten Testament 9 (Tübingen: Mohr Siebeck, 1994), 63쪽 이하에서 이점이 더욱 정교하게 설명되고 있다.

85 Erich Zenger, "Zur redaktionsgeschichtlichen Bedeutung der Korachpsalmen," 186.

86 Frank-Lothar Hossfeld and Erich Zenger, *Psalmen 51-100*, 561.

이전의 대적관계에 있던 열방들에게도 '생명'의 장소이며 '샘'이라는 사실을 천명한다. 하지만 시편 87편이 선언하고 있는 생명의 원천으로서 시온의 역할은 시편 45-48편에서 기술되고 환상으로 보았던 사건들의 결과로 평가된다. 이 다섯 편의 고라 시편을 종합적으로 고찰하면 여기에서 제시된 미래묘사는 이사야 2장 1-5절과 11장 1-10절에 나타나 있는 미래기대와 매우 근접해 있다고 말할 수 있다.[87]

또한 시편 87편은 시편 84-85편의 고라시편과의 상응성도 보여준다. 시편 87편은 시편 84-85편에 나타난 '탄식과 청원'에 대한 '응답'으로서 고찰될 수 있다. 시편 85편 9-14절과 시편 87편은 아직 곤궁한 상황에 있는 시인이 부르짖는 탄식과 청원시 84편, 85:2-8에 응답으로서 나타난다. 이뿐 아니라 시편 84편과 85편, 그리고 87편에는 공통적으로 나타나는 주제가 있다. 그것은 '축복과 행복과 평화의 수여자'로서의 야훼에 대한 사고이다. 이러한 전망 속에서 시편 87편은 시온에서 구축된 우주적인 평화에 대한 종말론적인 묘사를 제공한다. 이러한 우주적인 평화의 실현을 시편 84편과 시편 85편 2-8절에서 갈망하고 있으며, 그것의 기초를 시편 85편 9-14절이 제공하고 있다.[88] 이러한 의미에서 시편 87편은 이전 고라시편들에 대한 '요약'Summarium이며,[89] 고라시편의 모음집 안에서 '정점'으로서 우뚝 솟아있다.

---

87 위의 책, 561.
88 위의 책, 561. 김성수는 시편 87편이 심각한 위기들로부터 나온 네 편의 기도시편들(85편, 89편-공동체 탄식시편; 86편, 88편-개인 탄식시편) 사이에서 하나님의 응답에 대한 확신을 주고 있다고 말한다. 김성수, "이 사람이 시온에서 났다: 시편 87편 주해와 적용," 103.
89 Erich Zenger, "Zur redaktionsgeschichtlichen Bedeutung der Korachpsalmen," 188.

7. 신약성서의 수용

시편 87편에서 강조된 시온의 세 가지 모습은 ‘세계의 배꼽’과 ‘세계의 어머니’와 ‘세계의 젖줄’로서의 모습이었다. 우선 지상에서 가장 높은 곳으로 천상과 지상이 만나는 장소인 ‘세계의 배꼽’으로서의 시온의 모습은 ‘천상의 예루살렘’을 나타낼 수 있는 근거를 가지고 있다. 이러한 시온의 모습은 히브리서에서 살아계신 하나님의 도성이라고 소개되며 하늘의 예루살렘과 동일시된다[히 12:22-23].[90] 그곳에는 “천만 천사와 하늘에 기록된 장자들의 모임과 교회와 만민의 심판자이신 하나님과 및 온전하게 된 의인의 영들과 새 언약의 중보자이신 예수”가 계시다[히 12:23-24; 또한 참조. 히 11:10]. 그곳에 장차 구속받은 자들이 우뚝 설 것이다[계 14:1-5; 또한 참조. 7:9]. 다음으로 세계의 어머니로서 시온의 모습은 모성적 역할을 하는 교회를 예표한다. 갈라디아서에서 “위에 있는 예루살렘은 자유자니 곧 우리 어머니라.”고 말한다[갈 4:24-26].[91] 자유자이며 어머니로서 교회의 모습은 시온을 자식을 낳는 여인에 견주어 비유적으로 묘사하고 있는 이사야 본문과 연결된다[갈 4:27]. 홀로 사는 여인의 자식이 남편 있는 자의 자식보다 많은 것은 하나님이 그의 남편이 되

---

90 그래써(E. Grässer)는 히브리서에서 천상의 예루살렘이라고 지칭된 시온산이 ‘하나님의 종말론적 통치의 상징’으로 나타나면서 모든 민족에 미치는 구원과 복의 근원지로서 묘사되고 있다고 말한다. Erich Grässer, *An die Hebräer* (Hebr 10,19-13,25) (Evangelisch-Katholischer Kommentar zum Neuen Testament XVII/3; Zürich/Neukirchen-Vluyn: Benziger/Neukirchener Verlag, 1997), 311. 또한 다음을 참조하라. Edgar V. McKnight and Christopher Church, *Hebrews-James* (Smyth & Helwys Bible Commentary; Macon, GA: Smyth & Helwys, 2004), 299.

91 론지넥커(R. N. Longenecker)는 갈라디아서 5장 26절에 대한 주석에서 바울이 ‘천상의 예루살렘을 자유자’로 부르며 ‘곧 우리 어머니’라고 말한 것은 시편 87편이나 시온을 해산하는 여인에 비유하고 있는 이사야 66장 7-11절, 그리고 시온을 ‘우리 모두의 어머니’라고 부르는 에스라 4서 10장 7절과 같은 시온에 대한 풍부한 유대교적 유산의 일부라고 평가한다. Richard N. Longenecker, *Galatians*, Word Biblical Commentary 41 (Dallas, TX: Word Books, 1990), 215.

어 주시기 때문이다^{사 54:1-5}. 하나님의 도우심으로 믿는 자의 무리가 많아지는 교회의 모습을 상상하게 한다^{행 9:31}.[92] 마지막으로 '세계의 젖줄'로서 시온의 모습은 새 예루살렘에 대한 묘사에서 분명하게 드러난다. 요한계시록 21-22장에는 새 예루살렘에 대한 묘사가 자세하게 나온다. 그곳은 어린 양의 생명책에 기록된 자들이 들어갈 수 있다^{계 21:27}. 그리고 새 예루살렘으로부터 수정같이 맑은 생명수의 강이 흘러나온다. 이 강줄기는 강 좌우에 생명나무가 살게 하여 철마다 열매를 맺고 그 잎사귀들은 치료제로 사용되게 한다^{계 22:1-2}.

이러한 신약성서의 수용은 시편 87편이 보여주는 우주적이며 종말론적인 전망과 연결된다. 시편 87편에서 노래되는 시온은 한편으로는 믿음의 사람들의 본향인 하늘 도성의 모습으로 발전되고, 다른 한편으로는 시온의 사명과 과제를 수행해야 하는 지상적 교회의 모습으로 이해된다. 먼저 지상의 교회는 천성 시온의 복락을 맛보는 곳이 되어야 한다. 무엇보다 하나님을 만나는 곳이어야 하며 하늘의 기쁨과 평화와 안식을 경험하는 곳이 되어야 한다. 또한 지상의 교회는 열방의 어머니로서 선교의 사명을 다할 수 있어야 한다. 세계 모든 민족과 백성들이 자신들의 출생지가 '시온'이라고 말하게 될 때까지 사람을 낳고 세우는 일에 힘써야 한다. 마지막으로 지상의 교회는 생명의 물줄기를 흘려보내야 한다. 마르지 않는 샘처럼 생명의 말씀을 공급하여 모든 사람이 먹고 마시며 살 수 있게 하여야 한다.

---

92 사도행전에 나타난 예루살렘의 의미에 관하여 다음을 참고하라. Kim, Chang-Dae, "Jerusalem in Acts from the Perspective of Zion Theology of Isaiah," *Korea Presbyterian Journal of Theology* 42 (2011. 10), 27-46.

8. 시온 신학과 온 신학

김명용은 '온 신학'의 특징을 다음 7가지로 요약한다. 그것은 첫째로 삼위일체 신학이며, 둘째로 하나님의 주권과 은총의 신학이며, 셋째로 영혼뿐 아니라 육체도, 개인만 아니라 사회와 역사, 우주도 구원하는 온전한 복음의 신학이며, 넷째로 하나님 나라를 위한 신학이며, 다섯째로 대화적 신학이고, 여섯 번째와 일곱 번째로 기도와 사랑의 신학이라고 말한다.[93] 그러면서 그는 '온 신학'을 두 가지 내용으로 정의한다면 그것은 '온 세상을 위한 신학'이며 '온전함을 추구하는 신학'이라고 말한다.[94]

이러한 '온 신학'의 내용과 특징은 시온신학과 닮은 점이 많다.[95] 특별히 시편 87편에서 강조된 '세계의 배꼽'과 '세계의 어머니'와 '세계의 젖줄'서의 시온의 모습은 온 세상을 위한 교회의 역할을 주목하게 한다. '세상의 중심'이라는 말은 그것이 세상에 속해 있는 많은 장소 중 하나가 아니라 "다른 모든 장소에 개체성과 의미를 부여하는 중심축"이라는 것이다.[96] 탯줄이 태아를 지탱하듯, 또는 씨앗이 묘종을 지탱하듯, 시온은 세상을 지탱해야 한다는 말이다. 이것은 '세계의 중심'으로서의 시온의 의미와 더불어 '세계의 어머니'와 '세계의 젖줄'로서 시온의 의미를 동시에 생각하게 한다. 교회도 세계의 중심으로서 세상을 살리고 지탱하는 생명력의 원천과 힘으로 작용해야 한다.

---

93 김명용, 『온 신학』(서울: 장로회신학대학교출판부, 2014), 133-58.

94 위의 책, 100-101.

95 '온 신학'과 '시온 신학'은 우리말로 볼 때 그 관계가 더욱 가깝게 느껴진다. '시온 신학'에서 '시' 자를 빼면 '온 신학'이 된다.

96 Jon D. Levenson, 『시내산과 시온: 하버드대학 유대인 성서학자가 본 성서신학의 두 기둥』, 161.

또한 하나님의 거주지요 임재의 장소로 상징되는 시온은 "세상의 축소판"이라 할 수 있다.[97] 하나님이 성전에 계시다는 것은 우주적 편재의 한 양상에 불과하다. 그러므로 시온은 세상을 향해야 한다. 시온은 세상의 축소판이요 세상의 본질이 집약된 우주의 모형이다.[98] 시온은 세상의 모습을 축소해서 보여준다. 하지만 시온은 세상의 소우주이며 세상이 시온의 대우주이듯이, 우리는 세상이 시온의 확장이 되도록 힘써야 한다. 하나님은 온 세상이 시온이 되기를 바라시기 때문이다. 이것은 성전, 곧 시온과 세상이 이분법적인 긴장관계에 있지 않고 상호보완적 관계에 있음을 보여준다. 교회도 마찬가지이다. 교회는 세상의 축소판으로서 세상의 모습을 대변한다. 하지만 동시에 교회는 세상에서 하나님 나라가 구현되도록 힘써야 한다.[99] 이러한 점들은 온 세상을 위한 '온 신학'이 지향하는 바와 일치한다.

9. 결론

시온은 기도자들에게 희망이자 도전이다.[100] 시온은 개인과 민족을 향한 야훼 행동의 범례로 나타난다. 야훼께서 시온에게 은혜로 함께하시듯이 기도자들에게도 동일하게 행동하신다. 하지만 시온은 단순히 개인과 민족의 범례가 아니라 사명에 대한 도전이기도 하다. 하나

---

97 위의 책, 162-63.

98 위의 책, 160.

99 권혁승은 시온신학이 이스라엘에서 하나님의 왕권, 곧 하나님이 왕으로서 이스라엘뿐 아니라 온 세계를 통치하신다는 사실을 천명하고 있다는 점에서 신약성서의 중심주제인 '하나님 나라' 사상과 연결된다고 말한다. 권혁승, "하나님의 왕권의 관점에서 본 시온신학 연구: 시온신학의 형성 배경과 신학적 의미를 중심으로," 『한국기독교신학논총』 16 (1999), 128.

100 Corinna Körting, Zion in den Psalmen, 223.

님이 약속하신 시온의 영광과 사명은 시온의 모습을 꿈꾸는 자들에게
도전이 된다. 이러한 방식으로 하나님의 약속은 약속을 받는 자에게
비전과 명령이 된다. 하나님이 시온을 향하여 약속하시고 바라시는 바
는 하나님의 백성과 지상 그리스도 교회를 향한 염원念願이다. 시편 87
편을 노래하는 것은 시온에 대한 하나님의 약속이 성취되기를 바라는
기도이며 시온의 사명을 이루겠다는 수행의 몸짓이다.

시온으로서의 다윗

세 층위를 가진 시편으로서 시편 51편 읽기[1]

1. 들어가는 말

시편 51편은 루터가 세 번에 걸쳐 해설을 수행할 만큼 그의 신학에서 중요하게 다룬 시편이다. 이 시편을 통해 그가 강조한 신학적 주제는 다윗의 문제만이 아닌 인류 보편의 문제로서 '의로우신 하나님과 죄인 인간'이었다. 그러나 시편 51편은 단순히 다윗의 개인 참회시로 보기에는 어울리지 않는 후대의 확장을 보여주는 시편이다.[2] 본래 시편

---

1   이 논문은 『구약논단』 90집 (2023. 12), 407-36쪽에 실렸다.

2   대부분의 학자들이 이러한 견해를 피력한다. Artur Weiser, *Die Psalmen*, 김이곤 역, 『시편 (I)』, 국제성서주석 (서울: 한국신학연구소, 1992), 540-41; Hans-Joachim Kraus, *Psalmen 1-63*, BK (Neukirchen-Vluyn: Neukirchener Verlag, 1972), 383; Marvin E. Tate, *Psalms 51-100*, 손석태 역, 『시편 51-100』, WBC 20 (서울: 솔로몬, 2009), 49, 78; Frank-Lothar Hoss-feld and Erich Zenger, *Psalmen 51-100*, HThKAT (Freiburg im Breisgau u. a.: Herder, 2000), 45. 하지만 시편 51편을 통일성 있는 시편으로 보려는 시도들도 있다. 예컨대, William A. Ross, "David's Spiritual Walls and Conceptual Blending in Psalm 51," *Journal for the Study of the Old Testament* 43/4 (2019), 607-26; 이미숙, "시편 51편에 대한 통전적 읽기," 『선교와 신학』 45 (2018. 6), 263-97.

이었던 1-19절^{한글성경 1-17절}의 시편이 20-21절^{한글성경 18-19절}의 확장을 통해 현재의 모습을 지니게 된 것이다. 제2성전기에 이루어진 것으로 여겨지는 이러한 확장은 개인 탄원시에서 공동체 탄원시로 변모하는 양상을 보여준다. 본 연구는 이러한 확장과 변화에서 발견되는 시편 51편의 신학적 의미를 탐구하고자 한다. 이러한 작업을 위해서는 시편 51편에 대한 세 단계의 고찰이 필요하다. 첫 번째 단계는 '개인 탄원시'로서의 51편이고, 두 번째 단계는 표제어를 가진 '다윗의 시'로서의 시편 51편이며, 세 번째 단계는 '공동체 탄원시'로서의 시편 51편이다. 이전의 연구에서 시편 51편이 공동체 시편으로 확장된 것에 대한 연구가 있었으나 본 논문에서와 같은 세 단계의 분석은 시도되지 않았다. 이 세 단계는 시편 51편의 형성사뿐 아니라 확장과 재해석의 과정에 대한 추론을 가능하게 한다. 시편 51편에 대한 세 가지 층위를 보여주는 세 단계의 고찰은 단순히 '개인 참회시'로 여기며 시편 51편을 고찰할 때 발견하기 어려운 시편 51편의 신학적 의미와 시편 51편의 활용과 적용에 대한 통찰을 얻게 할 것이다.

2. '개인 탄원시'로서의 시편 51편

가. 구조와 장르

시편 51편을 그 자체로 고찰하기 위해서는 우선 표제어가 없는 시편 51편에 대한 해석이 필요하다. 표제어^{1-2절}와 후대의 확장으로 평가되는 마지막 연^{20-21절}을 제외하면 시편 51편의 구조는 다음과 같이 분석된다.

1. 부름과 청원 1: 죄 용서 3-4절

2. 탄식: 죄 고백 5-8절

3. 청원 2: 죄 용서 9-11절

4. 청원 3: 새 창조와 갱신 12-14절

5. 서약: 선포와 찬양 15-17절

6. 확신: 하나님이 기뻐하시는 제사 18-19절

위에서 분석한 바와 같이 시편 51편은 개인 탄원시의 요소를 고루 갖추고 있다. 시편 51편은 우선 개인 탄원시로 분류될 수 있지만 구체적인 삶의 정황에 대해서는 논란이 있다. 특별히 병자 시편으로 볼 것인가 아니면 참회 시편으로 볼 것인가가 큰 쟁점이었다.[3] '죄 고백'의 탄식 5-8절과 '죄 용서' 3-4절; 9-11절와 '새 창조와 갱신' 12-14절에 대한 청원을 어떻게 평가하느냐가 관건이었다. 병자 시편으로 보는 입장은 이 시편의 기저에 질병은 죄의 결과라는 사상이 깔려있다고 본다예컨대, 시 41:5.[4] 따라서 죄 용서와 회복은 질병으로부터의 치유와 회복을 의미하는 것이라고 해석한다. 하지만 시편 51편은 질병으로 고통하고 있는 시인의 상황이 분명하지 않다예컨대, 병자 시편으로 분류되는 시편 38편과 비교해 보라. 시편 51편에서 질병으로 고통받는 화자의 모습은 간접적으로 드러날 뿐이다예컨대, 10절 '꺾으신 뼈'. 오히려 '죄 고백'과 '죄 용서'에 대한 언급이 명시적으로 나타난다. '새 창조와 갱신'에 대한 청원도 '죄 용서' 이후에 경험하게 될 새로운 존재에 대한 언급으로 이해하는 것이 자연스

---

3 장르 분석에 대한 논쟁에 관해서 다음을 참조하라. Frank-Lothar Hossfeld and Erich Zenger, *Psalmen 51-100*, 42-44.

4 Ernst Würthwein, "Bemerkungen zu Psalm 51," in *Neue Wege der Psalmenforschung: Festschrift für Walter Beyerlin*, ed. Klaus Seybold and Erich Zenger, Herders Biblische Studien 1 (Freiburg im Breisgau: Herder, 1994), 381-85.

럽다. 이러한 점에서 시편 51편은 '참회'의 모티프를 가진 개인 탄원시로 분류하는 것이 적절하다 참조. 시편 130편.[5]

나. 본문 해설

1) 부름과 청원 1: 죄 용서 3-4절

3절   *하나님, 당신의 인애*חֶסֶד*를 따라 나에게 자비를 베푸소서*חָנֵּנִי*.*

　　　 *당신의 긍휼*רַחֲמִים*의 풍성함을 따라 내 죄과들*פְּשָׁעַי*을 도말*塗抹*하소서*מְחֵה*

4절   *나의 죄악*עֲוֹן*으로부터 나를 철저히 씻으시고*כַּבְּסֵנִי*,*

　　　 *나의 죄*חַטָּאתִי*로부터 나를 정결하게 하소서*טַהֲרֵנִי*.*

이 단락에서는 야훼를 '하나님'이라고 부르며, 죄 용서에 대한 청원을 한다.[6] 네 개의 콜론으로 나뉘어진 이 단락은 동의적 평행법을 통해서 죄 용서를 간구한다. '자비를 베푸소서'에 이어지는 세 번의 청원은 모두 자신의 죄를 없애 달라는 청원이다. 흥미로운 것은 이러한 평

5　탄원시에 등장하는 탄식의 3대 요소는 '대적', '질병', '죄'이며, '죄'를 고백하며 죄로 인한 고통을 호소하며 죄용서를 구하는 '참회시'는 개인 탄원시의 하위 그룹으로 분류된다. Hans-Joachim Kraus, *Psalmen 1-63*, XLVI; Manfred Dreytza et al., *Das Studium des Alten Testaments: Eine Einführung in die Methoden der Exegese*, 하경택 역, 『구약성서연구 방법론』(서울: 비블리카아카데미아, 2005), 170; Marvin E. Tate, 『시편 51-100』, 46.

6　시편 51편에 등장하는 '엘로힘'(3, 12, 16, 19절)은 이 시편이 시편 42-83편의 '엘로힘 시편' 편집의 영향에 있는 것으로 판단된다. 이 편집에서는 신명사문자(Tetragrammaton)를 '엘로힘'으로 대체한다. 이것은 제사장 문서의 신학적 기획의 결과로 주전 5-4세기 페르시아 시대의 작업으로 해석된다. 그렇다면 이 시기는 20-21절의 확장이 이루어진 시기와 크게 다르지 않다. 엘로힘 시편에 관하여, Konrad Schmid, *Literaturgeschichte des Alten Testaments: Eine Einführung*, 이용중 역, 『고대 근동과 구약 문헌사』(서울: CLC, 2018), 292, 각주 68.

행법적 진술 가운데 나타나는 삼중적 진술 기법이다. 3-4절에서 하나님의 성품에 관한 표현이 세 가지, 즉 <헤세드>חֶסֶד, 인애/인자, <하난>חָנַן, 자비/은혜을 베풀다, <라하밈>רַחֲמִים, 긍휼으로 나타나며, 시인의 죄에 대한 언급도 세 가지 표현, 즉 <페솨>פֶּשַׁע, 죄과, <아본>עָוֹן, 죄악, <하타트>חַטָּאת, 죄로 묘사된다. 이것은 단순한 평행법을 넘어서는 강조를 위한 수사법이다.[7] 세 번의 반복을 통해서 자신이 말하고자 하는 바를 강조한다. 또한 주목할 것은 이 모든 청원을 시작하는 첫 번째 청원이다. "당신의 인애를 따라 나에게 자비를 베푸소서." 이를 통해 시인은 죄 용서와 회복이 오직 하나님의 인자하심과 자비에 근거할 때 가능하다는 사실을 분명하게 인식하고 있음을 보여준다. 이러한 시인의 인식은 '탄식-청원'이라는 통상적인 순서가 아니라 '청원-탄식'이라는 도치를 통해서도 드러난다. 무엇보다 하나님의 인애와 자비와 긍휼을 바라는 첫 번째 청원이 맨 앞자리에 놓임으로써 시인이 바라고 강조하는 바가 무엇인지 분명하게 드러난다.[8]

2) 탄식: 죄 고백 5-8절

5절   참으로 내가 내 죄과들פְּשָׁעַי을 아오니,

         내 죄חַטָּאתִי가 항상 내 앞에 있나이다.

6절   당신께, 오직 당신께 내가 죄를 지었으며חָטָאתִי,

         내가 당신의 눈에 이 악הָרַע을 행하였으므로,

         당신께서 말씀하실 때에 당신이 의로우시고תִּצְדַּק בְּדָבְרֶךָ,

---

7   테이트는 세 낱말이 의미하는 바를 자세히 분석하면서도 세 낱말이 중첩된 의미로 사용되고 있음을 여러 학자들의 견해를 인용하며 보여준다. Marvin E. Tate, 『시편 51-100』, 57-59.

8   James Luther Mays, *Psalms*, 신정균 역, 『시편』, 현대성서주석 (서울: 한국장로교출판사, 2002), 272-73.

당신께서 판단하실 때에 당신이 순전하실 것입니다

תִּזְכֶּה בְשָׁפְטֶךָ׃

7절   보소서, 내가 죄악עָוֹן 중에서 태어났고,

죄חֵטְא 중에서 내 어머니가 나를 배었나이다.

8절   보소서, 당신께서는 마음속에 있는 진실אֱמֶת 을 기뻐하셨

으며,

당신께서는 은밀한 가운데 나로 지혜חָכְמָה 를 알게 하십니

다.

이 단락은 시인의 탄식을 보여준다. 일반적인 개인 탄식시에 탄식은 곤경의 묘사이다. 그런데 여기에서는 곤경의 묘사가 '죄 고백'으로 대체되어 있다. 시인에게 가장 고통스러운 것이 죄라는 것이다. 이것은 이 시편의 참회 모티프를 분명하게 엿볼 수 있는 요소이다. 이 단락은 네 절로 구성되어 있지만, 내용상으로는 5-6 전반절과 7-8절, 그리고 그 사이의 6후반절, 세 부분으로 나눌 수 있다. 첫 번째 부분과 세 번째 부분은 자신의 죄에 대한 고백으로 서로 상응을 이룬다. "내 죄가 항상 내 앞에 있나이다"나 "내가 죄악 중에서 태어났다"는 언급은 교회사적으로 '원죄설'의 근거로 사용되기도 했다. 하지만 이러한 진술들은 '원죄설'이 아니라 죄를 떠나서는 살 수 없는 인간의 실존을 드러내는 말로 이해해야 할 것이다. 이것은 인간이 '숙명적으로 죄에 빠지기 쉬운 존재'schicksalhafte Schuldverfallenheit라는 사실에 대한 통찰이며,[9] 자기 욕심을 따라 자신의 이익과 영광을 위해 살고자 하는 인간 본성에 대한

---

9   Hans-Joachim Kraus, *Psalmen 1-63*, 387. 원죄사상에 대한 근거로서 여러 본문들(창 8:21; 욥 14:4; 15:14이하; 25:4; 시 143:2; 요 3:6)이 언급되지만, 구약성경은 교회사적인 원죄사상과는 다른 강조점을 가지고 인간 존재의 뿌리 깊은 죄성을 지적한다. 이점에 대해서 다음을 참조하라. 위의 책, 387.

통찰을 보여주는 것이다.[10] 이 가운데 "오직 당신께 내가 죄를 지었으며"라는 진술은 이웃에게 지은 죄가 없다는 말이 아니다. 도리어 이것은 하나님과의 관계라는 측면에서 "모든 죄는 하나님께 지은 죄"라는 인식을 보여준다.[11] 그렇기 때문에 이것은 자기 죄의 심각성을 드러내는 말이기도 하다. 왜냐하면 그가 저지른 죄악은 그 어떤 대상에게보다도 엄중한 의미가 있는 하나님께 저지른 죄라는 사실을 고백하는 의미가 있기 때문이다.

이러한 '죄 고백' 중심에 6후반절이 위치해 있다. 문장론의 관점에서 보면 6절의 종속절이지만, 내용상으로는 죄 고백의 의미와 목적을 드러내는 핵심진술이다.[12] 이 진술을 통해 분명해지는 것은 하나님의 말씀과 판단의 중요성이다. 시인이 저지른 죄의 의미가 하나님께 대한 죄이기 때문에 그것의 엄중성이 큰 것처럼, 그러한 죄 용서를 위해서는 하나님의 말씀과 판단이 결정적이라는 사실이다. 흥미로운 것은 하나님의 말씀과 판단의 결과가 하나님 자신에게 미치는 것으로 진술된다는 점이다. "당신께서 말씀하실 때에 당신이 의로우시고, 당신께서 판단하실 때에 당신이 순전하실 것입니다."[13] 이것은 하나님 용서의 행위가 시인 자신에게도 영향을 주지만, 결과적으로 하나님 자신에게도 의미가 있음을 보여준다.[14] 시인에 대한 하나님의 평가와 판단은 시인

---

10 Artur Weiser, 『시편(I)』, 545-46.

11 위의 책, 543.

12 6후반절에 대한 다양한 해석들: 5가지 가능성에 관하여 다음을 참조하라. Frank-Lothar Hossfeld and Erich Zenger, *Psalmen 51-100*, 40-41.

13 칠십인경에서는 다음과 같이 번역한다: "당신이 말씀하실 때 당신은 의롭게 될 것이며, 당신이 판단 받으실 때 당신은 이기실 것입니다"(ὅπως ἂν δικαιωθῇς ἐν τοῖς λόγοις σου καὶ νικήσῃς ἐν τῷ κρίνεσθαί σε).

14 이러한 관점에서 보면, 십자가에 대한 믿음을 통해 신자들이 의로움을 얻게 하는 하나님의 행위가 하나님의 의로우심을 드러내는 일이기도 한다는 로마서 3장 23-24절의 진술은 시편 51편 시인의 진술과 맥을 같이 한다고 말할 수 있다.

뿐 아니라 하나님 자신의 의로움과 거룩을 드러낼 것이다.[15] 이것은 '죄 고백'이 탄식의 차원에만 머물러 있지 않음을 보여준다. '죄 고백'은 궁극적으로 '죄 용서'를 통한 '하나님의 의'를 지향한다. 이러한 점에서 '죄 고백'은 '죄 용서'의 필연성을 보여줄 뿐만 아니라 '죄 용서'를 촉구하는 청원의 의미를 내포한다.

3) 청원 2: 죄 용서 9-11절

9절　우슬초로 나를 정결케 하소서תְּחַטְּאֵנִי. 그러면 내가 정결하게 될 것입니다וְאֶטְהָר.

나를 씻기소서תְּכַבְּסֵנִי. 그러면 내가 눈보다 더 희게 될 것입니다אַלְבִּין.

10절　나로 기쁨과 즐거움을 듣게 하소서.

당신께서 꺾으신 뼈들이 즐거워할 것입니다.

11절　나의 죄들חֲטָאָי로부터 당신의 얼굴을 가리소서הַסְתֵּר.

그리고 나의 모든 죄악들עֲוֹנֹתַי을 도말하소서מְחֵה.

이 단락은 다시금 '죄 용서'에 대한 명시적인 청원이다. 이 단락은 미시적인 맥락과 거시적인 맥락 두 가지 차원의 고찰이 가능하다. 미시적인 맥락에서는 10절이 중심에 있고 이 구절을 둘러싼 9절과 11절에서 '죄 용서'에 대한 청원이 반복된다. 9절에서는 우슬초라는 제의적인 은유 사용과 눈과의 비교를 통해서 정결의 의미가 강조된다.[16] 11전

15 　요제 크라쇼베츠(Jože Krašovec)는 시편 51편 6절의 진술이 '하나님의 구원 계획과 자기 백성에 대한 신실함과 한결같은 사랑을 나타내는 하나님의 의'를 말하고 있다고 평가한다. Jože Krašovec, "Justification of God in His Word in Ps 51:6 and Rom 3:4," *Vetus Testamentum* 64/3 (2014), 416-33.

반절에서 시인은 '얼굴 숨김'을 말한다. 이것은 보통 숨어계시는 하나님을 표현할 때 사용하는 관용어이다. 하지만 여기에서는 정반대의 의미로 사용된다. '얼굴 숨김'이 시인이 아니라 죄로부터 이루어지는 것을 말하기 때문이다. 따라서 이것은 하나님의 '멀리 계심'이 아니라 '가까이 계심'을 보여주는 구원의 표지이다. 이러한 시인의 바람이 11후반절에서 '죄를 도말해 달라'는 적극적이며 직접적인 방식의 청원으로 표명된다. 이것은 9절에서 말한 바에 대한 반복이자 강조이다. 이로써 '죄 용서'에 대한 청원이 종결된다.

이러한 '죄 용서'에 대한 청원은 거시적인 맥락에서 두 가지 의미를 지닌다. 첫째로, 이 단락은 3-4절의 청원과 대응을 이룬다. 3-4절에 등장했던 <마하>מחה, <카바스>כבס, <타하르>טהר 세 동사가 9절과 11절에서 역순으로 반복된다.[17] 이러한 대구와 반복은 시편 51편에서 '죄 용서'의 모티프가 얼마나 강력하게 작용하고 있는지를 잘 보여준다.[18] 둘째로, '죄 용서'의 청원은 그 자체에만 머물러 있지 않는다. 그것은 죄의 결과로 나타나는 죽음으로부터 벗어난 기쁨의 삶을 위한 청원으로 상승된다. 10절에서 시인은 자신에게 기쁨과 즐거움을 회복해 주시기를 청원한다. 기쁨의 탄성을 외치는 것은 구원받은 자가 보이는 대

---

16 디프란시코(Lesley DiFransico)는 본문상호간 비교연구를 통해 시편 51편의 시인이 '씻음 메타포'(washing metaphor)가 나타나는 예언서 본문들(사 1:15-16; 4:4; 렘 2:22; 4:14)로부터 다양한 요소를 추출하여 죄 용서 청원을 위해 사용하고 있다고 평가한다. Lesley DiFransico, "Identifying Inner-Biblical Allusion through Metaphor: Washing Away Sin in Psalm 51," *Vetus Testamentum* 65 (2015), 556.

17 이러한 상황을 로스는 다음과 같이 분석한다(William A. Ross, "David's Spiritual Walls and Conceptual Blending in Psalm 51," 620).

18 판 볼데(Ellen van Wolde, "A Prayer for Purification: Psalm 51:12-14, a Pure Heart and the Verb ברא," Vetus *Testamentum* 70 [2020], 342-43)는 죄에 대한 네 가지 은유(짐, 기록, 얼룩, 길)를 소개하면서 이 가운데 '죄용서'의 청원에는 '짐', '기록', '얼룩'의 세 가지 은유가 나타나며, '길'로서의 죄는 15절의 서약에서 나타난다고 분석한다. 판 볼데가 인용하는 죄에 관한 네 가지 은유에 관해서 다음을 참조하라. Joseph Lam, *Patterns of Sin in the Hebrew Bible: Metaphor, Culture, and the Making of a Religious Concept* (Oxford: Oxford University Press, 2016).

표적인 반응이다. 이러한 변화의 급진성은 시인의 상황을 보여주는 의복 색깔을 통해서도 짐작할 수 있다. 시인의 청원에는 죄와 죽음을 상징하는 검고 붉은 빛깔의 옷_{참조. 시 35:13이하; 사 1:18}을 벗어 버리고 생명과 구원을 상징하는 흰 빛깔의 옷_{참조. 슥 3:4; 전 9:8}을 입고 외치는 축제의 환호에 대한 기대가 있다.[19]

4) 청원 3: 새 창조와 갱신 12-14절

12절　하나님, 내 안에 정결한 마음 לֵב טָהוֹר 을 창조하시고 בְּרָא,
　　　내 안에 올곧은 영 רוּחַ נָכוֹן 을 새롭게 하소서 חַדֵּשׁ.

13절　나를 당신의 임재 מִלְּפָנֶיךָ 로부터 쫓아내지 마시고,
　　　나로부터 당신의 거룩한 영 רוּחַ קָדְשְׁךָ 을 거두어 가지 마소서.

14절　당신의 구원의 즐거움 שְׂשׂוֹן יִשְׁעֶךָ 을 내게 회복시키시고,
　　　자원하는 영 רוּחַ נְדִיבָה 으로 나를 붙드소서.

이 단락에는 하나님에 대한 '부름'이 다시금 나타난다. 여기에서 시인은 하나님을 부르며 자신이 바라는 바를 주목하게 한다. 12절에서 시인은 새 창조와 갱신을 청원한다. '정결한 마음' לֵב טָהוֹר 을 창조하시고 '올곧은 영' רוּחַ נָכוֹן 을 새롭게 해달라고 청원한다. 이 구절은 전형적인 동의적 평행법으로 분석된다. 여기에서 '정결한 마음'과 '올곧은 영'이 대응을 이루고, <바라> בְּרָא 와 <하다쉬> חַדֵּשׁ 동사가 대응을 이룬다.

우선 '마음'과 '영'이라는 두 명사에 주목해 보자. '마음'과 '영'은 구

19　Frank-Lothar Hossfeld and Erich Zenger, *Psalmen 51-100*, 52.

분이 되기도 하지만, 동의어로 자주 사용된다예컨대, 겔 36:26.[20] '마음'과 '영'
은 인간의 몸 가운데서 이성적 판단과 삶의 의지를 관장하는 중추기관
으로 기능한다. 무엇보다 '마음'과 '영'은 하나님과의 관계에서 접촉점
을 형성하는 곳이다. 그러나 최근의 연구에서는 '마음'에 대한 새로운
평가들이 제시되고 있다. 즉 마음은 "외부 세계와 밀접한 관련을 맺고
있으면서도 외부세계와 내부세계가 만나는 접촉점이나 경계선" 기능
을 한다는 것이다.[21] 이처럼 마음은 하나님과의 관계에서뿐 아니라 외
부세계와의 관계에서도 중추적인 역할을 한다. 그러므로 새로운 삶으
로의 변화에는 마음과 영의 변화가 필수적이다. 마음과 영의 변화는 새
존재의 시작점이면서 동시에 새 존재로서의 삶에 동력을 제공한다. 12
절에 사용된 <루아흐>רוח는 13절과 14절에서도 반복된다. '당신의 거
룩한 영'과 '자원하는 영'이라고 표현된다. 하나님의 '거룩한 영'은 하
나님의 임재의 상징이기도 하면서 사람에게 거룩을 가능하게 하시는
하나님의 영이다.[22] '자원하는 영'은 자신을 기꺼이 하나님께 드릴 수
있게 하는 자발적인 마음과 의지를 갖게 한다. 이처럼 13절에서는 '하
나님의 영'으로서의 의미가 강조되며, 14절에서는 '인간의 영'으로서의

---

20 Marvin E. Tate, 『시편 51-100』, 67-68.

21 Ellen van Wolde, "A Prayer for Purification: Psalm 51:12-14, a Pure Heart and the Verb
    bārā'," 354. 그는 이러한 견해를 펼치면서 다음 세 가지 연구를 소개한다. Jan Dietrich, "In-
    dividualität im Alten Testament, Alten Ägypten und Alten Orient," in *Menschenbilder
    und Körperkonzepte im Alten Israel, in Ägypten und im Alten Orient*, ed. Angelika Ber-
    lejung, Jan Dietrich, and Joachim Friedrich Quack, Orientalische Religionen in der
    Antike 9 (Tübingen: Mohr Siebeck, 2012), 77-96; David Lambert, "Refreshing Philology:
    James Barr, Supersessionism, and the State of Biblical Words," *Biblical Interpretation*
    24 (2016), 332-56; Edward L. Greenstein, "The Heart as an Organ of Speech in Biblical
    Hebrew," in *Semitic, Biblical, and Jewish Studies in Honor of Richard C. Steiner*, ed. Mor-
    dechai Z. Cohen, Aaron J. Koller, and Adina Moshavi (Jerusalem and New York: Bialik
    Institute; Michael Scharf Yeshiva University Press, 2020).

22 크라우스는 "거룩한 영"에 대해서 다음과 같이 말한다. 그것은 "어떤 사람이 야훼께 소속되었
    다는 것과 그분과 연합되었다는 사실을 보증하는 증표이다"(Hans-Joachim Kraus, *Psalmen
    1-63*, 389).

의미가 강조된다. 이러한 진술들을 통해서 '영'이 감당하는 두 가지 기능이 다시금 확인된다. 그것은 하나님과 외부세계와의 접촉점으로서의 영의 기능이요, 또한 판단과 의지의 중추기관으로서의 영의 기능이다.

다음으로 '바라'와 '하다쉬' 동사를 살펴보자. 두 동사가 동의적 평행법으로 쓰였다는 사실은 두 동사가 동의어로 이해될 수 있다는 의미이다. 다시 말하면 '창조'와 '갱신'이 의미하는 바가 같다는 것이다.[23] 이것은 새로움은 창조이며, 창조는 새로움이라는 인식을 보여준다. 특별히 <바라>ברא 동사는 하나님만을 주어로 취하는 동사이다.[24] '창조'는 하나님만 하실 수 있는 행동이라는 점에서 새 존재로의 변화는 오직 하나님의 개입을 통해서 가능하다는 사실을 알 수 있다. 이러한 창조와 새로움은 다시금 구원과 연결된다. 죄용서는 옛사람이 새로운 피조물로 변하는 새 창조를 의미하며 구원이라는 궁극적 목표를 성취한다.[25] 이러한 시인의 청원을 통해서 구원의 삶이란 무엇인가가 분명해진다. 그것은 하나님과의 관계가 복원되는 것이며13절, 구원의 기쁨이 회복되는 것14절[26]이다. 이때 하나님은 시인을 새 존재로 만드시는 '창조주'이시자 구원의 즐거움을 회복시키시는 '구원자'이시다.[27]

---

23 판 볼데(Van Wolde, "A Prayer for Purification," 354)는 '바라'(ברא)의 의미에 대한 논의에서 "창조"(creation)와 "분리"(separation)의 두 가지 이해가 있음을 소개하며, 12절에서는 "마음의 창조"가 아니라 "마음의 정화"라는 차원에서 '바라'가 "분리"의 의미로 이해된다고 말한다. 하지만 여기에서는 '창조'와 '갱신'을 동의적 평행법 차원에서 상호보완적으로 이해하는 것이 더 적절해 보인다. '바라'의 의미에 대한 논의에 관하여 다음을 참조하라. Ellen van Wolde, "A Prayer for Purification: Psalm 51:12-14, a Pure Heart and the verb arb," *Vetus Testamentum* 67 (2017), 611-47.

24 Hans-Joachim Kraus, *Psalmen 1-63*, 388.

25 바이져는 이러한 시인의 진술이 거듭남(딛 3:5 참조)에 대한 구약적 뿌리를 보여준다고 평가한다. Artur Weiser, 『시편(I)』, 548.

26 여기에서 구원의 기쁨은 찬양의 회복이라는 삶의 형태로 구체화할 수 있다(아래 15-17절에 대한 설명을 보라).

27 이 단락에 대해서 쳉어는 시인의 청원(12-14절)이 포로기와 포로기 이후의 이스라엘 백성에게 주어진 예언자들의 약속을 개인의 상황에 적용하고 있으며, 결국 시인은 이러한 청원을 통해 "새 언약의 은혜"를 간구한다고 평가한다(Frank-Lothar Hossfeld and Erich Zenger, *Psalmen*

5) 서약: 선포와 찬양 15-17절

15절   내가 악행자들에게 당신의 길을 가르칠 것이며אֲלַמְּדָה,
        죄인들이 당신께로 돌아올 것입니다.

16절   피흘림으로부터 나를 구원하소서.
        하나님, 나의 구원의 하나님이시여.
        내 혀가 당신의 의로움צִדְקָתֶךָ을 노래할 것입니다תְּרַנֵּן.

17절   주여, 당신께서 내 입술을 열어 주시고,
        내 입은 당신의 찬양을 선포할 것입니다יַגִּיד.

이 단락은 시인의 서약을 보여준다. 죄 용서에 이은 새 창조와 갱신이 이루어질 때 시인이 할 행동에 대한 서약이다. 이 서약에서도 일반적인 것과 시편 51편만의 특별한 것이 동시에 나타난다. 우선 일반적인 것을 말한다면 그것은 시인이 구원 이후에 보이겠다는 찬양에 대한 서약이다. 찬양의 서약이 중요한 것은 찬양이 구원의 삶에 대한 증거이기 때문이다. 이와 반대로 죽음은 찬양의 중단을 의미한다시 6:5; 또한 참조. 사 38:18; 시 30:9; 88:10-11; 115:7.[28] 따라서 찬양의 서약은 하나님의 구원에 대한 반응이기도 하지만, 동시에 구원의 필요성에 대한 암시이기도 한 것이다.

시편 51편의 서약에서 특별한 것은 "악행자들에게 당신의 길을 가

51-100, 52-53). 쳉어가 말하는 예언자들의 약속은 예컨대 다음과 같은 것들이다: 죄의 용서(사 43:25; 44:22; 렘 31:31-34), 새 창조와 새로운 것의 창조(사 43:1-23; 특히 43:19), 환호, 기쁨과 즐거움의 설립으로서 포로로부터의 해방(사 35:1, 10; 51:3, 11), 정한 마음과 새 영의 수여(특히 겔 11:14-20의 새로운 해석으로서 겔 36:24-28; 또한 렘 24:7; 31:33 참조), 하나님 자신의 영의 지분 수여(겔 37:1-14) 등. 이러한 해석은 시편 51편과 예레미야나 에스겔의 예언과의 선후 관계에 대해서 다른 입장이 있을 수 있으나 해석과 적용에서 '공동체의 개인화' 혹은 '개인의 집단화'가 얼마든지 가능하다는 점을 보여준다는 점에서 의미가 있다.

28 Artur Weiser, 『시편(I)』, 550.

르칠 것"이라는 언급이다. 이 서약은 시인이 구원의 길을 가르치는 '교사'가 되겠다는 것이며,[29] 하나님의 뜻을 전하는 '대언자'가 되겠다는 의미이다.[30] 이러한 일들은 제사장의 직무레 10:11; 신 33:10이면서 예언자의 기능이기도 하며왕하 17:13-14; 호 12:10, 지혜의 교사가 감당해야 할 사명잠 1:2-6이기도 하다. 이러한 진술에는 단순한 서약을 넘어 시인의 확고한 확신이 내포되어 있다. 즉, '죄인들의 돌이킴'이 자신의 활동을 통해 반드시 성취될 것이라는 믿음이다. 사실 이것은 역사적으로 제사장이나 예언자, 지혜자들도 쉽게 해내지 못했던 어려운 일이었다. 바로 그런 점에서, 이러한 시인의 진술은 더욱 특별하게 다가온다.

또한 16절의 진술도 이 서약에서 주목을 끈다. 여기에서는 서약이 청원과 함께 나타난다. 시인은 다시금 '하나님'אֱלֹהִים을 부른다. 이때 시인은 '나의 구원의 하나님'אֱלֹהֵי תְּשׁוּעָתִי이라는 호칭을 덧붙인다. 그러면서 "피흘림으로부터 나를 구원하소서"라고 말한다. 여기에서 '피흘림'דָּמִים은 말 그대로 피를 흘리는 시인의 '범죄행동'을 의미할 수도 있고, 하나님의 '죽음의 심판'에 대한 은유적인 표현일 수도 있다. 여기에서는 어느 한 가지 의미를 고집하기보다는 두 가지 모두를 표현할 수 있다고 보는 것이 좋겠다. 더 중요한 것은 구원을 경험한 이후에 보이겠다고 하는 시인의 반응이다. 이때 시인은 하나님을 '주'אֲדֹנָי라고 부르며 자신이 보일 행동에 대해서 말한다. 이 서약에서 이렇게 다양한 호칭이 집중적으로 사용되는 것3회은 하나님께 드리는 호소의 절박성을 대변한다. 시인은 하나님이 자신을 구원하시면 하나님의 "의로움"צְדָקָה을 노래할 것이라고 말한다. 여기에서 시인은 '공의'와 '구원'을 동의어로 사용하고 있다. 구원이 곧 하나님의 의로움이라는 것이

---

29 Frank-Lothar Hossfeld and Erich Zenger, *Psalmen 51-100*, 54.
30 Artur Weiser, 『시편(I)』, 549.

다.[31] 달리 말하면 구원이란 언약에 충실하신 하나님의 신실성을 입증하는 것이라는 사실을 알 수 있다.[32] 그러한 의미에서 하나님이 자신의 의를 드러내는 것6후반절은 하나님이 구원의 하나님이심을 보여주는 것이다. 여기에서 시인이 궁극적으로 드러내고자 하는 바가 무엇인가가 분명해진다. 그것은 바로 하나님의 '의로움'이다.[33]

6) 확신: 하나님이 기뻐하시는 제사 18-19절

18절   참으로 당신은 희생제זֶבַח를 기뻐하지 않으십니다.

그렇지 않으면 내가 드렸을 것입니다.

당신께서는 번제עוֹלָה도 원하지 않으십니다.

19절   하나님의 희생제들זִבְחֵי אֱלֹהִים은 상한 영רוּחַ נִשְׁבָּרָה입니다.

하나님, 상하고 부서진 마음לֵב־נִשְׁבָּר וְנִדְכֶּה을 당신께서는 멸시치 않으실 것입니다.[34]

이 단락은 개인 탄원시의 마지막 단락으로서 시인의 확신을 보여

---

31   폰라트는 이러한 용례를 바탕으로 '체다카'가 '구원 입증'(Heilserweisung)이라고 말한다 (Gerhard von Rad, *Theologie des Alten Testaments. Band I: Die Theologie der geschichtlichen Überlieferungen Israels*, 370, Hans-Joachim Kraus, *Psalmen 1-63*, Biblischer Kommentar, Altes Testament 15/1 [Neukirchen-Vluyn: Neukirchener Verlag, 1972], 390쪽에서 재인용).

32   '하나님의 정의'에 관하여 필자의 졸고를 참조하라. 하경택, "'하나님 닮아가기'(Imitatio Dei)로서의 정의 - 시편을 통해서 본 구약성서의 '정의' 신학," 『장신논단』 48/2 (2016. 6), 37-66.

33   시편 51편에서 하나님의 '의로움'의 주제가 중심 모티프가 된다는 사실은 다음과 같은 분석을 통해서도 확인된다(William A. Ross, "David's spiritual walls and conceptual blending in Psalm 51," 622).

v. 12a	'레브'(לֵב) Israelite Kingship
v. 12b	'루아흐'(רוּחַ) Israelite Kingship
v. 16b	하나님은 정의로우시다
v. 19a	'루아흐'(רוּחַ) Israelite Kingship
v. 19b	'레브'(לֵב) Israelite Kingship

34   참조. 시 34:19[18] "야훼는 마음이 상한 자(לְנִשְׁבְּרֵי־לֵב)를 가까이 하시고 충심으로 통회하는 자(אֶת־דַּכְּאֵי־רוּחַ)를 구원하시는도다."

준다. 이것은 하나님이 원하시는 희생제사는 "상한 영"이며, "상하고 부서진 마음"이라는 말로 요약할 수 있다. 여기에서 다시금 '영'과 '마음'이 동의어로 사용된다. 하나님이 원하시는 것은 희생제사나 번제가 아니라는 진술은 구약의 경건을 제한하거나 삭감하는 것이 아니다. 그것은 제사대신 순종과 공의를 요구하는 예언자들의 제의비판호 6:6; 암 5:21-27; 미 6:8을 실제화하는 것이며,[35] 궁극적으로 구약의 "경건을 넓히고 심화시킨다."[36] 하나님의 희생제사가 '상한 영'이고 '상하고 부서진 마음'을 멸시하지 않을 것이라는 시인의 확신은 하나님께 드리는 제사의 의미가 제물 자체에 있는 것이 아니라 오히려 헌제자 자신에게 있음을 보여준다. 헌제자는 '죄인'으로서 자신이 얼마나 작고 초라하며 불완전한 존재인지를 깨닫고 하나님의 구원을 갈망하고 소망하며 나아가야 한다. 이때 헌제자는 일종의 "부서진 구조물"로 이해된다. 인간의 공간화spatialization이다. 이러한 공간화는 20절 청원에 대한 근거가 되기도 한다.[37] 이러한 시인의 확신에서 하나님과 인간 사이에 이루어져야 할 올바르고 유익한 시선 교환을 엿볼 수 있다. 헌제자는 자신이나 다른 무엇이 아니라 구원의 하나님만을 바라보며, 하나님은 제물이 아니라 헌제자의 '상하고 부서진' 마음과 영을 주목하시는 것이다. 이것은 여러 시편에서 보여주는 '예배신학'과 맥을 같이 한다예컨대, 시 40:7-10; 69:31이하; 또한 시 34:19. 그렇다고 이러한 예배신학이 희생제사의 무용성을 주장하는 것은 아니라는 사실을 기억해야 한다. 이러한 점에서

---

35 Frank-Lothar Hossfeld and Erich Zenger, *Psalmen 51-100*, 54.

36 Artur Weiser, 『시편(I)』, 551.

37 자신을 "부서진 구조물"로 표현하는 시인의 은유 사용은 20절에서 고찰되는 예루살렘 "성벽 재건" 모티프와 잘 연결된다. 이뿐 아니라 '죄와 파괴'의 은유 도식에 대한 '용서와 재건'의 은유 도식의 상응관계도 잘 설명된다. 참조. Ellen van Wolde, "A Prayer for Purification: Psalm 51:12-14, a Pure Heart and the Verb arb," 358-59; William A. Ross, "David's Spiritual Walls and Conceptual Blending in Psalm 51," 624-26.

시편 51편의 예배신학은 바로 앞 시편인 시편 50편에서 "감사의 희생 제사"를 드리라는 요구시 50:14, 23와 일맥상통한다.[38]

3. 중심내용 요약

첫째, 시인은 죄 용서와 회복이 오직 하나님의 인자하심과 자비에 근거할 때 가능하다는 사실을 분명하게 인식하고 있기 때문에 첫 번째 청원3-4절을 통해 하나님의 인애와 자비와 긍휼에 초점을 맞추어 죄 용서를 호소한다.

둘째, 시인은 죄 고백의 탄식5-8절을 통해 죄를 떠나서는 살 수 없는 인간의 실존과 모든 죄는 하나님께 지은 죄라는 사실을 분명하게 보여준다. 그러나 6후반절의 진술을 통해 시인은 궁극적으로 '죄 용서'를 통한 '하나님의 의'를 지향한다. 하나님의 죄 용서는 궁극적으로 하나님의 의로움과 거룩을 드러내는 것이라는 사실이다.

셋째, 죄 용서에 대한 두 번째 청원9-11절은 첫 번째 청원3-4절과 대구와 반복을 이루며 '죄 용서'의 모티프가 얼마나 강력하게 작용하고 있는지를 잘 보여준다. 그러면서도 자신에게 기쁨과 즐거움을 회복해 주시기를 청원함으로써 죄의 결과인 죽음으로부터 벗어난 기쁨의 삶을 위한 청원으로 나아간다.

---

38 이러한 이해는 20-21절이 18-19절의 내용과 모순된다고 평가하는 입장과 다르다. 예컨대, Marko Marttila, *Collective Reinterpretation in the Psalms: A Study of the Redaction History of the Psalter*, Forschungen zum Alten Testament 2/13 (Tübingen: Mohr Siebeck, 2006), 158. 하지만 이것은 희생제사에 대한 거부가 아니라 보완이며 예배신학의 재확립의 문제이다. 이러한 의미에서 20-21절은 18-19절에 나타난 예배신학의 연속이자 확대라고 말할 수 있다. 따라서 회개의 모티프를 가진 개인 시(3-19절)에서 제의적 모티프를 가진 공동체 시(20-21절)로 바뀌었다는 평가도 너무 단순한 분석이다(William A. Ross, "David's Spiritual Walls and Conceptual Blending in Psalm 51," 610).

넷째, 세 번째 청원12-14절에서는 새 창조와 갱신의 내용을 담고 있다. 이때 영과 마음이 한편으로는 하나님과 외부세계와의 접촉점으로서, 다른 한편으로는 판단과 의지의 중추기관으로서 중요하게 부각된다. 이때 창조와 갱신은 동의어로 이해된다. 죄용서는 옛사람이 새로운 피조물로 변하는 새 창조를 의미하며 더 나아가 구원이라는 궁극적 목표를 성취한다는 사실을 보여준다.

다섯째, 하나님의 구원에 대한 반응으로서 서약15-17절은 일반성과 특별성을 동시에 보여준다. 찬양의 서약은 하나님의 구원에 대한 반응으로서 일반적인 것이지만, "악행자들에게 당신의 길을 가르칠 것"이라는 언급은 시인이 구원의 길을 가르치는 '교사'나 하나님의 뜻을 전하는 '대언자'가 되겠다는 의미라는 점에서 특별하다. 또한 하나님의 "의로움"을 노래할 것이라는 시인의 서약은 하나님의 구원이 곧 하나님의 의로움이라는 사실을 알게 한다.

여섯째, 하나님이 기뻐하시는 제사에 대한 확신18-19절은 구약의 예배신학을 재정립한다. 제사에 앞서 우선적으로 순종과 공의를 요구하는 예언자들의 제의비판을 실제화하며 구약의 "경건을 넓히고 심화시킨다." 이를 통해 하나님과 인간 사이에 이루어져야 할 올바르고 유익한 시선 교환을 보여준다. 구원의 하나님만을 바라보는 헌제자의 시선과 헌제자의 '상하고 부서진' 마음과 영을 주목하시는 하나님의 시선이 올바른 제사 안에서 교차된다.

이를 통해 '죄인'으로서의 인간과 '의'의 하나님과의 관계가 잘 드러난다. 철저히 죄 가운데 있는 자신의 실존을 고백하는 인간에게 하나님은 용서를 통해 응답하시며 자신의 '의'를 행하신다. 이때 하나님이 주목하시는 것은 '상하고 부서진' 인간의 마음과 영이다. 하나님의 용서는 '부서진 건물'과 같은 인간의 영과 마음을 새롭게 한다. 하나님

의 인애와 자비와 긍휼에 의지해 하나님의 의를 갈망하는 시인의 시선
과 제물이 아니라 시인의 '상하고 부서진' 마음과 영을 주목하시는 하
나님의 시선이 교차되는 가운데 새로운 피조물로 재건되는 하나님의
창조가 이루어진다.

4. '다윗의 시'로서의 51편

가. 시편 51편 안에서

표제와 함께 시편 51편을 읽는 작업은 두 가지 차원에서의 고찰을
가능하게 한다. 우선은 시편 51편 그 자체에 대한 내재적 의미이며, 확
장해서는 시편 모음집이라는 거시적 차원에서의 의미이다. 많은 사람
들이 지적하듯이 표제어는 시편 이해를 위한 "건축 지시사항"과 같으
며 "내러티브의 배경"을 제공한다.[39] 시편 표제어의 중요성은 다음과
같은 쉬퇴베 H. J. Stoebe 의 말을 통해 잘 알 수 있다: "그것은 우리에게
매우 중요하다. 왜냐하면 그것은 공동체가 이 시를 어떻게 듣고 이해
했는가를 보여주는 살아있는 증거가 되기 때문이다; 그것은 말하자면
예증 Illustrationen 이며, 그 안에는 믿음의 증언 Glaubenszeugnis 과 첫 번째
주석 erste Auslegung 이 들어있다."[40] 이러한 설명에 따르면 시편 표제어는

---

39 위의 책, 615-16. 시편의 표제어에 관한 연구로 다음을 참조하라. Brevard S. Childs, "Psalm
Titles and Midrashic Exegesis," *Journal of Semitic Studies* 16/2 (1971), 137-50; 손세훈, "시
편 표제어 첨가에 관한 이해," 『구약논단』 16/2 (2010), 92-115; 방정열, "시편 표제어 유무에
대한 정경적 해석의 가능성," 『한국기독교신학논총』 106 (2017), 11-37; Emanuel Slomov-
ic, "Toward an Understanding of the Formation of Historical Titles in the Book of
Psalms," *Zeitschrift für die Alttestamentliche Wissenschaft* 91/3 (1979), 350-80.

40 Hans Joachim Stoebe, *Gott, sei mir Sünder gnädig: Eine Auslegung des 51. Psalms*, 17,
Hans-Joachim Kraus, *Psalmen 1-63*, Biblischer Kommentar, Altes Testament (Neu-

그 자체로 그 시편에 대한 해석이며, 반대로 그 시편을 이해하기 위한 가장 적절한 상황을 보여준다.[41]

그러한 의미에서 시편 51편의 표제어는 시편 51편을 이해하기 위한 가장 적절한 상황으로 "그가 밧세바에게 들어간 후 예언자 나단이 그에게 왔을 때"를 제시한다. 표제어에 상응하는 사건기록은 사무엘하 12장에 등장한다. 하나님께서는 다윗에게 나단을 보내 다윗의 잘못을 깨닫게 하는 기사가 기록되어 있다. 이때 다윗이 보인 반응이 "내가 야훼께 범죄하였도다" חָטָאתִי לַיהוָה 이다 삼하 12:13. 이것은 "내가 오직 당신께 죄를 지었나이다" לְךָ לְבַדְּךָ חָטָאתִי 는 6절의 진술과 본질적으로 동일하다. 구약성경에서 자신이 야훼께 범죄하였다는 사실을 인정하는 본문은 많지 않다. 모세와 아론 앞에서 말하는 바로의 고백 출 9:27; 10:16; 야훼의 사자 앞에서 말하는 발람의 고백 민 22:34; 여호수아 앞에서 말하는 아간의 고백 수 7:20이 있다. 이 외에 시인의 고백 시 41:5과 회중의 고백 미 7:9이 있다.

흥미로운 사실은 '죄 고백'이 사울과 다윗에게서 반복되어 나타난다는 점이다. 그러나 두 사람이 보여준 '죄 고백'의 의미는 사뭇 다르다. 사울은 사무엘에게 두 번 삼상 15:24, 30, 다윗에게 한 번 삼상 26:21 자신의 범죄 사실을 인정한다. 이 가운데 다윗에게 말한 것은 다윗에 대한 잘못을 인정하는 것이므로 하나님께 범죄한 사실을 고백하는 것과는 차원이 다르다. 사울이 사무엘에게 하는 고백은 하나님께 대한 범죄 사실을 인정하는 것이기는 하나 하나님의 용서를 구하기보다는 변명 삼상 15:24과 요구사항 삼상 15:30을 동반하고 있어 온전한 회개라고 보기 어렵다. 반대로 다윗의 경우는 인구조사 이후 자신의 잘못을 인정하는 장

<hr>

kirchen-Vluyn: Neukirchener Verlag, 1972), 385쪽에서 재인용.
41 James Luther Mays, 『시편』, 272.

면에서 보여주는 반응으로서 자신의 죄를 철저히 인정하며חָטָאתִי מְאֹד,
"내가 큰 죄를 범하였나이다", 삼하 24:10; 대상 21:8, 죄를 저지른 사람은 자신이므로
자신의 백성에게는 화가 미치지 않기를 청원하는 참된 지도자의 면모
를 보여준다וְאָנֹכִי הֶעֱוֵיתִי אֲשֶׁר חָטָאתִי, "죄를 범한 것은 바로 나입니다", 삼하 24:17; 대상 21:17.
더 나아가 밧세바가 낳은 아이가 죽을 것이라는 예언을 듣고 아이가
병 낫기를 위해 금식하며 기도하는 모습삼하 12:15-17은 '상하고 부서진'
마음과 영을 가진 시편 51편의 화자19절와 일치한다.[42]

이처럼 사무엘서는 다윗이 시편 51편의 화자가 되기에 충분한 근
거를 제공한다. 물론 시편 51편의 진술들은 개인 탄원시로서 다윗만이
아니라 모든 인간에게 해당되는 것이다. 다윗이 밧세바에게 범한 범죄
만을 생각할 수 없다. 루터에 따르면 시편 51편은 어느 특정한 범죄사
실만이 아니라 '근본적 죄'peccatum radicale를 다루고 있으며, 하나님 앞
에서의 인간, 특별히 의로우신 하나님 앞에 죄인으로 서 있는 인간의
실존을 보여준다.[43] 칼뱅도 시편 51편 주석하면서 시편 51편의 저자를
'시인'이라고 말하고, 독자들을 '우리'라고 명명하면서 시편 51편의 보
편적 의미를 강조한다.[44] 그러나 표제어와 '함께' 시편 51편은 '다윗의
시'가 된다. 시편 51편이 '다윗의 시'로 이해되면서 이 시편의 화자는
'다윗'이 된다. 다윗은 이제 범죄한 인간의 대표자이며, 하나님의 인자
하심과 긍휼을 따라 용서를 베푸시는 '하나님의 의'를 갈망하는 개인
으로 하나님 앞에 서 있다.

---

42 참조. Emanuel Slomovic, "Toward an Understanding of the Formation of Historical
Titles in the Book of Psalms," 370-71.
43 루터의 시편 51편에 대한 이해에 관하여 필자의 졸고를 참조하라. 하경택, "루터와 칼뱅의 성
서해석과 그 함의(含意) - 시편 51편 해석을 중심으로," 『장신논단』 50/2 (2018. 6), 11-36, 특히
19쪽.
44 위의 책, 29-30; James Luther Mays, 『시편』, 276.

나. 시편집의 구성 안에서

시편 51편의 표제어는 시편집 구성의 관점에서도 의미가 있다. 다윗시편2-42편이 주를 이루는 1권에 이어 시편 2-3권의 구성은 다음과 같다.

고라시편	아삽시편	다윗시편	아삽시편	고라시편
42-49편	50편	51-71(72)편	73-83편	84-85편, 87-88편
엘로힘시편				
제2권			제3권	

시편 2-3권은 다윗 시편51-71[72]편을 중심에 두고 아삽 시편과 고라 시편이 그 주위를 둘러싸고 있는 형태로 구성되어 있다. 다윗의 시로 분류되는 시편들 가운데 8개의 시편이 다윗의 생애에서 일어난 역사적 사건과 관련된 표제어를 가지고 있다.[45] 다윗의 생애에 일어난 역사적 사건을 언급하는 시편이 총 13편에 불과하다는 점을 고려하면, 제2권에 얼마나 집중적으로 모여 있는지 알 수 있다. 이러한 표제어를 가진 시편의 시작점을 형성하는 것이 시편 51편이다.[46] 흥미로운 것은 다윗 생애와 관련된 역사적 사건을 언급하는 표제어를 가진 시편이 '마스길'시 32, 42, 44, 45, 52, 53, 54, 55, 74, 78, 88, 89, 142편이나 '믹담'시 16, 56, 57, 58, 59, 60편이라는 것이다. '마스길'과 '믹담' 시편에 대한 여러 가지 분석이

---

45 Nancy L. deClaissé-Walford, Rolf A. Jacobson, and Beth LaNeel Tanner, *The Book of Psalms*, New International Commentary on the Old Testament (Grand Rapids, MI: William B. Eerdmans Publishing Company, 2014), 453.

46 이러한 시편 배열에서 마지막에 등장하는 것이 시편 63편이며, 그것은 "유다 광야에 있을 때"라는 표제어를 가지고 있다.

있지만, 분명한 것은 이들 시편이 '교훈적' 목적을 가지고 있다는 점이다. 이러한 교훈적 의도는 시편의 배열 방식, 특히 역사적 사건의 순서를 고려한 편집 배열에서도 분명하게 확인된다. 시편 표제어에 나타난 역사적 배경을 보면 시 52-59편까지는 다윗이 왕이 되기 이전의 상황을 보여주고, 60편은 다윗이 왕으로 있을 때의 일을 언급한다. 이러한 구성을 고려한다면 왕이 된 이후의 다윗의 상황을 보여주는 시편 51편이 이 자리에 있는 것은 이러한 배열의 특별한 의도를 짐작할 수 있다. 단순히 역사적인 사건의 순서를 따른 것이 아니라 신학적 목적을 이루기 위한 것이다.[47] 이러한 배열을 고려하면, 시편 51편 표제어의 의미는 결코 이 한 편의 시에만 머물지 않음을 알 수 있다. 이는 시편집 구성 안에서도 중요한 역할을 감당하는데, 곧 시편 51편이 이후 등장하는 시편들을 위한 기준점이 되어준다는 사실이다. 시편의 화자로 등장하는 모든 사람이 시편 51편의 '다윗'처럼 하나님 앞에서 피할 수 없는 '죄인'이며참조. 시 130:3; 143:2, 하나님의 의를 이루기 위해서는 오직 하나님의 인자하심과 긍휼에 의존해야 함을 보여준다.

5. '공동체 탄원시'로서의 시편 51편

20절 당신의 기쁘신 뜻을 따라 시온에 선을 행하시고,
      예루살렘 성벽들을 쌓으소서.

21절 그때 당신께서는 의의 희생제들זִבְחֵי־צֶדֶק, 곧 온전한 번제עוֹלָה וְכָלִיל를 기뻐하실 것입니다.

---

47 Frank-Lothar Hossfeld and Erich Zenger, *Psalmen 51-100*, 56.

그때 그들이 당신의 제단에서 수송아지들을 번제로 드릴 것입니다 פָרִים.

위 구절이 후대에 추가되었다는 사실은 대부분의 학자들이 동의하는 바이다. 이 확장을 통해 시편 51편의 성격이 달라진다. 개인 탄원시에서 공동체 탄원시로 시편의 성격이 바뀐다. 다루어지는 주제가 개인의 문제에서 공동체의 문제로 확대된다.[48] 탄원시의 양식 분류를 따르면 '시온의 회복'에 대한 청원과 확신이라고 말할 수 있다. 20절은 청원이고, 21절은 시인의 확신이다.

우선 시인은 20절에서 시온에 선을 행하고 예루살렘 성벽 쌓기를 청원한다. 이것도 시편 51편의 전반적인 특징으로 나타나는 동의적 평행법에 의해 표현된다. '시온'과 '예루살렘'이 그리고 선을 행하는 것과 성벽들을 쌓는 것이 동의적 표현으로 등장한다. 여기에서 이 단락의 확장에서 시인이 의도하는 지향점이 분명해진다. 이제 청원의 대상이 어떤 개인이 아니라 시온, 즉 예루살렘이다. 시인의 청원이 개인에서 공동체 차원의 문제로 바뀔 뿐만 아니라 인간론적 차원에서 도시-공간적 차원으로 바뀐다. 이때 무너지고 깨진 성벽을 가진 "시온/예루살렘"의 모습은 "상한 영"과 "상하고 부서진 마음"을 가진 인간의 모습[19절]과 연결점을 갖는다. 부서지고 깨진 한 건물의 모습이 파괴되고 폐허가 된 도시의 모습으로 확장된다. 이처럼 개인 영역에서 공동체 영역으로 확장된 청원의 의미는 '인간의 공간화'라는 은유를 통해서도 확인된다. 이제 하나님은 '건축자'로 이해되고 촉구된다. 하나님은 파괴

---

48 마르틸라(Marko Marttila, *Collective Reinterpretation in the Psalms: A Study of the Redaction History of the Psalter*, 64, 78-81)에 의하면, 공동체적 시편 해석은 왕정의 무너짐을 경험하고 나서 시작된 것으로 추정된다. 왕정의 몰락과 함께 개인 왕과 관련된 진술이 공동체적으로 확장 또는 재해석 되었다는 것이다. 또한 참조. Konrad Schmid, 『고대 근동과 구약 문헌사』, 223.

된 건물을 보수하시고 무너진 성벽을 재건하시는 '건축자'이시다.[49] '선을 행하는 것'과 '성벽을 쌓는 것'이 동의어로 등장하는 것을 볼 때 이 청원의 배경에는 성벽 건축이 가장 절실하게 요구되는 상황이 있을 것으로 추측할 수 있다.[50]

이러한 확장을 통해서 알 수 있는 사실은 시온/예루살렘이 개인다윗과 동일시된다는 사실이다. 개인 탄원시가 공동체 탄원시로 변모하며, 시온의 문제가 개인다윗 문제의 연장선 속에서 이해된다. 이러한 이해를 따르면 다윗은 시온의 '화신'化身이다. 반대로 이것은 다윗에게 이루어지는 일이 시온에게 유비적으로 그대로 이루어지는 일이 되기 때문에 시온의 '다윗화'Davidization라고 말할 수 있겠다.[51]

그러면 21절에서 시인이 확신하는 바는 무엇인가? 전반절에서 시인은 성벽이 재건되고 새로워진 시온에서 하나님의 기뻐하시는 제사가 드려질 것이라고 확신한다. 여기에서 하나님이 기뻐하시는 제사는 '의의 제사'זִבְחֵי־צֶדֶק이다. 시인은 이것을 '온전한 번제'עוֹלָה וְכָלִיל라고 부연설명한다. 이 의의 제사는 제의규정에 맞는 올바른 제사라는 의미가 아니라 '공의의 제사'를 의미한다.[52] 하나님의 의가 실현되는 그러한 제사이다. 그러므로 이 제사는 제의적인 차원만이 아니라 일상생활의 차

---

49 로스는 개념적 혼합이론을 활용한 시편 51편 연구에서 "손상된 구조물로서의 다윗"과 그것을 재건하시는 "건축자로서의 하나님"의 모습을 예리하게 분석해 낸다. William A. Ross, "David's Spiritual Walls and Conceptual Blending in Psalm 51," 622-23.

50 따라서 이 청원의 배경에는 느헤미야의 성벽 건설 상황이 있다고 말할 수 있다. 그러나 이 확장에 대한 구체적인 시대적 배경에 대해서는 의견이 다양하다. 시온에서 드려질 제사를 언급하는 것(21절)이 아직 성전이 개건되지 않은 상황을 보여준다고 생각하여 학개와 스가랴와 동시대 사람이 이 확장을 주도했다고 말할 수 있다(Artur Weiser, 『시편(I)』, 552).

51 William A. Ross, "David's Spiritual Walls and Conceptual Blending in Psalm 51," 625-26.

52 Frank-Lothar Hossfeld and Erich Zenger, *Psalmen 51-100*, 42. 이것은 시 42-83편에 이르는 엘로힘 시편의 편집의 관점에서도 고찰이 가능하다. 쳉어는 '의의 제사'(זִבְחֵי־צֶדֶק)가 시편 50편의 '감사의 제사'(זֶבַח תּוֹדָה)(14, 23절)와 연관되면서 20-21절을 확장시켰던 것과 동일한 손길에 의해서 시편 50편이 시편 51편 앞에 놓인 것으로 평가한다. Frank-Lothar Hossfeld and Erich Zenger, *Psalmen 51-100*, 57.

원에서도 조망되어야 한다. 다시 말하면, 이것은 생활 가운데 삶으로 이루어지는 의의 제사를 포함한다참조. 시 4:5; 신 33:19; 또한 롬 12:1-2. 후반절에서 시인은 사람들이 하나님의 제단에서 수송아지들을 번제로 드릴 것이라고 말한다. [도상자료 3-2-1] 이것은 의의 제사가 희생제사를 폐지하는 것이 아님을 보여준다. 오히려 여기서 의의 제사와 실제적인 희생제사가 서로 동등한 의미로 인정받는다. 이러한 제사가 가능하기 위해서는 먼저 제단이 수축되어 있어야 한다. 외벽으로서 성벽 건축은 시온/예루살렘 중심에 놓여 있는 제단 수축을 포함한다. 여기에서 '제단'은 하나님과의 관계에서 접촉점 역할을 하는 영과 마음을 형상화한다. 다시금 개인과 시온의 유비가 고찰된다. 무너지고 훼파된 제단이 수축되어 온전한 제사를 드리는 시온의 회복은 '상하고 부서진' 영과 마음을 가진 시인 '다윗'의 회복을 형상화한다. 이처럼 시인 '다윗'의 회복은 시온의 회복을 선취하며, 시온의 회복을 위한 모델이 된다.

[3-2-1] 온전한 번제. 무덤 벽화. 이 도상은 희생제물을 도살하는 과정을 묘사한다. 희생제물로 드려질 소가 매트 위에 놓여 있고 발이 묶여 있다. 한 사람은 소를 도살하고 있고 다른 한 사람은 절단 부위를 씻기 위해 물을 붓고 있다. 제사장으로 보이는 사람이 두루마리를 들고서 두 사람의 작업을 감독하고 있다. 아브드 엘 쿠르나(Abd el Qurna) 지역의 멘나(Menna) 무덤의 벽화. 투트모시스 4세 시대의 유물. A. Lhote, *Peinture égyptienne* Taf. 15. O. Keel, *Bildsymbolik*, Abb. 438, 305쪽에서 재인용.

6. 세 가지 층위를 가진 시편으로서 시편 51편

시편 51편은 시편 읽기의 세 가지 층위를 보여준다. '개인 탄원시'로서의 시편 51편은 하나님의 '의'를 갈망하는 '죄인' 인간의 모습이 부각된다. 시인은 하나님의 인자와 자비와 긍휼에 의지해서 죄 용서를 구하고, 영과 마음의 새 창조와 갱신을 통해 하나님과의 관계가 회복되기를 청원한다. 하나님의 용서와 구원은 '부서진 건물'과 같은 인간의 영과 마음이 새로운 피조물로 재건되는 하나님의 새 창조로 이해된다. 그러나 표제어를 동반한 시편 51편은 '다윗의 시'가 된다. 이때 이 시편의 화자는 '다윗'이 되며, 다윗은 이제 범죄한 인간의 대표자로서 하나님 앞에 서 있다. 표제어를 동반한 시편 51편은 시편집의 구성 안에서도 의미를 가진다. 그것은 시편 51편이 이후 등장하는 다윗 시편을 위한 기준점으로 기능한다는 점이다. 그러나 개인 시편으로서 시편 51편의 의미는 20-21절의 확장을 통해서 '공동체 탄원시'로 변화한다. 이러한 확장을 통해서 개인 화자인 '다윗'이 '시온/예루살렘'과 동일시된다. 이러한 이해를 따르면 '다윗'은 시온의 '화신'化身이다. '다윗'의 회복은 시온의 회복을 선취하며, 시온의 회복을 위한 모델이 된다. 반대로, 시온은 다윗이 되고, 시온에 속한 모든 구성원들은 모두 다윗의 지위를 얻는다슥 12:8. 시온의 '다윗화'이다.

이러한 세 가지 층을 가진 시편 51편에 대한 고찰은 독자의 관점에서 볼 때도 의미가 있다. 먼저 '다윗의 시'라는 표제어를 가진 시편 51편을 읽을 때 독자들은 다윗의 목소리를 갖는다. 이때 모든 독자들은 '다윗화'된다고 말할 수 있겠다.[53] 개인 탄원시였던 시편 51편이 표제어

---

53 William P. Brown, *Psalms*, 하경택 역, 『시편』(Interpreting Biblical Texts)(서울: 대한기독교
서회, 2015), 156-57.

를 가짐으로 '다윗의 시'가 되는 것과 마찬가지 패러다임이다. 이러한 패러다임은 다윗의 시가 공동체시로 확장되는 과정에서도 확인된다. 다윗이 시온과 동일시되며, 다윗이 시온의 '화신'으로 이해되는 것은 모든 독자가 다윗이며, 그가 속한 공동체 또한 다윗의 의미를 지니게 된다. 다윗은 과거의 역사적 인물로 머물러 있지 않고, 시편의 화자로서 시인의 전형이 되며, 시편 독자들의 모범이 된다.

7. 나가는 말

시편 51편에 대한 세 차원의 해석은 그 자체로 시편 51편의 형성사뿐 아니라 해석사를 보여준다. '개인 탄원시'에서 '다윗의 시'로 그리고 최종적으로는 '공동체 탄원시'로의 성장과 변화과정을 엿볼 수 있다. 이러한 과정에서 시온의 '화신'으로서 다윗의 의미와 시온의 '다윗화'라는 공동체적 이해가 분명하게 드러난다. 이 시편에서는 상하고 부서진 '손상된 구조물'로서의 시인이 그것을 보수하시고 재건하시는 '건축가'로서의 하나님을 갈망하며 탄식하고 청원하고 서약한다. 이러한 갈망과 탄식, 청원과 서약이 있는 곳이 예배이다. 하나님이 기뻐하시는 예배이다. 시편은 51편은 모두가 다윗이 되어 이 예배에 참여하도록 독자들을 초대한다. 이 초대에 응한 독자들은 시편 51편을 읽을 때 갈망과 탄식과 청원과 서약 가운데 예배자가 된다. 그들은 모두 다윗과 시온이 되어 하나님의 의를 성취하며 하나님이 기뻐하시는 산 제사를 드리는 예배자들이다.

구약성경에 나타난 '가난한 자'[1]

성경에는 '가난한 자'라는 표현이 자주 등장한다. 이 표현은 각 본문에서 매우 의미있게 사용된다. 하지만 '가난한 자'에 대한 폭넓은 이해가 있지 않으면 그러한 본문들의 연관관계를 알 수 없다. '가난한 자'에 대한 바른 이해를 할 수 없다. 따라서 본 글에서 구약성경에 나타난 '가난한 자'의 의미를 살핌으로써 '가난한 자'에 대한 이해를 도울 뿐아니라 예수 그리스도가 전하신 복음의 의미와 '가난한 자'를 통해 전해지는 교훈이 무엇인지를 알아보고자 한다.

'가난한 자'를 표현하는 히브리어는 여러 가지가 있다. 대표적인 것이 복수로 나타나는 <아나빔>עֲנָוִים이다. 이것은 <아나>עָנָה II 동사에서 파생된 말로서 기본적으로 '가난하고 궁핍하며 압제와 괴롭힘을 당하는 상황'에 있는 사람들을 가리킨다.[2] 이것은 일차적으로 사회·경제·

---

1 이 글은 『월간 교회성장』(2024. 2), 172-81쪽에 실렸다.

2 Erhard S. Gerstenberger, "עָנָה II," in *Theologisches Wörterbuch zum Alten Testament, Band VI*, ed. G. Johannes Botterweck, Helmer Ringgren and Heinz-Josef Fabry (Stuttgart/Berlin/Köln/Mainz: W. Kohlhammer, 1989), 252-53.

정치적 차원에서 소외당하고 억압받는 사람들을 지칭하는 말로 나타난다.[3] 그들은 삶의 적대적인 환경과 처지에서 곤경을 당하고 죽음의 위협 속에 있는 사람이다.[4] <아나빔>과 같은 의미로 <아나브>עָנָו와 <아니>עָנִי/<오니>עֳנִי라는 표현이 있다. 또한 <에브욘>אֶבְיוֹן이나 <달>דַּל도 있다. 가난한 자로 표현된 사람들을 사회적 신분이나 상황을 따라 분류해 보면 고아, 과부, 나그네출 22:21이하; 신 24:19-21, 병든 자시 146:7-9, 갇힌 자시 68:6; 69:33; 욥 36:8, 빚진 자삼상 22:2, 품꾼레 19:13; 신 24:14 등 다양한 그룹들의 사람으로 나타난다.[5]

이러한 '가난한 자'를 가장 잘 표현하는 본문이 시편에 자주 등장한다. 시편 72편은 '제왕시'로 분류되는 시편으로서 왕을 위한 기도를 보여준다. 시편 72편의 시인은 이 기도에서 왕이 해야 할 일을 다음과 같이 말한다.

4절   그가 백성의 가난한 자들עֲנִיֵּי을 판결하며,
      궁핍한 자의 자손들לִבְנֵי אֶבְיוֹן을 구원하고,
      압박하는 자עוֹשֵׁק를 쳐부술 것입니다.

12절 참으로, 그는 도와 달라 부르짖는 궁핍한 자אֶבְיוֹן를 구해
      주며,
      그를 도울 자 없는 가난한 자עָנִי를 구할 것입니다.
13절 그는 약하고 궁핍한 자דַּל וְאֶבְיוֹן를 불쌍히 여기며,

---

3   Ulrich Berges, *Jesaja: Der Prophet und das Buch* (Biblische Gestalten 22) (Leipzig: Evangelische Verlagsanstalt, 2010), 143.
4   Erhard S. Gerstenberger, "ענה II," 251.
5   위의 책, 267.

궁핍한 자들אֶבְיוֹנִים의 목숨을 건질 것입니다.

왕이 펼쳐야 할 공평과 정의가 가난한 자, 즉 도울 자 없는 약한 자와 궁핍한 자를 돕고 구하는 것이라는 사실을 말해주고 있다. 또한 시편 82편은 '야훼-제왕시'로 분류되는 시편으로서 하나님이 '신들'의 모임 가운데 서셔서 그들을 재판하시는 장면을 보여주고 있다.[6]

3절   가난한 자דַל와 고아에게 공평하게 하며,
          곤궁한 자עָנִי와 빈곤한 자רָשׁ에게 공의를 베풀어라.
4절   가난한 자דַל과 궁핍한 자אֶבְיוֹן를 구하고,
          악인들의 손으로부터 건져내라.

여기에 등장하는 가난한 자, 고아, 곤궁한 자, 빈곤한 자, 궁핍한 자 등은 동일 계열의 사람을 나타내는 표현들로서 이스라엘의 가난한 자를 '총체적으로' 보여준다. 두 곳 모두에서 '가난한 자'는 법의 보호 밖에 있는 자, 곧 "권리 없는 자"rechtlos로서 어떤 영향력이나 신분적 배경이 없어 무제한의 힘을 가지고 있는 대적들의 처분만을 기다리는 연약한 사람들을 가리킨다.[7] 이들은 사회적 약자, 소외계층을 대표하고 타인의 도움이 절대적으로 필요한 사람들이다. 두 시편은 이들의 권익을 지켜주고 되살려 주는 것이 왕과 재판관들과 힘을 가진 자들이 수

---

6 여기에서 '신들'이 의미하는 바가 무엇인가에 관하여 세 가지로 설명하는 필자의 졸고를 참조하라. 하경택, "시편 82편의 해석과 적용,"『구약논단』 33 (2009. 9), 49-66. 요약하면, 여기서 신은 '신적인 권위를 가진 사람'으로서 왕이나 권력자, 예언자, 종교지도자 등을 의미한다고 말할 수 있다.

7 Hans-Joachim Kraus, *Theologie der Psalmen*, 신윤수 역,『시편의 신학』(서울: 비블리카아카데미아, 2004), 366. 더 나아가 시편의 "가난한 자들"의 전반적인 문제에 관하여 362-72쪽을 참조하라.

행해야 할 본연의 임무임을 깨닫게 한다.

왕이나 권력자들이 가지는 이러한 책무는 사실상 하나님이 보여주시는 모습이기도 하다. 시편 146편은 '할렐루야 찬양시'로서 하나님이 어떠한 분이신가를 잘 보여준다.

7절	그는 압제받는 자들을 위하여 공의를 행사하시며, 굶주린 자들לָרְעֵבִים에게 양식을 주신다. 야훼께서는 갇힌 자들אֲסוּרִים을 놓아 주시며,
8절	야훼께서는 맹인들עִוְרִים의 눈을 여시고, 야훼께서는 엎드린 자들כְּפוּפִים을 일으키시며, 야훼께서는 의인들צַדִּיקִים을 사랑하신다.
9절	야훼께서는 나그네들גֵּרִים을 지키시며, 고아יְתוֹם와 과부אַלְמָנָה를 도와 일으키시고, 악인들רְשָׁעִים의 길은 꺾으신다.

여기에서 야훼 하나님은 굶주린 자, 갇힌 자, 맹인들, 엎드린 자, 나그네, 고아, 과부를 돌보신다. 하나님은 그들의 고통과 곤궁을 아시고, 그들의 결핍을 채워주신다. 굶주린 자에게는 양식을 주시고, 갇힌 자는 놓이게 하시고, 맹인들은 눈을 뜨게 하고, 엎드린 자는 일으켜 세우며, 나그네와 고아와 과부를 보호하신다. 여기에 등장하는 다양한 표현들도 '가난한 자'에 포함시킬 수 있는 동일계열의 사람들임을 알 수 있다. 그러므로 시편 72편과 82편에서 왕이나 '신적 권위를 가진 사람'이 실행해야 하는 가난한 자를 위한 공평과 정의는 사실상 하나님이 하시는 일을 대행하는 '하나님 닮아가기'imitatio Dei임을 알 수 있다.[8]

또한 여기에서 주목할 만한 것은 이러한 가난한 자를 '의인들'8절과 동일시하고 있다는 점이다. 동시에 이들을 압제하는 사람들은 '악인들'[9절]로 지칭되고 있다. 이것은 '가난한 자'가 사회·경제·정치적 의미를 넘어서는 영적·신학적 의미를 지니고 있음을 보여주는 증거다.[9] 실제로 시편을 비롯한 구약성경의 여러 본문에서 가난한 자들은 "스스로 가진 게 아무 것도 없어서 모든 것을 하나님께 기댈 수밖에 없는" 사람들이며, "깊은 절망감 속에서 야훼 앞에 나와서 개입해주고 구원해 주기를 간구하는" 사람들을 가리킨다.[10] 따라서 '가난한 자들'로 번역된 <아나브>עָנָו 는 <아니>עָנִי/<오니>עֳנִי와 같은 동의어적인 표현들과 함께 '곤고한 자'[시 18:27; 22:24; 69:32], '궁핍한 자'[겔 16:49; 슥 7:10; 습 3:12; 시 82:3-4], '온유한 자'[민 12:3; 시 37:11; 76:9], '겸손한 자'[사 11:4; 습 2:3; 슥 9:9; 시 147:6] 등으로 번역된다. 또한 '의로운 자'[시 1:5이하; 34:16; 37:17, 29, 39; 69:29; 97:12; 125:3; 146:8], '신실한 자'[시 30:5; 31:24; 52:11; 79:2; 85:9; 89:20; 97:10; 116:15; 148:14; 149:1, 5, 9], '야훼를 경외하는 자'[시 15:4; 22:24; 33:8; 103:17; 115:11; 118:4], '마음이 정직한 자'[시 7:11; 11:2; 32:11; 36:11; 64:11; 94:15; 97:11]와 동일시되기도 한다.[11]

이렇게 '가난한 자'가 '의인' 혹은 '경건한 자'의 그룹으로 분류될 수 있는 이유는 무엇인가?[12] 그것은 '가난한 자'가 다음과 같은 이중적

---

8 '하나님 닮아가기'로서의 정의 실행에 관하여 필자의 졸고를 참조하라. 하경택, "'하나님 닮아가기'(Imitatio Dei)로서의 정의 – 시편을 통해서 본 구약성서의 '정의' 신학," 『장신논단』 48-2 (2016. 6), 37-66.

9 가난한 자들이 사회경제적 의미(느 5:1-5)와 영적 의미(다양한 시편 구절들)를 동시에 지닌다는 입장에 관하여 다음을 참조하라. Joseph Blenkinsopp, *Isaiah 56-66: A New Translation with Introduction and Commentary* (Anchor Bible 19B; New York: Doubleday, 2003), 56-66, 223-24.

10 Hans-Joachim Kraus, 『시편의 신학』, 368, 362. 더 자세한 것은 같은 책, 362-72쪽을 보라.

11 Erhard S. Gerstenberger, "ענה II," 266.

12 구약성경에서 '가난한 자'는 다양한 모습으로 나타난다. 때로는 개인으로, 때로는 전체 이스라엘로, 때로는 예루살렘 도시나 특정 계층, 혹은 배타적인 공동체의 모습으로 등장한다. 참조. 위의 책, 262. 이러한 의미에서 '가난한 자'는 개인이면서 집단적인 의미를 동시에 가진다. 구원의 백성으로서 이스라엘을 지칭하기도 하고, 이스라엘 안에서도 '남은 자'로서 특별하게 선

인 성격을 지니고 있는 사람들을 가리키기 때문이다. 구약성경에서 '가난한 자'는 한편으로 '자신이 가진 결핍으로 인해 고통을 당하는 자'를 의미하고, 다른 한편으로 '세상에서는 가진 것이 없어 오직 하나님만을 의지의 대상으로 삼는 자'라를 의미한다. 다시 말하면 '가난한 자'는 '자신이 가진 결핍으로 인해 하나님만을 의지하는 겸손하고 온유하며, 신실하고 하나님을 경외하는 믿음의 사람'이라고 정의할 수 있다.

이러한 가난한 자의 의미를 잘 수 있는 본문이 이사야 61장 1-2절이다. 이 본문은 야훼의 종으로 부름을 받은 사람이 자신의 사명이 무엇인지를 고백하고 있다.[13]

1절   주 야훼의 영רוח이 내 위에 있다.
왜냐하면 야훼께서 내게 기름을 부으셨기 때문이다.
가난한 자들ענוים에게 아름다운 소식을 전하도록 그가 나를 보내셨다.
마음이 상한 자들נשברי־לב을 싸매기 위해,
포로된 자들שבוים에게 자유를 선포하기 위해,
간힌 자들אסורים에게 열림을 선포하기 위해.
2절   야훼의 기쁨רצון의 해를 선포하기 위해,
우리 하나님의 보복의 날을 선포하기 위해,
모든 우는 자들אבלים을 위로하기 위해,

택받은 '소수' 또는 '개인'을 의미할 수 있다.

13   이사야 61장에 관하여 필자의 졸고를 참조하라. 하경택, "이사야 61장을 통해서 본 '선교적 제자도,'" 『선교와 신학』 50 (2020. 2), 13-44.

여기에서 야훼의 종은 '가난한 자들에게 아름다운 소식을 전하는 것'이 부르심을 받고 보냄을 받은 것의 목적이라고 밝히고 있다. 그러면서 다양한 사람들에게 전해지는 복된 소식의 내용을 열거한다. 마음이 상한 자들을 싸매고, 포로된 자들에게 자유를 선포하며, 갇힌 자들에게 열림이 선포되고, 모든 우는 자들을 위로하는 '복음'이다. 여기에 등장하는 '마음이 상한 자들', '포로된 자들', '갇힌 자들', '우는 자들'은 시편 본문에서 살펴본 바와 같이 동일 계열의 사람들을 가리키는 말들로서 '가난한 자'에 대한 다양한 은유적 표현이다. 야훼의 종은 하나님이 자신을 부르신 것은 이러한 사람들을 싸매고 위로하고, 그들에게 자유와 열림을 선포하기 위한 것임을 분명하게 선언한다. 이러한 점에서 예수께서 나사렛 회당에서 이사야의 글 가운데 이곳을 찾아 읽으시고 "이 글이 오늘 너희 귀에 응하였느니라"고 말씀하신 것눅 4:16-21은 매우 큰 의미가 있다. 왜냐하면 그것은 예수님의 사명이 무엇이며, 예수님이 이루고자 하였던 바가 무엇임을 명확하게 보여주는 행동이기 때문이다. 실제로 예수님은 이사야 61장에서 묘사된 야훼의 종의 사명을 온전히 이루신 삶을 사셨다. 예수님의 삶을 한마디 말로 요약하면 '가난한 자에게 전파되는 복음'이라고 말할 수 있다.

예수님과 관련하여 살펴볼 '가난한 자' 본문은 민수기 12장 3절과 스가랴 9장 9절이다. 민수기 12장 3절은 다음과 같다. "이 사람 모세는 온유함이 지면의 모든 사람보다 더하더라". 여기에서 '온유함'이라고 번역된 히브리 낱말은 <아나브>עָנָו이다. 이것은 앞에서 살펴본 바와 같이 '가난한 자'로 번역될 수 있는 낱말이다. 이 낱말이 70인경에서는 <프라우스>πραΰς로 번역되어 있다. 또한 스가랴 9장 9절은 장차 시온, 곧 예루살렘에 임하실 메시야 왕의 모습을 보여주고 있는데 그분은 공의롭고צַדִּיק 겸손한 자עָנִי라고 소개한다. 겸손한 자로 번역된 <아니>עָנִי

라는 낱말도 '가난한 자'로 번역될 수 있는 낱말이며, 70인경에서는 민수기 12장 3절에서처럼 <프라우스>πραΰς로 번역되어 있다. 이와 관련하여 신약성경에서는 예수님이 예루살렘 입성하시는 모습을 스가랴 예언의 성취라고 보도하고 있고^{마 21:4-5; 요 12:15}, 예수님이 자신을 소개하실 때 "나는 마음이 온유하고πραΰς 겸손하니ταπεινός"라고 말씀하신다. 이때 구약의 두 본문에서 각각 '가난한 자'를 의미하는 '온유한 자'와 '겸손한 자'로 번역된 <프라우스>가 등장한다. 이러한 관점에서 보면 예수님은 '가난한 자'였다고 말할 수 있다. '가난한 자'에게 복음을 전하려고 오신 '가난한 자'였다. 그러한 의미에서 예수님의 복음은 '가난한 자가 가난한 자에게 전하는 복음'이라 말할 수 있다.

이처럼 '가난한 자'는 구약성경과 신약성경에서 소홀이 여겨서는 안 될 중요한 신학적 개념이다. 가난한 자에 대한 이해가 바르게 되어 있다면 산상수훈 중 '팔복 선언'이라 일컫는 예수님의 말씀^{마 5:3-12}도 이해하기가 쉬워진다. 다양한 표현으로 등장하는 대상들, 즉 '애통하는 자', '온유한 자', '의에 주리고 목마른 자', '긍휼히 여기는 자', '마음이 청결한 자', '화평하게 하는 자', '의를 위하여 박해를 받은 자' 모두 '가난한 자'를 의미한다는 사실을 알 수 있다. 또한 이들에게 약속된 다양한 복들, 즉 위로를 받고 배부르며, 긍휼히 여김을 받고 하나님을 보며, 하나님의 아들이라 일컬음을 받는 것이 모두 '천국', 즉 하나님 나라의 삶을 의미한다는 사실도 알 수 있게 된다.

이러한 '가난한 자'에 대한 고찰을 통해 다음과 같은 교훈을 얻을 수 있다. 첫째, '가난한 자'를 압제하지 말고 돌보라는 것이다. 이것은 '자신이 가진 결핍으로 인해 고통을 당하는 자'라는 가난한 자의 첫 번째 특징에 초점을 맞춘 것이다. 여전히 우리 사회와 주변에는 가난한 자가 많이 있다. 다양한 결핍을 통해서 돌봄과 보호가 필요한 사람들이다. 이러한 사회의 약자들을 돌보는 것이 하나님을 닮아가야 할 하나님의 백성에게 주어진 책무임을 잊지 말아야 한다. 둘째, '가난한 자'가 되라는 것이다. 이것은 '세상에서는 가진 것이 없어 오직 하나님만을 의지의 대상으로 삼는 자'라는 가난한 자의 두 번째 특징에 초점을 맞춘 것이다. 이때 가난한 자는 자신의 결핍을 깊이 인식하는 자이다. 그러한 의미에서 그는 마음이 상하고 깨어진 자이다. 하지만 그 사람은 자신의 결핍에 머물러 있지 않고 하나님을 바라본다. 그럴 때 그는 '하나님만을 의지하는 겸손하고 온유하며, 신실하고 하나님을 경외하는 믿음의 사람'이 될 수 있다. 셋째, '가난한 자'의 하나님을 기대하라는 것이다. 하나님은 가난한 자를 돌보시는 분이다. 그들의 고통과 곤궁을 아시고 그들의 문제 해결하기를 즐겨하시는 분이다. 이러한 하나님을 기대할 때 두 가지가 가능하다. 하나는 '가난한 자'에 대해서 올바로 반응할 수 있고, 다른 하나는 자신이 '가난한 자'로서 올바로 살아갈 수 있다.

참고문헌

권혁승. "하나님의 왕권의 관점에서 본 시온신학 연구: 시온신학의 형성 배경과 신학적 의미를 중심으로."『한국기독교신학논총』16집 (1999), 89-129.

김명용.『온 신학』. 서울: 장로회신학대학교출판부, 2014.

김상기. "시편 22편. 탄식과 찬양의 변증법."『신학연구』49 (2006. 12), 31-71.

김성수. "시편 34-37편 문맥 속에서 시편 37편 읽기."『장신논단』50/5 (2018. 12), 11-37.

______. "이 사람이 시온에서 났다: 시편 87편 주해와 적용."『그말씀』225, 102-106.

김이곤.『구약성서의 고난신학』. 서울: 한국신학연구소, 1989.

김정우. "구약의 영성: 멀리 계신 하나님(Deus Absconditus)과 가까이 계신 하나님(Deus Revelatus)의 변증법적 포월성 - 렘 23:23-25와 시 139:13-18을 중심으로,"『구약논단』35 (2010. 3), 10-34.

______.『시편주석 I』(개정판). 서울: 총신대학교출판부, 2015.

______.『시편주석 II』. 서울: 총신대학교출판부, 2005.

______.『시편주석 III』. 서울: 총신대학교출판부, 2010.

______.『시편 89편: 그 문학과 신학』. 총신대출판부, 서울: 총신대출판부, 1992.

______.『히브리 시학』. 서울: 기혼, 2013.

김진명. "레 19장의 정경적 전개에 관한 주석적 연구."『구약논단』24 (2007. 06), 74-91.

김창락. "성서에 사용된 정의와 관련된 용어들의 번역에 대하여 - '미쉬파트', '체다카', '체데크', '디카이오쉬네'의 용례를 중심으로."『성경원문연구』30 (2012. 4), 161-227.

김태경. "시편연구사 - 1990년 이후 현재까지."『구약논단』53 (2014. 9), 325-56.

김회권. "시편 89편에 나타난 다윗 왕조의 정치신학."『구약논단』28 (2008. 6), 107-27.

박경철. "한 권으로 읽는 시편." 김이곤교수정년퇴임기념논문집 편집위원회,『시편. 우리 영혼의 해부학』(서울: 한들출판사, 2006), 11-57.

방정열. "시편 표제어 유무에 대한 정경적 해석의 가능성."『한국기독교신학논총』106 (2017), 11-37.

배희숙. "구약 성경적 공정한 사회."『구약논단』41 (2011. 9), 54-82.

______. "이스라엘의 삼중 관계: 이스라엘과 야훼, 열방, 예언자(암 2:6-3:8)."『선교와 신학』59 (2023), 265-96.

서명수. “맹자의 인의 사상과 구약의 공의 사상.”『구약논단』41 (2011. 9), 83-99.

손세훈. “시편 표제어 첨가에 관한 이해.”『구약논단』16/2 (2010), 92-115.

왕대일.『(왕대일 교수의) 신명기 강의: 신명기, 약속의 땅으로 가는 길』. 서울: 대한기독교서회, 2011.

________.『기독교 경학과 한국인을 위한 성경해석: 경학으로서의 성서해석』. 서울: 대한기독교서회, 2012.

________.『민수기: 대한기독교서회 창립 100주년 기념 주석』. 서울: 대한기독교서회, 2007.

________.『시편사색, 시편 한권으로 읽기 - 토라로 토다를』(구약사상문고 6). 서울: 대한기독교서회, 2013.

________.『엑소도스, 하나님의 성소를 이루기까지: 왕대일의 출애굽기 강해』. 서울: KMC, 2015.

________.『창조신앙의 복음, 창조신앙의 영성: 창세기 1-11장의 물음·부름·푸름』. 서울: 대한기독교서회, 2016.

우택주. “구약성서 법전에 나타난 ‘공정한 사회론’의 허와 실.”『구약논단』41 (2011. 9), 34-53.

이미숙. “시편 51편에 대한 통전적 읽기.”『선교와 신학』45 (2018), 263-97.

이영근 편저.『히브리어 문법해설』. 서울: 비블리카 아카데미아, 2018.

임효명. “구약의 노년.” 102차 한국구약학회 추계학술대회 자료집 (2016. 9), 181-88.

장영일. “시편2편: 비평적 주석.”『장신논단』6 (1990), 172-201.

정현진. “시편 제4집에서 본 102편 - 믿음으로 찾아 낸 허무한 인생과 충만한 인생의 균형.” 김이곤교수정년퇴임기념논문집 편집위원회.『시편. 우리 영혼의 해부학』(서울: 한들출판사, 2006), 173-216.

차준희. “시편 22편에 대한 신학적 읽기.”『성령과신학』23 (2007), 9-29.

최한우. “구약의 경건과 ‘하나님 닮아가기’ - 시편 111편과 112편의 주석적 연구.” 장로회신학대학교 미간행석사학위논문 (2012).

하경택, 오방식, 임창복 (공저).『시편 3』(말씀으로 기도하기 5). 구리: 한국기독교교육교역연구원, 2012.

________. “‘세계의 어머니’로서의 시온 - 시편 87편에 대한 주석적 연구.”『장신논단』47/2 (2015. 6), 13-40.

________. “‘아들’을 통한 하나님의 통치: 시 2편에 대한 주석적 연구.”『서울장신논단』15 (2007. 4), 7-40.

________. “‘하나님 닮아가기’(Imitatio Dei)로서의 정의 - 시편을 통해서 본 구약성서의 ‘정의’ 신학.”『장신논단』48/2 (2016. 6), 37-66.

________. “구약성서의 ‘예언자’를 통해서 본 ‘설교자’의 모습.”『장신논단』23 (2005.6), 11-38.

________. "루터와 칼뱅의 성서해석과 그 함의(含意) - 시편 51편 해석을 중심으로." 『장신논단』 50/2 (2018. 6), 11-36.

________. "루터의 성경과 번역 - 시편 성경 번역을 중심으로." 『Canon&Culture』 11/2 (2017. 10), 63-90.

________. "시편 82편의 해석과 적용." 『구약논단』 33 (2009. 9), 49-66.

________. "아브라함의 소명(召命)과 이스라엘의 사명(使命): 창세기 11장 27절-12장 20절에 대한 주석적 연구." 『장신논단』 41 (2011. 7), 36-62.

________. "이사야 61장을 통해서 본 '선교적 제자도.'" 『선교와 신학』 50 (2020. 2), 13-44.

________. 『정경적 관점에서 본 창세기 1』. 서울: 장로회신학대학교출판부, 2013.

________. 『질문과 응답으로서 욥기 연구』(개정증보판). 서울: 한국성서학연구소, 2016.

________. 『욥기』(한국장로교총회창립 100주년기념 표준주석) (개정증보판). 서울: 한국장로교출판사, 2020.

한동구. "잠언의 지혜신학에 반영된 공정한 사회이념." 『구약논단』 41 (2011. 9), 12-33.

Ackerman, J. S. "The Rabbinic Interpretation of Psalm 82 and the Gospel of John: John 10:34." *Harvard Theological Review*, vol.59 no.2 (1966).

________. *An Exegetical Study of Psalm 82*. Ph.D. diss. Harvard University, 1966.

Allen, Leslie C. *Psalms 101-150*. 손석태 역. 『시편 101-150』. 서울: 솔로몬, 2001.

Arneth, M. "Psalm 72 in seinen altorientalischen Kontexten." In *"Mein Sohn bist du" (Ps 2,7). Studien zu den Königspsalmen*. eds. Otto, E. and Zenger, E. (Hrsg.). Stuttgart: Verlag Katholisches Bibelwerk GmbH, 2002, 95-172.

Berges, U. "Die Knechte im Psalter: Ein Beitrag zu seiner Kompositionsgeschichte." *Biblica* 81/2 (2000), 153-78.

________. *Jesaja: Der Prophet und das Buch* (Biblische Gestalten 22). Leipzig: Evangelische Verlagsanstalt, 2010.

Berlin, A. "Speakers and Scenarios: Imagining the First Temple in Second Temple Psalms (Psalms 122 and 137)." In *Functions of psalms and prayers in the late Second Temple period* (BZAW 286). ed. Pajunen, Mika S. Berlin : De Gruyter, 2017, 341-55.

Bester, D. *Körperbilder in den Psalmen. Studien zu Psalm 22 und verwandten Texten* (FAT II/24). Tübingen: Mohr Siebeck, 2007.

Blenkinsopp, J. *Isaiah 56-66: A New Translation with Introduction and Commentary*. AB; New Haven & London: Yale University, 2003.

Brown, William P. *Psalms.* 하경택 역. 『시편』. 서울: 대한기독교서회, 2015.

________. *Seeing the Psalms. A Theology of Metaphor*. Louisville, KT: Westminster John Knox Press, 2002.

Brueggemann, Dale A. "The Evangelists and the Psalms." In *Interpreting the Psalms: Issues and Approaches*, eds. David G. Firth and Philip S. Johnston. Downers Grove, IL: InterVarsity Press, 2005, 263-78.

Buysch, C. *Der letzte Davidpsalter: Interpretation, Komposition und Funktion der Psalmengruppe Ps 138-145*. Stuttgart: Katholisches Bibelwerk, 2009.

Charney, Davida. "Maintaining innocence before a divine hearer: deliberative rhetoric in Psalm 22, Psalm 17, and Psalm 7." *Biblical Interpretation* 21/1 (2013), 33-63.

Childs, B. S. "Psalm Titles and Midrashic Exegesis." *JSS* 16 (1971), 137-50.

Clements, R. E. "Psalm 72 and Isaiah 40-66: A Study in Tradition." *Perspectives in Religious Studies* 28/4 (Wint 2001), 333-41.

Clifford, Richard J. "Psalm 90: Wisdom Meditation or Communal Lament?" In *The Book of Psalms: Composition and Reception*. eds. Peter W. Flint and Patrick D. Miller. Leiden/Boston: Brill, 2005, 190-205.

________. *Psalms 73-150*. Nashville: Abingdon Press, 2003.

________. *The Cosmic Mountain in Canaan and the Old Testament* (HSM 4). Cambridge: Harvard University, 1972.

Cook, Stephen L. "Relecture, Hermeneutics, and Christ's Passion in the Psalms." In *The Whirlwind: Essays on Job, Hermeneutics and Theology in Memory of Jane Morse* (JSOTSup 336), eds. Stephen L. Cook, Corrine L. Patton, and James W. Watts. Sheffield: Sheffield Academic Press, 2001, 181-205.

Craig, Jr, K. M. "Psalm 82." *Interpretation* 49/3 (Jul 1995), 281-84.

Craigie, Peter C. *Psalms 1-50.* 손석태 역. 『시편 1-50』. 서울: 솔로몬, 2000.

Creach, Jerome F. D. "The Shape of Book Four of the Psalter and the Shape of Second Isaiah." *Journal for the Study of the Old Testament* 80 (1998), 63-76.

Cremer, H. *Biblisch-Theologisches Wörterbuch der neutestamentlichen Gräcität*. Gotha: Perthes, 1915.

Davis, Ellen F. "Exploding the limits: form and function in Psalm 22." *JSOT* 17/53 (Mar 1992), 93-105.

De Vaux, R. *Ancient Israel: It's life and institutions*. London: Darton, Longman & Todd, 1961.

deClaissé-Walford, Nancy L., Rolf A. Jacobson, and Beth LaNeel Tanner. *The Book of Psalms* (NICOT). Grand Rapids, Michigan: William B. Eerdmans Publishing Company, 2014.

Deissler, A. *Die Psalmen* (WB.KK 1). Düsseldorf: Patmos-Verlag, 1964.

Delcor, M. "Melchizedek from Genesis to the Qumran texts and the Epistle to the Hebrews." *Journal for the Study of Judaism in the Persian, Hellenistic and Roman Period,* 2/2 (Dec 1971), 115-35.

Diestel, L. "Die Idee der Gerechtigkeit." In: *Jahrbücher für deutsche Theologie* V (Gotha: Besser, 1860), 173-253.

Dietrich, Jan. "Individualität im Alten Testament, Alten Ägypten und Alten Orient." In *Menschenbilder und Körperkonzepte im Alten Israel, in Ägypten und im Alten Orient* (Orientalische Religionen in der Antike 9), eds. Angelika Berlejung, Jan Dietrich, and Joachim Friedrich Quack. Tübingen: Mohr Siebeck, 2012, 77-96.

DiFransico, L. "Identifying Inner-Biblical Allusion through Metaphor: Washing Away Sin in Psalm 51." *VT* 65 (2015), 542-57.

Diller, Carmen. "'Er soll leben, solange die Sonne bleibt'(Ps 72,5): die räumlichen und zeitlichen Dimensionen der Königsherrschaft in Psalm 72." In *Studien zu Psalmen und Propheten: Festschrift für Hubert Irsigler*. Freiburg im Breisgau/New York: Herder, 2010, 1-26.

Dreytza, Manfred., *Walter Hilbrands. and Hartmut Schmid. Das Studium des Alten Testaments: Eine Einführung in die Methoden der Exegese.* 하경택 역. 『구약성서연구방법론』. 서울: 비블리카아카데미아, 2005.

Duhm, B. *Die Psalmen erklärt* (KHC 14). Tübingen: Mohr, 1899.

________. *Die Psalmen*. Freiburg: Mohr, 1899.

Eising, H. "נִאֵם." *ThWAT V*, 119-23.

Eißfeldt, O. *EL im urgaritischen Pantheon*. Berlin: Akademie Verlag, 1951.

Evans, Craig A. "Praise and Prophecy in the Psalter and in the New Testament." In *The Book of Psalms: Composition and Reception*, eds. Peter W. Flint and Patrick D. Miller, Jr. Leiden/Boston: Brill, 2005, 551-79.

Fabry, H.-J./Graupner, A. "שׁוּב." *ThWAT VII*, 1118-66.

Fahlgren, K. H. *ṣedāḳā, nahestehende und entgegengesetzte Begriffe im Alten Testament*. Uppsala: Almqvist & Wiksells, 1932.

Feldmeier, Reinhard, and Hermann Spieckermann. *Der Gott der Lebendigen: Eine biblische Gotteslehre*. Tübingen: Mohr Siebeck, 2011.

Fitzmyer, J. A. "Melchizedek in the MT, LXX, and the NT." *Biblica* 81/1 (2000), 63-69.

Flesher, LeAnn Snow. "Rapid Change of Mood: Oracles of Salvation, Certainty of a Hearing, or Rhetorical Play?" In *My Words Are Lovely: Studies in the Rhetoric of the Psalms* (LHBOTS 467), eds. Robert L. Foster and David M. Howard, Jr. New York/London: T & T Clark, 2008, 33-45.

Forster, C. *Begrenztes Leben als Herausforderung: Das Vergänglichkeitsmotiv in weisheitlichen Psalmen.* Zürich: Pan, 2000.

Frettlöh, M. L. *Theologie des Segens. Biblische und dogmatische Wahrnehmungen.* Gütersloh: Chr. Kaiser/Gütersloher Verlaghaus, 1998.

Frevel, Christian, and Oda Wischmeyer. *Menschensein. Perstpektiven des Alten und Neuen Testaments* (NEB-Themen 11). Würzburg: Echter, 2003.

Frisch, A. "YMYNK - A Forgotten Title of the King of Israel in the Book of Psalms." *Biblische Notizen* (1999), 5-10.

Fuchs, Ottmar. *Die Klage als Gebet: eine theologische Besinnung am Beispiel des Psalms 22.* München: Kösel, 1982.

Gerstenberger, E. S. *Psalms. 1. With an Introduction to Cultic Poetry* (The Forms of the Old Testament Literature 14). Grand Rapids, Michgan: Eerdmans, 1991 (= FOTL).

__________. "ענה II." *ThWAT* VI, 247-70.

__________. *Psalms. Part 2 and Lamentations* (FOTL 15). Grand Rapids, Mich.: Eerdmans, 2001.

Gesenius, Wilhelm. *Hebrew and Chaldee Lexicon to the Old Testament Scriptures.* 이정의 역. 『히브리어 아람어 사전』. 서울: 생명의말씀사, 2007.

Gesenius, Wilhelm., Emil Kautzsch and Gotthelf Bergsträsser, *Hebräische Grammatik.* Hildesheim/Zürich/New York: Olms, 1995.

Goulder, M. *The psalms of the Sons of Korah.* Sheffield: JSOT press, 1982.

Grässer, E. *An die Hebräer* (Hebr 10,19-13,25)(EKK XVII-3). Zürich/Neukirchener-Vluyn: Benziger/Neukirchener Verlag, 1997.

Greenstein, Edward L. "The Heart as an Organ of Speech in Biblical Hebrew." In *Semitic, Biblical, and Jewish Studies in Honor of Richard C. Steiner*, eds. Aaron J. Koller, Mordechai Z. Cohen, and Adina Moshavi. Jerusalem/New York: Bialik Institute; Michael Scharf Yeshiva University Press, 2020, 206-18.

Groß, Walter. "Bedrohliche Gottesnähe als Gebetsmotiv." In *Gottes Nähe im Alten Testament: Ein Kommentar für die Praxis* (SBS 202), eds. Gönke Eberhardt and Kathrin Liess. Stuttgart: Verlag Katholisches Bibelwerk, 2004, 65-83.

Gruber, M. I. *Rashi's Commentary on Psalms.* Philadelphia: Jewish Publication Society, 2007.

Gunkel, H. *Die Psalmen übersetzt und erklärt* (HK II/2). Göttingen: Vandenhoeck & Ruprecht, 1926.

________. *Einleitung in die Psalmen. Die Gattungen der religösen Lyrik Israels.* Göttingen: Vandenhoeck & Ruprecht, 1975.

Handy, L. K. "Sounds, Words and Meanings in Psalm 82." *JSOT* 47 (1990), 51-66.

Hensley, Adam D. "David, Once and Future King? A Closer Look at the Postscript of Psalm 72.20." *JSOT* 46/1 (2021), 24-43.

Hilber, J. W. "Psalm CX in the Light of Assyrian Prophecies." *Vetus Testament* LIII/3 (2003), 353-66.

________. *Cultic Prophecy in the Psalms* (BZAW). Berlin, New York: Walter de Gruyter, 2005.

Holladay, W. "A New Proposal for the Crux in Psalm 2:12." *VT* 28 (1978), 110-12.

Holman, J. "Structure of Psalm 139," *VT* 21 (1971), 298-310.

Hossfeld, F. L. and Zenger, E. *Psalmen 101-150* (HThKAT). Freiburg: Herder, 2008.

________. *Psalmen 51-100*. HThKAT. Freiburg i. Br.: Herder, 2000.

________. "Rechtfertigung." *LThK* 8, 882-84.

________. *Die Psalmen I: Psalm 1-50*. NEB 29. Würzburg: Echter Verlag, 1993.

Houston, W. "The King's Preferential Option for the Poor: Rhetoric, Ideology and Ethics in Psalm 72." *Biblical Interpretation* 7/4 (Oct 1999), 341-67.

Jacobson, Rolf A. "'The Altar of Certitude': Reflections on 'Setting' and Rhetorical Interpretation of the Psalms." In *My Words Are Lovely: Studies in the Rhetoric of the Psalms* (LHBOTS 467), eds. Robert L. Foster and David M. Howard, Jr. New York/London: T & T Clark, 2008, 3-18.

Janowski, Bernd. "JHWH und die Toten: Zur Geschichte des Todes im alten Israel." In *Tod und Jenseits im alten Israel und in seiner Umwelt: Theologische, religionsgeschichtliche, archäologische und ikonographische Aspekte* (FAT 64), eds. Angelika Berlejung and Bernd Janowski. Tübingen: Mohr Siebeck, 2009, 447-77.

________. *Die Rettende Gerechtigkeit. Beiträge zur Theologie des Alten Testament 2*. Neukirchen-Vluyn: Neukirchener Verlag, 1999.

________. *Konflicktgespräche mit Gott. Eine Anthropologie der Psalmen*. Neukirchen-Vluyn: Neukirchener Verlag, 2009.

Jeremias, Jörg. "Die Erde »wankt«." In *"Ihr Völker alle, klatscht in die Hände!"*: Festschrift für Erhard S. Gerstenberger zum 65. Geburtstag (Exegese in unserer Zeit 3), ed. Rainer Kessler. Münster: Lit Verlag, 1997, 166-80.

________. *Kultprophetie und Gerichtsverkündigung in der späten Königszeit Israels*. Neukirchen-Vluyn: Neukirchener Verlag, 1970.

Johnson, B. "צדק." *ThWAT VI*, 903-24.

Johnson, E. E. "Hermeneutical principles and the interpretation of Psalm 110." *Bibliotheca sacra*, 149/596 (Oct - Dec 1992), 428-37.

Joüon, Paul. and Takamitsu Muraoka. *A Grammar of Biblical Hebrew.* 김정우 역. 『주옹-무라오까 성서 히브리어 문법』. 서울: 기혼, 2022.

Kaiser, O. "Einfache Sittlichkeit und theonome Ethik in der alttestamentlischen Weisheit." In *Gottes und Der Menschen Weisheit*. Berlin u.a.: Walter de Gruyter, 1998, 29-30.

Keel, O. *Die Welt der altorientalischen Bildsymbolik und das Alte Testament: Am Beispiel der Psalmen*. Neukirchen-Vluyn: Neukirchener Verlag, 1972.

Kees, H. *Der Götterglaube im alten Ägyten*. Berlin: Akademischer Verlag, 1977.

Kim, Chang-Dae. "Jerusalem in Acts from the Perspective of Zion Theology of Isaiah." *Korea Presbyterian Journal of Theology* 42 (2011. 10), 27-46.

Kim, Ee Kon. *The Rapid Change of Mood in the Lament Psalms. A Matrix for the Establishment of a Psalm Theology*. Seoul: Korea Theological Study Institute, 1985.

Kittel, R. *Die Psalmen* (KAT XIII). Leipzig: Deichert, 1922.

Kleer, M. *"Der Liebliche Sänger der Psalmen Israels." Untersuchungen zu David als Dichter und Beter der Psalmen*. Bodenheim: Philo, 1996.

Koch, K. (Hrsg.) *Um das Prinzip der Vergeltung in Religion und Recht des alten Testaments*. Darmstadt: Wissenschafliche Buchgesellschaft, 1972.

________. "כון." *ThWAT IV*, 95-107.

________. "צדק." *THAT II*, 507-30.

________. "Tat-Ergehen-Zusammenhang." [4]*RBL*, 493-95.

Köhler, L. *Theologie des Alten Testaments*, Tübingen: Mohr, 1966.

Köhler, L. und Baugartner, W. *Hebräisches und Aramäisches Lexikon zum*

Alten Testament I-IV (HAL). Leiden: E. J. Brill, 1967/1974/1983/1990.

Körting, C. *Zion in den Psalmen*. Tübingen: Mohr Siebeck, 2006.

Krašovec, Jože. "Justifcation of God in His Word in Ps 51:6 and Rom 3:4." *VT* 64 (2014), 416-33.

Kraus, H. J. *Theologie der Psalmen*. 신윤수 역. 『시편의 신학』. 서울: 비블리카 아카데미아, 2004.

________. *Psalmen 64-100* (BK). Neukirchen-Vluyn: Neukirchener Verlag, 1972.

________. *Psalmen. 1. Psalmen 1-59* (BK). Neukirchen-Vluyn: Neukirchener Verlag, 1989.

________. *Psalmen 1-63* (BK). Neukirchen-Vluyn: Neukirchener Verlag, 1972.

________. *Psalmen 64-150* (BK). Neukirchen-Vluyn: Neukirchener Verlag, 1972.

Krüger, T. "Psalm 90 und die 'Vergänglichkeit des Menschen'." *Biblica* 75/2 (1994), 191-219.

Kselman, John S. "'Why Have You Abandoned Me?' A Rhetorical Study of Psalm 22." In *Art and Meaning: Rhetoric in Biblical Literature* (JSOT-Sup 19), eds. David J. A. Clines, David M. Gunn, and Alan J. Hauser. Sheffield: JSOT Press, 1982, 172-98.

KKuntz, J. Kenneth. "Growling Dogs and Thirsty Deer: Uses of Animal Imagery in Psalmic Rhetoric." In *My Words Are Lovely: Studies in the Rhetoric of the Psalms* (LHBOTS 467), eds. Robert L. Foster and David M. Howard, Jr. New York/London: T & T Clark, 2008, 46-62.

Labahn, Antje. "Trauern als Bewältigung der Vergangenheit zur Gestaltung der Zukunft: Bemerkungen zur anthropologischen Theologie der Klagelieder." *VT* 52/4 (2002), 513-27.

Lam, J. *Patterns of Sin in the Hebrew Bible. Metaphor, Culture, and the Making of a ReligiousConcept*. Oxford: Oxford University Press, 2016.

Lambert, D. "Refreshing Philology: James Barr, Supersessionism, and the State of Biblical Words." *Biblical Interpretation* 24 (2016), 332-56.

Lescow, Theodor. "Psalm 22,2-22 und Psalm 88: Komposition und Dramaturgie." *ZAW* 117/2 (2005), 217-31.

Levenson, Jon D. *Sinai and Zion: An Entry into the Jewish Bible*. 홍국평 역. 『시내산과 시온: 하버드대학 유대인 성서학자가 본 성서신학의 두 기둥』. 서울: 대한기독교서회, 2012.

Lohse, Bernhard. *Martin Luther: Eine Einführung in sein Leben und sein Werk*. 이형기 역. 『루터 연구 입문』. 서울: 크리스챤다이제스트, 1993.

Longenecker, R. N. *Galatians* (WBC). Dallas, TX: Word Books, 1990.

Longman, Tremper III. *How to Read the Psalms.* 한화룡 역. 『어떻게 시편을 읽을 것인가』. 서울: IVP, 1989.

Lubac, de, S. J. Henri. *Medieval Exegesis: The Four Senses of Scripture*, vol. 1. Trans. Mark Sebanc. Gand Rapids: Eerdmans, 1998.

Marcus, J. *The Way of the Lord: Christological Exegesis of the Old Testament in the Gospel of Mark*. Louisville: Westminster John Knox, 1992.

Markschies, Christoph. "'Ich aber vertraue auf dich, Herr!' - Vertrauensäusserungen als Grundmotiv in den Klageliedern des Einzelnen." *ZAW* 103/3 (1991), 386-98.

Martin-Achard, R. "ענה II." *THAT* II, 341-50.

Marttila, M. *Collective Reinterpretation in the Psalms: A Study of the Redaction History of the Psalter*. FAT 11/13; Tubingen: Mohr Siebeck, 2006.

Mays, James L. *Psalms.* 신정균 역. 『시편』. 서울: 한국장로교출판사, 2002.

McKnight, E. & Church, Ch. *Hebrews-James* (Smyth & Helwys Bible Commentary). Macon, GA: Smyth&Helwys, 2004.

McNair, B. "Luther, Calvin and the exegetical tradition of Melchisedec." *Review and Expositor* 101 (Fall 2004). 747-61.

Michel, D. "Artmut II." *TRE* 4, 72-76.

Millard, M. *Die Komposition des Psalters: ein formgeschichtlicher Ansatz* (FAT). Tübingen: Mohr, 1994.

Miller, Robert D., II. "The Origin of the Zion Hymns." In *The Composition of the Book of Psalms* (BETL 238), ed. Erich Zenger. Leuven; Paris; Walpole, MA: Uitgeverij Peeters, 2010, 667-75.

Morgenstern, J. "The Mythological Background of Psalm 82." *HUCA* 14 (1939), 76-114.

Mournet, J. "Moses and the Psalms: the Significance of Psalms 90 and 106 within Book IV." *Conversations with the Biblical World* 31 (2011), 66-79.

Mowinckel, S. *Psalmenstudien. Vol. 5.* Kristiania: Dybwad, 1924.

________. *The psalms in Israel's worship. Vol. 1, 2.* Oxford: Basil Blackwell, 1962.

Moyise S. and Menken, M. J. J. *The Psalms. In the New Testament*. London/ New York: T&T Clark International, 2004.

Mülhaupt, Erwin (Hsg.). *D. Martin Luthers Psalmen = Auslegung. 2. Band Psalmen 26-90*. Göttingen: Vandenhoeck & Ruprecht, 1962.

Nel, P. J. "Psalm 110 and Mechizedek Tradition." *JNSL* 22.1 (1996), 1-14.

Nestle-Aland. *Novum Testamentum Graece*. Stuttgart: Deutsche Bibelgesellschaft, 1993.

Neumann-Gorsolke, Ute. *Herrschen in den Grenzen den Schöpfung. Ein Beitrag zur alttestamentlichen Anthropologie am Beispiel von Psalm 8, Genesis 1 und verwandten Texten* (WMANT 101). Neukirchen-Vluyn: Neukirchener Verlag, 2004.

Neyrey, J. H. "I said: You are God's: Psalm 82:6 and John 10." *JBL* 109 (1989), 647-63.

Niehr, H. "Götter oder Menschen - eine falsche Alternative. Bemerkungen zu Ps 82." *ZAW* 99 (1987), 94-98.

Nordheim, von, M. *Geboren von der Morgenröte? Psalm 110 in Tradition, Redaktion und Rezeption*. Neukirchen-Vluyn: Neukirchener Verlag, 2008.

Noth, M. "Gott, König, Volk im Alten Testament." *Gesammelte Studien* (ThB),

Otto, E. "צִיּוֹן." *ThWAT* VI, 994-1028.

Pedersen, J. *Israel I-II*. København: Branner, 1920.

Raabe, P. R. "Deliberate Ambiguity in the Psalter." *JBL* 110 (1991), 213-27.

Rad, von, G. "Das judäische Königsritual." *ThLZ* (1947), 211-16.

________. *Theologie des Alten Testaments. Bd. 1: Die Theologie der geschichtlichen Überlieferungen Israels*. 허혁 역. 『구약성서신학 I』. 왜관: 분도출판사, 1976.

________. "'Gerechtigkeit' und 'Leben' in der Kultsprache der Psalmen." In *Gesammelte Studien zum Alten Testament* (TB 8). München: Chr. Kaiser Verlag, 1958, 225-47.

________. "Erwägungen zu den Königspsalmen." In *Zur neueren Psalmenforschung* (Wege der Forschung 192), ed. Peter H. A. Neumann. Darmstadt: Wissenschaftliche Buchgesellschaft, 1976, 176-84.

________. *Theologie des Alten Testaments Bd. II: Die Theologie der prophetischen Überlieferungen Israels*. München: Chr. Kaiser Verlag, 1968

________. *Weisheit in Israel*. Neukirchen-Vluyn: Neukirchener Verlag, 21982.

Rendtorff, Rolf. "David in the Psalms." In *The Book of Psalms: Composition and Reception*, eds. Peter W. Flint and Patrick D. Miller, Jr. Leiden/Boston: Brill, 2005, 53-64.

________. *Theologie des Alten Testaments: Ein kanonischer Entwurf*. 하경택 역. 『구약정경신학』. 서울: 새물결플러스, 2009.

_______. *Das Alte Testament: Eine Einführung.* 하경택 역.『구약정경개론』. 서울: CLC, 2020.

Reumann, J. "Psalm 22 at the Cross." *Int* 28 (1974), 39-58.

Reventlow, H. Graf. *Epochen der Bibelauslegung. Band III Renaissance, Reformation, Humanismus.* München: Verlag C. H. Beck, 1997.

Ringgren, H. "צדק." *ThWAT* VI, 898-903.

Ro, J. U. *Poverty, Law, and Divine Justice in Persian and Hellenistic Judah* (Ancient Israel and Its Literature). Atlanta: SBL Press, 2018.

Roberts, J. J. M. "The Enthronement of Yhwh and David: The Abiding Theological Significance of the Kingship Language of the Psalms," *The Catholic Biblical Quarterly* 64 (2002), 675-86.

Ross, William A. "David's spiritual walls and conceptual blending in Psalm 51." *JSOT* 43[4] (2019), 607-26.

Routledge, R. "Psalm 110, Melchizedek and David: blessing (the descendants of) Abraham." *Baptistic Theologies* 1/2 (Aut 2009), 1-16.

Saebø, M. "Vom Grossreich zum Weltreich. Erwägungen zu Pss. Ixxii 8, Ixxxix 26; Sach. ix 10b." *VT* 28/1 (1978), 83-91.

Sauer, G. *Die strafende Vergeltung Gottes in den Psalmen.* Basel Univ. Diss., 1957.

Schaefer, K. *Psalms* (Berit 'olam: SHNP). Collegeville, Minn. : Liturgical Press, 2001.

Scharbert, J. "Gerechtigkeit I." *TRE 12*, 404.

_______. "'Mein Gott, mein Gott, warum hast du mich verlassen?': Psalm 22 als Beispiel alttestamentlicher Rede von Krankheit und Tod." *WuD* 11 (1971), 119-40.

_______. *Gerechtigkeit als Weltordnung.* Tuebingen: Mohr, 1968.

Schmid, Konrad. *Literaturgeschichte des Alten Testaments: Eine Einführung.* 이용중 역.『고대 근동과 구약 문헌사』. 서울: CLC, 2018.

Schmidt, H. *Das Gebet der Angeklagten im Alten Testament* (ZAWB 49). Gießen: Töpelmann, 1928.

Seybold, Klaus. *Die Psalmen* (HAT). Tübingen: Mohr Siebeck, 1996.

_______. "Zur Vorgeschichte der liturgischen Formel 'Amen.'" *Theologische Zeitschrift* 48/1 (1992), 109-17.

_______. *Die Psalmen: Eine Einführung.* 이군호 역.『시편 입문』. 서울: 대한기독교서회, 2002.

Shires, H. M. *Finding the Old Testament in the New.* Philadelphia: The Westminster Press, 1974.

Slomovic, E. "Toward an understanding of the formation of historical titles in the Book of Psalms." *ZAW* 91/3 (1979), 350-80.

Soggin, J. A. "bWv." *THAT II*, 884-91.

Spieckermann, H. "Rechtfertigung I." *TRE* 28, 282-86.

________. *Heilsgegenwart. Eine Theologie der Psalmen*. Göttingen: Vandenhoeck & Ruprecht, 1989.

Stadelmann, Andreas. "Psalm 87 (86) - Theologischer Gehalt und gesellschaftliche Wirkung." In *Ein Gott, eine Offenbarung*: Beiträge zur biblischen Exegese, Theologie und Spiritualität; Festschrift für Notker Füglister OSB zum 60. Geburtstag, ed. Friedrich Vinzenz Reiterer. Würzburg: Echter, 1991, 333-56.

Steck, Odil Hannes. "Zion als Gelände und Gestalt: Überlegungen zur Wahrnehmung Jerusalems als Stadt und Frau im Alten Testament." In *Gottesknecht und Zion: Gesammelte Aufsätze zu Deuterojesaja* (FAT 4). Tübingen: Mohr Siebeck, 1992, 126-45.

Stolz, Fritz. "Psalm 22: Alttestamentliches Reden vom Menschen und neutestamentliches Reden von Jesus." *Zeitschrift für Theologie und Kirche* 77/2 (1980), 129-48.

Strauß, H. *"... eine kleine Biblia": Exegesen von dreizehn ausgewählten Psalmen Israels* (Biblisch-theologische Studien 56). Neukirchen-Vluyn: Neukirchener Verlag, 2003 (= BThS).

Talmon, S. "הר." *ThWAT* II, 459-83.

Tanner, B. L. u.a. *The Book of Psalms* (NICOT). Grand Rapids: Wm. B. Eerdmans, 2014.

Tate, Marvin E. *Psalms 51-100.* 손석태 역. 『시편 51-100』. 서울: 솔로몬, 2009.

Thiel, Winfried. "Der Weltherrschaftsanspruch des judäischen Königs nach Psalm 2." In *Theologische Versuche III*, eds. Joachim Rogge and Gottfried Schille. Berlin: Evangelische Verlagsanstalt, 1971, 53-63.

Tsevat, M. "יְרוּשָׁלַם." *ThWAT* III, 930-39.

________. "God and the Gods in Assembly." *HUCA* 40 (1969), 123-37.

Tucker, Jr. W. D. "Democratization and the language of the poor in Psalms 2-89." *Horizons in Biblical Theology* 25/2 (Dec 2003), 161-78.

Van Wolde, Ellen. "A Prayer for Purification : Psalm 51:12-14, a Pure Heart and the Verb arb." *VT* 70 (2020), 340-60.

________. "Separation and Creation in Genesis 1 and Psalm 104. A Continuation of the Discussion of the verb ברא." *VT* 67 (2017), 611-47.

Wagner, A. "Permutatio religionis. Ps. CXXXIX und der Wandel der israelitischen Religion zur Bekenntnisreligion," *VT* 57 (2007), 91-113.

Waltke, B. K. *The Psalms as Christian Worship. A Historical Commentary*. Grand Rapids, Mi./ Cambridge, U.K.: W. B. Eerdmans Publishing Company, 2010.

Wanke, G. *Die Zionstheologie der Korachiten in ih rem traditionsgeschichtlichen Zusammenhang*. Berlin: Töpelmann: 1966.

Watts, J. W. "Psalm 2 in the Context of Biblical Theology." *Horizons in Biblical Theology* 12 (1990), 74-76.

Watts, R. E. "The Lord's House and David's Lord: The Psalms and Mark's Perspective on Jesus and the Temple." *Biblical Interpretation* 15 (2007), 307-22.

Weiser, Artur. *Die Psalmen*. 김이곤 역. 『시편 I』. 서울: 한국신학연구소, 1992.

________. *The Psalms* (OTL). London: SCM Press, 1962.

Westermann, C. *Ausgewählte Psalmen. Übersetzt und erklärt von Claus Westermann*. Göttingen: Vandenhoeck & Ruprecht, 1984.

________. *Das Loben Gottes in den Psalmen*. Berlin: Evangelische Verlagsanstalt, 1953.

Willis, J. T. "A Cry of Defiance - Psalm 2." *JSOT* 47 (1990), 33-38.

Wilson, G. H. *The Editing of the Hebrew Psalter* (SBLDS). Chico, Calif.: Scholars Press, 1985.

Wolff, Jens. "Kreuz und Metapher: Luthers Auslegung von Psalm 22." *Lutherjahrbuch* 76 (2009), 262-65.

Wood, D. R. W., I. Howard Marshall, A. R. Millard, J. I. Packer, and D. J. Wiseman, eds. *New Bible Dictionary*. 3rd ed. Leicester/Downers Grove, IL: InterVarsity Press, 1996.

Würthwein, Ernst. "Bemerkungen zu Psalm 51." In *Neue Wege der Psalmenforschung: Für Walter Beyerlin* (Herders Biblische Studien 1), eds. Klaus Seybold and Erich Zenger. Freiburg i. Br.: Herder, 1994, 381-88.

________. "Erwägungen zu Ps 139," *VT* 7 (1957), 165-82.

Zenger, Erich. "'Es sollen sich niederwerfen vor ihm alle Könige' (Ps 72,11): Redaktionsgeschichtliche Beobachtungen zu Psalm 72 und zum Programm des messianischen Psalters Ps 2-89." In *"Mein Sohn bist du" (Ps 2,7): Studien zu den Königspsalmen* (SBS 192), eds. Eckart Otto and Erich Zenger. Stuttgart: Verlag Katholisches Bibelwerk, 2002, 66-93.

________. "Zur redaktionsgeschichtlichen Bedeutung der Korachpsalmen." In *Neue Wege der Psalmenforschung* (HBS 1), eds. Klaus Seybold and Erich Zenger. Freiburg i. Br.: Herder, 1994, 175-98.

________. *Ein Gott der Rache? Feindpsalmen verstehen.* 이일례 역. 『원수시편의 이해: 복수의 하나님?』. 서울: 대한기독교서회, 2014.

Zobel, H. -J. "רדה." *ThWAT VII*, 351- 58.